es dipl.

O_K^3

8

ITINÉRAIRE

D'UNE CARAVANE

DU SAHARA AU PAYS DES NÈGRES.

LE

GRAND DÉSERT

OU

ITINÉRAIRE D'UNE CARAVANE

DU SAHARA AU PAYS DES NÈGRES

(Royaume de Haoussa)

PAR EUGÈNE DAUMAS,

Ex-Colonel de Spahis, ex-Directeur central des Affaires arabes, à Alger,

ET AUSONE DE CHANCEL,

AUTEURS DU SAHARA ALGÉRIEN.

> ...C'est ainsi qu'Hérodote, durant son voyage en Égypte, rendez-vous des trafiquants de toutes les régions du monde, y put recueillir sur ces pays des données qu'on a souvent taxées de fables, mais qui ne sont que trop vengées de ce reproche banal par les découvertes de plusieurs voyageurs modernes.
> HEEREN, *De la Politique et du Commerce des Peuples de l'antiquité*, t. IV, p. 5.

PARIS

IMPRIMERIE ET LIBRAIRIE CENTRALES DE NAPOLÉON CHAIX ET Cⁱᵉ,

Propriétaires-Éditeurs, rue Bergère, 8, près le boulevart Montmartre.

ET CHEZ TOUS LES LIBRAIRES DE PARIS ET DES DÉPARTEMENTS.

1848

Alger, le 31 juillet 1847.

MM. Daumas, colonel de Spahis, directeur central des affaires arabes, et Ausone de Chancel.

MESSIEURS,

J'ai l'honneur de vous adresser les notes que vous désirez avoir pour l'intéressant et remarquable ouvrage que vous allez publier, et qui est si propre à faire connaître à la France les mœurs, les idées, la religion, l'hygiène du peuple arabe qui habite le nord de l'Afrique. Le temps et les moyens d'étude m'ont manqué pour faire ces notes aussi complètes que je l'aurais désiré. Je n'ai pu arriver à la connaissance de quelques plantes, substances ou productions indiquées dans votre livre; c'est surtout pour ce qui regarde le Soudan et le pays d'Haoussa que j'ai été embarrassé; mais si j'ai été forcé de laisser quelques noms indéterminés, j'ai ajouté quelques articles préparés pour un autre travail et qu'il sera facile de comprendre dans l'énumération des productions du pays parcouru par la caravane.

En somme, le nombre des articles que je vous envoie s'élève à plus de soixante. Quelques-uns sont neufs, et les autres sont à peine connus.

Veuillez agréer, etc.

LACGER,
Chirurgien-major.

a

PRÉFACE.

A la fin du siècle dernier, le savant Heeren écrivait cette phrase :

« De tout temps l'Afrique fut la partie du monde
» qui excita le plus la curiosité des hommes, sans
» qu'il leur fût donné de déchirer entièrement le
» voile mystérieux dont elle était enveloppée [1]. »

A vrai dire, cependant, c'étaient moins les documents qui manquaient à la science qu'un esprit assez synthétique pour les recueillir, les comparer et les coordonner ; et dès que l'œuvre d'Héeren eut paru, on vit avec étonnement la lumière se faire sur la plus grande partie du nord de l'Afrique.

Pour la première fois, on retrouva ces grands chemins des caravanes, tracés par Hérodote il y a vingt-deux siècles [2], immuables étapes que suivi-

---

[1] *De la politique et du commerce des Peuples de l'antiquité.*
[2] Hérodote, liv. IV, ch. 181. Voir le commentaire d'Heeren, vol. IV, p. 223.

rent autrefois les marchands de Memphis; après eux, ceux de Carthage, et que suivent encore les Arabes pour aller trafiquer au-delà du désert, ne vivant en chemin que de farine délayée, comme le Carthaginois Magon.

Heeren avait opéré ce premier prodige du fond de son cabinet, sans quitter l'Allemagne, sans autres guides que les pages confuses des géographes anciens et du moyen âge; sa vie fut heureusement assez longue, pour qu'à l'aide des découvertes de Bruce, de l'expédition d'Égypte, de Minutoli, d'Horneman, de Champollion, de Clapperton, de Denham, etc., etc., il pût reconstruire entièrement l'histoire politique et commerciale de l'ancien monde africain.

Ce n'était là, toutefois, qu'une esquisse à grands traits, et M. d'Avezac est venu depuis, dont la merveilleuse érudition a résumé, dans son histoire de l'Afrique [1], tout ce qui avait été écrit sur ce continent : géographie, ethnologie, linguistique, état social, histoire politique, aspect et constitution physique, etc.

Cependant, malgré ces grands travaux, qui ré-

---

[1] *Esquisse générale de l'Afrique. L'Univers, ou Histoire et description de tous les peuples.*

sument ceux de tous les géographes de la Grèce, d'Alexandrie, de Rome, du moyen âge et des temps modernes, il reste encore, sur cette vaste Afrique, bien des lambeaux épars du voile mystérieux dont parlait tout à l'heure Heeren.

« Le Sahara, comme le dit M. d'Avezac, n'a
» été vu que par quelques voyageurs qui, de la
» côte barbaresque, se rendaient au pays des
» Nègres et réciproquement, ou bien par quelques
» naufragés. »

En effet, cet immense quadrilatère qui, pour l'est, a la lisière d'oasis qu'ont suivie Clapperton et Denham, de Tripoli au Bournou; pour l'ouest, la route de Caillé, de Tombouctou au Maroc; pour le nord, les limites naturelles de Tripoli, de Tunis et de l'Algérie; pour le sud, le Bournou, le Haoussa et le Tombouctou, n'a point encore eu son explorateur européen, et pourtant il est fréquemment traversé par des caravanes qui, partant des villes sahariennes, vont trafiquer dans celles du Soudan.

C'est une de ces caravanes que nous allons suivre.

Des intérêts d'une haute gravité se rattachent, pour nous, à la connaissance de l'Afrique intérieure, qui, dans un avenir plus ou moins éloigné, peut être ouverte au commerce de notre colonie;

les caravanes sont le seul moyen possible de communication entre ce nord et ce midi, séparés par l'immensité; leurs précautions hygiéniques, leurs ruses pour éviter l'attaque, leur système de défense, leur commerce d'importation et d'exportation, leurs marches hasardeuses, enfin avec tous leurs bivouacs, sont donc, au point de vue de l'économiste, importantes à étudier autant qu'elles sont curieuses au point de vue des gens du monde et des savants.

Arrivés au terme de notre course, dans le royaume de Haoussa, à six cents lieues de notre point de départ, nous nous trouverons en présence d'un phénomène singulier qui ne tend à rien moins qu'à révolutionner l'Afrique centrale; nous voulons parler de l'envahissement des royaumes nègres, idolâtres, par une race blanche, musulmane, celle des Foullanes [1]. Singulier phénomène, en effet; car, à mesure que nous combattons l'islamisme sur le littoral méditerranéen, il combat lui-même victorieusement du Sénégal au lac Tchad; de telle sorte que s'il nous est donné de conduire un jour

[1] Foullah, Fellani, Fellathah, etc., tous ces noms sont donnés par différents auteurs au peuple dont nous parlons. Celui de Foullanes lui est donné par les Nègres et les Arabes que nous avons consultés.

des caravanes au Soudan, nous nous y trouverons encore face à face avec Mohamed.

Ce mouvement islamique, indiqué par Clapperton et Denham pour l'est, par Anne Raffenel pour l'ouest, résumé par M. d'Avezac, commenté par M. d'Eichtal, n'a point encore sa monographie, et nous apportons, croyons-nous, quelques documents nouveaux à celui qui voudrait l'écrire.

Au moment, enfin, où la traite des Nègres et la question de l'esclavage occupent les deux plus grands peuples de l'Europe, au moment où il est débattu si nous devons enlever à nos sujets musulmans algériens la prérogative que nous leur avions laissée jusque-là, celle d'avoir des esclaves; — nous avons jugé intéressant d'étudier ce que sont les Nègres, libres chez eux, et ce qu'ils sont, esclaves, chez les musulmans; nous avons donc réuni et coordonné tout ce que les docteurs de la loi mahométane ont écrit à ce sujet, matériaux épars jusque-là, pour la plupart inconnus, et dont le recueil pourrait prendre le titre de Code des Esclaves [1].

Mais si nous avons décrit la chasse aux Nègres, en ce qu'elle a de pittoresque, et telle que nous

---

[1] Voir aux notes.

l'ont racontée nombre d'individus, les uns ses victimes, les autres, par métier, trafiquant de ses produits, nous avouerons, en toute humilité, n'avoir point osé conclure pour ou contre la traite en général.

Est-ce un moyen, est-ce le seul moyen de moraliser les Nègres, et de les initier à la civilisation que de les arracher à leur pays? ou vaut-il mieux, en leur laissant la liberté, les abandonner à leurs instincts grossiers, les voir s'égorger par milliers dans leurs guerres intestines, et, captifs du parti vainqueur, travailler en chaînes, mourir à la peine par la faim ou sous le bâton [1]? Les gouvernements

[1] Ceux que préoccupent ces questions n'ont point oublié les lignes suivantes qu'on a lues dans tous les journaux l'an dernier.

« On mande de Gorée (1er mars 1847) : Les commandants des bâtiments de guerre français et anglais combinés, qui croisent sur les côtes d'Afrique, ont regardé comme le meilleur et peut-être le seul moyen de réprimer la traite des noirs, un blocus rigoureux des points de la côte où les naturels ont établi des entrepôts d'esclaves. Les Anglais se sont chargés de bloquer Gallinas, où se trouvait un dépôt de Nègres tout prêts à être embarqués pour l'exportation dans les diverses contrées du continent américain et des Antilles, où l'esclavage subsiste encore.

» Tous les passages étaient si bien gardés que les propriétaires de ces malheureux, contraints à les nourrir sans pouvoir les vendre, ont pris une résolution atroce ; ils ont de sang-froid tranché la tête à leurs deux mille esclaves, et ont attaché ces hideux trophées à des poteaux plantés sur la grève.

» Quelques officiers français s'étant trouvés à l'aiguade voisine avec les chefs qui avaient ordonné cette épouvantable boucherie, leur ont

PRÉFACE.

ne pourraient-ils pas, peut-être, sans laisser, comme autrefois, la traite aux mains d'avares trafiquants, la régulariser, s'en réserver le monopole, non point pour se donner des esclaves, mais pour se donner des serviteurs, faciles à utiliser dans les colonies où les bras manquent; et qui, après un certain nombre d'années, durant lesquelles on les aurait salariés pour leurs travaux et initiés à une éducation morale, religieuse, agricole, professionnelle, seraient reconduits dans leurs pays et y deviendraient autant de missionnaires de civilisation?

Même, après les belles pages de M. le baron Baude[1] et de M. Raffenel[2], il y a sur cet objet tout un volume à faire; mais, nous le répétons, nous n'avons point osé aborder la question à ce point de vue, quittes à y revenir plus tard, dans un travail plus spécial.

Le long voyage de notre caravane à travers le Sahara, le Touat, le Grand Désert et chez les Nègres, au milieu de populations si peu connues,

---

adressé de vifs reproches. « Que voulez-vous? ont répondu ces roitelets
» nègres; si vous ne nous permettez plus de faire de l'argent avec nos
» prisonniers de guerre, nous serons obligés de les massacrer tous. »

[1] *L'Algérie* (1841), 2e vol., chap. xvii.
[2] *Voyage dans l'Afrique occidentale.*

outre son côté d'utilité sérieuse, qui ne nous semble pas niable, offrait un vaste ensemble de perspectives pittoresques, curieuses à décrire, faciles à animer par des études de mœurs, des anecdotes, des légendes, et nous nous sommes laissés aller sans scrupules.

La légende est l'histoire des peuples qui n'ont pas d'histoires.

Heeren, que nous ne nous lassons point de citer, disait de la légende et de la tradition :

« Lors même que l'explication en resterait pour
» ainsi dire conjecturale, elles démontrent au
» moins combien des données empreintes d'un
» cachet fabuleux peuvent être instructives, et
» comme l'enveloppe du merveilleux disparaît dès
» qu'on les envisage au point de vue de l'esprit
» des peuples d'où elles découlent [1]. »

Pourquoi ne l'avouerions-nous pas d'ailleurs? notre ambition n'a pas été seulement d'intéresser les esprits sérieux; nous avons eu celle, moins modeste, selon nous, de faire un livre qui se lise bien plus qu'un livre qu'on étudie. Le moment est venu de populariser en France le peuple arabe, et nous avons tenté de faire pour le Désert, moins la

---

[1] Lieu cité, vol. 5, p. 54.

forme dramatique, moins le roman, ce que Cocper a fait pour l'Amérique; moins l'érudition, ce que Barthélemy a fait pour la Grèce ancienne.

Nous sommes restés bien loin, sans doute, de nos modèles; mais, à défaut du génie qui fait les chefs-d'œuvre, nous avons le respect du vrai, et la naïveté des conteurs qui font les œuvres consciencieuses.

Que si l'on demande comment nous nous sommes laissés aller à donner foi à tous ces documents, recueillis sans quitter Alger et par renseignements, nous répondrons que notre premier ouvrage, le *Sahara algérien*, a été fait ainsi; que les expéditions, poussées depuis par nos colonnes dans les lieux qu'il avait décrits, *par renseignements* [1], ne lui ont point donné de flagrants démentis; nous en avons pour témoignage l'opuscule de M. le général Marey sur son expédition à El Aghrouate (107 lieues d'Alger), le rapport du général Renaud, inséré dans *l'Akhbar* du 15 juillet, la lettre du général Joussouf, insérée dans presque tous les journaux, au mois de juin, et ce témoignage extrait d'un rapport du bureau arabe de Constantine

---

[1] Les monts, les montagnes des Sidi Chikh, Aïn Mahdy, El Aghrouat, Djebel Amour, Djebel Sahari, O. Nayl, Biskra, etc.

(février 1847), au sujet du voyage aventureux d'un négociant, M. Garcin, jusqu'à Tougourt (175 lieues d'Alger) : « Les observations qu'il a recueillies sur
» sa route confirment parfaitement, dans leur
» ensemble, les indications du *Sahara algérien*.

» Cet ouvrage lui servait de guide, et il a pu les
» vérifier pas à pas. »

Or, pour arriver au but complexe que nous nous proposions d'atteindre, faute de livres, nous avons *lu* bien des hommes et nous les avons toujours scrupuleusement contrôlés les uns par les autres.

Les Nègres d'Alger, dont la plupart sont nés au Soudan et sont arrivés avec les caravanes, nous ont été surtout d'un grand secours.

L'idée enfin de faire ce nouvel ouvrage nous vint, il y a trois ans, en causant, à la direction centrale des affaires arabes, avec un Chambi (membre de la tribu des Chambas) de Metlily, dans le Sahara.

Il se nomme Sid el Hadj Mohamed; c'est un homme de trente-cinq à quarante ans, grand, élancé sans être maigre; — à la peau bronzée, aux yeux noirs et beaux, — vrai type du Saharien, *du maître de la datte*. Sa physionomie calme, placide, ascétique, révèle le marabout et le taleb (lettré).

Il a été trois fois dans le Haoussa, à 500 lieues

de sa ville natale, pour faire le commerce et acheter des esclaves; dans son dernier voyage, il a poussé jusqu'à *Zendeur*, au sud de *Kachena*. — La caravane qu'il suivait ramenait 5,000 Nègres; pour éviter les Touareug, *Oullemden*, *Adanaren*, *Azegueur*, qui l'attendaient aux puits d'Assaoua, elle appuya à droite, et, par le *Fezzan*, elle remonta à *Tripoli*. Quatre mille des esclaves périrent en route de froid et de faim [1].

De Tripoli, Mohamed s'embarqua pour *Bel Ghrazi*, et de là gagna par terre *Oudjela-Oudjalou*, *Syoua* et le *Caire*, se rendit à la *Mecque*, revint à *Alexandrie*, par *Suez*; prit passage à bord d'un navire qui toucha à *Malte* et le déposa à *Tunis*, d'où, par *Bône*, il arriva à *Alger*. Il a, de plus, visité tout le *Touat*, tout le *Sahara*. Et, le croirait-on ? tout ce long voyage, Sid el Hadj Mohamed, ruiné par la mort de ses Nègres, l'a fait en vivant d'aumônes. Quand nous le découvrîmes, car nous sommes constamment à l'affût des voyageurs, il était venu de Metlily se promener à Alger (180 lieues environ): il n'avait pas un boudjou;

---

[1] Ce nombre peut paraître exagéré; mais Clapperton et Denham trouvèrent dans le désert, sur la même route, des milliers de squelettes de malheureux, morts sans doute dans des circonstances identiques (voir leur voyage).

nous lui demandâmes comment il faisait pour vivre. Il répondit : *Eurbi!* — (Dieu!) — Ce qu'il était venu faire : *Mektoub Eurbi!* — (écrit de Dieu!) — Et il semblait fort étonné de nos questions.

C'est là l'Arabe : le temps n'est rien pour lui.

Sid el Hadj Mohamed se distingue surtout par son fanatisme religieux et par beaucoup d'intelligence; pour ces deux raisons, M. le colonel Daumas eut beaucoup de peine à le faire parler : fanatique, il avait des remords de causer avec *le chrétien;* — intelligent, il craignait de nous livrer les chemins de son pays. Ce n'est qu'à force de bons traitements et en s'identifiant pour ainsi dire à ses mœurs qu'on réussit à capter sa confiance.

« Pourrais-je croire, disait-il souvent, que des
» chrétiens me demanderaient jamais des nouvelles
» d'un tel pays! — Est-ce que vous voulez aller
» vous promener chez les Nègres ? »

Pour Mohamed, cet affreux voyage n'était qu'une promenade!

« Écoutez, nous disait-il un jour, tracez-moi un itinéraire pour Tombouctou, pour le Haoussa, pour le Beurnou, pour où vous voudrez; je partirai, j'écrirai mon voyage et je vous le donnerai au retour. »

Pour aller à Tombouctou, il demande quatre cents douros (2,000 francs).

On paye chaque année plus cher des missions moins intéressantes.

Il prendrait des marchandises à *Gardaïa*, passerait à *Metlily*, se rendrait dans *le Tidikeult* et à *Aguebly*, où se réunissent les caravanes; un mois après il serait à Tombouctou. Il en repartirait avec les chameliers qui louent leurs chameaux aux marchands pour ces voyages, et qui se remettent en route aussitôt qu'ils ont déposé leur marchandise dans les succursales des maisons de commerce du Maroc; six mois après enfin, il serait de retour à Alger.

On comprend le parti que nous pouvions tirer d'un tel homme; aussi est-ce lui qui nous a donné tout l'itinéraire de notre caravane, et c'est lui que nous laisserons parler.

ITINÉRAIRE

D'UNE CARAVANE

DU SAHARA AU PAYS DES NÈGRES

LE KHREBIR.

Un Targui[1] du Djebel Hoggar, nommé Cheggueun, vint se fixer à Metlily[2] en 1839, et s'y maria la même année.

Aventureux par instinct, par habitude et par nécessité, comme tous ses frères les Touareug, il avait déjà conduit plusieurs caravanes du Touat[3] au Soudan, et il s'était fait enfin khrebir de profession.

Dans le Sahara, nous nommons khrebir[4], menir[5]

---

[1] Targui, singulier de Touareug, peuplade du grand Désert.
[2] Metlily, l'une des villes de la tribu des Chambas, qui se divisent en trois grandes fractions : Chambet Berazegua (de Metlily), Chambet el Mahdy (de Gueléa), à l'ouest des premiers, Chambet Bou Roûna (d'Ouargla), tout à fait au sud du Sahara, sous le méridien d'Alger.
[3] Touat, grande oasis de l'Ouest qui confine au Maroc.
[4] Khrebir vient du verbe *khrebeur*, qui, à sa seconde forme, fait *khrebbeur*, et veut dire : il a donné avis, il a renseigné.
[5] Menir vient du verbe *nar*, il a éclairé. De là, minarah, lanterne, et menir qui éclaire.

ou delil [1], indifféremment, le conducteur d'une caravane; car ces flottes du désert ne se hasardent point sans chef, ainsi que vous le croyez, vous autres chrétiens, sur notre mer de sables, qui, comme l'autre, a sa houle, ses tempêtes et ses écueils. Chacune d'elles obéit passivement au maître qu'elle s'est donné; il y commande absolument, c'est un *reïs* à son bord. Il a sous lui des chaouchs pour exécuter ses ordres; des chouafs (voyeurs) pour éclairer le pays [2]; un khrodja (écrivain) pour présider aux transactions, les régulariser, en écrire les conventions; recevoir, en cas de mort de l'un des voyageurs, les dernières volontés du défunt et recueillir sa succession; un crieur public pour faire les annonces; un moudden pour appeler à la prière; un imam enfin pour la dire sur les fidèles.

Le khrebir est toujours un homme d'une intelligence, d'une probité, d'une bravoure et d'une adresse éprouvées; il sait s'orienter par les étoiles; il connaît, par l'expérience de voyages précédents, les chemins, les puits et les pâturages; les dangers de certains passages et le moyen de les éviter; tous les chefs dont il faut traverser le territoire; l'hygiène à suivre selon les pays; les remèdes contre les maladies, les fractures, la morsure des serpents et les piqûres du scorpion. Dans ces vastes solitudes, où rien ne semble indiquer la

---

[1] Delil vient du verbe *deull*, il a indiqué, il a montré. De là delil, celui qui éclaire une marche, et, aussi, signe par lequel on est dirigé.

[2] On nomme encore tekchif, du verbe *kcheuf*, il a découvert, l'éclaireur du khrebir.

route, où les sables souvent agités ne gardent pas toujours les traces du voyageur, le khrebir a pour se diriger mille points de repère. La nuit, si pas une étoile ne luit au ciel, à la simple inspection d'une poignée d'herbe ou de terre qu'il étudie des doigts, qu'il flaire et qu'il goûte, il devine où l'on est, sans jamais s'égarer[1].

Quand une caravane a fait choix d'un khrebir, elle se donne entièrement à lui; mais il en est responsable devant la loi, et, sous peine d'amende, il doit la préserver de tous les accidents qui ne viennent pas de Dieu ; il paie la dïa (prix du sang) de tous les voyageurs qui, par sa faute, meurent, s'égarent et se perdent, ou sont tués; il est punissable si la caravane a manqué d'eau, s'il n'a pas su la protéger ou la défendre contre les maraudeurs. Cependant, comme une fois en marche reculer n'est plus possible, et qu'il faut, heureux ou malheureux, que le voyage s'accomplisse, une caravane se garderait bien d'accuser ou de menacer un chef qui l'aurait compromise, avant d'arriver en un lieu sûr où l'on peut *faire la justice*.

Pour échapper à la loi, un khrebir de mauvaise foi pourrait, ainsi que cela s'est vu, rarement il est vrai,

---

[1] « Je ne vis pas sans étonnement que notre conducteur, nommé Abou Mohamed Sendegou Ben Messouû, bien qu'il eût un œil de moins et l'autre malade, reconnaissait parfaitement la route. » *Voyage au Soudan d'Ibn Batouta* (traduction de M. Mac Guckin de Slane). — Léon l'Africain rapporte que le conducteur de sa caravane devint aveugle en route par suite d'une ophthalmie et reconnut, en touchant l'herbe et le sable, qu'on approchait d'un lieu habité.

la vendre aux Touareug, la faire tomber dans une embuscade, partager le butin, et rester avec les voleurs.

Cheggueun avait toutes les qualités qui font un bon khrebir. Il était jeune, grand et fort; c'était un maître du bras; son œil commandait le respect et sa parole prenait le cœur. Mais si dans la tente sa langue était douce, une fois en route, il ne parlait qu'au besoin et ne riait jamais.

Voué par passion et par état aux voyages, pour inspirer plus de confiance, comme à Metlily, il s'était marié à Insalah, point extrême du Touat où se rallient les caravanes de l'Ouest, et dans le Djebel Hoggar, qu'il faut traverser pour aller au Soudan. Il avait ainsi des amis et des intérêts échelonnés sur les deux principales stations de la route, et cette étrange combinaison, qu'autorisent les mœurs et les lois musulmanes, le mettait en contact nécessaire avec les marchands du Sahara algérien, du Touat et du Maroc, et lui assurait à la fois la protection indispensable des Touareug.

Devenu notre hôte, bien accueilli de tous, car il avait connu quelques-uns de nos marabouts dans ses courses précédentes, il nous parlait souvent de ses aventures, et toujours avec tant d'éloquence qu'il faisait une vive impression sur les jeunes gens.

« Le Soudan, nous disait-il, est le plus riche pays
» du monde; un esclave n'y vaut qu'un bernous,

» l'or s'y donne au poids de l'argent; les peaux de
» buffle et de bouc, les dépouilles d'autruche, les
» sayes [1] et l'ivoire s'y vendent au plus bas prix; les
» marchandises des caravanes y centuplent de valeur.

» Vous êtes des fous, ô mes enfants, de vous arrêter
» à Timimoun [2]. Beau voyage! long comme de mon
» nez à mon oreille.— Voulez-vous être riches? Allons
» au pays des Nègres ! — Souvenez-vous que le Pro-
» phète a dit :

» El Djereb doua el guetran,
» Ou el feker doua el Soudan.

» La gale (des chameaux), son remède est le goudron;
» Comme la pauvreté, son remède est le Soudan. »

En l'écoutant, l'amour des aventures nous était venu, l'espoir de la fortune nous tentait; sa position d'ailleurs nous garantissait qu'il ne pouvait point nous engager dans une folle entreprise.

Connu et marié dans notre tribu avec une femme jeune, riche et belle, qui venait de lui donner un enfant, nous le regardions *comme de nous*.

Nous nous décidâmes donc, au nombre de quinze, tous parents ou amis, marabouts de la famille des Ouled Sidi Zighreum, à courir, sous sa conduite, les chances d'un voyage au pays des Nègres, et nous par-

---

[1] Étoffe de cotonnade fabriquée par les Nègres; elle est généralement teinte en bleu ou en noir et n'a qu'une palme de largeur.

[2] Ville et marché du Touat, à 120 lieues ouest de Metlily.

tîmes dès le lendemain pour les villes des Beni Mezab[1], Gardaïa, Beni Isgueun et Mellika, où nous nous approvisionnâmes des marchandises les plus recherchées dans le Soudan, et qui, par leur volume, devaient le moins embarrasser notre marche.

C'étaient des aiguilles, du corail, de la verroterie, du papier, du soufre, du benjoin, de la cannelle, du *droure*, espèce de parfum, du poivre noir, du *sembell*, du *el entyte*, du *mesteka*[2], des *chachias*, du drap, des mouchoirs, de la cire, des cotonnades, des habaïas (vêtements de laine), des chapeaux de paille, etc., etc., du fer et des aciers que nous devions échanger dans le Touat contre du tabac et du sel.

Chacun de nous en chargea trois chameaux, et nous revînmes à Metlily pour terminer nos préparatifs. Notre départ fut ensuite fixé au jeudi suivant, jour que l'on sait être heureux pour entreprendre les voyages.

Le Prophète a dit :

« Ne partez jamais qu'un jeudi, et toujours en com-
» pagnie. Seul, un démon vous suit ; à deux, deux dé-
» mons vous tentent ; à trois, vous êtes préservés des
» mauvaises pensées ; — et dès que vous êtes trois,
» ayez un chef. »

La saison était d'ailleurs favorable : le mois d'août allait finir, les plus fortes chaleurs étaient passées, et

---

[1] A l'est de Metlily.
[2] Pour tous les mots de substance et d'histoire naturelle, consulter le dictionnaire, à la fin du volume.

nous devions trouver dans le Touat des dattes nouvelles pour ajouter à nos provisions.

Les chefs et les marabouts des Chambas, avertis de notre décision, se réunirent en assemblée, firent appeler Cheggueur, et lui dirent :

« Ô Cheggueun! tu as mis dans la tête de nos en-
» fants d'aller au pays des Nègres, où tu leur promets
» de grands bénéfices. Que Dieu te rougisse la figure [1]
» et allonge ton existence! Tu connais les routes, tu es
» un homme sage; nos enfants sont dans ta main.
» Conduis-les, guide-les, apprends-leur ce qu'ils igno-
» rent, et ramène-les-nous avec l'aman [2]; Dieu te ré-
» compensera! »

Cheggueun leur répondit :

« S'il plaît à Dieu, ô Chambas, j'emmènerai vos
» enfants avec l'aman et je les ramènerai de même;
» ils feront de grands bénéfices; je les sauverai des
» Touareug; les routes, je les connais; l'eau, ils
» n'auront pas soif. Enfin, je réponds de tout, excepté
» des événements de Dieu. »

Alors les marabouts reconnurent Cheggueun pour notre khrebir et lurent sur lui le *fatahh* [3] :

---

[1] Expression proverbiale en opposition à cette autre : *Que Dieu te jaunisse la figure.*

[2] Ce terme a différentes significations. Suivant le cas, il peut se traduire par sauf-conduit, confiance, oubli du passé.

[3] Ce mot, qui veut dire ouverture, est le nom du premier chapitre du Koran, de celui qui *ouvre* le livre et que nous citons. Les musulmans lui attribuent des vertus merveilleuses.

« Louanges à Dieu, souverain de l'univers,
» Le clément, le miséricordieux,
» Souverain au jour de la rétribution!
» C'est toi que nous adorons, c'est toi dont nous
» implorons le secours.
» Dirige-nous dans le sentier droit, dans le sentier
» de ceux que tu as comblés de tes bienfaits;
» De ceux qui n'ont pas encouru ta colère et qui ne
» s'égarent pas. Amin ! »

« O Cheggueun, dirent-ils ensuite, que Dieu te
» donne sa bénédiction ! qu'il assure ta marche dans
» ce monde ! qu'il te fasse gagner ! qu'il vous fasse
» tous, ô mes enfants, arriver avec le bien au but de
» votre voyage et vous ramène avec le bien !
» O Cheggueun, nous te nommons khrebir de nos
» enfants, qui sont devenus les tiens. »

La foule nombreuse de nos parents, de nos amis, de nos voisins, nous entourait; beaucoup pleuraient, et nous-mêmes, nous avions les larmes dans les yeux; car nous ne nous dissimulions aucun des hasards de l'entreprise, et, quoique bien résolus, nous sentions venir le regret de quitter pour si longtemps, pour toujours peut-être, ceux qui nous aimaient et ceux que nous aimions. Mais notre parti était pris, et nous aurions voulu pouvoir nous mettre de suite en marche, n'eût-ce été que pour *éviter les adieux qui amollissent le cœur*.

Le soir de cette journée, après un repas en commun,

nous nous cotisâmes suivant l'usage pour offrir à notre khrebir un habillement complet et trente douros d'argent; selon l'usage encore, il fut convenu que nous le défrayerions pendant tout le voyage.

LA CARAVANE (ORGANISATION).

Nous devions partir le surlendemain, et nous employâmes ce dernier jour à faire nos provisions de route. Ce fut pour chacun de nous, un sââ de kouskuessou, un sââ et demi de dattes, une outre de beurre, de la viande séchée (khreléa), deux outres pleines d'eau, un seau en cuir avec sa corde pour abreuver les chameaux, deux paires de chaussures (belghra), des aiguilles à coudre le cuir, et des lanières (seïr) pour les raccommoder, un briquet et du *thom*, espèce d'amadou que nous faisons avec le *chichh* et le *doumeran*. Notre provision d'eau devait nous conduire jusqu'à la prochaine halte; celle de dattes, de viande et de kouskuessou, jusqu'à Gueléa, où nous pourrions la renouveler.

Mais pour un si long voyage, ce n'est pas assez de pourvoir à la faim et à la soif; il faut être en garde contre *les attaques à main armée.* Les meilleurs amis d'un voyageur sont un bon fusil, son pistolet et son sabre.

Nous prîmes donc les nôtres avec des pierres à feu,

de la poudre et des balles pour l'avenir; et pour le présent, vingt-quatre coups tout prêts dans les vingt-quatre roseaux de notre ceinture (mahazema).

Chacun de nous ensuite choisit quatre forts chameaux, bien bâtés, bien outillés : trois pour les marchandises, l'autre pour les bagages.

DÉPART.

Le soleil du jeudi s'étant enfin levé, ce fut l'heure du départ et des adieux.

J'allai faire les miens à mon vieux père : il m'attendait. Son émotion était grande, et la mienne plus grande encore! Mais pour ne pas la lui laisser voir, je me précipitai vers lui et lui baisai la tête.

« O mon père, lui dis-je, que vos jours soient heu-
» reux! Je pars, et je ne sais si nous nous reverrons
» en ce monde. Ne m'oubliez pas dans vos prières et
» donnez-moi votre bénédiction. »

Il me répondit d'une voix tremblante :

« Que Dieu te préserve de tout malheur; qu'il te
» ramène sans accident, et qu'il nous réunisse à une
» époque fortunée! Heureux sera ton voyage, s'il plaît
» à Dieu! »

J'allai ensuite saluer ma mère; et voyant venir à

moi ma femme en pleurs, qui de loin me présentait mon enfant, je me cachai le visage dans les mains et je m'échappai; l'usage nous défend de faire nos adieux à nos femmes quand nous partons pour une expédition périlleuse.

Le plus fort est faible à l'heure de la séparation !

Le rendez-vous était à la porte El Gharbi (de l'Ouest).

Nos soixante-quatre chameaux et mes quinze compagnons de voyage y étaient déjà réunis, entourés de toute la population de Metlily et de celle des tentes, campées sous les murs de la ville. Dès que je fus arrivé, Cheggueun, qui n'attendait plus que moi, se mit en marche.

A ce moment solennel, il se fit dans la foule, jusque-là silencieuse, un grand mouvement. Nos parents, nos amis, nos marabouts s'écrièrent : Allah akebeur ! Allah akebeur ! Dieu est le plus grand ! Dieu est le plus grand ! Et de tous les côtés, les femmes arrivant, leurs cruches sur la hanche, aspergèrent d'eau fraîche la croupe de nos chameaux en nous criant :

« S'il plaît à Dieu, vous réussirez !
» S'il plaît à Dieu, vous réussirez ! »

Nous marchâmes ainsi, pressés, entourés, suivis, l'espace de cinq ou six cents pas; à mesure que nous avancions la foule était moins nombreuse, et quand enfin nous fûmes seuls, et que nous nous retournâmes pour jeter un dernier coup d'œil sur notre ville bien-aimée, nous vîmes nos mères, nos femmes, nos enfants courbés sur la route, recueillant la terre que nous avions foulée. Il est connu que ce témoignage d'affection est agréable à Dieu.

Ces reliques, portées en amulettes par les amis d'un voyageur, le sauvegardent du malheur et le rappellent au pays.

Péniblement absorbés dans nos réflexions, nous cheminions lentement à travers la forêt de palmiers qui s'étend sous Metlily, quand, au détour d'un sentier, nous fîmes rencontre de la belle Meçaouda, femme de l'un de nos chikh; elle revenait de son jardin, suivie d'une négresse qui portait sur sa tête une corbeille pleine de fruits.

Aucune femme dans Metlily n'est plus belle que Meçaouda, ni plus élégante, et son nom veut dire *heureuse*. C'était d'un bon augure. La joie nous revint, et nous nous écriâmes : Dieu bénira notre voyage!

L'un de nous, Mohammed, s'approcha d'elle et lui dit : Meçaouda, c'est Dieu qui t'envoie! Dénoue ta ceinture et fais-la flotter au vent, tu nous porteras bonheur; au retour, nous t'en donnerons une autre plus riche et plus belle, avec les plus jolies pantoufles du Haoussa[1].

---

[1] Les pantoufles (medass) du Soudan sont particulièrement recherchées par les femmes du Sahara, et même par les riches Mauresques d'Alger.

« S'il plaît à Dieu, répondit la jeune femme, vous
» voyagerez et reviendrez avec la paix. »

Et dénouant sa ceinture de soie, elle en prit les deux extrémités, et les agita en nous souriant.

Un peu plus loin, nous nous croisâmes avec le chikh Salah, qui revenait de Gueléa. Il montait une jument noire, superbe, richement *habillée*, avec une selle en cuir rouge de Tafilalet [1] et une bride de Figuigue [2] piquées d'or et d'argent. Salah était lui-même bien vêtu : son bernous de Gardaïa était blanc comme la neige, son pistolet et son long fusil de Tunis étaient damasquinés, et son yatagan pendait à son côté dans un fourreau d'argent bien travaillé. — Deux grands lévriers jouaient et couraient devant lui, et deux domestiques bien mis et bien montés lui faisaient escorte et compagnie.

En passant à côté de nous, le chikh Salah fit caracoler sa jument et nous souhaita d'heureuses chances.

« Ne prends jamais la route si ta première rencontre,
» en sortant de chez toi, est une femme laide ou vieille,
» ou une esclave ;

» Si tu vois un corbeau voler seul et comme égaré
» dans le ciel ;

» Si deux hommes se querellent auprès de toi et que
» l'un dise à l'autre : — Dieu maudisse ton père ! Quel-

---

[1] Ville du Maroc où l'on prépare les beaux cuirs que les Arabes nomment *filali* et que nous nommons marocains.
[2] Ville et district du nord du Touat, renommée par l'adresse de ses ouvriers en broderie sur le *filali*.

» que étranger que tu serais d'ailleurs à cette malédic-
» tion, elle retomberait sur ta tête.

» Mais si tes yeux sont réjouis par une jeune femme,
» par un beau cavalier ou par un beau cheval;

» Si deux corbeaux, l'heureux et l'heureuse (meçaoud
» et meçaouda) volent ensemble devant toi;

» Si des souhaits, des mots ou des noms de bon pré-
» sage touchent ton oreille, prends la route avec con-
» fiance.

» Dieu qui veille sur ses serviteurs, les avertit toujours
» par un fal (présage) lorsqu'ils se mettent en voyage. »

Quand notre seigneur Mohamed, suivi du seul Abou Bekeur, eût quitté la Mecque pour aller à Médine, parce que les djahilya (idolâtres) voulaient l'assassiner, Emkueltoum, dans la maison duquel il descendit, le voyant arriver, appela ses serviteurs : Mebrouk! Salem!

Le Prophète, en entendant ces noms, dont l'un veut dire l'*heureux* et l'autre le *sauvé*, se retourna vers Abou Bekeur et lui dit :

« Cette maison nous sera sans aucun doute un refuge
» assuré. »

Ce fut en effet de ce jour que la puissance de N. S. Mohamed commença à s'étendre sur les nations[1].

Nous partions donc sous les meilleurs auspices.

Vers el asseur (3 heures), on s'arrêta sur l'Oued

---

[1] Année de l'hégire, 16 juillet 622. — Médine s'appelait alors Iatreb.

Nechou qui était à sec, mais où nous connaissions des puits.

Dans le voisinage de l'un d'eux, notre khrebir tendit sa tente en peau de bœuf et nous fit placer autour de lui de manière à former un grand cercle, dont nos bagages devaient tracer le périmètre, et dont nos chameaux occuperaient le centre. — Cheggueun seul avait une tente; pendant toute la traversée, nous couchâmes, nous, en plein air, sur nos bagages, enveloppés dans nos bernous et dans nos haïks.

Ces dispositions de campement adoptées une fois pour toutes, quatre d'entre nous furent commandés pour aller faire paître les chameaux, quatre autres pour aller chercher de l'eau, trois pour aller couper du bois, et cinq enfin pour mettre tout en ordre et faire la cuisine.

A la tombée de la nuit nos chameaux rentrèrent et nous les entravâmes dans l'intérieur de notre *douar* improvisé. Nous soupâmes ensuite, non pas en commun, mais par groupes de quatre.

Après le repas, Cheggueun nous appela dans sa tente et nous dit :

« Asseyez-vous, mes enfants; nous allons nous con-
» certer; que Dieu nous donne bon conseil! Ceux
» d'entre vous qui fument, qu'ils allument leurs pipes,
» s'ils le veulent, puisque nous ne sommes pas encore
» en pays assez dangereux pour que la fumée du tabac
» nous dénonce aux ennemis, et écoutez-moi.

» Je veux vous consulter d'abord sur le choix d'un
» chaouch et d'un khrodja ; d'un chaouch qui puisse
» m'aider, d'un khrodja qui soit à la fois notre taleb et
» notre kadi. Quand nous aurons rallié la caravane
» du Touat ; quand, devenus plus nombreux, une or-
» ganisation plus complète nous sera nécessaire, nous
» nommerons les autres chefs indispensables à toute
» assemblée de croyants, qu'elle habite une ville ou
» des tentes, qu'elle soit sédentaire ou mobile comme
» nous. »

D'un commun accord nous désignâmes à Cheggueun, pour lui servir de chaouch, un nommé Ahmoud, dont l'intelligence et l'infatigable activité garantissaient les bons services ; Sid el Hadj Abderrahman, qui avait été deux fois à la Mecque, et qui était savant dans la loi, fut nommé notre khrodja.

Il fut en outre réglé que l'un de nous sur quatre ferait la garde cette nuit et les suivantes.

« Mes enfants, ajouta Cheggueun ensuite, s'il plaît
» à Dieu, nous ferons un bon voyage ; mais il sera long
» et difficile. Quand le danger est autour de nous, que
» la prudence soit avec nous... Retenez donc bien ce
» que je vais vous dire.

» Ne marchez jamais les pieds nus : le terrain
» pierreux les meurtrit et le sable les brûle ; il se
» forme alors entre peau et chair des ampoules très-
» douloureuses.

» El haffa ikolleul el beseur,
» Ikolleul el djeheud
» Ou ikolleul el nefss.

» Marcher les pieds nus affaiblit la vue,
» Diminue la force
» Et diminue la respiration.

» En aucune occasion, ne quittez donc point vos
» chaussures; cette précaution d'ailleurs est à prendre
» contre les vipères (lefaâ) qui dorment dans le sable
» et dont les morsures sont toujours mortelles [1].

» Ne vous découvrez jamais la tête pendant l'au-
» tomne et le printemps surtout; redoutez les coups de
» soleil. (Bokuelat el chemce.)

» L'été, si le ciel est clair, tournez le dos à la
» pleine lune en vous couchant, et couvrez-vous
» bien la figure pour éviter les coups de lune (Bokue-
» lat el kuemer); les maux de tête et les rhumes les
» suivent.

» Ne dormez jamais sur le sable nu, vous vous lè-
» veriez avec la fièvre.

» Ne buvez jamais à la *bouche* de vos outres :

» Echerob men foum el lefaâ;
» Ou la techerob men foum el guerba.

» Bois à la bouche de la vipère;

---

[1] C'est la vipère cornue. (Voir au Dictionnaire.)

» Ne bois jamais à la bouche de la peau de bouc.

» Ne buvez jamais d'eau que la marche a battue et
» que le soleil a chauffée dans les outres, avant de lui
» avoir fait prendre l'air un instant.

» Après avoir mangé de la viande, ne buvez jamais
» d'eau sans attendre un moment; *vous boiriez* peut-
» être la mort.

» Ne buvez jamais le matin avant d'avoir mangé,
» vous auriez soif toute la journée.

» Ne buvez jamais avant de vous être un peu re-
» posé.

» Ne buvez jamais que deux fois par jour. »

Les anciens ont dit :

« Ne jetez jamais l'eau
» Avant d'avoir trouvé de l'eau.

» Matekeïss ma,
» Hatta tesib ma.

» S'il arrive que le vent de l'ouest (ouahedje) des-
» sèche nos peaux de bouc et les tarisse, gardez-vous
» de manger des dattes; sucez le suc d'un ognon et
» avalez trois ou quatre gorgées de beurre fondu;
» ces précautions ne désaltèrent pas complétement,
» mais elles trompent la soif et donnent le temps d'at-
» tendre.

» On peut rendre encore pour un moment la fraî-
» cheur à sa bouche en y tenant une balle de plomb.
» D'ailleurs, il est connu qu'un homme ne meurt pas

» de soif avant trois jours entiers; et dussions-nous
» tuer quelques-uns de nos chameaux pour nous dé-
» saltérer avec l'eau que Dieu met en réserve dans leur
» estomac, nous n'en manquerons point pendant un si
» long temps.

» Ne mangez jamais de kouskuessou froid; il est
» d'une digestion difficile et pénible.

» Il arrivera sans doute que nous serons obligés d'a-
» battre un chameau ruiné par la fatigue, ou blessé,
» incapable enfin de continuer la route, et dont la
» chair fraîche sera pour nous d'un appât très-vif après
» nos abstinences forcées. Mais, de quelque tentation
» que vous soyez pris en face d'un bon repas, sachez
» faire taire votre appétit; un excès subit après un
» long jeûne, un excès de viande surtout, donne in-
» failliblement la dyssenterie, sinon la mort.

» Enfin, mes enfants, ne courez point la chasse
» hors de vue de la caravane, ne restez point en ar-
» rière, ne vous exposez point imprudemment :

» Celui qui met sa tête dans le son sera becqueté par
» les poules.

» Jusqu'au pays des Touareug, nous n'avons pas
» grand'chose à craindre; mais là nous aurons d'au-
» tres précautions à prendre, et je vous les indi-
» querai.

» Allez; et que Dieu allonge votre existence ! »

Sur ces paroles nous saluâmes notre khrebir en lui

baisant la main, et nous allâmes nous coucher sur nos sacs.

Mais à peine avions-nous fermé les yeux que nous fûmes éveillés par une voix forte qui cria :

— Hé ! les gardes ! Dormez-vous ?

C'était Cheggueun qui, de la porte de sa tente, avait fait cet appel.

— Nous veillons ! répondirent les gardes ; et le calme reprit.

Une heure après, la même voix nous éveillait encore; et, d'heure en heure, il en fut ainsi jusqu'au matin.

Après la prière, nous décidâmes en conseil que nous achèterions deux moutons aux bergers des Chambet Berazegas, qui faisaient paître leurs troupeaux dans les environs de l'Oued Nechou et que nous les saignerions en l'honneur de Sidi Abd el Kader, pour lui demander sa protection. Ils nous coûtèrent deux douros d'Espagne, et nous les conduisîmes au pied du marabout *Ould Améur ben Mouça*, près duquel est un puits abondant; et pendant qu'un de nous les immolait, Cheggueun élevant la voix :

« O Sidi Abd el Kader[1], dit-il, tu es le protecteur
» du voyageur, le compagnon de celui qui va en ghra-

---

[1] Sidi Abd el Kader, dont le tombeau est à Baghdad, est le protecteur de tous ceux qui sont dans la peine. — Les voleurs mêmes l'invoquent. Il n'est pas un saint musulman à qui l'on ait bâti plus de marabouts (koubba). (Voir au chap. *Oueda*.)

» zia, l'ami du malheureux, sois avec nous et pour
» nous dans ce voyage, et quand nous serons de retour,
» nous donnerons en ton honneur aux pauvres une
» riche *ouàda* (cadeau, présent). »

Les victimes furent ensuite dépouillées et partagées fraternellement entre nous et les bergers qui nous les avaient vendues. Ces braves gens nous donnèrent en échange du lait frais de brebis.

Ce jour-là nous fîmes séjour auprès du marabout.

Le lendemain à dix heures, nous déjeunâmes sur l'Oued el Maïze (la rivière des Chèvres), où nos chameaux avaient à paître, et le soir nous campions sur l'Oued el Gaâ, auprès d'un puits appelé *Hassy el Gaâ*.

C'est un lieu célèbre et révéré où s'élève, sous un palmier, la koubba de Sidi el Hadj bou Hafeus, que visitent souvent les Chambas.

Sidi el Hadj Bou Hafeus est un saint des Ouled Sidi Chikh, qui a fait à la Mecque trente-trois voyages, dont plusieurs comme Amir el Rekueb, ou chef de la caravane de pèlerins qui s'y rend par le Sahará. Le puits d'El Gaâ était une de ses stations habituelles, et la piété des croyants a voulu consacrer ce souvenir en élevant une koubba à l'endroit où le pieux pèlerin avait tant de fois bâti sa tente.

Son véritable tombeau est à *El Biod Mtaâ Ouled Sidi Chikh*.

A mesure que nous avancions, Cheggueun redoublait

de prudence, et, bien que nous eussions pris toutes les précautions dont j'ai déjà parlé, il se leva plusieurs fois pendant la nuit pour tenir les gardes éveillés, et pour crier lui-même d'une voix forte aux maraudeurs qui pouvaient être tentés de nous attaquer :

« O esclaves de Dieu, vous entendez ! Celui qui tourne
» autour de nous, tourne autour de sa mort !

» Il n'y gagnera rien et ne reverra pas les siens !

» S'il a faim, qu'il vienne, nous lui donnerons à
» manger.

» S'il a soif, qu'il vienne, nous lui donnerons à
» boire.

» S'il est nu, qu'il vienne, nous le vêtirons.

» Et s'il est fatigué, qu'il vienne se reposer.

» Nous sommes des voyageurs pour nos affaires, et
» nous ne voulons de mal à personne. »

Soit qu'il n'y eût pas de voleurs dans les environs, soit qu'ils eussent été effrayés par cette publication qui pouvait s'entendre fort loin, dans le silence de la nuit et le calme du désert, il ne nous arriva aucun accident.

Notre premier repos du jour suivant fut sur l'Oued Seghrir, qui était à sec, mais dont les rives sont fournies d'herbes et de buissons; et le soir, à cinq heures, nous étions sur l'Oued Ghriar, auprès de la koubba de Sidi Mohamed Zighreüm, mon ancêtre : c'est de lui que descend la fraction des Chambas qui porte son nom.

Sidi Mohamed, étant en voyage, fut appelé par Dieu

dans le lieu même où nous campions, nous, ses enfants ; ses compagnons transportèrent son corps à Metlily, lui bâtirent une koubba, et revinrent sur l'Oued Ghriar en élever une autre à sa mémoire.

Il a emporté dans l'autre vie l'horreur qu'il avait en celle-ci pour le mensonge : ceux qui jurent en vain par lui perdent la vue, leurs troupeaux dépérissent et meurent d'un mal inconnu.

Nous lui fîmes nos prières en commun, et ce jour étant un jeudi, je le consultai par El Istikhrara.

EL ISTIKHRARA (LE CHOIX).

El Istikhrara met l'homme de la terre en communication, par les songes, avec Dieu lui-même ou avec les saints du Paradis. — Pour obtenir cette grâce, un homme de foi qui veut entreprendre une chose importante fait ses ablutions, comme pour la prière, dans la première moitié de la nuit du jeudi, et, dans la seconde moitié, deux rekâa (génuflexion à deux genoux), pendant lesquelles il dit des oraisons consacrées et celle-ci ensuite :

« Dieu de l'univers, j'implore de ta bonté que cette
» nuit tu me montres en rêve ce qu'il est bon que je
» sache.

» Par la grandeur du Prophète — que la prière et le

» salut soient sur lui — s'il y a du bien ou du mal, fais-
» le-moi voir.

» O mon Dieu, lorsque tu dis d'une chose *Koun* (sois),
» elle est; ton ordre est entre le *kaf* et le *noun* (entre le
» K et le N)[1].

» Je te supplie, par ton nom sublime et révéré, par
» le livre des destinées que tu as écrit, par les pro-
» phètes, par tes apôtres, par le saint marabout *un tel*,
» de me manifester ta volonté.

» Je te le demande par les sept cieux et tous les an-
» ges qu'ils renferment, par les sept terres et tous les
» animaux et les oiseaux qu'elles nourrissent, par la
» mer, par les fleuves et tout ce qu'ils contiennent de
» précieux et de merveilleux; car tu as le pouvoir sur
» toutes choses. »

Ainsi préparé, celui qui veut savoir se couche sur le
côté droit, auprès de la koubba du saint au nom duquel
il a fait l'invocation, et Dieu lui montre en songe ce
qu'il a demandé, bien ou malheur, et il agit selon qu'il
a vu.

Pour moi, il m'arriva que dans mon sommeil je me
vis revenant du Soudan, sain de mon corps et de mon
âme, et rentrant à Metlily, où je retrouvais mon père,
ma mère, ma femme et mon enfant.

[1] Ceci n'est pas traduisible en français. *Koun* — sois — s'écrit par un *kaf*, qui répond à notre *k*, et par un *noun* qui répond à notre *n*. La phrase arabe a donc ce sens: « Ton ordre est dans ce simple mot, *sois*. » C'est la phrase de la Genèse.

J'en jugeai que Dieu bénissait mon voyage, et véritablement il l'a béni!.

———

L'Oued Ghriar était complètement desséché, les puits creusés dans son lit n'avaient pas une goutte d'eau; nous y bûmes de nos outres.

Il en fut de même le lendemain, à dix heures du matin, sur l'Oued el Biod, et nous eûmes à craindre un moment que l'Oued Faâl, où nous campâmes le soir, ne nous fût pas meilleur hôte.

Tous ces Oued qui coulent du nord au sud à travers les sables n'ont d'eau qu'en hiver; mais, dans le lit de presque tous, on a creusé des puits qui tarissent rarement; et celui de l'Oued Faâl, que l'on nomme Hassy Zahâra, est un des meilleurs.

Un puits est un endroit sacré, et il y a comme une convention tacite entre tous les voyageurs, non seulement de ne point en gaspiller l'eau, mais encore de réparer, quand il en est besoin, la petite maçonnerie en pierres sèches ou en branchages qui s'élève au-dessus

---

¹ El Aïachi et Moula Ahmed en partant pour la Mecque consultent El Istikhrára (voir leurs voyages traduits par M. A. Berbrugger et publiés par ordre du gouvernement).

Il est curieux de retrouver dans Hérodote que les Nasamons, peuples de la Syrte, avaient le même usage : « Pour exercer la divination, ils vont au tombeau » de leurs ancêtres, ils y font leur prière et y dorment ensuite ; si pendant leur » sommeil ils ont quelques songes, ils en font usage dans leur conduite. (*Hérodote*, liv. IV, ch. 172.)

du sol autour de son orifice, et contre laquelle vient s'amonceler le sable chassé par le vent. — Au départ, on le recouvre avec des herbes ou d'épaisses broussailles. Sans ces précautions, il serait bientôt comblé.

Cependant, lorsqu'un parti a fait une ghrazia sur une tribu, s'il est suivi de près, il infecte les puits en y jetant des cadavres d'animaux.

C'est la nécessité de la guerre.

Un bassin (El Djabeaâ, chereaâ) en maçonnerie est toujours ménagé près d'un puits ; à l'aide de nos seaux de cuir, nous remplîmes celui d'Hassy Zahâra, et nos chameaux y burent avec avidité.

Au printemps, les environs de l'Oued Faâl sont couverts d'excellents pâturages, où les Chambas et les Ouled Yagoub viennent faire paître leurs troupeaux.

Sans être marécageux, les sables, imprégnés encore des pluies de l'hiver, sont entièrement cachés sous l'herbe, et le lit de la rivière est très-broussailleux. Aussi, le pays est-il peuplé de gibier, lièvres, lapins, gazelles, perdrix, pigeons. Nous y vîmes quelques *begueur el ouhâche* et des *lerouy*[1], qui portent une touffe de longs poils sur le cou, sur le poitrail et aux genoux.

Les hyènes, les renards et les chacals y sont en si grande quantité et d'une telle impudence, les chacals surtout, qu'il n'est pas rare d'en voir pénétrer au milieu d'une caravane au bivouac, et d'y voler des peaux de

---

[1] On voit un lerouy femelle (mouflon à manchettes) au Jardin des Plantes.

bouc pleines de farine, de beurre ou de dattes. Nous fîmes si bonne garde, que pas un d'eux n'eut occasion de *se moquer de nous;* mais ils s'en vengèrent par des cris si perçants et si continus, que de toute la nuit pas un de nous ne put fermer les yeux.

Nous nous arrêtâmes le lendemain sur l'Oued Haymeur, où nous trouvâmes beaucoup d'herbes, mais où il n'y avait point d'eau.

A peine arrivés, Cheggueun mit pied à terre, et, nous confiant son chameau, il se porta en avant pour aller reconnaître l'Oued Berghraoui, où nous devions aller coucher. Les Hamyanes, les Aribs, les Ouled Yagoub, les Doui Meniaâ et les Touareug fréquentent ces parages, où les attirent de vastes pâturages et les trois puits constamment pleins de l'Oued Berghraoui, Hassy el Berghraoui, Hassy Chareuf et Hassy Sanoun.

Nous avions à redouter quelque embuscade, et bien que Cheggueun, de retour, n'eût rien découvert qui pût lui faire soupçonner une attaque, il nous fit prudemment arrêter le soir, vers trois heures, à deux lieues à peu près de la rivière, au pied du marabout de Sidi Mohamed Moul el Mâhari, qui, par sa situation dans un pli de terrain, échappe à la vue des maraudeurs.

Sidi Mohamed Moul el Mâhari (le maître du chameau) était un marabout des Ouled Sidi Chikh qui mourut en revenant d'Ouargla, et fut enterré où s'élève aujourd'hui son tombeau. Son nom, Moul el Mâhari, lui vient de ce qu'il montait dans ses voyages un de ces excellents chameaux (mâhari) qui font jusqu'à trente ou trente-cinq lieues dans un jour.

Près de la koubba du saint homme s'étend un vaste cimetière, peuplé des voyageurs morts dans les caravanes, et des bergers qui, venus au printemps pour faire paître leurs troupeaux, ont été surpris et massacrés *par les Arabes de proie* ou par les Touareug.

Ce lieu sinistre porte avec lui son enseignement :

« Mes enfants, nous dit notre khrebir, c'est ici qu'il
» faut redoubler de prudence ; l'endroit où nous som-
» mes est l'un des plus dangereux de la route de Met-
» lily à Timimoun : Dieu sait combien de caravanes y
» ont été pillées, et il y a quatre ans à peine que des
» Touareug du Djebel Hoggar, en courses d'aventures,
» guidés par les traces d'un troupeau qu'une caravane
» de Chambas avait envoyé boire dans l'Oued Bergh-
» raoui, tombèrent sur les *imprévoyants* et les massa-
» crèrent.

» Ne parlez donc que très-bas ou plutôt ne parlez
» point du tout ; c'est ici qu'on peut dire : *le silence est*
» *d'or.*

» Liez la bouche de vos chameaux, et quand ils se-
» ront couchés, évitez de passer auprès d'eux pour que
» les mugissements qu'ils pousseraient à la vue de
» leurs maîtres ne donnent point l'éveil à l'ennemi.

» Il faudra cette nuit vous contenter de dattes ; nous
» ne ferons point de feu.

» Nous n'irons point à l'eau, les traces de nos pas
» pourraient nous déceler, si même des espions embus-
» qués ne nous voyaient pas.

» Ne battez pas le briquet, les étincelles nous trahi-
» raient.

» Ne fumez point, la fumée du tabac s'évente à de
» grandes distances : quelques hommes la sentent à
» deux ou trois lieues.

» Préparez vos armes et que tout le monde veille,
» car les voleurs disent :

» El leïl sham el guelil
» Ila ikoum redjil.

» La nuit, c'est la part du pauvre,
» Quand il est courageux. »

Cheggueuñ avait cela qu'il parlait d'exemple. Il nous fit faire bonne garde, mais il passa la nuit entière sur son chameau, battant les environs ; et le lendemain, au départ, il partit devant nous, étudiant le terrain avec l'œil et l'oreille, pendant que nous poussions nos chameaux aussi vite que possible en faisant le guet sur les derrières.

Nous arrivâmes ainsi à Bou Aly ou Saadaña, et nous y déjeunâmes. A deux heures nous étions sur l'Oued Zirara.

C'est un pays magnifique, riche en bois, en eaux et en pâturages ; on dit de lui :

» Oued el Zirara,
» Mertahh en naga.

» Oued el Zirara,
» C'est le repos de la chamelle. »

Pour toutes ces raisons, et sans doute aussi parce que le puits de Zirara ne manque jamais d'eau, l'endroit est connu de tous les pillards.

Les Aribs, les Touareug et les Chambas s'y sont rencontrés souvent, et l'on y voit encore beaucoup d'ossements humains, que le temps a blanchis pêle-mêle sur le sable.

Nous nous hâtâmes donc de faire boire nos chameaux, de remplir nos outres, et d'aller nous cacher dans les mouvements de terrain qui sont à une demi-lieue au sud.

Cheggueun nous y fit camper très-serrés, avec plus de précautions encore que sur l'Oued Berghraqui, et, comme il avait fait la veille, ainsi qu'un simple chouaf (voyeur, éclaireur), il se hasarda autour et assez loin du camp.

Au milieu de la nuit, il aperçut trois hommes couchés sur le ventre, qui rampaient vers notre caravane. Il arrêta son chameau, le fit s'abattre sur le sable, en descendit si doucement et si adroitement qu'il ne fut vu ni entendu par les maraudeurs, trop préoccupés d'atteindre leur but difficile, et trop confiants dans la nuit pour craindre une surprise. Le sabre dans la bouche, en rampant comme eux, il les mit entre nous et lui, et quand il les eut sous la main, il se redressa tout à coup en jetant un grand cri. Les voleurs effrayés voulurent prendre la fuite; mais, au même instant, l'un d'eux retomba lourdement, les jarrets mutilés par un de ces affreux coups de sabre à la façon des Touareug, dont chacun jette un ennemi par terre. Au cri de Cheggueun nous nous étions élancés dans sa direction et nous eûmes bientôt rejoint les deux fuyards.

C'étaient des bergers des Chambas qui faisaient paître les troupeaux de leurs maîtres à quelques lieues de là, et qui, étant venus chercher de l'eau au puits de Zirara, avaient reconnu nos traces, et nous avaient suivis pour nous voler.

Ils nous affirmèrent cependant qu'ils nous avaient pris pour des ennemis.

Fort embarrassés de nos prisonniers, nous feignîmes de les croire, et nous les relâchâmes le lendemain; quant au blessé, nous le laissâmes où il était tombé; sa blessure était affreuse, et sans doute qu'il en est mort.

A la pointe du jour nous nous remîmes en marche d'un bon pas jusqu'à Arîche el Mezerag, où nous arrivâmes sur les dix heures.

Nous en repartîmes une heure après pour aller camper sur l'Oued el Biod, où nous ne trouvâmes point d'eau. Mais nous étions dans un pays ami, chez les Chambet el Madhy, qui sont une des trois grandes fractions de notre tribu. N'ayant plus rien à craindre, nous soupâmes gaîment en riant et en racontant des histoires du temps passé.

« Quand le ventre est rassasié, il dit à la tête :
» chante. »

Le lendemain, après avoir fait une première halte auprès d'un mamelon assez élevé, appelé Taguemina, nous étions, à deux heures de l'après-midi, en vue de Gueléa.

Nous annonçâmes notre arrivée à nos amis par de nombreux coups de fusil, et nous installâmes notre bivouac à l'ouest de la ville en dehors des douars, entre les marabouts de Sidi Abd el Kader et de Sid el Hadj bou Hafeus ; la protection de ces saints vénérés devait, comme il arriva, nous sauvegarder des maraudeurs du pays, qui partout ailleurs nous auraient attaqués.

Cheggueun avait à peine donné ses ordres pour nos dispositions de campement que nous vîmes arriver à nous Zaïd Ould bou Bekeur, chikh des Chambas qui campent autour de Gueléa, suivi des principaux de la tribu et de nombreux curieux.

Après les salutations et les compliments : « Com-
» ment se fait-il, demanda Bou-Bekeur à notre khre-
» bir, que vous ayez tué l'un des nôtres il y a deux
» nuits, ainsi que nous l'ont appris ce matin ses ca-
» marades qui gardaient avec lui nos troupeaux aux
» environs de l'Oued Zirara ? Selon la loi, vous nous
» devez sa dïa, et nous venons vous la réclamer. »

— « O Chambas, répondit Cheggueun, celui que nous

» avons tué était un voleur, ainsi que nous l'affir-
» mons par le saint marabout Sid Mohamed Zig-
» hreum, au nom duquel on ne jure jamais en vain,
» et comme nous l'affirmerons au jour du jugement
» quand Dieu sera kadi et les anges témoins.

» Cet homme et ses deux camarades ont été surpris
» à minuit rampant sur le sable vers notre camp, et
» je l'ai tué. — Nous ne refusons pas cependant de
» faire la justice, et si la loi nous condamne à payer
» le prix du sang, nous obéirons volontiers. Mais
» parce que nous sommes en voyage et que notre
» temps est précieux, et parce que vous et nous som-
» mes frères de la même tribu, nous demandons que
» cette affaire ne soit jugée qu'à notre retour. »

Zaïd Ould bou-Bekeur et tous les assistants y consentirent :

« Celui qui est vanté par mille ne peut être déprécié par deux. »

LA DIA (PRIX DU SANG).

Cette méchante affaire nous était suscitée par le faux témoignage des deux prisonniers que nous avions relâchés la veille; ils avaient déjà raconté dans Gueléa et dans les douars que nous ayant vus nous cacher loin du puits, ils nous avaient jugés malintentionnés; que s'ils étaient venus à nous en se cachant eux-mêmes, ce n'était point pour nous voler, mais pour nous surveiller dans l'intérêt du pays. Comme fin à cette histoire, ils avaient demandé qu'on nous fît payer la dïa de la victime.

Selon la loi, en effet, le meurtre involontaire (khratha) est puni par la dïa, qui, pour les gens de l'*or* (des villes), est de mille dinars; pour les gens de l'*argent* (du Tell) douze mille derhem, et pour les gens à chameaux (du Sahâra) cent chameaux, à moins qu'il n'y ait des arrangements entre le meurtrier et les parents du mort.

Mais quand il est prouvé que le meurtrier a frappé pour sa défense, la *dïa* n'est point due [1].

L'usage de la *dïa* remonte au temps de l'aïeul du Prophète, Abd el Mettaleb.

Abd el Mettaleb n'avait qu'un seul enfant, et dans sa douleur il fit cette prière:

« Seigneur, si vous me donnez dix enfants, je jure
» de vous en immoler un en actions de grâces. »

Dieu l'entendit, et le fit père neuf fois encore. Abd el Mettaleb, fidèle à sa promesse, remit au sort à décider quelle serait la victime, et le sort choisit Abdallah; mais la tribu s'élevant contre le sacrifice, il fut décidé qu'Abdallah serait mis d'un côté et dix cha-

---

[1] Non plus dans le cas de meurtre avec préméditation — qui est puni par le talion.

meaux de l'autre; que le sort serait de nouveau consulté jusqu'à ce qu'il se prononçât pour l'enfant, et qu'autant de fois qu'il se prononcerait contre lui, dix chameaux seraient ajoutés aux premiers.

Abdallah ne fut racheté qu'à la onzième épreuve, et cent chameaux furent immolés à sa place.

Quelque temps après, Dieu manifesta qu'il avait accueilli favorablement cet échange, car il fit naître d'Abdallah, notre seigneur Mohamed; et, depuis, le prix du sang, la *dia* d'un Arabe, est fixé partout à cent chameaux.

Notre innocence et notre bonne foi n'avaient point laissé de doutes dans le cœur d'Ould Bou-Bekeur ni dans les cœurs des assistants. Tous, et l'excellent chikh le premier, nous en donnèrent des preuves pendant notre séjour à Gueléa.

Matin et soir, ils nous envoyaient du *ladm*, avec de la viande de mouton, du beurre et du lait, et venaient souvent partager nos repas et nous tenir compagnie.

Bou-Bekeur était un ami de mon père, dont il avait été l'hôte à Metlily.

Les droits de l'amitié ne se perdent pas. Il eut pour moi tous les soins imaginables; et, au jour de notre départ, je n'eus point à m'inquiéter de mes provisions, car il m'envoya du beurre, des dattes, de la viande de gazelle salée, tout ce qui pouvait m'être utile dans mon long voyage et me le faire faire le plus agréablement possible. Je ne saurais trop me louer de ses bontés. Que Dieu l'en récompense dans ce monde et dans l'autre !

GUÉLÉA [1].

Guéléa est située sur une montagne rocheuse de forme conique très-prononcée; elle est construite tout entière de pierres taillées que les indigènes assurent être les débris d'une ville romaine : aussi, est-elle beaucoup mieux bâtie que les autres ksours du Sahâra. Elle compte deux cents maisons à peu près, entourées par une muraille d'enceinte très-élevée, très-épaisse, très-solide, en larges pierres et crénelée. Elle n'a qu'une porte ouverte du côté de l'ouest et qui semble être celle de l'ancienne ville; une énorme pierre taillée, que vingt hommes ne pourraient pas remuer, gît auprès.

Un puits immense d'une grande profondeur, bien maçonné du bas en haut, fournit de l'eau en abondance aux habitants. On ne connaît point l'époque de sa

---

[1] Nous croyons devoir reproduire ici la description que nous avons donnée de Guéléa dans notre ouvrage sur le Sahara algérien. Quand ce livre fut fait, nous n'avions pas encore interrogé le *Chambi* dont nous racontons ici les voyages ; tout ce qu'il nous a dit de Guéléa confirme sans restriction les détails que nous avions précédemment recueillis et publiés.

construction. Sous les murailles, au pied de la montagne, jaillit une source vive dont les eaux sont aménagées dans un bassin assez vaste pour que vingt chameaux y puissent boire de front.

C'était là que nous abreuvions les nôtres chaque soir, en les ramenant du pâturage.

La tradition raconte que Gueléa était autrefois habitée par des gens de sang mêlé, comme ceux du Touat, et qui parlaient *le zenatïa*[1]. Ils s'appelaient Krefian ; ils en ont été chassés sans doute par les nouveau-venus, qui sont les Chambet el Mahdy.

Les uns vivent dans la ville, les autres, campés dans les environs, sous la tente. Comme ceux de Metlily et de Ouargla, ils sont riches en troupeaux de moutons, de chameaux et de chèvres ; les chefs seuls ont des chevaux. Comme eux encore, ils se sont faits les intermédiaires du commerce entre les points les plus éloignés.

D'immenses plantations de dattiers, des jardins et des vergers cerclent Gueléa, et sont arrosés par l'eau de puits nombreux, peu profonds, faciles à creuser et intarissables. C'est là une fortune territoriale que se partagent les habitants de la ville et les habitants des tentes ; les uns et les autres sont propriétaires.

On prétend que Gueléa a été assiégée pendant sept ans par les Touareug, qui s'obstinaient à vouloir la prendre

---

[1] Idiome berbère.

par la famine. Les provisions commençaient én effet à s'épuiser, mais une ruse sauva les assiégés.

Un matin, les Touareug virent les murailles de la place tapissées de bernouss blancs fraîchement lavés, qui séchaient au soleil; donc elle ne manquait pas d'eau. La nuit suivante, de grands feux allumés sur divers points l'éclairaient tout entière; donc elle ne manquait pas de bois. Le lendemain, les Touareug trouvèrent sous les murailles, et jusques auprès de leur camp, des galettes de belle farine, des dattes, du kouskucssou, dernières ressources que les assiégés avaient sacrifiées pour faire croire à leur abondance; les assiégeants y crurent et se retirèrent [1].

DE GUELÉA A TIMIMOUN.

Nous restâmes sept jours campés sous Gueléa et nous les employâmes à refaire nos provisions, à réparer les bâts de nos chameaux (haouya), nos chaussures, nos outres et nos cordes.

Tour-à-tour et par quatre, bergers et gardiens du camp, ceux que cet arrangement laissait libres, visitaient leurs connaissances et s'allaient promener dans

---

[1] Il y a sans doute exagération dans ce conte dont le véritable sens doit se réduire à ce fait, que, par sa position et les provisions qu'elle peut faire, Gueléa est à peu près imprenable pour des Arabes.

les jardins où la population de la ville et celle des douars se donne rendez-vous au soleil tombant, et reste jusque bien avant dans la nuit à s'amuser aux chansons des chanteurs, des improvisateurs et des joueurs de flûte.

Ces promenades, sous des arbres touffus et sous les palmiers, sont autant de fêtes de tous les soirs ; les femmes n'en sont point exclues, et comme elles sont belles et très-faciles, nous aurions pu trouver plus d'une occasion de manquer au vœu de chasteté que nous avions fait en nous mettant en route, pour que Dieu bénît notre voyage.

Mais le démon ne put rien contre nous. Que Dieu le maudisse !

Nous étions à Gueléa depuis cinq jours, lorsqu'un *Chambi*, qui revenait de Timimoun, nous avertit qu'un parti de Touareug interceptait les communications entre les deux villes.

Effrayés du peu de résistance que nous pouvions, en si petit nombre, opposer à l'ennemi, nous songeâmes à nous renforcer ; mais tous ceux des Chambet el Mahdy qui devaient aller dans le Touat étaient déjà partis, et force nous fut de ne compter que sur nous-mêmes. Les plus prudents ou les plus timides nous conseillaient d'attendre d'autres nouvelles ; c'eût été perdre beaucoup de temps et Cheggueun s'y opposa.

« Puisque je suis avec vous, nous dit-il, vous n'avez
» rien à craindre des Touareug, je les connais tous ;

» si vous avez confiance en moi, nous partirons après-
» demain. »

Aucun de nous ne fit la moindre objection; nous étions trop avancés et trop décidés pour reculer. Personne ne pensait d'ailleurs que notre khrebir pût vouloir le mal; nous l'aimions comme si nous eussions été ses enfants, et véritablement il était notre père.

L'HOSPITALITÉ.

Le jour de notre départ étant enfin arrêté, Bou-Bekeur voulut nous régaler une dernière fois, et il nous réunit au nombre de sept ou huit dans sa maison, pour y souper et pour y passer la nuit.

La réunion était joyeuse : le fils de notre hôte, petit garçon de sept ou huit ans, nous avait surtout égayés par sa grâce et par sa vivacité; son père en était fou, et je l'avais habillé tout à neuf avec un joli bernouss brodé de soie, une chachia rouge et des pantoufles jaunes.

Le soir cependant il ne parut point au souper, et comme nous demandions à son père de nous le faire amener :

« Il dort d'un profond sommeil, » nous répondit-il, et nous n'insistâmes pas davantage.

Le repas fut abondant, les causeries très-animées; on y parla beaucoup des chrétiens et de la guerre.

On disait que vos armées étaient innombrables comme les vols d'étourneaux en automne; vos soldats enchaînés ensemble, alignés comme les grains d'un collier, ferrés comme des chevaux; que chacun d'eux portait une lance au bout de son fusil et sur le dos un bât (bérdâa), qui contient ses provisions; qu'à tous ils ne faisaient qu'un seul coup de fusil. On vantait votre justice et votre aman; vos chefs ne commettaient point d'exaction; devant vos cadis, le pauvre valait le riche.

Mais on vous reprochait de manquer de dignité, de rire même en vous disant *bonjour*, d'entrer dans vos mosquées sans quitter vos chaussures, de ne point être religieux, de laisser à vos femmes une trop grande liberté, de vous faire leurs *complaisants;* de boire du vin, de manger du cochon, et d'embrasser vos chiens.

Après la prière du Fedjer, quand nous songeâmes à quitter Bou-Bekeur, « Mes amis, nous dit-il, j'ai fait,
» selon la loi, tous mes efforts pour que vous fussiez
» chez moi avec le bien; tous les égards qu'un hôte
» doit à ses hôtes, avec l'aide de Dieu, je crois les
» avoir eus pour vous, et maintenant je viens vous de-
» mander à tous un témoignage d'affection. Quand je
» vous ai dit hier au soir: mon fils dort d'un profond
» sommeil, il venait de se tuer en tombant du haut de
» la terrasse, où il jouait avec sa mère.

» Dieu l'a voulu; qu'il lui donne le repos! Pour ne
» pas troubler votre festin et votre joie, j'ai dû conte-
» nir ma douleur, et j'ai fait taire ma femme désolée

» en la menaçant du divorce; ses pleurs ne sont point
» venus jusqu'à vous. Mais veuillez ce matin assister à
» l'enterrement de mon fils, et joindre pour lui vos
» prières aux miennes. »

Cette nouvelle et cette force de caractère nous anéantirent, et nous allâmes religieusement enterrer le pauvre enfant.

Telle est la loi de l'hospitalité; un hôte doit éloigner de sa maison toute douleur, toute querelle, toute image de malheur qui pourraient troubler les heures de ses amis. Le Prophète, qui a donné ces paroles, a dit encore[1] :

« A celui qui sera généreux, Dieu donnera vingt
» grâces :

» La sagesse,
» Une parole sûre,
» La crainte de Dieu,
» Un cœur toujours *fleuri*,
» Il ne haïra personne,
» Il n'aura pas d'orgueil,
» Il ne sera pas jaloux,
» La tristesse s'éloignera de lui,
» Il recevra bien tout le monde,
» Il sera chéri de tous,

---

[1] Cette locution, qui se représente souvent : « Le Prophète a dit, » ne se rapporte pas toujours au Koran, qui est la parole de Dieu, mais le plus souvent aux conversations intimes de Mohamed : *Hadité Sidna Mohamed*, qui ont été recueillies par ses amis, les savants et les commentateurs.

» Il sera considéré, fût-il mince d'origine ;
» Ses biens seront augmentés,
» Sa vie sera bénie ;
» Il sera patient,
» Il sera discret,
» Il sera toujours content,
» Il fera peu de cas des biens de ce monde ;
» S'il trébuche, Dieu le soutiendra ;
» Ses péchés lui seront pardonnés ;
» Enfin, Dieu le préservera du mal qui peut tom-
» ber du ciel ou sortir de la terre.

» Soyez généreux envers votre hôte, car il vient chez
» vous avec son bien : en entrant, il vous apporte une
» bénédiction ; en sortant, il emporte vos péchés.

» Ne vous laissez point aller à l'avarice : l'avarice est
» un arbre que le belise (démon) a planté dans l'enfer,
» et dont les branches sont étendues sur la terre. Qui
» veut y cueillir des fruits est enlacé par elles, et attiré
» dans le feu.

» La générosité est un arbre planté dans le ciel par
» Dieu, le maître du monde ; ses branches atteignent la
» terre ; il montera par elles au paradis ; celui qui traite
» bien ses hôtes se réjouit d'eux et leur fait bon vi-
» sage.

» Dieu ne fera jamais de mal à la main qui aura
» donné. »

Un voyageur fatigué voit-il à l'horizon le sable jaune

tacheté de points noirs, il devine un douar, et vers la tente qui la première s'offre à lui, il porte sa faim et sa soif.

On l'a vu venir, on l'attend : les chiens aboient, tout le douar s'anime.

A portée de la parole il s'arrête et crie :

« Ya moul el khreïma, dif Rebbi !

» O maître de la tente, un invité de Dieu ! »

On lui répond :

« Marhaba-bik !

» Sois le bienvenu ! »

A son arrivée, les chiens, on les fait taire; on s'empresse autour de lui; s'il est à cheval, on lui tient l'étrier pour l'aider à descendre et lui faire honneur; la tente est ouverte, il y entre; on la sépare en deux avec une espèce de rideau (el hayale); il est chez lui d'un côté; de l'autre, la famille est chez elle.

Sans savoir ni son nom, ni sa qualité, ni d'où il vient, ni où il va, et sans le lui demander, on lui donne des dattes et du lait en attendant le taâm du soir.

Est-ce un chef, un homme important, le maître de la tente choisit les convives qui lui feront compagnie.

Le lendemain, au départ, sa monture, dont il n'a pas dû s'inquiéter, est amenée; on le remet en route et les souhaits l'accompagnent.

Les douars du Sahara sont généralement formés de

soixante-dix à cent tentes (khreïma), élevées symétriquement autour d'un espace vide appelé Merah, et de sept ou huit autres, bâties un peu en dehors, par les plus riches; celles-là sont les *guïatin el dyaf*, les tentes des hôtes. Jour et nuit des serviteurs y veillent, spécialement affectés au service des étrangers, qui y sont défrayés; et, comme eux, leurs chevaux, leurs domestiques et leurs bêtes de somme, par chacun des riches tour-à-tour, par les autres collectivement.

Quand un douar n'a pas de guïatin el dyaf, on laisse arriver les hôtes dans le *Merah*, où tous les hommes les accueillent en criant :

« Marhaba bikoum ya dyaf Rebi !

» Soyez les bienvenus, ô les invités de Dieu ! »

Et c'est à qui séduira l'un d'eux par de bonnes paroles pour l'emmener et le nourrir.

Ce jour est pour les pauvres un jour de fête; car, ainsi qu'au temps de notre seigneur Ibrahim [1] l'Hospitalier, des moutons qu'on aura servis rôtis tout entiers, des pâtes feuilletées (mesemmen), de tous ces grands plats de taâm, ils se partageront les restes avec les serviteurs et les esclaves.

S'il arrive qu'un étranger s'offre à la tente d'un avare qui le fuit et se cache, et laisse les chiens de garde

---

[1] C'est Abraham.

aboyer, les voisins accourent : — « Viens avec nous,
» l'hôte de Dieu, » lui disent-ils.

Et ces imprécations retombent sur l'avare : O le
chien! ô le maudit! ô l'avare! non, tu n'es pas de
notre goum; — tu serais du goum des juifs si les
juifs avaient des goums; sois maudit par Dieu, autant
de fois qu'il y a de poils dans ta barbe.

Cet homme est dès lors isolé parmi les siens; il est
méprisé « comme l'enfant de celle qui n'a jamais dit
» non. »

Souvent même il arrive que le douar le frappe
d'une amende de kouskuessou, de mouton et de laitage, au profit de celui qu'il a refusé d'accueillir.

Si, au contraire, un homme est dans la tribu duquel
on dise :

« El kerim, galbou ghrany, ou houa fakir!

» Le généreux, son cœur est riche, et pourtant il est
pauvre! »

les maîtres des chameaux, des moutons et des dattes,
les maîtres enfin des biens de Dieu l'aideront par des
avances, et se cotiseront pour lui monter sa tente en
troupeaux, en beurre, en laine, et partout ils le vante-
ront et se réjouiront de lui :

« Il est le Seigneur des hommes braves et généreux,
» et nous le laisserions avec la peine! Il ne pourrait pas
» nourrir son cheval, ce cavalier des jours noirs; on ne

» dira pas cela de notre tribu — non — cotisons-nous,
» il augmentera notre réputation.

» Un homme ne peut enrichir une Djemâa (as-
» semblée);

» Mais une Djemâa peut enrichir un homme.

» Ouahed ma ighreni Djemâa;

» Ou el Djemâa teghreni ouahed. »

Mais ce n'est pas assez que d'être généreux, il faut savoir donner.

« Si tu ne manges pas, fais manger.

» An lem takoul, oukkel. »

Ne vous observez jamais les uns les autres quand vous mangez ensemble. « Laissez à chacun la liberté de faire ainsi qu'il l'entendra. »

Ben Abbas mangeant avec un autre marabout eut l'inconvenance de faire observer à son hôte qu'il allait porter à sa bouche un cheveu : « Puisque tu remarques ce que je fais, lui répondit le convié, jusqu'à voir un cheveu sur mon plat, je jure par ta tête et par la mienne que je ne mangerai jamais plus chez toi. »

Ne refusez point la diffa de celui qui vous l'offre.

Un hôte arriva chez un Arabe qui le fit asseoir et lui présenta la diffa. — Je n'ai pas faim, dit l'étranger; je n'ai besoin que d'une place pour me reposer cette nuit.

— Va donc chez un autre, lui répondit l'Arabe; je ne veux pas qu'un jour tu puisses dire : j'ai couché chez *un tel*, je veux que tu dises : j'y ai rassasié mon ventre.

« La barbe de l'invité est dans la main du maître de
» la tente.

» Lahyt el dif fi ide moul el khéïma. »

Il n'est pas un homme bien élevé qui ne connaisse et ne pratique ces préceptes, et de tous ceux que j'ai connus, ou chez lesquels j'ai mangé, Bou-Bekeur est sûrement le plus généreux, le plus prévenant et le plus poli.

Malgré la douleur qui l'accablait, le lendemain de l'affreux accident que je viens de raconter, il vint au camp nous faire ses adieux, suivi de tous les chefs des Chambet el Mahdy et de beaucoup de gens de la tribu avec lesquels nous étions liés, et qui nous aidèrent à bâter et à charger nos chameaux.

C'était à qui serait le meilleur pour nous.

Un peu avant la séparation, Bou-Bekeur m'embrassa comme son fils, et je le remerciai de toutes ses bontés.

« Ne parle pas de cela, me dit-il; mais si tu te sou-
» viens de moi, tu me rapporteras du Soudan des
» pantoufles (el médass), du bekhrour (parfum), pour
» mes femmes, et l'un de ces grands plats en bois
» (taguera) que les Nègres fabriquent si merveilleu-
» sement. »

Ce furent les premières choses que j'achetai en arrivant à Haoussa, et j'ai été assez heureux pour les remettre en mains propres à ce généreux ami. — Que Dieu le conserve !

SIDI MOHAMED OU ALLAL.

A une heure après midi, notre petite caravane se remit en marche pour aller coucher le soir au marabout de Sidi Mohamed ou Allal, sur le versant nord du Djebel-Batten. Nous y arrivâmes à cinq heures du soir ; c'est un endroit délicieux. Au milieu d'un bois de grands dattiers s'élève le dôme blanc du marabout. Sidi Mohamed les planta lui-même et les légua en mourant aux pauvres et aux voyageurs qui viendraient visiter son tombeau, comme s'il eût voulu leur conserver, après sa mort, la généreuse hospitalité qu'il leur donnait de son vivant.

Sidi Mohamed ou Allal était riche en troupeaux, en dattiers, en jardins, et l'un des chefs de la Djemâa (assemblée des grands) de Gueléa. Mais, pendant son pèlerinage à la Mecque, l'esprit de Dieu l'ayant visité, les biens de ce monde ne furent plus rien pour lui ; et, à son retour, il s'enferma dans la zaouïa (chapelle) de sa famille pour se faire savant par la lecture des livres saints, et meilleur par le jeûne et par la prière.

Après cinq ans ainsi passés, il réunit un jour tous

les pauvres de la ville et des douars, leur donna son héritage et disparut vers l'ouest. On le croyait mort ou parti pour un autre pays, lorsque des bergers vinrent dire qu'il s'était retiré sous un gourbi (cabane) dans le Djebel Batten, et qu'il y vivait loin des hommes pour y mourir en Dieu.

Peu à peu sa réputation fraya des chemins de tous les points à sa retraite où de pieux pèlerins, chaque jour plus nombreux, venaient le visiter, interroger sa science, lui demander des amulettes, et prier avec lui.

A chacun d'eux il imposait d'apporter une pierre et de semer un noyau de datte autour de son gourbi. Avec les pierres, il bâtit le marabout qui porte son nom ; et, par la grâce de Dieu, les noyaux de dattes ont fait les palmiers qui donnent aujourd'hui de l'ombre aux caravanes.

Sidi Mohamed ou Allal disait souvent à ses visiteurs :

« Méprisez cette terre qui ne vaut pas l'aile d'un
» moucheron ;
» Et maudissez les biens du Chitann (Satan). »

Un jour Sidna Ayssa (N.-S. Jésus-Christ) fit rencontre du Chitann, qui poussait devant lui quatre ânes lourdement chargés, et lui dit :

— Chitann, tu t'es donc fait marchand ?
— Oui, Seigneur, et je ne puis pas suffire au débit de mes marchandises.
— Quel commerce fais-tu donc ?

— Seigneur, un excellent commerce ! voyez plutôt : Des quatre ânes que voici et que j'ai pris entre les plus forts de la Syrie, l'un est chargé d'injustices ; qui m'en achètera ? les Sultans.

L'autre est chargé d'envies ; qui m'en achètera ? les savants.

Le troisième est chargé de vols ; qui m'en achètera ? les marchands.

Le quatrième porte à la fois, avec des perfidies et des ruses, un assortiment de séductions qui tiennent de tous les vices ; qui m'en achètera ? les femmes.

— Méchant, Dieu te maudisse ! reprit Sidna Ayssa.

— Que m'importe, si je gagne, répliqua Chitann.

Le lendemain, Sidna Ayssa, qui faisait sa prière au même endroit, fut mis en distraction par les jurements d'un ânier dont les quatre ânes, accablés sous la charge, refusaient la route. — Il reconnut Chitann.

— Dieu merci, tu n'as rien vendu, lui dit-il.

— Seigneur, une heure après vous avoir quitté, tous mes paniers étaient à vide ; mais, comme toujours, j'ai eu des difficultés pour le paiement :

Le Sultan m'a fait payer par son khalifa, qui voulait tromper sur la somme ;

Les savants disaient qu'ils étaient pauvres ;

Les marchands et moi, nous nous appelions voleurs ;

Les femmes seules m'ont bien payé, sans marchander.

— Et cependant je vois que tes paniers sont pleins encore, — objecta Sidna Ayssa.

— Ils sont pleins d'argent, et je le porte au kadi (à la justice), répondit Chitann en hâtant ses ânes.

« O mes frères, ajoutait Sidi Mohamed ou Allal,
» l'homme libre, s'il est cupide, est esclave; l'esclave
» est libre, s'il vit de peu.
» Pour vous reposer, choisissez les tentes; pour de-
» meure dernière, les cimetières; nourrissez-vous de ce
» que produit la terre; désaltérez-vous à l'eau courante,
» et vous quitterez le monde en paix. »

———

Du marabout de Sidi Mohamed ou Allal, nous nous rendîmes à Areg el Tellis, où nous nous rencontrâmes avec une caravane des Chambet el Mahdy, qui revenait de l'Aougueroute, dans le centre du Touat, où elle était allée acheter des dattes. Elle comptait plus de deux cents chameaux. Nous nous abordâmes d'abord avec défiance; mais nous nous reconnûmes bientôt pour être frères de la même tribu, et nous passâmes la nuit les uns auprès des autres à causer d'affaires et de nouvelles.

Nous leur parlâmes, nous, de leurs parents et de leurs amis de Gueléa et de Metlily; des marchés de Metlily et des Beni Mezabe, des marchandises qui s'y trouvaient, et de leur prix.

Ils nous apprirent, eux, qu'à la dernière halte, près d'Hassy-Cedra, ils avaient vu les cadavres de sept

Chambas, massacrés quelques jours avant par les Touareug. Tous les sept étaient frappés au jarret avec le sabre et, dans la poitrine, avec la lance. Aucun d'eux n'avait de coup de feu. Ces blessures attestaient assez quels étaient les assassins, car les Touareug, toujours armés d'un large sabre et d'une longue lance, n'ont que bien rarement des pistolets et des fusils.

Quelque effrayante que fût cette histoire, Cheggueun n'en témoigna nulle inquiétude, et sa confiance nous rassura.

Nous allâmes donc coucher à Hassy-Cedra, où nous trouvâmes, en effet, sept cadavres mutilés, déjà en putréfaction, déchiquetés par les vautours et rongés par les chacals. Nous aurions bien voulu leur donner la sépulture, mais nous n'avions pas le temps de creuser des fosses assez profondes pour les mettre à l'abri de la voracité des animaux, et c'eût été ne rien faire que de les recouvrir de sable; les hyènes, les chacals et les vautours les auraient eu bientôt déterrés.

« Que Dieu leur accorde la paix dans l'autre monde! »

La nuit se passa tranquillement. Le lendemain cependant nous appuyâmes un peu au nord de la route ordinaire pour entrer dans les areg [1], et nous nous arrêtâmes sur le puits Hassy-Ireziz, connu de peu de monde, perdu qu'il est, pour ainsi dire, entre des mouvements

---

[1] Les Sahariens donnent aux dunes de sable le nom d'areg, veines, ou de chebka, filet, selon que le système en est simple ou composé.

de terrain, où les voyageurs craignent de s'égarer. Les gens du pays ont d'ailleurs le soin d'en cacher l'ouverture avec du *derrine*, du *reteum* et de la terre, pour que les partis ennemis ne puissent point le découvrir.

Nous évitions ainsi les puits de El Hezema, qui contiennent, il est vrai, beaucoup d'eau, mais qui, pour cette raison même, et encore parce que le haut mamelon au pied duquel ils sont creusés les fait retrouver facilement, sont fréquentés par tous les coureurs de fortune, les Guedoocu, les Aaribs, les Berabers, les Hamyanes, les Douy-Menïa, les Khrenafesa, les Meharza, et les Touareug.

Hassy Yreziz n'est pas d'ailleurs moins abondant que les puits d'El Hezema. Nos chameaux, qui n'avaient pu boire au bivouac précédent, s'y désaltérèrent, et nous y remplîmes nos outres d'eau nouvelle.

Après une marche de douze heures, des plus fatigantes que j'aie jamais faites, au milieu du sable mouvant des aregs où nos chameaux s'enfonçaient jusqu'au genou, nous gagnâmes le marabout de *Sidi Mohamed Moui el Gandouz*.

SIDI MOHAMED MOUL EL GANDOUZ. — L'AUMONE.

Nos outres nous y furent d'un grand secours, car les puits n'y sont plus que des trous sans eau. — Leur abondance d'autrefois était une occasion de crimes si fréquents, que *Sidi Mohamed Moul el Gandouz* les a fait combler.

Le tombeau de ce saint homme n'en est pas moins, comme sa demeure autrefois, le point où toutes les caravanes qui se rendent à Timimoun viennent aboutir, ainsi que le témoigne le grand cimetière où tant de voyageurs, surpris en route par la mort, dorment sous sa protection.

Sidi Mohamed, qui vécut, mourut, et fut enterré à l'endroit même où la piété des fidèles a depuis élevé le marabout qui porte son nom, était renommé pour l'hospitalité que trouvaient chez lui les pauvres et les voyageurs.

Les caravanes de passage fournissaient à ses aumônes en lui laissant de la viande séchée, de la farine, des dattes, du beurre, etc., qu'il distribuait aux malheureux dont les provisions étaient épuisées, et aux pèlerins indigents qui venaient le visiter et prier avec lui. Cet usage s'est conservé; aucune caravane n'oserait passer près de ce lieu d'asile sans y faire la prière et sans y laisser une *ouada*. — C'est le droit de tous les passants d'entrer dans le marabout, d'y manger selon leur faim, et d'y boire selon leur soif; mais malheur à celui qui oserait emporter une part de ces provisions sacrées, il périrait sûrement en route.

Personne n'est là pour surveiller ces offrandes; elles s'offrent à toute main, étendues sur des nattes ou suspendues aux murailles; cependant il n'y a point d'exemples que jamais aucun indiscret ait abusé de cette hospitalité de Dieu.

— Et cela se passe au milieu du Sahara, loin des yeux des hommes; mais Dieu est partout.

Le Prophète et, comme lui, tous les amis fidèles de Dieu ont été les amis des pauvres.

L'aumône, c'est le réveil de ceux qui sommeillent; celui qui l'aura faite reposera sous son ombrage, lorsqu'au jour du jugement Dieu réglera le compte des hommes.

Il passera le *Sirate*, ce pont tranchant comme un sabre et qui s'étend de l'Enfer au Paradis.

L'aumône faite avec foi, sans ostentation, en secret, éteint la colère de Dieu et préserve des morts violentes.

Elle éteint le péché comme l'eau éteint le feu;

Elle ferme soixante-dix portes du mal.

Faites l'aumône étant sains de corps, tandis que vous avez l'espoir de vivre encore de longs jours, et que vous craignez l'avenir.

Dieu n'accordera sa miséricorde qu'aux miséricordieux; faites donc l'aumône, ne fût-ce que de la moitié d'une datte.

Abstenez-vous de mal faire, c'est une aumône que vous ferez à vous-même.

Un ange est constamment debout à la porte du Paradis;

Il crie :

Qui fait l'aumône aujourd'hui sera rassasié demain.

Ces sentences étaient la règle de conduite de Sidi Mohamed Moul el Gandouz; il les a recueillies dans les hadites du Prophète et dans son cœur, et il les a commentées dans son livre sur l'*Aumône*.

———

Cette journée pénible nous avait mis en sueur, hommes et bêtes, et l'un de nous eut l'imprudence de décharger son chameau avant de le laisser se reposer et se sécher un peu; une petite brise fraîche qui soufflait du nord le saisit subitement, et le ghredda se déclara : c'est une maladie qui attaque les intestins, se manifeste par de violentes coliques, et se termine par des abcès au cou, aux cuisses ou au ventre. Dans les deux premiers cas, elle n'est pas très-dangereuse; mais, dans le troisième, elle est infailliblement mortelle.

A la violence des premiers symptômes, Cheggueun crut reconnaître que l'animal était très-dangereusement atteint, et il ordonna de le saigner, pour que, s'il était perdu comme bête de somme, il pût nous être utile au moins comme bête de boucherie. Sa charge fut répartie sur tous les nôtres et nous nous en partageâmes la viande, que nous payâmes un douro chacun à son maître; il put ainsi, sans dommage sensible pour lui, ni pour nous, en acheter un autre à Timimoun.

A trois heures de l'après-midi, nous arrivâmes le lendemain à Reug, qui n'est qu'à une lieue de Timimoun. Nous y couchâmes; mais notre khrebir poussa jusqu'à la ville pour y annoncer notre arrivée au chef de la Djemâa (assemblée des notables), *El Hády Mohamed bel Mahdy*, et le bien disposer en notre faveur.

Le jour suivant, à peine étions-nous en marche que nous vîmes venir à nous les chefs de Timimoun. — Nous nous rencontrâmes un peu en avant des jardins; et, après les salutations, nos hôtes nous conduisirent dans quatre maisons qu'ils nous avaient fait préparer.

Notre première visite fut pour Sid el Hadj Mohamed el Mahdy, chez lequel Cheggueun nous conduisit pour le saluer et lui faire les présents d'usage.

Ce furent des chemises, des pantoufles, des haïks, une livre de mesteka, une livre de clous de girofle, une livre de benjoin, une livre de sembel, une livre de poivre noir, du zebed, de l'essence de rose et du corail pour ses femmes; des pantoufles, deux chemises de laine, deux bernouss, deux chachias pour ses enfants; un bernouss d'Alger, un haïk djeridi, deux chemises en calicot, une livre de soie pour lui, le tout du prix de 200 à 250 douros répartis entre nous.

Cette hedya (cadeau) sembla fort agréable à Si Mohamed el Mahdy, qui nous en remercia très-affectueusement :

« Soyez les bien venus, ô mes enfants, nous dit-il,
» notre pays est le vôtre ; vous n'y aurez ni faim ni
» soif ; personne ne vous y insultera, personne ne vous
» volera, et je me charge de pourvoir à tous vos be-
» soins. — Soyez ici avec le bien, ajouta-t-il en nous
» congédiant, et n'en partez point avant que la cara-
» vane de Tidikeult, que nous attendons tous les jours,
» soit arrivée. Vous ferez corps avec elle, et vous la
» suivrez dans son retour jusqu'à Insalah, vous proté-
» geant mutuellement contre les pillards de la route. »

Les paroles de Si Mohamed valaient des actes ; à peine étions-nous entrés chez nous, que nous y vîmes arriver ses esclaves chargés de pain, de dattes et de viandes rôties ; le soir il nous fit apporter encore du kouskoussou, du laitage, des légumes, etc., et il en fut ainsi durant tout notre séjour à Timimoun.

Cette diffa [1] de tous les jours ne fut point cependant tout entière aux frais de Si Mohamed ; mais il avait donné des ordres pour que chaque habitant riche de la ville nous l'offrît à son tour, et tous s'y prêtèrent de la meilleure grâce. Notre qualité connue de marabouts élargissait devant nous tous les cœurs ; car le Touat est le pays du Koran, des ablutions et des prières.

[1] *Diffa* veut dire tantôt cadeau, présent, repas, et enfin hospitalité en général.

DESCRIPTION DU TOUAT.

Le Touat, que nous venions d'aborder au nord-est, est borné à l'ouest par le Maroc, et s'étend jusqu'au grand Désert au sud ; le Djebel Batten le borne sinueusement à l'est dans toute sa longueur.

C'est une vaste succession d'oasis, entrecoupées de plaines sablonneuses et divisées en cinq grandes circonscriptions qui sont, du nord au sud :

Maharza,   chef-lieu, Tabalcouza.
Gourara,   id.   Timimoun.
Aougueroute, id.   Kasba el Hamera.
Touat,   id.   Sba.
Tidikeult,   id.   Insalah.

On y compte, disent les Arabes, autant de villages que de jours dans l'année.

Cet immense territoire nourrit deux populations de races et de mœurs très-distinctes : les Hall Touat, gens du Touat proprement dit, qui habitent les villes et les kessours (bourgades), et les Arabes qui campent en tribus sous la tente.

Les Hall Touat sont d'origine berbère ; mais leurs fréquentes alliances avec les Négresses ont, dans la partie sud particulièrement, altéré la couleur de leur peau ; beaucoup sont mulâtres et d'autres tout à fait noirs, sans avoir cependant aucun des traits qui caractérisent la face bien connue du Nègre. Leur nez est aquilin, leurs lèvres sont minces, leurs pieds cambrés. Ils prennent le nom berbère de Zenata et parlent l'idiome appelé zenatia.

Leurs maisons sont généralement groupées en bourgades; ce sont, toutefois, de misérables bâtisses en terre cuite au soleil, que les pluies torrentielles font écrouler pour la plupart chaque année. — Toutes sont recouvertes en terrasses soutenues par des traverses de bois de palmier. — Les zaouïas (chapelles) et les marabouts seuls sont blanchis à la chaux.

Les Arabes, bien que fortement basanés par le soleil, ne sont que par exception mélangés de sang nègre; ils tiennent à honneur de se conserver djouad (nobles), et les scrupules de cet orgueil sont poussés si loin, qu'ils croiraient déchoir en s'alliant de familles avec leurs voisins, qu'ils affectent de mépriser, mais avec lesquels des intérêts communs les tiennent en bonne intelligence.

Tous vivent sous la tente et parlent la langue arabe; ils usent toutefois du zenatia dans leurs relations commerciales avec les Hall Touat.

Le costume de ces deux peuples, vivant côte à côte, a subi, comme leurs mœurs, une quasi assimilation, mais est pourtant resté distinct.

Ainsi, les habitants des kessours ne portent point le bernouss, mais une espèce de robe en laine appelée *habaïa*, une culotte en cotonnade qui semble avoir quelque rapport avec le pantalon européen, mais qui se plisse à la ceinture, et dont le bas est bordé d'une passementerie en soie rouge ou noire; — sur le tout, un haïk attaché à la tête avec une pièce d'étoffe roulée en turban.

Quelques-uns se rasent un seul côté de la tête chaque mois [1], et tous portent de petites boucles d'oreilles en argent; aucun n'a de tatouages.

Leurs femmes portent, sur une habaïa sans ceinture, un haïk qui les enveloppe tout entières, leur recouvre la tête et vient se nouer sous le menton. Elles ornent leurs bras et leurs jambes de bracelets en or, en argent, ou en corne noire.

Les Arabes ont le costume invariable que l'on connaît : sur la tête une haute chachia recouverte d'un haïk retenu par une corde en poil de chameau, un ou deux bernouss, suivant la saison, et la culotte à grands plis. Ils ne portent point de boucles d'oreilles; mais, hommes et femmes, ont de petits tatouages au front, aux tempes ou sur les mains.

Chez les Zenata les femmes ne se voilent jamais; — chez les Arabes, les plus nobles seules, celles des chérifs, des marabouts et des kadis ne sortent point le visage découvert.

---

[1] Cet usage singulier semble remonter à la plus haute antiquité. Les Libyens des bords du lac Tritonis (la grande Sebkhra de Nefta), dit Hérodote, livre IV, chap. 190, laissent croître leurs cheveux sur le côté droit de la tête et rasent le côté gauche tour-à-tour.

Sous la tente, on mange les dattes cuites dans le bouillon dont on arrose le kouskuessou; dans les kessours, cet usage est regardé comme indigne, et la datte se mange crue, mais mélangée avec de la *regrhida*, espèce de bouillie faite avec de la farine, de la graisse de mouton ou de chameau ou du beurre; sans cette précaution, l'usage habituel des dattes crues donnerait des inflammations gastriques très-dangereuses : aussi les invitations à dîner se font-elles, entre amis, avec cette formule consacrée : « Viens chez moi *rafraîchir* tes » dattes. »

Arabes et Zenata sont très-superstitieux et portent de nombreux talismans : — ce sont des versets du Koran écrits par des marabouts sur de petits carrés de papiers et renfermés dans des sachets de cuir, que l'on suspend au cou ou que l'on s'attache au bras. Mais, à part les marabouts et les Tolbas, ils sont beaucoup moins religieux en réalité qu'ils ne semblent l'être à en juger par leurs pratiques extérieures. Hommes et femmes sont fort adonnés à l'amour, et il est rare qu'une jeune fille se marie vierge : aussi, dans les cérémonies qui suivent les mariages, l'usage d'exposer en public la chemise ensanglantée de la mariée est-il tout à fait tombé en désuétude.

L'usage du tabac est devenu pour tous, excepté pour les marabouts, un besoin si impérieux et d'une nécessité si absolue, qu'ils accablaient de supplications exagérées les gens de notre caravane pour que nous leur

en fissions l'aumône; — quelques-uns allaient jusqu'à nous dire : « Donne-moi du tabac, et je suis ton es-
» clave. » J'en ai vu le mâcher avec avidité, non seulement en feuille, mais en poudre à priser [1]; ils fument également beaucoup de hachiche.

Ce sont, au reste, des gens simples, bons et fort hospitaliers; les querelles sont rares entre eux, et, s'il en survient, c'est l'affaire des djouads de les arranger par la parole ou par la poudre. — Le peuple ne se bat guère.

Dans la prévision de nous en défaire aisément à Timimoun, nous y avions apporté des pioches, des fers, des aciers, des huiles, des parfums, du corail, tous objets particulièrement recherchés sur les marchés du Touat, et dont quelques-uns, par leur volume ou par leur poids, nous auraient beaucoup trop embarrassés jusqu'au Soudan; nous les vendîmes à *cent* pour *cent* de bénéfice et nous achetâmes des haïks qui sont d'une défaite lucrative et facile chez les Nègres, où les ouvriers tisserands les coupent en lanières et les défilent pour en fabriquer une étoffe très-forte et très-belle.

Nos affaires terminées, nos bagages réparés et remis en état, nous courûmes la ville en curieux.

---

[1] Nous retrouvons cet usage dans beaucoup de tribus de l'Est, notamment chez les Aribes du Hamza.

TIMIMOUN [1].

Timimoun est la capitale de la circonscription de Gourara; c'est une ville de cinq ou six cents maisons, entrecoupées de jardins, et par conséquent jetées sur une très-grande étendue; elle est entourée par un fossé sans eau, profond d'une douzaine de pieds, large de sept ou huit; et par un mur d'enceinte crénelé, surmonté de petits forts à deux étages qui peuvent recevoir trente ou quarante combattants chacun.

On y compte neuf quartiers distincts appelés :

Ouled Bráhim,
Ghramelane,
El Mendjour,
El Djahak,
El Kosba,
Ouled Mhadi,
Amaghrebour,
Tademayt.

Chacun de ces quartiers a sa mosquée particulière; la plus vaste et la seule remarquable est celle d'Amaghrebour.

---

[1] En reproduisant ici les détails que nous avons donnés sur Timimoun dans notre précédent ouvrage, *le Sahdra algérien*, nous y joignons tous ceux que nous avons recueillis de la bouche du voyageur que nous laissons parler.

Trois portes principales donnent entrée dans Timimoun : Bab Ouled Brahim,

Bab Tademayt,

Bab Temaguezat.

Cinq autres plus petites et qui s'appellent :

Toughrani Djelman,

Toughrani Tazeguerat,

Bab Sekak Igueran,

Bab el Zerga,

Bab el Bali.

desservent les jardins potagers, les vergers et les plantations de dattiers qui s'étendent à l'extérieur et qu'arrosent des sources abondantes ; une de ces sources, que l'on nomme Ba Meghrieur, « est d'un cours si rapide, » que si vous y jetiez un objet flottant, un cavalier » ne pourrait le suivre au galop. » Elle suit sa pente naturelle à travers les jardins jusqu'auprès du fossé d'enceinte, où la reçoit un vaste conduit qui traverse la muraille, se ramifie dans la ville et en alimente les habitants sur tous les points.

Outre sept grandes places :

Rahbet Ouled Brahim,

Rahbet Ghramamelak,

Rahbet el Mechouar,

Rahbet el Souk,

Rahbet Tademayt,

Rahbet el Djimaâ,

Rahbet el Djahak,

qui sont le rendez-vous ordinaire de tous les commerçants, chacune des rues principales de Timimoun est spécialement affectée à telle ou telle corporation de marchands ou d'ouvriers : dans l'une sont tous les bouchers et tous les marchands de beurre, on l'appelle Souk Semen; dans une autre, qui prend le nom de Souk Serradjin, se trouvent tous les cordonniers et tous les selliers; — Souk el Djellab est peuplée de marchands de laine et de vêtements; elle fait face à la place où se tient le marché des chameaux et des moutons; — Souk el Aatarin est affectée aux marchands de cotonnades, d'épices et d'essences ; — Souk E Rahba aux marchands de graines et de dattes; — Souk el Khrodra aux marchands de légumes, de fruits et de pastèques;—Souk E Dokhrane aux marchands de tabac; —Souk el Makela aux marchands d'aliments préparés; — Souk Ciaghra aux orfèvres; — dans Souk el Aâbid on ne vend que des esclaves et des objets du pays des Nègres; le tébeur, ou poudre d'or, y vaut cent metkal, deux cents douros la livre.

Il n'est pas jusqu'aux *travailleuses de leurs corps*, Khredamat E Rouhahoum, qui n'aient leur rue à elles.

Cette ingénieuse division a pour but de faciliter aux étrangers les transactions commerciales, incessamment activées par l'importation et par l'exportation, par l'achat et par l'échange d'objets de luxe ou de nécessité; provenances du Tell, du Sahâra, du Soudan, de Tunis et du Maroc qui y arrivent; de marchés en marchés, d'entrepôts en entrepôts; par voyageurs isolés ou par caravanes; elles appellent à Timimoun les Chambas de Ouargla, de Metelily et de Gucléa,

    Les Beni Mezabe,
    Les gens de Tougourt, de Souf,
    De Ghredames;
    Les Aribes,
    Les Khrenafsas,
    Les Hamyanès,
    Les Ouled Sidi Chikh,
    Les gens de Figuigue et de Tafilalet,
    Les Doui menya, etc., etc.

Il se fait d'ailleurs à Timimoun un commerce considérable d'armes et de poudre : les armes, fusils, pistolets, yatagans, sabres, y sont apportés de Tunis par les Beni Mezabe, ou du Maroc, par les habitants de Figuigue. La poudre s'y fabrique sur les lieux et se vend dix-huit sous la livre; — le salpêtre qui sert à sa fabrication vient d'un lac salé (Sebkhra) qui se trouve à quelques lieues à l'ouest; il se vend cinq sous la livre.

Au centre, à peu près, de la ville, s'élève sur un mamelon une petite forteresse carrée, qui prend le nom de Kasba; on n'y entre que par une seule porte. Elle est divisée en quatre compartiments, dans chacun desquels tous les citoyens ont des boutiques où sont déposés, sous la protection d'une garde permanente, leur argent et leurs effets les plus précieux en cas d'une attaque des Berbères. Il y a douze ou quatorze ans à peu près que ces peuplades des montagnes de l'ouest, secondées par les Maharza, ces voisins jaloux des Gourara, tentèrent sur Timimoun un coup de main, dont elle n'a pas oublié les terribles conséquences.

Malgré sa muraille et son fossé, elle est vulnérable en cela, que, recevant ses eaux de l'extérieur, elle ne peut soutenir longtemps un siège, si, comme il arrive presque toujours, les assiégeants commencent par détruire les conduits qui alimentent les assiégés.

Dans l'attaque dont nous parlons, l'armée ennemie s'était divisée en deux bandes, dont l'une s'était cachée dans les palmiers et dont l'autre se porta ouvertement vers Ba Meghrieur. Les assiégés, trompés par cette ruse, coururent en masse à la défense de leurs eaux menacées; à la faveur du combat engagé sur ce point, le corps de réserve escalada la place dégarnie et s'en empara. Pendant huit jours ce fut un horrible pillage; tout ce qui pouvait porter une arme fut massacré; toutes les femmes et même les petites filles furent violées; toutes les maisons furent détruites, et les vainqueurs ne se retirèrent qu'après avoir mis le feu aux magasins à dattes. Ils n'avaient pu découvrir cependant toutes les cachettes où les habitants de la malheureuse ville avaient enfoui leur argent, et beaucoup retrouvèrent leur petit trésor où ils l'avaient caché, sous les conduits des eaux. Les magasins d'approvisionnement étaient d'ailleurs si abondamment pourvus, qu'on put retrouver assez de dattes pour suffire aux premiers besoins. En face de cette calamité publique, la Djemâa (assemblée des notables) rendit un décret par lequel il était ordonné à chacun de déclarer ses ressources et de les mettre à la disposition de tous. Des distributions furent faites; les tribus arabes des environs qui commercent avec Timimoun, et dont l'intérêt était de venir à son secours, lui apportèrent des grains, des moutons, etc.; quelques mois après, enfin, elle renaissait de ses ruines et recommençait à vivre.

Cependant la Djemâa avait envoyé des émissaires se plaindre à l'empereur de Maroc, de qui relevaient à la fois Timimoun et les Berbères; mais avec la meilleure volonté du monde, Moulay-abd-Er-Rahman n'aurait pas pu atteindre les coupables, qui, par leur position, échappent complétement à son autorité, et dès ce moment Timimoun a cessé de lui payer des impôts; elle s'est déclarée indépendante.

Maintenant tout à fait reconstruite, elle est comme autrefois un des grands centres de commerce du Sahâra.

Timimoun est gouvernée, comme toutes les villes principales des cinq circonscriptions du Touat, et comme presque toutes les villes du Sahâra, par une Djemâa (assemblée des notables) qui se compose des principaux habitants de chaque quartier, sous la présidence du plus influent d'entre eux.

La Djemâa impose et prélève les amendes, bannit ou bâtonne les coupables, mais n'applique la peine de mort en aucun cas.

L'assassin paye le prix du sang (dïa) à la famille de la victime, et il est banni pour une année; s'il est insolvable, il est banni à perpétuité. La dïa est de quatre cents douros.

Le voleur est exposé sur une des places publiques, couché sur le dos, les jambes passées dans deux trous pratiqués dans un mur, et chaque passant lui applique un certain nombre de coups de bâton sur la plante des pieds, jusqu'à ce qu'il avoue son crime et qu'il restitue l'objet volé.

Les adultères sont punis de la bastonnade.

Lorsqu'un individu en a blessé un autre avec un instrument tranchant, la Djemâa désigne l'un de ses membres pour aller constater la gravité de la blessure et fixer l'amende que le coupable doit à la victime : on procède à cet examen en mesurant la plaie dans sa longueur et dans sa profondeur avec un instrument nommé *kias-ed-dem*, la mesure du sang, sur lequel sont marqués des degrés très-rapprochés les uns des autres; une blessure d'un degré se paye deux douros; de deux degrés, quatre douros, ainsi de suite.

Les déclarations de guerre, les prises d'armes, les conditions de paix, toutes les affaires d'intérêt général sont traitées en conseil par la Djemâa; elle veille également au maintien de l'ordre intérieur et pourvoit aux besoins des pauvres et des voyageurs, en prélevant chaque année pour eux, sur la récolte des riches, un régime de dattes par dattiers. Ces provisions de l'amour de Dieu sont distribuées par les marabouts aux malheureux de chaque quartier.

LE MARIAGE.

Pendant notre séjour à Timimoun El Hadj Mohamed ben Mhadi, chef de la Djemâa, maria sa fille au fils du chikh Allal, du quartier des Ouled Mendjour, et tous les gens de la caravane assistèrent à la noce.

Messaoud ben Allal aimait, depuis longtemps déjà, la fille de Hadj Mohamed, qu'il avait vue dans les jardins où tous les habitants de la ville vont chaque soir prendre le frais et s'égayer à la promenade, aux sons des instruments de musique et aux chansons des improvisateurs. — C'est une habitude dans tous les kessours du Sahâra, et particulièrement dans ceux du Touat, où les mœurs sont si faciles qu'il n'est pas rare d'entendre un vieillard dire à ses enfants : « Allez, allez, » jeunes gens, vous amuser avec les jeunes filles. » Les Arabes des douars sont de mœurs un peu plus sévères; « mais tous ont cependant beaucoup d'amour dans la

» tête et dans le cœur [1], » et les aventures scandaleuses ne sont pas, sous la tente, moins fréquentes que dans la maison.

Quelques différends de famille s'opposaient seuls au mariage des deux enfants; mais, à force de présents et de bonnes paroles, Messaoud réussit à mettre dans ses intérêts la mère de la jeune fille. Des amis communs intervenant ensuite, les chefs des deux familles se réconcilièrent, et, toutes difficultés aplanies, Messaoud envoya, selon l'usage, un de ses parents demander à chikh Allal s'il voulait lui donner sa fille et à quelles conditions.

A la condition, répondit chikh Allal, que Messaoud me fera présent de 100 douros, d'une Négresse, et qu'il donnera pour dot à ma fille des bracelets de bras et de pieds en argent, deux pièces d'étoffes du Soudan de dix coudées, deux haïks fins, des pantoufles de Fass, 40 guessaà [2] de blé, 20 guessaa d'orge, 6 pots de beurre, des clous de girofle, du serghrina [3], du koheul [4], et des parfums à l'usage des femmes. — Je la doterai, moi, de deux tapis de Fass, de peaux de buf-

---

[1] Quelques critiques nous ont reproché d'avoir, en ce sens, altéré la vérité dans notre ouvrage le Sahara algérien. Mais l'identité des renseignements que nous ont donnés les voyageurs arabes ne nous font point craindre d'avoir calomnié les populations sahariennes.

[2] Le guessaa est un grand plat à kouskoussou qui peut contenir une vingtaine de jointées de blé. Ces plats sont généralement faits d'une seule rondelle de tronc d'arbre. On en fait au Soudan avec des peaux de buffle.

[3] La serghrina est une racine odorante dont on use contre la fièvre.

[4] Le koheul est l'antimoine ou la galène dont on se noircit les paupières.

fles tannées du Soudan et d'une haïba [1] en peau de lerouy, avec sa serrure.

Messaoud et son père acquiescèrent sans hésiter à cet arrangement, qui fut le jour même écrit par le cadi, et, dès le lendemain, quinze ou vingt femmes, parentes de Messaoud et amies de sa famille, se rendirent chez la fiancée pour la féliciter et lui remettre son cadeau de noces.

La jeune fille, sa mère, ses parentes et ses amies, élégamment parées, accueillirent le cortége par de grands cris de joie et par ces retentissants *you you you* dont les femmes animent les fêtes, en lançant leurs voix aiguës d'un seul jet et en se frappant légèrement la bouche avec la main par saccades précipitées. Les présents, étalés sur des tapis étendus à terre, furent ensuite curieusement examinés; et, selon que chaque objet était plus ou moins riche ou plus ou moins merveilleux, de nouveaux cris et de nouveaux *you you* éclataient dans l'assemblée et témoignaient jusque chez les voisins de la magnificence du fiancé.

Au moghreb [2], pendant que les femmes soupaient dans une pièce, le chikh Allal, El Hadj Mohamed, Messaoud et leurs amis soupaient dans une autre avec du kouskuessou à la poule, au mouton et à la ci-

---

[1] L'haïba est un sac en cuir où les femmes enferment leurs objets de toilette; les plus élégants sont faits avec la peau tannée d'un lerouy. (Voir au Vocabulaire d'Histoire naturelle.)

[2] C'est l'heure où le soleil se couche.

trouille, des viandes rôties, des dattes, et du lait frais. Des musiciens et des chanteurs, assis à la porte de la maison où se pressait la foule, jouaient du tambour à main et de la flûte en roseau, et chantaient des chansons joyeuses.

Un peu après l'euchâ [1], les femmes, plus animées, sortirent précipitamment de la maison, entourèrent les musiciens et se mirent à danser. A ce signal attendu, les convives de chikh Allal saisirent leurs fusils, se ruèrent pêle-mêle au milieu des danseuses et les saluèrent au bruit de la poudre. Ce fut une confusion générale jusque dans les jardins extérieurs, où cette foule tumultueuse, à chaque pas accrue par les curieux, alla terminer la soirée. Quelques heures plus tard enfin, les femmes regagnèrent la chambre de la fiancée, où l'usage veut qu'elles passent la nuit; et les coups de fusil, de plus en plus rares, attestèrent bientôt que tous les jeunes gens rentraient chez eux.

Le lendemain, Messaoud, vêtu de ses plus beaux habits, armé de ses armes les plus riches et suivi de tous ses conviés, armés et vêtus comme lui, quitta sa maison de bonne heure et se dirigea vers celle de son beau-père pour *enlever* sa fiancée. Car, malgré l'acte de mariage dressé par le cadi, une femme ne doit sembler céder qu'à la force pour quitter sa famille.

Les amis de chikh Allal, groupés autour de lui,

---

[1] Deux heures après le coucher du soleil.

devant sa porte, attendaient les assaillants et les saluèrent par de grands cris. — Alors le jeu de la poudre commença. Les éclairs et les détonations des fusils enveloppèrent les combattants d'un nuage de fumée, et ce fut une lutte corps à corps, un pêle-mêle de ghrazia, jusqu'à ce que Messaoud, enfin victorieux, eut rallié sa troupe sur le seuil de la maison; un instant après, la jeune fille en sortit entourée de ses amies et de ses parents, montée sur un mulet caparaçonné d'un tapis à franges, conduit par deux Nègres, l'un à droite, l'autre à gauche de la bride.

Une mariée nouvelle ne doit point toucher la terre de chez elle chez son mari; celles qui ne sont pas assez riches pour faire ce voyage, ainsi que le fit la fille de chikh Allal, le font sur le dos d'un esclave.

Messaoud, en homme bien élevé, s'approcha de sa fiancée, lui mit la main sur la tête et l'accueillit ainsi :

« O maîtresse de la maison, que Dieu me bénisse
» avec toi ! Que les tresses de tes cheveux me soient
» heureuses ! » La jeune fille rougit sans lui répondre [1] et regarda sa mère, qui se précipita vers elle et lui dit :

« Vous allez quitter ceux dont vous êtes sortie,
» vous allez vous éloigner du nid qui vous a si long-
» temps abritée, d'où vous vous êtes élancée pour

---

[1] Quand la mariée est une veuve, elle répond : « S'il plaît à Dieu, tu devien-
» dras le père de nombreux enfants qui seront la force de notre maison. »

» apprendre à marcher ; cela pour vous rendre chez
» un homme que vous ne connaissez pas, à la société
» duquel vous n'êtes pas habituée.

» Je vous conseille d'être pour lui une esclave, si
» vous voulez qu'il soit pour vous un serviteur.

» Contentez-vous de peu. Veillez constamment sur
» ce que ses yeux pourraient voir, et que ses yeux ne
» voient jamais d'actions mauvaises.

» Veillez à sa nourriture, veillez à son sommeil : la
» faim cause l'emportement, l'insomnie donne la mau-
» vaise humeur.

» Ayez soin de ses biens, traitez avec bonté ses pa-
» rents et ses esclaves. Soyez muette pour ses secrets.

» Lorsqu'il sera joyeux, ne vous montrez pas cha-
» grine.

» Lorsqu'il sera chagrin, ne vous montrez pas
» joyeuse.

» Dieu vous bénira ! »

La population entière du quartier, hommes, femmes, enfants, vieillards, accourus à ce spectacle, les
uns lançant la poudre, les autres agitant leurs mouchoirs, crièrent tous à la fois : Dieu vous bénisse ! Dieu
vous bénisse ! et s'ébranlèrent confusément au signal
du départ.

Cette bruyante fantazia fit escorte au jeune couple
jusqu'à la maison de Messaoud, dont la porte s'ouvrit
pour lui seul et sa femme. A peine était-elle refermée

cependant, que deux jeunes gens, arrivant au pas de course, y frappèrent avec autorité. C'étaient deux ouzra (visirs) que la mère de la mariée envoyait à son gendre pour le supplier d'épargner sa fille. — Ils furent introduits, mais leur visite ne fut pas longue; et, quand ils ressortirent, les mariés étaient dans la chambre nuptiale.

Les coups de fusil et les *you you* éclatèrent alors plus précipités et plus frénétiques.

L'oreille n'a point entendu et l'œil n'a point vu ce qui se passait à l'intérieur.

Au meguil [1], cinq ou six esclaves de Messaoud, Nègres et Négresses, et ses serviteurs, arrivèrent chargés de guessaa, de kouskuessou, de moutons entiers rôtis, de reghrida, de dattes, de lait aigre et de lait frais, qu'ils déposèrent sur des nattes en palmier devant la foule assise dans la rue. Après ce repas, où mangèrent plus de trois cents bouches, la maison fut librement ouverte aux curieux, qui s'y précipitèrent pour aller saluer la mariée. Elle était assise sur un tapis, richement parée, mais les cheveux flottants; et pendant les sept jours que dura la fête, elle reçut ainsi tous ceux qui voulurent l'aller visiter ou la complimenter.

En toute autre circonstance, une femme ne peut laisser voir sa chevelure sans commettre un péché. L'usage ne lui permet pas non plus, avant ces sept jours écou-

---

[1] Heure de la méridienne.

lés, d'aller visiter son père ; le marié ne peut lui-même embrasser le sien qu'à la dérobée et que sur le derrière de la tête, sans en être pour ainsi dire aperçu.

Au huitième jour, le couple rentre dans la vie commune, et la mariée reçoit de son père une ou deux esclaves négresses, un ou plusieurs dattiers, selon qu'il est plus ou moins riche; et, de son beau-père, selon qu'il est plus ou moins généreux, des étoffes, des parfums et des bijoux.

Tous les mariages des Touati ne sont pas aussi brillants que le fut celui de Messaoud ; mais tous se font avec les mêmes cérémonies, à peu près ; la coutume les a consacrées.

Dans le Touat, comme ailleurs, un homme craignant Dieu n'épouserait pas une femme dont la santé serait défaillante et dont le corps ne promettrait pas de nombreux enfants.

On raconte qu'El Hadjadj écrivit un jour à son ami, El Hakem Ben Ayoubi :

« Cherchez et trouvez une femme pour mon fils. Je
» la veux belle de loin, agréable de près, noble parmi
» ses compagnes, de bon caractère pour tous, aimante
» pour son mari. »

— « Je l'ai trouvée, lui répondit El Hakem ; mais
» elle a la gorge très-prononcée. »

Et voici la réponse d'El Hadjadj :

« Envoyez-la-moi sans retard ; une femme n'est ac-

» complie que si sa gorge est ainsi : elle réchauffe son
» mari et rassasie ses enfants. »

Dieu a dit : « Contractez mariage avec celles des fem-
» mes qui sont portées vers vous, et prenez jusqu'à
» quatre femmes; vous pourrez les choisir entre celles
» qui sont sous votre dépendance et même entre vos
» esclaves, pourvu que les conditions voulues soient
» en elles. »

Le Prophète, un jour qu'il était entouré de jeunes gens, expliqua la parole de Dieu par ces paroles :

« Que ceux d'entre vous qui sont assez riches pour
» nourrir une ou plusieurs femmes se marient : le ma-
» riage dompte le regard de l'homme et règle la con-
» duite de la femme.

» Que les autres jeûnent souvent : le jeûne mortifie
» les sens et réprime leurs dérèglements.

» Lorsqu'un homme se marie, le démon jette un cri
» terrible; tous les siens accourent. — Qu'avez-vous,
» Seigneur ? lui disent-ils. — Un mortel vient encore
» de m'échapper, répond Satan au désespoir.

» Préférez la femme à peau brune, car elle est fé-
» conde, à la femme trop blanche qui peut être stérile.
» — Je veux qu'au dernier jour mes fidèles soient
» nombreux.

» Protégez la femme, car elle est faible.

» Mariez-vous jeunes : la femme fuit la barbe blan-
» che comme la brebis le chacal. »

LE DIVORCE.

Mais par cela même que le Prophète a prescrit le mariage, dans le but unique de multiplier les croyants, il a dû permettre à l'homme de répudier sa femme, lorsque l'aversion s'est mise entre eux, soit pour les défauts du corps, soit pour les défauts de l'esprit.

Si pourtant un mari peut se défaire de sa femme en lui disant simplement :

« Va-t'en, tu es divorcée, »

la femme ne perdra sa dot que si, par sa conduite, elle a justement motivé cette séparation.

Lorsqu'un musulman a deux fois déjà divorcé avec sa femme, et que deux fois il l'a reprise après le temps légal expiré (trois mois et dix jours), si, par caprice, par dépit ou par humeur, il se laisse emporter à lui dire :

« Votre corde est sur votre dos ;
» Vous êtes hors de moi ;
» Vous êtes un péché pour moi ;
» Je le jure par le troisième divorce, »

il en est, selon la loi, séparé de nouveau, et il ne pourra la reprendre qu'après qu'elle aura été épousée et répudiée par un autre homme. — Mais un mari jaloux éludera la loi en choisissant lui-même son successeur momentané qui, pour un petit cadeau, s'il est pauvre, ou par obligeance, si c'est un ami, couchera, comme il est prescrit, avec la femme, ne la touchera point, et la fera libre un moment après en la répudiant.

Si le Prophète a rendu le divorce aussi facile, c'est qu'il a voulu que l'homme et la femme fussent toujours à l'égard l'un de l'autre dans l'union, le respect et la dignité, et qu'un mari ne se laissât point aller en vain à l'emportement contre celle qu'il a choisie.

Pour divorcer, l'homme n'est point tenu de fournir des preuves.

En cas d'adultère, son serment suffit au cadi.

Si pourtant il produisait des témoins, ces témoins devraient dire : Nous avons vu.

Cet état de choses constitue le zena, et la femme peut être punie de mort.

Quand l'acte de mariage impose au mari des conditions, et qu'il refuse de s'y soumettre, le droit est à la femme de provoquer le divorce devant le cadi.

Si encore elle arrive chez le cadi, et devant lui retourne ses souliers la semelle en l'air, il a compris cette formule symbolique d'une accusation que la pudeur n'ose avouer, et le divorce est prononcé.

Dieu a dit : Dans le mariage, traitez la femme avec bonté ; avec générosité, si vous la répudiez.

Malgré l'amour que Messaoud et sa femme avaient l'un pour l'autre, je ne serais pas étonné d'apprendre qu'ils se sont séparés, car il n'est point de pays où les divorces soient plus communs que dans Touat[1]; ou que l'un des deux est mort, car leur noce fut marquée par un accident de mauvais augure.

A la promenade du premier soir dans les jardins, un jeune homme tomba du haut d'un palmier et se cassa la jambe. Je le vis à mon retour du Soudan. Il était alors tout à fait guéri; mais il avait beaucoup souffert pendant quarante jours qu'avait duré sa maladie. A force de lui masser la jambe et de la tirer, on l'avait ramenée d'abord à sa longueur naturelle; on l'avait ensuite entourée d'une pâte faite avec du plâtre fin, du henna pilé et des blancs d'œufs. Sur cet appareil, qui se dessèche promptement, comme du mortier, on avait placé une couche de coton, et, sur ce coton, quatre planchettes de palmier emboîtant le membre, du genou à la cheville. Une forte ligature maintenait le tout.

Pendant les premiers jours, et à mesure que la pâte de plâtre se desséchait, le malade souffrait d'horribles douleurs; une inflammation s'était déclarée en haut et en bas de la ligature, et, matin et soir, on y mettait le feu avec un couteau rougi. Au septième jour cependant les planchettes et la couche de coton furent enlevées; et, comme la suppuration s'était établie sur diffé-

---

[1] El Atachi confirme ce fait (ouvrage déjà cité), page 27.

rents points, indiqués par des taches à travers le premier appareil, on mit tous ces foyers putulents à nu en détachant légèrement avec un couteau bien affilé les portions de plâtre qui leur étaient superposées. Chacun d'eux fut ensuite recouvert d'un onguent composé de gomme blanche délayée, de miel et d'une herbe pilée, appelée chénegoura, qui a la propriété de calmer si promptement les douleurs, que le malade s'endormit presque aussitôt. On recommença ce pansement tous les deux jours, sans cesser de mettre le feu matin et soir au genou et à la cheville, « car le feu ôte le poison des nerfs. »

Au vingt-unième jour, le calus était formé, et le malade put se tenir debout, soutenu par deux de ses amis, « comme un enfant; » au vingt-huitième, il marchait seul, mais avec deux bâtons; au quarantième, il pouvait sortir; il n'avait plus qu'à refaire sa chair, amaigrie par le jeûne; car il n'avait rien pris pendant si longtemps, que du bouillon de mouton ou de poule, quelques dattes, un peu de galette et du miel.—Point de viandes, pas même de légumes. « Il n'avait pas dû sentir le goût d'un jardin; » et pour lui laisser l'esprit complétement libre, les femmes avaient été sévèrement exclues de sa chambre.

Cette méthode de guérison est généralement appliquée à toutes les fractures et réussit presque toujours heureusement. Les tobba (médecins) du Touat sont, au reste, très-renommés; ils ont des remèdes contre toutes les maladies, et savent même atténuer les terribles effets de la petite vérole. Ils procèdent à cette opération en recueillant avec une touffe de laine la déjection purulente d'un bouton sur un individu, et en l'inoculant par frictions sur un autre, dans une incision légèrement faite entre le pouce et le premier doigt de l'une de ses deux mains.—Ainsi transmise, la maladie n'est que très-peu cruelle et ne laisse point de traces.

Mais ce qui vaut mieux que leurs remèdes, ce sont les amulettes de leurs marabouts; car beaucoup d'entre eux sont de grands saints, et *Dieu est meilleur médecin que les hommes.*

Nous étions depuis onze jours à Timimoun, quand la caravane de Tidikeult arriva.—Elle était de deux cents chameaux, chargés d'étoffes et de peaux tannées du Soudan; elle apportait, de plus, un peu de poudre d'or; mais la tête de sa richesse était deux cents Nègres ou Négresses. Il lui fallut dix jours pour se défaire de ses marchandises; et, quand elle fut sur son départ, nous nous tînmes prêts à la suivre à Insalah.

Le khrebir qui la conduisait se nommait El Hadj Ahmed. Cheggueun et lui s'étant entendus, ils nous réunirent le soir même pour s'assurer si nous avions terminé nos affaires et si nous étions prêts à reprendre le voyage.

« Ô mes enfants, » nous dit ensuite El Hadj Ahmed,

à qui Cheggueun avait laissé l'honneur de la parole, par déférence pour sa barbe blanche et son titre de hadj (pèlerin de la Mecque) : « O mes enfants, c'est le Sei-
» gneur Dieu qui vous a réunis; avec sa grâce, nous
» arriverons heureusement au terme de notre route.
» Vous voici frères, vivez en frères : que toutes les
» chances, bonnes ou mauvaises, soient mises en com-
» mun entre vous; aidez-vous les uns les autres, et
» vous réussirez ! »

Il ouvrit ensuite le livre de Sidi Abdallah, et, l'élevant à hauteur de sa tête : « Jurez par ce livre saint,
» ajouta-t-il, que chacun est le frère de tous, — que
» tous nous ne faisons qu'un seul et même fusil, et
» que si nous mourons, nous mourrons tous du même
» sabre. »

Et tous nous le jurâmes de la bouche et du cœur.

Nos deux khrebirs lurent ensuite le Fatahh sur nous, pour bénir cet acte d'association, que nous consacrâmes en nous embrassant les uns et les autres.

Nous allâmes ensuite remercier Sid el Hadj Mohamed bel Mahdi et les principaux habitants de Timimoun pour la généreuse hospitalité qu'ils nous avaient donnée.

Notre départ avait été fixé au lendemain matin; nous ne pûmes cependant partir qu'à deux heures de l'après-midi; car, bien que tout le monde se crût préparé, chacun avait pourtant oublié quelque chose; encore fûmes-nous obligés de laisser en arrière les plus imprévoyants. Mais comme nous ne pouvions aller coucher bien loin, ils nous rejoignirent aisément à la halte du soir dans la plaine de El Hadeub, à trois lieues de la ville.

C'est un endroit aride et sans eau, où ne s'arrêtent point ordinairement les caravanes.

Nos deux khrébirs ayant planté leurs tentes, nous nous rangeâmes en cercle autour d'eux dans l'ordre que j'ai déjà décrit. Mais comme nous nous étions augmentés de deux cents chameaux environ, nous nous étendions sur un très-vaste espace.

Bien que très-près de Timimoun, et pour cette raison-là même, nous fîmes bonne garde pendant toute la nuit; car, autour de tous les grands centres et des marchés les plus fréquentés, l'appât d'une heureuse aventure ou d'un coup de main facile attire les voleurs et les bandes pillardes, et nous avions à redouter les Aribes, les Daou Bellal, les Kenanema, les Guedooeu et les Khrenafsa, tribus arabes ou berbères des environs, toujours à l'affût des voyageurs.

Notre nombre les effraya sans doute, car aucune ne vint à nous. Au point du jour, nous nous mîmes en marche dans un ordre nouveau. Quand une caravane est faible, elle fait sa force en marchant compacte; mais quand elle est nombreuse, elle se fractionne par groupes à la file, à cent cinquante ou deux cents pas d'intervalle, pour éviter le choc des chameaux entre eux, pour que si l'un d'eux s'abat, il ne soit point foulé par ses voisins; pour qu'on puisse le relever et le recharger facilement; pour éviter enfin d'être suffoqués, bêtes et gens, par la poussière et par le sable. Cet ordre ne nuit en rien d'ailleurs à la nécessité de protection commune; car au premier signal les diverses fractions auraient bientôt fait masse. Nous nous divisâmes donc par petites bandes de quarante chameaux, échelonnées à distance égale. Derrière chacune d'elles suivaient à pied quelques-uns d'entre nous, qui veillaient au bon ordre et piquaient les chameaux trop lents; service pénible et fatigant dans les sables et pour lequel nous étions commandés tour-à-tour. Nous gardâmes cet ordre de marche à compter de ce jour, jusqu'au Soudan, si ce n'est pourtant dans les défilés du Djebel Hoggard, où nous ne pouvions passer qu'un à un.

ZAOUIET SIDI AOMAR.

A midi, nous étions en vue de Zaouïet Sidi Aomar, assez joli village dans la circonscription d'Aouguerouta, sous les murs duquel nous campâmes auprès d'une source abondante, que l'on nomme Aïn el Fougara [1]. A peine étions-nous arrivés que les gens du village,

---

[1] La fontaine des pauvres.

d'abord venus à nous en curieux, nous parlèrent d'affaires. — Si nous l'avions voulu, en un moment nous aurions pu leur vendre toutes nos marchandises; mais leurs sollicitations échouèrent devant notre résolution bien arrêtée de les emporter au Soudan.

Zaouïet Sidi Aomar est protégée par un mur d'enceinte de deux hauteurs d'homme, et crénelé. Comme à Timimoun, et dans presque tous les kessours du Touat, au centre de celui-ci s'élève une petite kasba, où les habitants ont mis leurs objets les plus précieux, sous la protection d'une garde permanente, commandée à tour de rôle. En cas d'une attaque des Berbères, tous les citoyens, attirés et retenus dans cette forteresse par le double motif de leur défense personnelle et de la conservation de leurs richesses, seraient forcés d'y faire une bonne résistance; les intérêts de la cité sont aussi placés sous la sauvegarde des intérêts privés.

A côté de la kasba est la zaouïa de Sidi Aomar, le marabout le plus vénéré du Touat et l'un des plus vénérés du Sahâra.

Sidi Aomar était un homme craignant Dieu, bon, hospitalier, très-humble, et qui tenait en mépris tous les biens de ce monde. La bénédiction divine s'était étendue sur lui et le démon ne pouvait rien sur son cœur. On raconte qu'un jour, le père des mauvaises œuvres alla trouver le Seigneur et lui dit : « Seigneur, Sidi Aomar est un hypocrite, il affecte de mépriser les richesses par orgueil; mais, s'il était riche, il aurait, comme un autre, de belles esclaves, des juments superbes et des lévriers de race, des armes brillantes et des habits de luxe; il se plairait aux fêtes, aux chasses, aux fantazia, et se ferait mon serviteur.

— Méchant, répondit le Seigneur, tu calomnies mon esclave le plus fidèle; Sidi Aomar est un saint homme, et c'est là ce qui t'irrite contre lui.

— Laissez-moi donc le tenter, reprit Satan, et vous verrez si, dans le cœur, il vaut mieux qu'un autre homme.

— Je le livre à tes tentations, répliqua Dieu, depuis le point du jour de demain jusqu'au lever du soleil; mais, s'il sort victorieux de tes maléfices, non-seulement tu n'auras plus aucun pouvoir sur son âme ni sur sa personne, mais pour toute sa vie je te ferai son esclave.

Le marché fut ainsi conclu, et, le lendemain au fedjer [1], Sidi Aomar étant allé, selon son habitude, au puits commun pour y faire ses ablutions avant sa prière, il en retira le seau plein d'argent jusqu'aux bords.

— « O mon Dieu, s'écria-t-il, ce n'est pas de l'ar-
» gent que je te demande, mais seulement de l'eau
» pour faire mes ablutions. »

Et après avoir vidé le seau sur le sable, il le redescendit dans le puits.

Cette fois il le retira plein d'or.

[1] Point du jour.

« O mon Dieu, s'écria-t-il encore, je ne veux aucune
» des impuretés de ce monde; mais je te prie seule-
» ment de me donner de l'eau pour me purifier selon
» la loi. »

Et l'or alla s'entasser à terre sur l'argent.

A la troisième épreuve, le seau revint plein de pierres précieuses.

« O mon Dieu, s'écria le saint homme, en les je-
» tant sur l'or et sur l'argent amoncelés à ses pieds :
» me faudra-t-il donc faire mes ablutions avec le sable
» du désert, comme le pèlerin en voyage ! »

Il avait fait cette invocation, la tête élevée vers le ciel, et, quand il reporta les yeux vers la terre, il vit que le monceau d'argent, d'or et de pierreries s'était fondu en une eau claire qui s'écoulait selon la pente du terrain; elle n'a pas cessé de couler depuis : c'est Aïn Foukara, la fontaine des Pauvres.

Dieu est le plus grand ! s'écria Sidi Aomar; et, se prosternant sur la source miraculeuse, il y puisa des deux mains et fit ses ablutions.

Comme il regagnait sa maison en récitant son de-ker[1], il vit de loin que deux filles du Soudan, assises devant sa porte, et un Nègre inconnu, tenant par la bride un cheval magnifiquement enharnaché, semblaient l'attendre.

---

[1] Prière facultative en dehors des prières obligatoires. — Chaque marabout a son deker particulier. Ce n'est souvent qu'une phrase qu'il répète incessamment.

« Quel Sultan est donc venu me rendre visite, à moi pauvre anachorète? se demanda Sidi Aomar; et il hâta le pas pour ne point faire attendre son hôte.

Mais le Nègre vint à la rencontre du saint homme, se mit à ses genoux, le front incliné jusqu'à terre, s'aspergea la tête avec une poignée de sable, comme un esclave du Soudan devant son seigneur et lui dit :

Le Sultan de Fâss a entendu vanter tes vertus et parler de ta pauvreté; — il t'envoie de grandes richesses, et je t'ai conduit de sa part les deux jeunes filles que voici, et le plus beau cheval de sa maison. — Je suis moi-même ton esclave.

— Je n'ai pas besoin d'esclaves, reprit le marabout; retourne donc d'où tu viens, rapporte au Sultan de Fâss le cadeau qu'il m'envoie; et dis-lui, après l'avoir remercié, qu'avec la grâce de Dieu, je suis assez fort pour suffire à ma vie.

A ce moment le soleil se levait; un grand cri se fit entendre, les jeunes filles, le Nègre et le cheval disparurent tout à coup sans laisser de traces.

Sidi Aomar reconnut alors que la main de Dieu s'était étendue sur lui et l'avait préservé des maléfices du démon.

Ce miracle, qui avait eu des témoins, se répandit bientôt dans tout le Touat; et les hommes craignant Dieu accoururent de tous les pays pour voir le saint marabout et pour lui demander des amulettes ou des prières.

Chaque année maintenant, à l'automne, on fait encore à sa zaouïa le pèlerinage qu'on faisait à sa maison, de son vivant; mais si l'on vante comme autrefois les vertus de Sidi Aomar, on ne les imite plus guère, et sa fête, qui dure sept jours et sept nuits, est plutôt un rendez-vous pour le plaisir qu'un rendez-vous pour la prière.

Tel est pourtant le respect religieux dont la zaouïa est entourée, qu'on ne peut en approcher que les pieds nus. Nous ignorions cet usage, et nous faillîmes nous attirer une mauvaise affaire pour n'avoir pas quitté nos pantoufles en allant la visiter; mais notre qualité d'étrangers, et l'empressement que nous mîmes à réparer cette involontaire profanation en envoyant aux marabouts du benjoin et des bougies, nous firent bientôt rentrer en grâce auprès d'eux; et, le soir même, en reconnaissance de notre politesse, ils firent porter à nos chefs des plats de kouskuessou et du leben (petit-lait).

Malgré le bon état de ses murailles et la protection de son marabout, Zaouïet Sidi Aomar a été pillée plus d'une fois par les Berbères ses voisins, et l'on raconte encore que l'un de ces maudits de Dieu a tué la fille d'un chef de la ville dans la zaouïa même où elle s'était réfugiée. « Si ton Sidi Aomar est si puissant, s'écria le » sauvage, en couchant en joue la pauvre enfant à ge- » noux, mon fusil ne partira point. » Dieu voulut que le fusil partît, et le sang est encore à la place où il a été versé. Qu'il retombe sur la tête du meurtrier!

Des jardins bien boisés et de nombreux dattiers largement arrosés font des environs un endroit délicieux. Les champs de blé que l'on y cultive à la pioche, et dans lesquels on dirige les eaux par des rigoles, fournissent aux besoins des habitants, qui se nourrissent d'ailleurs presque exclusivement de figues et de dattes.

Par sa position au centre à peu près du Touat, entre les grands marchés de Timimoun, au nord, et du Tidikeult, au sud, et par la richesse de ses produits en dattes qui sont réputées excellentes, Zaouïet Sidi Aomar appelle de nombreux étrangers. — C'est un des points les plus fréquentés de l'ouest du Sahara.

LES DATTIERS.

Les dattes qu'on y récolte sont de trois qualités : el hamyra, les rouges; el timasseur, les blanches; el ferrana, les précoces : ces dernières sont ainsi nommées parce qu'on en fait la cueillette au milieu de l'été; la cueillette des autres se fait à la fin d'octobre. Les dattes el ferrana sont longues et rouges et d'un goût très-agréable, mais elles ne se conservent point. Ce n'est, à vrai dire, qu'un fruit de luxe.

A Ouargla et chez les Beni Mezabe, partout enfin où l'on cultive le dattier, le même arbre ne produit point deux années de suite; — il lui faut une saison de repos pour se refaire de l'épuisement de sa gestation. — Dans l'Aouguerout, au contraire, où sur les douze ou quatorze régimes (hardjoun) de dattes que donne un palmier, on en retranche cinq ou six avant la maturité, l'arbre produit tous les ans. Outre l'avantage d'une récolte périodique assurée, cette méthode de culture a celui de fournir une excellente nourriture aux chameaux, aux chevaux, aux ânes, et même aux moutons du propriétaire. Les régimes surabondants enlevés au mois de mai, alors que la datte est à peine formée, et qui prennent le nom de Belah, sont un excellent engrais pour tous les animaux. Nous en achetâmes pour nos chameaux au prix de trois boudjoux le sac (ghrerara); car, dans la crainte des voleurs, nous n'osâmes aller aux pâturages, qui sont d'ailleurs assez loin de la ville.

A Ouargla et chez les Beni Mezabe, un bon dattier produit, de deux ans l'un, deux charges de chameau, ou quatre ghrerara (sacs). Dans l'Aougueroute il n'en produit qu'une et demie, mais, ainsi que nous l'avons dit, cette récolte est annuelle ; il y a donc bénéfice de ce côté.

On plante les palmiers de bouture à la fin de mars, et, s'ils sont bien arrosés, ils commencent à produire un peu à quatre ou cinq ans; s'ils le sont mal, ils ne produisent point avant huit ou dix. Les soins à leur donner sont incessants; au printemps, il faut les sarcler et relever la terre en entonnoir au pied de chacun d'eux pour y faire séjourner les eaux. — A la saison de la récolte, un homme grimpe sur l'arbre pour en cueillir les régimes, opération dangereuse et fréquente en accidents : les chutes d'aussi haut sont souvent mortelles, et les blessures que font les fortes épines des djerid aâdafa, qu'il est presque impossible d'éviter, s'enveniment souvent et sont toujours fort douloureuses. Les plus riches propriétaires de dattiers font faire ces travaux par des domestiques (khremmas) à qui l'on donne le quart de la récolte et la moitié du bois d'*émondage*.

Au fur et à mesure que l'on cueille les dattes, on les emmagasine dans des chambres bien fermées, où elles se conservent d'autant plus longtemps qu'on les a laissées dessécher plus ou moins sur l'arbre.

Ce fruit précieux fait la richesse de ceux qui le récoltent : « En échange de nos dattes, disent-ils, les Arabes
» nous donnent des grains, de la viande, du beurre,
» des vêtements ;—nous vivons de nos palmiers comme
» ceux de la tente vivent de leurs troupeaux ; c'est la
» tête de notre fortune. »

Les habitants de l'Aouguerout sont de sang plus mêlé encore que les habitants de Timimoun. Je n'ai vu de blanc pur chez eux que leur chef, Sid el Hadj Abd el Kader, marabout de la Zaouïa de Sidi Aomar, et l'un des plus riches propriétaires du pays.—Il possède sept à huit cents dattiers. Mais Dieu a mis sa richesse en bonnes mains. Les malheureux le savent bien.

Le lendemain de notre arrivée nous repartîmes de bonne heure pour aller camper auprès de Kasba el Hamera, où nous arrivâmes vers les deux heures. Nous y prîmes position auprès d'une source appelée Aïn Zerga (la source Bleue) ; mais, comme à Zaouïet Sidi Aomar, et pour les mêmes raisons, n'osant point conduire nos chameaux aux pâturages, nous leur donnâmes des dattes *belah*.

Kasba el Hamera est un petit village de cent quarante ou cent cinquante maisons, groupées au milieu de jardins bien plantés et de dattiers. — On y cultive la garance, le henna et du tabac très-estimé.

ZAOUIET EL BELBALI.

A dix ou douze lieues ouest de Kasba el Hamera, dans la circonscription du Touat, est situé le kessour de Timmi, célèbre par sa zaouïa, qui, du nom de son fondateur, est appelée Zaouïet el Belbali.

El Belbali vivait encore il y a sept ou huit ans ; c'était un savant marabout dont les ouvrages sont en grande réputation dans le Maroc et jusqu'à la Mecque, d'où les plus saints tolbas venaient le consulter, car la sagesse était en lui.

Toujours acceptées sans conteste, ses décisions sur les questions les plus débattues et les plus difficiles en morale, en justice, en religion, sont estimées par tous les musulmans du cherg et du J'harb [1].

Celle qui, la première, attira l'attention sur lui, est surtout citée comme une inspiration de l'esprit de Dieu; j'en tiens le récit du cadi même de Kasba el Hamera, qui a longtemps vécu dans l'amitié d'El Belbali.

Une femme berbère, m'a-t-il dit, avait épousé deux hommes à l'insu l'un de l'autre; car, dans le contrat de mariage de chacun d'eux, il avait été stipulé, pour l'un, qu'il n'aurait entrée chez elle que du lever du soleil à la nuit, et, pour l'autre, qu'il ne pourrait la visiter que de la nuit tombante au lever du soleil. Deux cadis, qui ne se connaissaient point, avaient, en toute bonne foi, consacré cette double union selon le rit musulman, sans s'être inquiétés de la condition bizarre qu'imposait à l'époux la capricieuse mariée. — Ce n'était pas leur affaire, il suffisait que l'intéressé consentît à s'y soumettre.

Toute précaution ainsi prise pour que l'entrée ni la sortie du mari du jour ne pût jamais coïncider avec l'entrée ou la sortie du mari de la nuit, ce ménage à trois vivait en paix, et rien ne semblait devoir en troubler l'heureuse harmonie, quand la femme, un matin, fut prise par les douleurs de l'enfantement. Sans hésiter, malgré cette position critique, elle fit prévenir chacun de ses maris qu'il eût à lui envoyer aussitôt une

[1] L'est et l'ouest.

accoucheuse; mais, avec l'accoucheuse, tous les deux arrivèrent impatients d'embrasser le nouveau-né.

« Musulman du mensonge, se dirent-ils l'un à
» l'autre, sors de cette maison, toi qui respectes assez
» peu la loi pour oser violer la chambre de ma femme.
— » Si Dieu n'avait pas pris ton esprit, ajoutèrent-
» ils à la fois, tu laisserais ici ton âme.
— » Aucun de vous n'est fou, interrompit la femme ;
» ne vous disputez donc point, et laissez-moi accoucher
» en paix ; vous êtes tous les deux mes maris. »

Frappés d'étonnement, ces pauvres hommes se regardèrent immobiles, et, laissant là leur femme entre les mains des accoucheuses, ils coururent chez le cadi. Tous deux, avec des raisons et des arguments sans réplique possible, exposèrent leurs droits à la paternité litigieuse dont ils réclamaient l'honneur.

Le cadi, longtemps embarrassé, rendit enfin ce jugement : « Si l'enfant naît pendant la nuit, qu'il appar-
» tienne au maître de la nuit ; s'il naît pendant le jour,
» qu'il appartienne au maître du jour.
— » Qu'il en soit ainsi, » dirent les deux maris. Mais l'enfant naquit le soir même, justement au coucher du soleil, et la sentence devint, par cet incident, d'une application impossible.

El Belbali, d'ailleurs, avait avancé dans son école, devant tous ses disciples assemblés, que la difficulté n'avait pas été suffisamment résolue, et d'un commun accord il fut arrêté qu'on s'en remettrait définitivement à la sagesse du marabout.

Il fit donc venir à lui les deux hommes, la femme et l'enfant, et le meilleur tebib (médecin) du pays. — « Voici trois œufs vidés, ou plutôt trois coquilles d'œufs,
» d'un poids parfaitement égal, dit-il au tebib ; tu vas
» les remplir, ces deux-là d'abord, chacun avec le
» sang de l'un des maris de cette femme, et l'autre
» ensuite avec le sang de cet enfant. »

Le tebib obéit, et quand l'opération fut terminée, El Belbali se fit apporter des balances et pesa comparativement les deux premiers œufs avec le troisième ; — il résulta de cette expérience que le sang de l'un des deux hommes était plus léger que celui de l'autre, et qu'il était, au contraire, d'un poids identique avec le sang du petit garçon.

— « Au nom de Dieu, je te déclare le père de cet en-
» fant, dit-il à cet homme ; emporte-le, il est à toi. »

La foule accueillit ce jugement avec acclamation, et dès ce jour la réputation d'El Belbali fut la réputation d'un homme aimé de Dieu.

Les disciples du saint marabout augmentant de nombre à toute heure, il fit bâtir une vaste zaouïa où des tolbas enseignaient la lecture des livres saints et les sciences, dans des appartements séparés. On a vu réunis à ses leçons des gens de la Mecque, de l'Égypte, de Fâss, de Merakech (Maroc) et du Soudan ; et les tribus berbères les plus éloignées envoyaient leurs enfants à sa zaouïa, pour qu'ils y fussent initiés aux secrets de sa sagesse.

El Belbali n'a laissé qu'une fille nommée Messaouda, à laquelle, de son vivant, il a donné sa science, et qu'en mourant il a faite héritière de tous ses biens. Elle est d'une beauté proverbiale; mais elle se refuse absolument au mariage et ne sort jamais de sa zaouïa, où elle continue les enseignements de son père et nourrit, comme lui, l'âme et le corps des pèlerins, des voyageurs, des malades et des orphelins. Quinze ou vingt Nègres ou Négresses, ses esclaves, partent chaque matin de chez elle et vont sur toutes les routes, dans toutes les directions, pour attendre les malheureux, leur porter des secours et les amener à la zaouïa, où l'hospitalité leur est donnée. Les offrandes que font les riches à la sainte femme, ses dattiers et ses jardins ne suffisent qu'à peine à cette immense charité.

On vient la consulter de tous les points, comme on venait consulter El Belbali, et ses décisions, qu'elle revêt modestement du cachet de son père, ne trouvent d'opposants ni chez les parties plaignantes, ni chez les tolbas, ni dans les autres écoles. « Ce qu'elle juge est » jugé, ce qu'elle écrit est écrit; après Messaouda la » savante, il n'y a pas à douter. »

Dernièrement, un homme de Ouled Sidi Chikh[1], nommé Abd el Kader ben Mohamed ben Kaddour, ac-

---

[1] Tribu de marabouts dans les montagnes du Sahara, au sud d'Oran.

cusé par ses compatriotes d'avoir guidé les chrétiens aux kessours de Stiten et de Brizina, allait être mis à mort, quand il eut l'heureuse idée d'en appeler au jugement de Messaouda.

On écrivit aussitôt à la taleba (savants), en lui soumettant les griefs de la tribu contre Ben Kaddour, et l'arrêt dont il avait été frappé.

« De temps immémorial, répondit Messaouda, les
» Chrétiens sont les ennemis des Musulmans. Or, si
» celui que vous avez condamné était allé au devant
» d'eux, il mériterait sûrement la mort ; mais puis-
» qu'il a été forcé, comme prisonnier, et sous peine de
» la vie, de marcher à leur tête, qu'il soit remis en li-
» berté, car il a subi la nécessité de la guerre. »

Ce jugement sauva la vie de Ben Kaddour[1].

En arrivant à Kasba el Hamera, comme je l'ai déjà dit, nous avions été visiter El Hadj el Mançour, chef de la Djemâa qui gouverne la ville, et nous en avions été bien accueillis.

Sur sa recommandation, nous redoublâmes de surveillance pendant la nuit, et cependant le lendemain, à

[1] Nous tenons ce fait de Ben Kaddour lui-même. Il avait conduit la colonne du général Géry.

l'heure du départ, deux chameaux nous manquaient, on était venu nous les enlever dans notre camp. A cette nouvelle, nos deux khrebirs, sans perdre de temps en imprécations contre les voleurs ou en récriminations contre nos gardes de la nuit, courent chez le chef de Kasba el Hamera avec deux hommes de la caravane, lui empruntent quatre chevaux, et partent au galop, guidés par les traces de nos chameaux, encore empreintes sur le sable. La journée tout entière se passa dans l'inquiétude; à chaque instant nous regardions à l'horizon si nos amis ne revenaient point. Nous demandions de leurs nouvelles à tous les arrivants. Quelques-uns d'entre nous, bien armés, étaient allés à leur avance, et déjà revenus sans nous en avoir rien appris. A la nuit tombante, enfin, nous les aperçûmes dans un nuage de poussière, pas un d'eux ne manquaient, et les deux chameaux, enlevés la veille, les précédait.
— Nous les saluâmes par de grands cris de joie, et quelques minutes après ils étaient au milieu de nous.

Ils avaient fait dix lieues dans l'ouest, jusqu'au Sebkhra des Metâarfa, où ils avaient atteint les voleurs. C'étaient des Aribs qui campent auprès des kessours des Metâarfa. Au premier coup de fusil, les lâches s'étaient sauvés à toutes jambes, laissant là leur butin. Les poursuivre, c'eût été s'exposer peut-être à se mettre toute la tribu voisine sur les bras; on les avait donc laissés s'échapper en s'en remettant à Dieu du soin de leur châtiment. Qu'il les maudisse!

Pour remercier Sid el Hadj Mançour de l'obligeance qu'il avait mise à nous prêter ses chevaux, et selon l'usage en pareille circonstance, nous lui fîmes cadeau d'un beau bernouss d'Alger : ce présent de la reconnaissance prend, en ce cas, le nom de tessemire el khreil (le ferrement des chevaux).

Cet accident nous fit perdre tout un jour ; mais nous partîmes le lendemain de très-grand matin, et, laissant à droite tous les villages, nous prîmes le plus court chemin dans la direction d'Insalah. Cette journée fut assez fatigante, par la raison qu'il nous fallut monter et descendre, sur toute la route, une succession de petits mamelons échelonnés entre Kasba el Hamera et Djebil où nous campâmes, à l'ouest du Djebel-Batten.

Ce pays est boisé de genêts (reteum) et de cedrat[1] ; nous y levâmes plusieurs troupeaux de gazelles, des lièvres, des lapins, et, toute la journée, nous y fûmes suivis par des nuées de corbeaux ; mais, pressés que nous étions d'arriver, nous ne leur fîmes point la chasse.

Djebil n'est point un endroit habité, mais un simple lieu de station pour les caravanes ; — les chameaux y trouvent de bons pâturages de derine, de semaghr et de nessy. Cependant l'eau y manque absolument, et ceux qui n'en ont pas fait bonne provision sont forcés d'aller abreuver leurs chameaux au Puits de l'Esclave ;

[1] Voir au Vocabulaire d'Histoire naturelle.

Hassy el Ousif, situé sur la gauche, à une assez grande distance. Nos outres étaient pleines, et nous n'eûmes point à faire cette corvée.

Un de mes cousins nommé Mohamed, qui avait bu de l'eau à même la peau de bouc, et sans lui faire prendre l'air un moment dans la tasse, fut atteint d'une fièvre violente et de diarrhée.

Nous consultâmes Cheggueun sur l'état de Mohamed; il lui fit avaler une décoction de henna qui soulagea presque immédiatement notre malade. Il faut savoir souffrir la soif en voyage, les buveurs ne vont pas loin : « ils sont comme les grenouilles : à peine » sortis de l'eau, ils meurent; — ne les emmenez » point en caravanes, c'est autant de pâture pour les » oiseaux de proie et les chacals. »

A la levée du camp, je plaçai mon cousin sur un bon chameau, où je lui fis un lit entre les sacs, et quand, sur les deux heures de l'après-midi, nous arrivâmes à Kessour ouled Zenan, près d'Aoulef, dans la circonscription de Tidikeult, il était beaucoup mieux.

Deux autres kessours, appelés l'un Kasba el Hamera et l'autre El Hadj Ahmed, s'élèvent tout près d'Ouled-Zenan, et, comme lui, sont arrosés par des sources abondantes; ils forment un triangle au milieu duquel nous campâmes pour mieux assurer notre tranquillité.

Nous avions fait le chemin tout d'une traite, car on dit au désert : El dif biod, *que l'hôte soit blanc;* ce qui veut dire : Arrive avant la nuit pour te faire reconnaître;

et nous fûmes en effet bien accueillis par les gens des trois kessours qui nous vendirent à très-bon marché des dattes (belah) pour nos chameaux. — Par la protection de Dieu, nous ne les conduisîmes point aux pâturages, car à peine avions-nous installé notre camp, qu'un parti de Berbères, en course aux environs, tomba sur les troupeaux des Ouled Zenän et leur fit une ghrazia de deux cents chameaux. Quand la nouvelle en fut apportée par un berger qui s'était sauvé, les voleurs étaient déjà trop loin pour qu'on tentât de les poursuivre.

Cette halte fut signalée par un autre incident : un homme de la caravane de Tidikeult, oubliant les serments de vivre en frères que nous nous étions faits, se prit de dispute avec l'un des nôtres, à l'abreuvoir, et le frappa si violemment avec son bâton qu'il lui mit la tête en sang.— Heureusement que cette querelle, toute individuelle, ne gagna point de proche en proche comme il arrive trop souvent; chacun, au contraire, s'empressa de séparer les deux combattants, et on les conduisit à nos khrebirs. Celui qui avait frappé, à tort ou à raison, fut condamné à une amende de trois douros, dont l'un pour le battu et les deux autres pour nos khrebirs, qui les mangèrent. Cet incident n'eut pas d'autre suite, et la paix générale n'en fut point troublée.

De Kessour ouled Zenän, nous allâmes coucher au petit kessour d'Inkeur, et, le lendemain, à Aïn Sisa, où nous n'arrivâmes qu'à cinq heures du soir. — Nous y trouvâmes beaucoup d'eau, bonne quoiqu'un peu saumâtre, et d'excellents pâturages où nous lâchâmes nos chameaux, qui depuis trois jours n'avaient mangé que des dattes et les maigres buissons de la route.

La nuit se passa sans accident ; mais, le lendemain, à peine étions-nous en marche, que nous vîmes venir à nous quarante cavaliers montés sur des chameaux. Cheggueun se porta bravement vers eux, et quand il en fut assez près, il leur cria d'arrêter. Telle était la puissance de cet homme que tous obéirent ! et nous vîmes qu'une conversation très-agitée venait de s'engager entre notre khrebir et les inconnus. — Cela se passait assez près de nous pour qu'il nous fût loisible de les examiner à notre aise. Ils étaient assis sur leurs selles, les jambes croisées en avant sur le garot du chameau ; de la main droite ils tenaient une longue lance et leur bras gauche portait un grand bouclier ; — un large sabre pendait à leur côté ; celui qui semblait être leur chef avait seul un fusil ; — une ample djellaba noire les enveloppait, et ils étaient coiffés d'une haute chachia rouge autour de laquelle était enroulée, comme un turban, une pièce d'étoffe noire dont l'un des bouts leur voilait la figure et ne laissait voir que leurs yeux.

C'étaient des Touareug qui s'étaient détachés de leurs frères en course, ainsi que nous l'avons su depuis, pour venir abreuver leurs chameaux à Aïn Sisa. Nous les reconnûmes aisément aux descriptions que nous en avions entendu faire, et, dans la prévision d'une attaque probable, nous tînmes nos fusils prêts.

La conversation entre eux et Cheggueun s'animait de plus en plus ; mais tout à coup notre khrebir revint à nous. — « Ne craignez rien, mes enfants, nous dit-il, » avec la grâce de Dieu nous sortirons de ce mauvais » pas. » Il prit ensuite un paquet de tabac en feuilles d'une vingtaine de livres, et retourna vers la bande ennemie. — Ce cadeau la satisfit sans doute, car un moment après elle s'enfonça vers l'ouest et disparut.

Voici ce qui s'était passé :

Le chef de ces maudits avait reconnu Cheggueun et lui avait dit : « O Cheggueun, Dieu nous a apporté cette » prise ; laisse-nous manger ces gens du Tell (car, par » mépris, ils appellent les Chambas gens du Tell) ; leur » pays est loin, et nous n'avons besoin ni de leurs » grains ni de leur laine ; ce sont nos ennemis, pour— » quoi les épargnerions-nous ? »

Cheggueun leur avait répondu : « Ce que vous voulez » là, ô mes frères, est impossible ; ces gens m'ont » donné à manger et à boire, ils m'ont habillé, leurs » chefs me les ont confiés sur ma parole et j'ai juré sur » ma tête de les protéger. — Si donc vous êtes mes » frères, vous les laisserez avec la paix, et si vous » voulez les attaquer vous passerez sur mon corps.

» Arrivés dans le Djebel Hoggar, nous payerons » à votre chef, qui est mon ami, le droit des caravanes, » ainsi que je l'ai déjà fait si souvent, et, s'il plaît à

» Dieu, ce ne sera pas la dernière fois que je vous ferai
» gagner. »

Ces raisons d'intérêt, l'influence dont jouissait Cheggueun, et plus encore sans doute la vive résistance que nous pouvions opposer à cette poignée d'hommes, nous en débarrassa; et ce fut alors que Cheggueun leur offrit le paquet de tabac dont j'ai parlé. Ils voulurent bien s'en contenter, et nous nous estimâmes heureux d'en être quittes à si bon marché.

Ce jour-là nous poussâmes nos chameaux très-vite et, sans nous être arrêtés, nous arrivâmes, vers les deux heures de l'après-midi, à Insalah, ville principale du Tidikeult; c'était le but de la caravane avec laquelle nous voyagions. A ce point, chacun de nos compagnons devait rentrer chez lui. — Quand notre installation de campement fut faite, dans un endroit sûr et favorable, entre Insalah et le village de Belkassem, près d'une source nommée Aïn el Késyba, nos compagnons se réunirent et vinrent nous saluer.

« O mes frères, nous dit leur khrebir, nous som-
» mes arrivés chez nous et vous êtes nos hôtes; ne
» hâtez point votre départ, vous ne manquerez de rien;
» et quand la caravane qui s'organise pour aller au
» Soudan partira, vous partirez avec elle. »

La nouvelle de notre arrivée nous avait en effet précédés dans tous les kessours environnants, et dans toutes les tribus arabes du Tidikeult, nos projets de voyage étaient connus, et la réputation de Cheggueun, exaltant les esprits et leur donnant confiance, une grande caravane s'organisait en un lieu nommé Amedry, pour marcher de conserve avec nous.

INSALAH. — CARAVANE DE LA MECQUE.

Insalah est une ville de cinq ou six cents maisons, avec une Kasba, mais sans muraille d'enceinte. Les habitants donnent pour raison de cette exception, qu'ils sont assez forts de leur alliance avec les Touareug leurs voisins, pour n'avoir point à craindre un coup de main.

Une source nommée Aïn ben Iacoub, la source du fils de Jacob, prend naissance au centre d'Insalah et l'alimente. Du côté du sud, des vergers et des plantations de dattiers dominent la ville; mais, sur les autres côtés, les sables, chassés par le vent, s'amoncèlent en vagues jusqu'aux pieds des maisons.

Le chef le plus puissant d'Insalah, qui du reste est gouvernée par une Djemâa, se nomme El Hadj Mohamed Ould Mokhtar, de la tribu arabe des Oulel Mokhtar, qui vit sous la tente en dehors du kessour, dont elle possède cependant presque toutes les maisons. Nous allâmes le visiter, et, selon l'usage, lui faire les présents de la bien venue.

C'est dans le Tidikeult surtout que se fait sentir la

puissance de l'aristocratie de race. Les habitants des kessours sont presque tous nègres ou mulâtres, et les Arabes qui partagent avec eux le même territoire, les Ouled Mokhtar particulièrement, qui sont les djouad par excellence, dominent et gouvernent le pays. — Tous les chefs de la Djemâa sont Arabes.

Quelques familles de la tribu des Touareug el Biod, les *blancs*, qui campent à l'extrémité sud du Tidikeult, se sont installées sous des gourbis auprès d'Insalah; elles peuvent mettre une soixantaine de chameaux sur pied. — A côté d'elles campe, sous des tentes en peaux, la tribu arabe des Ouled Bou Hamou, qui peut également lever soixante ou quatre-vingts chameaux, et qui partage avec les Touareug l'honneur d'être Makhrzen (cavaliers) du chef d'Insalah. — Ce sont des *enfants du péché* dont Mohamed Ould Mokhtar utilise les instincts vagabonds, pour faire la police de tous ses kessours et pour se venger au besoin de ses voisins.

Nous étions depuis deux jours à Insalah, quand Ould Mokhtar et les autres chefs de la Djemâa firent publier par des crieurs que la grande caravane de la Mecque venait d'arriver, qu'elle s'était arrêtée un peu à l'ouest d'Aoulef, près de la Zaouïa de Moula Haïba, et que la population entière eût à se préparer à aller faire honneur aux pèlerins.

Cette nouvelle mit en mouvement toutes les tentes et tous les kessours, et, le surlendemain matin, les Ouled Mokhtar, les Ouled Bou-Hamou, les Ouled Bel Kassem, les Ouled el Hadj, les Ouled Sid el Hadj Mahomed, les Deghramecha, les gens de Meliana, de Gousten, des deux Sala, de Zaouïet el Hadj bel Kassem, de Fougaret Ezzoua, hommes, femmes, vieillards, enfants, esclaves et serviteurs, à pied, à cheval, sur des chameaux, sur des ânes; tous vêtus de leurs plus beaux habits, prirent la direction d'Aoulef, au son de la musique et des chansons pieuses, en agitant de petits drapeaux.

L'avant-veille, au Fedjer, la caravane avait mis elle-même en marche ses deux mille chameaux, espacés par groupe de cent ou de cent cinquante, sur une immense étendue, et s'avançait dans un nuage de poussière. Nous la saluâmes à trois lieues à peu près d'Insalah. — A nos cris, l'émir er Rekeub, qui la commandait, planta son drapeau et s'arrêta.

Un moment après, les deux foules se confondirent dans un désordre indicible; c'était à qui baiserait les étriers de l'émir; les parents et les amis s'appelaient à voix pleine; tous les noms musulmans se croisaient à la fois avec les chants des pèlerins, avec les cris des femmes et des enfants suffoqués par la poussière, roulés dans le reflux de cette mer tumultueuse, aux bords de laquelle dansaient les Nègres exaltés par le soleil et par le bruit assourdissant des tamtam, des tambours et des keghrakeb [1]; quelques chameaux effrayés avaient jeté leurs cavaliers à terre, et, par leurs beuglements

---

[1] Castagnettes en fer dont le bruit est assez bien imité par ce mot: *keghrakeb*, qui en est l'onomatopée.

et leur course insensée, ils ajoutaient à la fois à la confusion des clameurs et des masses.

Peu à peu, cependant, ces premiers épanchements calmés, l'ordre se rétablit, et l'émir, entouré de tous les chefs, donna le signal du départ en élevant son drapeau.

Alors les gens du Tidikeult, les pèlerins et les marabouts se prirent à chanter alternativement:

LA FOULE.

O Pèlerins, dans la chambre de Dieu,
Avez-vous vu le Prophète de Dieu?

LES PÈLERINS.

Nous l'avons vu, nous l'avons vu!
Et nous l'avons laissé dans la chambre de Dieu;
Il fait ses ablutions, il prie,
Il lit les livres de Dieu.

LES MARABOUTS.

Notre Seigneur Abraham est le chéri de Dieu,
Notre Seigneur Moïse est le parleur de Dieu,
Notre Seigneur Aïssa [1] est l'âme de Dieu,
Mais notre Seigneur Mohamed est le prophète de Dieu.

LES PÈLERINS.

Oui, nous avons laissé nos biens
Et nous avons laissé nos enfants
Pour aller voir le prophète de Dieu.

LES MARABOUTS.

Que votre pèlerinage soit heureux!
Ce que vous avez gagné est sans pareil;
Vous avez fait une ghrazia sur vos péchés.

---

[1] C'est le nom que les Arabes donnent à N.-S. Jésus-Christ.

Les cantiques ne cessèrent qu'à la halte, entre le kessour des Ouled bel Kassem et Insalah, au lieu nommé Mekamet el Hadjadj (la place des pèlerins).

La caravane, jusque-là confuse, fut en un instant campée dans un ordre admirable ; tous les gens qui la composaient :

Ceux du Touat,
>de Figuigue,
>de Tafilalet,
>de Fâss (Fez),
>de Merakech (Maroc),
>de Mekueness (Mekinès),
>des Ouled Sidi Chikh,
>des Hamïanes, etc., etc.

et des trois tribus berbères, les seules qui fassent le voyage de la Mecque :

>Aït Atta,
>Aït Dezedeug,
>Aït Morkall,

se rallièrent à leurs drapeaux et firent autant de douars à part, tous concentriques à la vaste tente de l'émir Er Rekeub, qui s'élevait au milieu de ce cercle immense, formé d'autant de cercles partiels qu'il y avait là de tribus diverses.

A peine les chameaux étaient-ils débâtés et entravés autour de chaque douar, que les habitants du pays envahirent le camp, chargés d'outres de lait, de poules, de viande fraîche de chameaux, de dattes, de féves, de kouskuessou; ils venaient vendre ces provisions aux pèlerins, ou les échanger contre des marchandises.—Car la caravane qui revenait par les oasis du désert avait partout fait le commerce et rapportait des chapelets, des pierres précieuses, de l'eau du puits de Zem-Zem [1], de la terre de la Mecque ou de Médine, en petits paquets, des Négresses d'Abyssinie qui sont très-recherchées dans le Maroc, des Nègres du Bernou, des peaux de buffles tannées, des défenses d'éléphant, des sayes, des cotonnades pour faire des turbans, des draps, des coffres, des peignes à barbe, des bracelets en corne et en verroterie, du corail, des miroirs, de l'antimoine en grande quantité, des épiceries, de l'essence de sandal, du bois de ghromari qui parfume, du souak qui teint les lèvres en noir ou en rouge, du musc, du zebed, du louban, des armes, fusils, pistolets, yatagan, des pierres précieuses, de l'or et de l'argent en lingots et de la poudre d'or.

Les principaux marchands d'Insalah entrèrent bientôt en commerce avec les pèlerins, et nous leur achetâmes nous-mêmes ou leur échangeâmes beaucoup d'objets.

L'émir qui commandait la sainte caravane se nommait El Hadj Ali, de la famille des Ouled Adyeul, qui habite à Aïn el Hamera, entre Mekueness et Fass.

Les Ouled Adyeul sont chérifs et dans une telle répu-

---

[1] On sait que le puits de Zem-Zem est le puits vers lequel un ange conduisit Agar et Ismaïl, égarés dans le désert.

tation de vertu que l'on dit proverbialement de ces marabouts :

Seroual el mekefoul ;
Sendouk el mahaloul lelah ;
Yemechou be ouled el assoul.

La culotte toujours fermée ;
Le coffre toujours ouvert pour Dieu ;
Ils ne marchent qu'entourés de gens de race.

Pour éviter à leurs enfants les tentations du démon, les Ouled Adyeul les tiennent enfermés dans la maison paternelle ou dans la Zaouïa jusqu'à l'âge du jeûne (14 ou 15 ans), et ils les envoient alors à la Mecque.

Cette famille vénérée fournit de temps immémorial des émirs aux caravanes du Maroc, et cet honneur est la tête de sa réputation.

Car l'émir Er Rekeub est nommé, par lettres du Sultan, sultan lui-même : il a le droit de vie et de mort, d'amendes et de justice par le bâton sur tous les pèlerins ; il a ses cadi, ses khrodja (secrétaires), ses chaouchs, ses serviteurs et sa musique[1]. Des khrebirs éclairent devant lui la route et préparent les campements, et chacune des tribus qui le suivent met un homme de garde auprès de sa personne en marche, et devant sa tente au bivouac, pour attendre et porter

---

[1] Avoir sa musique est un honneur réservé au Sultan seul et aux califats.

ses ordres. Encore tous ces grands biens sont-ils peu de chose comparés à ceux que Dieu réserve aux émirs qui guident ses serviteurs au pèlerinage.

Après dix ou douze jours de repos à Mekamet el Hadjadj, la caravane se remit en route et alla camper à Timimoun, d'où chaque pèlerin regagna son pays; et nous, les pauvres voyageurs, nous remerciâmes le Seigneur d'avoir réjoui nos yeux par la vue de ces merveilles.

EL HADJ (LE PÈLERINAGE).

Le pèlerinage est du Ferd, c'est-à-dire au nombre des pratiques d'institution divine, imposées à tout musulman; il est obligatoire une fois au moins dans la vie, nul croyant, homme ou femme, ne peut s'en dispenser : homme, à moins qu'il ne soit pauvre, esclave, fou, mineur ou maladif, encore un aveugle doit-il l'accomplir s'il peut trouver un guide : femme, à moins qu'une sainte famille ou qu'un homme craignant Dieu ne se trouve point qui lui donne protection dans le voyage.

L'approvisionnement de chaque pèlerin doit pouvoir le conduire jusqu'à la Mecque, et il doit, avant son départ, et pour un an que durera son absence, pourvoir aux besoins de sa famille.

Longtemps il a été débattu si le musulman qui, sans raison valable, se dispenserait du pèlerinage, devait être puni de mort; les docteurs de la loi ont enfin décidé que le coupable serait abandonné à la justice de Dieu.

Dans l'ouest, outre tous les ports où s'embarquent chaque année de nombreux pèlerins, isolés ou par groupes, sur des bateaux pêcheurs et de commerce pour longer la côte, de relâche en relâche, de transbordements en transbordements jusqu'à Alexandrie, et de là se rendre à la Mecque par Suez ou par l'Égypte; les deux points ordinaires du départ des grandes caravanes sont Fâss, dans le Maroc, et Zaouïet Moula Haïba, près d'Aoulef, dans le Tidikeult.

Celle de Zaouïet Moula Haïba part chaque année: elle prend par le grand Désert, le Djebel Mouïdir et le Djebel Foukas, en payant un droit aux Touareug, le Fezzan, en laissant Ghrat à droite et Ghredamess à gauche, Oudjela ou Djalou [1], Dechour el Djoubala [2] où sont les ruines d'une ville de païens, Masseur (le Caire), Guenna [3], Kosseïr, au bord de la mer Rouge, et Djedda sur l'autre rive.

---

[1] C'est l'Augila de l'antiquité et des cartes modernes.

[2] C'est sans doute Syoua, l'ancien Ammonium, retrouvé et décrit par Brown, Hornemann et Minutoli. — Syoua, Augila et le pays des Garamantes (le Fezzan) étaient, selon Hérodote, la tête de la route qui, partant de Memphis, conduisait au pays des Atlantes (Bilma), « après lequel on ne trouvait plus que des sables; » rien n'a changé que les noms.

[3] C'est le kheneh des cartes.

Celle de Fâss ne part que tous les deux ans; encore arrive-t-il que si les pays qu'elle doit traverser sont agités par des guerres, ou si la disette les a frappés, le Sultan la dissout et l'ajourne à l'année suivante[1].

Pendant trois mois, tous les lundis et tous les jeudis, des crieurs publics annoncent au son du tambour, dans toutes les villes du Maroc, le jour où le *Rekueb* doit se mettre en marche.

Ils disent :

« Il n'y a qu'un seul Dieu, et N. S. Mohamed est
» l'envoyé de Dieu !

» Le sultan du Maroc, notre seigneur Moulaye Abd
» er Rahman, fait savoir à ceux qui veulent aller visi-
» ter la chambre de Dieu que la caravane partira le
» 1ᵉʳ du mois de Djoumal el Oueull.

» Que chacun vienne avec ses chameaux, ses mulets,
» ses provisions et le plus d'argent possible; le voyage
» est long, les chemins sont difficiles; il y aura des
» hommes nus à vêtir, des altérés à faire boire, des af-
» famés à faire manger.

» Prenez vos armes et de la poudre : la bénédiction
» de Dieu sur ceux qui vous seront hospitaliers, du
» plomb pour ceux qui vous seront méchants.

---

[1] Voir les voyages d'El Aïachi et de Moula Ahmed, traduits par M. Berbrugger et publiés par ordre du gouvernement. On peut suivre les quatre routes de ces pèlerins, aller et retour, sur la grande carte qui a été publiée avec *le Sahara algérien.*

« Soyez maîtres de tout événement et que Dieu
» veille sur vous. »

Le lieu de réunion est toujours une grande plaine
en avant de Fâss; au jour annoncé, le kaïd de la ville,
les tolbas et les marabouts des mosquées et des zaouïa,
suivis des cavaliers du Maghzen, vont donner aux pèlerins la bénédiction du départ.

L'émir Er Rekueb les reçoit au milieu du camp, au
son de sa musique, et quand les crieurs ont ordonné
le silence, le kaïd élève la voix et dit :

« Il n'y a qu'un seul Dieu, et N. S. Mohamed est
» l'envoyé de Dieu !
» O vous tous qui allez visiter la Mecque, au nom
» du Sultan notre maître et notre seigneur, je vous le
» recommande, soyez bons, humains, charitables.
» Donnez au pauvre, protégez le malade; tous ceux
» qui font ce grand voyage sont égaux; vos bonnes
» œuvres parleront pour vous au jour du jugement.
» Vous, chefs, veillez à l'accomplissement des pré-
» ceptes de la religion; punissez le meurtre, le vol,
» l'adultère, si vous ne pouvez les empêcher. Vous,
» peuples, obéissez à vos chefs; écoutez-les, soumet-
» tez-vous aux règles et le jour et la nuit; soyez
» frères entre vous et les frères de tous ceux chez les-
» quels vous passerez.
» Allez en paix avec la confiance en Dieu. »

L'émir donne alors le signal du départ, et les pre-

miers chameaux s'ébranlent précédés par les Mekhraze-
nias (cavaliers du gouvernement), frappant la poudre
et suivis par les bénédictions et les souhaits des nombreux assistants, attirés à la solennité par le cœur ou
par les yeux.

Quelques heures après, ceux qui faisaient honneur
au Rekueb rentrent à Fâss et le Rekueb poursuit sa
marche. — C'est un fleuve d'hommes qui se grossit
partout de nouveaux voyageurs; il prend son courant
d'abord vers le sud, où viennent se fondre avec lui
les pèlerins de Tafilalet et ceux de Figuigue. Il
tourne ensuite à l'est, longe au nord les montagnes
des Ouled Sidi Chikh et le Djebel Amour; passe à
El Aghrouat et traverse les Ziban, Touzer et la grande
Sebkhra. A Tripoli, la mer l'absorbe en partie; mais
son courant principal va toucher Masseur (le Caire),
Kosseïr et Djedda.

Cependant, depuis que les Chrétiens ont paru dans
le Sahâra, arrivé vis-à-vis chez eux, il se jette maintenant beaucoup plus au sud par Gueléa, Ouargla, Souf
et Touzer.

Le jour même où les pèlerins de l'ouest débarquent
à Djedda, ceux qui viennent par Soueïs (Suez) et ceux
de la Syrie campent à Djehafa; — ceux qui descendent
par Médine, à Di-el-Khrelifa; — ceux du Nedjed, au
mamelon de Mikarmin; — ceux de l'Irâc, du Kheras-
san (le Corasan) et du Feurss (Perse), à Dat Arkin; —
— ceux de l'Iamen, à Ialemlem, montagne du Djebel

Theama[1]; — tous sont à deux journées de la Mecque, sur la limite d'El Haram[2], cercle mystique au centre duquel est située la ville sainte.

EL HARAM. — LES CHOSES DÉFENDUES.

Avant de mettre le pied dans El Haram, avant de fouler ce sol sanctifié par le rayonnement glorieux du temple, tous les pèlerins doivent se préparer aux ablutions qu'ils feront à la Mecque, dans la source Bidit-youne, où le Prophète lui-même s'est purifié.

Ils se font les ongles des pieds et des mains; toutes les parties que la nature a voilées sur le corps de l'homme et de la femme, le rasoir les met à nu, moins la tête pour les femmes, moins la tête et le visage pour les hommes; encore faut-il qu'ils se coupent le centre des moustaches à hauteur de la lèvre.

La loi dit : « Les hommes en abordant El Haram,

---

[1] La carte de Ehremberg, où sont tracés les divers itinéraires des pèlerins à la Mecque, donne Dhul Haleifa au lieu de Di el Khrelifa ;— Dsat Erk au lieu de Eat Arkin, et place Yalemlem dans le Djebel Kora Khrarah, que nous appelons Theama ; nous avons écrit sous la dictée d'un Arabe et nous avons rendu sa prononciation. Quant à la différence absolue dans le nom de la montagne, elle peut s'expliquer par ce fait qu'une montagne et qu'un cours d'eau, chez un peuple sans idées d'ensemble sur la géographie, changent de nom presque à chaque pas, et qu'il est facile de prendre le tout pour la partie et la partie pour le tout.

[2] El haram veut dire défense, prohibition.

» ne pourront avoir sur eux aucun vêtement cousu [1];
» en y entrant, comme Adam, le père des générations,
» quand il visita la Kaâba, ils n'auront qu'une cein-
» ture.

» Les femmes se dévoileront le visage et les mains
» seulement. »

Ces actes préparatoires achevés religieusement, les voyageurs, tournés vers la Kaâba, font deux génuflexions en proclamant à haute voix qu'ils sont venus pour accomplir le pèlerinage et qu'ils l'accompliront. Ce témoignage devant Dieu les lie comme un serment; aucun d'eux ne peut plus retourner en arrière; tous franchissent donc El Haram, qui se peuple à l'instant de 70,000 pèlerins; car ce nombre, à défaut d'hommes, serait complété par les anges.

Sur chaque mamelon, sur chaque monticule d'où l'œil peut atteindre le but où converge la foule, à chaque rencontre des bandes partielles entre elles, toutes les voix, en une seule, glorifient le Seigneur par cette invocation (lebba):

« Seigneur! Seigneur! vous n'avez point d'as-
» socié !

» Seigneur! Seigneur! les grâces, les faveurs et les

---

[1] Cette recommandation qui impose aux Arabes leur costume primitif nous semble avoir pour portée de les maintenir dans la tradition et de les éloigner de toute idée de luxe qui pourrait altérer leur nationalité et les faire s'assimiler à tout autre peuple : la loi de Mohamed, comme celle de Moïse, tend toujours vers ce but d'immutabilité.

» commandements vous appartiennent ! vous n'avez
» pas d'associé ! »

El Haram est comme un lieu d'asile, où les animaux et les plantes, sous la sauvegarde de la Kaâba, vivent et meurent sans crainte de la main de l'homme. Une fois dans El Haram, le pèlerin ne peut tuer ni les bêtes, ni les oiseaux dont la chair est permise ou dont la chair est défendue, hors les corbeaux, les rats, les scorpions et les chiens enragés, que notre seigneur Mohamed a seuls exceptés dans ses *hadité* (conversations).

Les animaux qui sont nés sur l'homme ou qui viennent se poser sur lui, il doit les laisser *paître sur son corps*; la puce, il peut pourtant la prendre, mais en se gardant de l'écraser, et la déposer à terre, car elle peut vivre dans le sable, où ne peut pas vivre le pou.

S'il chassait les insectes qui viennent paître sur ses chameaux, il devrait donner aux pauvres une poignée de farine.

Des plantes que Dieu fait naître dans El Haram, comme l'oum ghraïlah et le sadjir el tarfa, et des plantes que la nature y fait germer, il ne peut couper que l'herbe adkhrer, qui ressemble à el aâlfa, et l'herbe el asna; notre seigneur Mohamed l'a permis dans ses *hadité*, parce qu'elles ont des vertus qui guérissent les maladies.

Le pèlerin, enfin, ne peut plus soigner son corps : se

nettoierait-il seulement un ongle, qu'il devrait racheter ce péché de distraction par une aumône.

La cérémonie d'El Haram ne peut avoir lieu que dans les mois de choual, di el kada et di el hadja.

LA KAABA. — EL THAOUAF (LA VISITE).

La Kaâba existait mille ans avant le premier homme; les anges et les djennes (démons) y allaient en pèlerinage; et, plus tard, quand Adam fut chassé du Paradis terrestre, c'est devant la Kaâba qu'il s'arrêta[1].

Ce n'était point un temple comme à présent, mais une simple tente que les anges avaient dressée le jour de la création et qu'ils appelaient la maison de Dieu; pendant le déluge, Gabriel l'enleva au ciel et ne l'en redescendit qu'au temps de notre seigneur Ibrahim (Abraham); mais elle était périssable, et le saint homme reçut de Dieu l'ordre de bâtir, à la place où elle était tendue, une maison de pierres. — Son fils Ismaïl, le père des Arabes, campait dans le voisinage, tous les deux se mirent à l'œuvre, et dans l'angle de la muraille,

---

[1] Ici, comme ailleurs, nous nous en tenons à la légende arabe. — Historiquement, la Mecque était une cité sainte longtemps avant Mohamed. — Diodore de Sicile, d'après Agatharchide, raconte que non loin de la mer Rouge, entre le pays des Sabiens et des Thamudites, s'élevait un temple célèbre et vénéré dans toute l'Arabie. (Voir l'excellente étude sur la Mecque et les Arabes de M. Duruy, dans l'histoire du moyen-âge de M. Philippe Le Bas, membre de l'Institut.)

entre le sud et l'ouest, ils incrustèrent la pierre noire.

La pierre noire est un yakout (rubis) ; mais les péchés des hommes l'ont noircie ; elle a deux yeux et une langue ; elle *voit,* elle *entend,* et, au jour du jugement, elle rendra témoignage pour ceux qui l'auront baisée et contre ceux qu'elle n'aura pas vus.

Le Prophète baisait souvent la pierre noire ; Omar la baisait également, mais il lui dit un jour :

« Je crois que tu n'es qu'une pierre et que tu ne
» peux ni nuire ni faire le bien ; si je n'avais pas vu
» le Prophète te baiser, je ne le ferais point.

— » Ne tiens pas un pareil langage, lui répondit
» Ali ; lorsque le Seigneur eut fait alliance avec les
» hommes, il enferma son serment dans cette pierre, et
» les musulmans l'entendront attester cette alliance
» contre les koufar (infidèles). »

La Kaâba est un édifice carré, de 30 ou 35 pieds de long sur 25 ou 30 pieds de large, situé symétriquement au centre d'une grande place également carrée, dont les quatre murailles, découpées en arceaux sur la face intérieure, supportent, d'espace en espace, des minarets du haut desquels les moudden convoquent les croyants à la visite et à la prière.

Dans l'espace laissé libre entre cette enceinte et la Kaâba se trouvent Mekam Sidi Ibrahim, la place du seigneur Abraham, indiquée par une koubba ; *Mekam* Sidi Ismaïl, la place du seigneur Ismaïl, où l'on voit une pierre sur laquelle il a laissé la trace de ses pieds ;

quatre chaires soutenues chacune par quatre colonnes, et qui représentent les quatre rites musulmans :

Chafaây,
Maleky,
Hanbely,
Hanafy;

enfin, bir Zem-Zem, le puits de Zem-Zem.

La porte du temple est élevée au-dessus du sol ; il faut y monter par un escalier-voiture, roulant sur quatre roues, qu'on en approche et qu'on en éloigne à volonté. Dieu le voulut ainsi pour que les pèlerins ne s'y jetassent point en désordre.

Le mot Kaâba signifie la cheville du pied, — une maison carrée — et, encore, une jeune et belle femme dont les chevilles ne ressortent pas ; les houris s'appellent koôub à cause de leur beauté [1].

Chaque année, le grand Sultan envoie pour elle un voile de soie noire sur lequel la *chehada* (profession de foi) est écrite en lettres d'or et qui la couvre tout entière [2].

Les visites à la chambre de Dieu sont au nombre de trois :

---

[1] De toutes ces étymologies, il faut conclure, peut-être, que la Kaâba est la *cheville de l'islamisme*, et que les musulmans la personnifient poétiquement en lui donnant la beauté d'une houri.

[2] Sept cents ans avant l'hégire, le roi des Homérites offrait déjà pour la Kaâba un voile de lin d'Égypte. (Duruy, Philippe Le Bas ; lieu cité.) Les Homérites ou Hémiarites, qui furent longtemps le peuple le plus puissant de l'Arabie-Heureuse, en habitaient la côte méridionale.

Thaouaf el koudoum, la visite de l'arrivée ;
Thaouaf el yfada, la visite de l'inondation ;
Thaouaf el oudaa, la visite d'adieu.

Des pratiques de ces trois visites, les unes sont obligatoires (ouadjibat), les autres facultatives (mestchabat). Les premières imposent au pèlerin la purification du corps par les ablutions, la purification de l'âme par les prières.

Sa nudité voilée, il entre dans la première enceinte, s'incline à la droite de la kaâba, et il en fait sept fois le tour en commençant par la gauche ; trois fois d'abord d'un pas précipité et quatre fois de son pas ordinaire.

Au premier tour, il demande grâce à Dieu, il salue la pierre noire et la touche de la main ou des lèvres ; il fait enfin deux génuflexions au septième tour achevé.

S'il en oubliait un seul et qu'il sortît du temple sans réparer cette omission, *el thaouaf* ne lui serait compté ni dans ce monde ni dans l'autre; il devrait le recommencer.

Les pratiques facultatives sont : Demander grâce à Dieu entre la porte d'entrée et l'angle de droite du temple ;

S'incliner à chaque tour devant la pierre noire et l'angle de droite du temple ;

Faire, après les sept tours, deux génuflexions auprès du *mekam* d'Ibrahim et d'Ismaïl ;

Enfin, obliger les femmes à ne faire el thaouaf qu'après les hommes.

EL SAAI (LE GAIN, LE PROFIT.)

Notre seigneur Ibrahim avait pour femme Sara, mais elle était vieille et stérile; et, pour que la race de ses pères ne s'éteignît point en lui, il dormit auprès de Hadjira (Agar), que les Arabes hadjeraoua (agaréens [1]) lui avaient donnée. Sara fut jalouse d'Hadjira, et Dieu fit descendre un ange auprès d'Ibrahim pour lui dire qu'il avait eu tort d'en agir ainsi, et que sa première femme avait le droit de tuer la seconde. Ibrahim fit connaître à Sara la vision qu'il avait eue, et Sara, pour humilier son esclave, lui fit percer les oreilles.

Mais Hadjira passa des anneaux d'or dans ses blessures, et, toutes les autres femmes l'imitant bientôt, son affront fut effacé.

Plus tard, elle mit au monde Ismaïl, et Sara, devenue mère elle-même, la poursuivit de sa colère et contraignit Ibrahim à la chasser dans le désert avec son enfant. Par l'ordre de Dieu, le saint homme les conduisit et les abandonna dans l'endroit où depuis on a bâti la Mecque. Ismaïl y fut pris par la soif, et Hadjira l'ayant déposé sur le sable, courut sept fois de Safa à Merouah, cherchant en vain de l'eau dans la vallée.

[1] Il est reçu en histoire que les Agaréens descendent d'Agar par Ismaïl. La tradition arabe, au contraire, en fait une tribu dans laquelle Agar était esclave. Ces dissidences sont fréquentes entre l'histoire et la tradition.

Mais, de retour auprès de son *bien-aimé*, comme elle vit qu'une source très-abondante avait jailli près de lui et qu'il allait en être submergé, elle s'écria : *zem-zem* (reste là, reste là). Le puits de Zem-Zem était créé.

C'est en mémoire des sept courses d'Hadjira, de Safa à Merouah, que le pèlerinage appelé el Saâi a été ordonné.

Les pèlerins, dès qu'ils ont accompli la cérémonie de Thaouaf el Kuedoum, se dirigent vers Safa, dans le Djebel Abi Koubiss; ils y font une station pour demander à Dieu ses grâces; leur prière achevée, ils partent au pas de course, traversent la vallée fertile d'El Mileïn el Akhredarin (des deux milles verts), arrivent à Merouah dans le Djebel Kikan, et sept fois vont et viennent, toujours en courant, de l'un à l'autre mamelon.

Haletants, épuisés, ils rentrent ensuite à la Mecque, où ils attendent dans le repos, mais dans la prière et le jeûne, le 8 du mois di-el-hadja; et, le jour, au fedjer, ils partent, conduits par l'Iman, pour Djebel Aârafat, où ils n'arrivent qu'au soleil couchant. Comme en entrant dans el Haram, ils sont nus des pieds à la tête, les femmes sont dévoilées, et ils cheminent en chantant :

« Seigneur! Seigneur! vous n'avez pas d'associé!
» Seigneur! Seigneur! les grâces et les comman-
» dements vous appartiennent; vous n'avez pas d'as-
» socié. »

De la Mecque à Djebel Aârafat la route est aride, et les saints voyageurs ont dû faire des provisions d'eau pour la journée qui de là s'est appelée Terouya.

DJEBEL-AARAFAT.

C'est dans cette montagne que l'ange Gabriel a dicté les lois du pèlerinage à notre seigneur Ibrahim. Après chacune, l'envoyé de Dieu disait au patriarche : — « *Braham, aarft ?* Braham, as-tu compris? Et les générations ont consacré ce souvenir par le nom d'Aârafat.

La première station des pèlerins est à deux lieues de la Mecque, en un endroit nommé Mina, parce qu'Adam y fit le souhait d'y rencontrer Ève, et parce qu'Ibrahim y pria le Seigneur pour qu'il lui fût permis de ne point immoler son fils.

Ceux des pèlerins qui, malades ou trop faibles, ont gardé sur eux leurs vêtements, immolent au Seigneur les chameaux, les bœufs ou les moutons qu'ils ont voués pour se racheter; et, tous, après la prière, avant de reprendre la marche, recueillent vingt petits cailloux de la grosseur d'une olive, qu'ils emportent religieusement jusqu'à Mezedalifa, où ils en prennent un vingt et unième. Ces cailloux sont appelés djimarat el aakaba, et divisés, dans les deux mains, par groupes de sept, deux groupes dans la droite, et le troisième dans la gauche.

La terre de Mezedalifa absorbe les péchés des hommes, et les prières qui de ce lieu vont au ciel rattachent le croyant à Dieu.

De Mezedalifa, les pèlerins, en passant entre les deux mamelons d'El Mezenin, arrivent à Namira; la course a été longue, *l'œil de la lumière* étincelant, et son regard a brûlé, comme le feu, la chair nue des voyageurs! J'ai vu la peau de leurs épaules se boursoufler, se dessécher, s'en aller en lambeaux. Mais ils ne sont plus sous l'austère domination du haram : après les ablutions, ils reprennent leurs vêtements, se parent et se parfument; les femmes refont avec du noir les arcs de leurs sourcils, se mettent du koheul aux paupières, se teignent les doigts de henna et s'ornent de colliers et de bracelets.

Ainsi parée, comme en un jour de fête, la foule rend hommage au Seigneur dans le Mesalla (lieu de prière), sous la présidence de l'Iman, qui lit à voix basse quelques sourates du Koran.

Au Moukeuf Aârafat où l'on arrive ensuite, ceux qui sont montés peuvent descendre si leur monture est fatiguée; mais voyageurs à pied ou voyageurs à mulet, à cheval ou à chameau, aucun ne peut ni s'asseoir ni se coucher à terre: les uns, immobiles sur la bête qui les porte, les autres debout, tous dans le recueillement et la prière, les yeux fixés vers l'occident, attendent le coucher du soleil.

Alors, à la voix de l'Iman, le Rekeub se met en mouvement, et, par le chemin déjà suivi, revient à Mezedalifa; va glorifier le Dieu unique sur Djebel Mâchar, où les Djahilyas (idolâtres) faisaient jadis des sacrifices, et repart pour Mina en hâtant sa marche qu'il précipite au gué de Bat Mehasser; car, autrefois, dans ce même vallon, au passage de ce ruisseau, le Seigneur a frappé les gens de l'Eléphant.

Abrah, roi chrétien d'Abyssinie, avait vu les Arabes s'abattre sur son royaume comme un nuage de sauterelles dans un champ; ils avaient attaché leurs chevaux dans le temple de son culte, et sa colère avait juré de venger cette injure sur la Mecque et la Kâaba. Les étoiles ne sont pas si nombreuses qu'étaient ses soldats; lui-même il les conduisait monté sur un éléphant blanc, et cent autres éléphants portaient cent autres chefs; ses tentes couvraient la vallée de Bat Mehasser, et, le lendemain, il devait entrer dans la Mecque, lorsqu'Abd el Mettaled, grand-père du Prophète, gardien des clefs de la Kaâba, vint à lui :

— « Tes soldats, lui dit-il, ont enlevé mes cha-
» meaux, fais-les-moi rendre.
— » Je croyais, répondit Abrah, que tu venais m'im-
» plorer pour ton temple, et non pas pour ton propre
» bien.

— » Ce que je te réclame, répliqua Mettaleb, est ma
» propriété, et je suis seul pour y veiller; quant à la
» maison de Dieu, son propriétaire saura bien la pré-
» server. »

En effet, quand l'armée fut en vue du temple, l'éléphant d'Abrah se mit à genoux, et des oiseaux inconnus, dont chacun portait trois pierres, une dans le bec et deux dans les serres, s'étendirent sur le ciel et lapidèrent les Abyssins.

Cette année même naquit Mohamed, l'envoyé de Dieu [1], et les pèlerins et les voyageurs n'ont jamais, depuis cette époque, traversé Bat Mehasser sans hâter leur pas ou celui de leurs montures.

En arrivant à Mina, où le Rekeub s'arrêtera trois jours pour fêter l'Aaïd el Kebir, les hommes se font raser les cheveux; le lendemain ils immolent, chacun selon sa richesse, des chameaux, des bœufs ou des moutons, dont la chair est distribuée aux pauvres de Dieu; et en partant ils lancent un à un leurs vingt et un cailloux sur un mamelon qui regarde la Mecque et qui s'est formée par la perpétuité de cet usage.

Il se nomme Djemarat el Aakaba.

A chaque pierre qu'il y jette, le pèlerin doit s'é-

---

[1] On sait que l'histoire, d'après les écrivains orientaux, a donné à cette année le nom d'Année de l'Éléphant. On sait encore qu'Abdel Mettaleb était le chef de la noble tribu des Koreichites qui descendait du fils aîné d'Ismail, qu'on appelle par corruption Kaïdar, et qui doit être appelé sans doute Kaïd-ed-Dar, le chef de la maison. — Voir le ch. 105 du Koran.

crier : Allah Akbeur, Dieu est le plus grand! et quand la dernière a quitté sa main, il poursuit sa route sans regarder derrière lui, car il vient de jeter ses péchés.

Pendant son sommeil Ibrahim vit en songe, par l'ordre de Dieu, qu'il devait immoler son fils au Seigneur, et, l'ayant pris par la main, il le conduisit à Djébel Aârafat.

Déjà le Seigneur avait dit à Ibrahim : — « Si tu » m'aimes, immole-moi tes chameaux; » — et Ibrahim les avait immolés.

— « Si tu m'aimes, lui avait dit encore le Seigneur, » immole-moi tes moutons; » — et Ibrahim les avait immolés.

Et le démon, en voyant passer le père et l'enfant, avait pensé : — Sûrement qu'Ibrahim va maintenant immoler son fils ; — et cela était.

Or, comme ils arrivaient à Mina, il apparut à Isaac et lui dit : « — Ton père va te tuer. »

— « Il ment! s'écria Ibrahim qui avait entendu; » mon fils, prends des pierres, et chasse-le! »

Et Isaac mit en fuite le démon, en lui lançant des pierres.

Et sur elles, depuis, se sont amoncelées et s'amoncelleront jusqu'au jour du jugement vingt et un cailloux par chaque musulman qui fera le pèlerinage.

THAOUAF EL Y FADA (LA VISITE DE L'INONDATION).
THAOUAF EL OUDAA (LA VISITE D'ADIEU).

De retour à la Mecque, les pèlerins entrent en foule dans la première enceinte du temple, et se pressent autour de Bir Zem-Zem, où l'un des serviteurs de la Kaâba donne à boire à chaque arrivant une gorgée d'eau sacrée dans un vase, qu'il achève de lui vider sur la tête.

Et pas un n'est venu qui s'en aille sans avoir purifié dans le puits miraculeux une pièce de lin ou de coton d'Égypte qui sera son linceul ou le linceul de ses plus aimés.

Pas un qui n'emplisse à la source, pour les donner au retour à ses parents ou à ses amis, quelques-uns de ces vases à long cou, appelés zemzemiat, où l'eau ne se corrompt jamais.

La visite d'adieu, Thaouaf el Oudâa, quant aux pratiques religieuses, est absolument semblable à la visite de l'arrivée, Thaouaf el Kuedoum, et le voyageur qui l'a faite, à son retour dans sa tribu, sera salué du titre vénéré de Hadj (pèlerin); les grands eux-mêmes se feront honneur de l'accueillir en frère, et le peuple l'appellera Sid el Hadj (Monsieur le pèlerin).

Cependant, s'il n'a pas été s'incliner à Médine devant le tombeau du Prophète, bien que ce pèlerinage ne soit pas obligatoire, on dira de lui : *Hadj ou Mazar, il a fait le pèlerinage, mais il n'a pas visité.* Aussi, presque tout le Rekeub, après Thaouaf el Oudâa, se rend-il à Médine, car le Prophète a écrit : « Qui ne m'aura pas visité m'aura fui. »

GRACES DU PÈLERINAGE.

Le Prophète a dit : Celui qui entrera dans la Mecque en sortira pur comme l'enfant qui vient de naître ;

—Une prière dans la Mecque vaut cent mille prières;

—Un jour de jeûne, le jeûne de cent mille jours ;

—L'aumône d'un derhem, l'aumône de cent mille derhem;

— Toute bonne action, cent mille bonnes actions.

Le Seigneur, chaque nuit, abat son regard sur la terre; la ville qu'il voit la première, c'est la Mecque; ceux qu'il voit les premiers, ce sont ceux qui prient ou se prosternent, ou font le Thaouaf.

Cent vingt miséricordes descendent chaque jour du ciel sur la Mecque ; soixante pour ceux qui font le Thaouaf; quarante pour ceux qui jeûnent, et vingt pour les assistants.

Celui qui supportera les chaleurs de la Mecque, l'enfer s'en éloignera de deux cents années de marche, et le ciel s'en rapprochera de deux cents années.

La Kaâba est la base de l'Islamisme ; on la nomme Bit Allah, la chambre de Dieu, parce que Dieu l'a délivrée des mains des Djebabra.

Qui la visite avec des intentions mauvaises y meurt.

On la nomme Bit el Aatik, la chambre de la préservation (du salut), parce que tous ceux qui vont y faire le Thaouaf seront sauvés des peines de l'enfer.

Ensse a dit : Qui mourra dans les environs de la Mecque ou de Médine vivra dans le paradis.

Ben Messaoud a dit : Au jour du jugement, les deux cimetières de la Mecque El Hadjoun et El Bekiâa seront enlevés au ciel.

Le Prophète, un jour qu'il s'y était arrêté, s'écria :

« De ces deux cimetières, 70,000 morts entreront
» au paradis sans rendre compte à Dieu de leurs fautes;
» et chacun d'eux pourra faire entrer avec lui 70,000
» morts.

» Leurs figures ressembleront à la pleine lune.

» Une seule chose est devant Dieu plus méritoire que
» le pèlerinage, C'EST LA MORT DANS LA GUERRE SAINTE ! »

—

Pendant tout notre séjour à Insalah, nous reçûmes des habitants l'accueil le plus gracieux et le plus généreux ; les relations qui s'étaient établies entre nous, nos anciens compagnons de voisinage et leurs amis, nous faisaient attendre sans impatience l'organisation complète de la caravane d'Amedry.

Chaque matin nous allions à la mosquée prier avec l'Iman, marabout comme nous, ou lire avec lui les livres saints; dans la journée, nous faisions quelques affaires : nous échangions des haïks et des bernouss contre du tabac, dont nous savions que les Touareug, chez lesquels il nous fallait passer, sont très-avides ; nous allions puiser du sel dans des peaux de bouc au bord d'une sebkhra voisine de la ville, pour en emporter à Haoussa, car une charge de sel y vaut deux nègres et quatre plus loin ; nous enduisions nos chameaux de goudron nouveau, précaution indispensable et remède infaillible pour les préserver ou les guérir de la gale ; nous refaisions enfin nos provisions peu à peu, et nous réparions nos effets et nos bagages.

Le soir, nous soupions le plus souvent chez de riches habitants, et, quand la chaleur était tombée, nous allions avec eux, leurs femmes et leurs enfants, passer au frais la soirée dans les jardins.

Quant à Cheggueun, nous ne le voyions que rarement ; il était tout entier à la femme qu'il avait à Insalah. C'était une jeune fille de sang un peu mêlé, *dorée comme le soleil*, et dont la taille était d'une souplesse et d'une élégance admirables ; ses yeux étaient noirs comme la nuit *sans lune et sans étoiles*. Pendant les absences de son mari, elle demeurait chez son père ; elle nous fit plusieurs fois les honneurs d'un excellent souper. Nous lui donnâmes, nous, quelques verroteries, des parfums, et deux de ces petits miroirs que les femmes portent à la ceinture.

Elle reçut ces bagatelles avec une joie d'enfant, et s'en fit belle à l'instant même.

Chaque jour, cependant, amenait à Amedry les gens de Gosten, des Ouled Zenan, de Fougara, des Ouled

Mokhrtar, de Meliana, de Zaouïet Moula Haïba, des Ouled Aoud Aissa, d'Aguebly, le village des marabouts, d'Aoulef, cette seconde capitale du Tidikeult; des Khrenafsa et des Deghramecha, etc., etc.

Quand ils furent réunis au nombre de 150 hommes et de 600 chameaux, et que tous leurs préparatifs furent terminés, les plus considérables d'entre eux vinrent trouver Cheggueun et lui demander de se mettre à leur tête. Comme nous à notre départ de Metlily, ils lui apportaient les présents d'usage en vêtements et en argent.

« O mes enfants, leur dit Cheggueun, je serai volontiers votre khrebir, et, s'il plaît à Dieu, je vous mènerai en bonne route, où ni vous ni vos chameaux n'aurez faim ni soif, je m'en charge; je me charge encore de vous faire traverser, avec la paix, le pays des Touareug; mais, vous le savez, ils sont injustes, orgueilleux et forts, il vous faudra les flatter; n'oubliez pas le proverbe :

» *Si celui dont tu as besoin est monté sur un âne, dis-lui : quel beau cheval vous avez là, mon seigneur !*

» Ils sont avides et méchants, il vous faudra les acheter, ces dépenses-là vous regardent. Mais écoutez-moi : quand je vous dirai avec mon œil, donnez ! préparez un cadeau; — quand je vous dirai, veillez! ouvrez les yeux et les oreilles; et, s'il plaît à Dieu, tout ira bien. — Retournez donc à votre camp, achevez vos préparatifs et revenez tous dans deux jours, nous partirons le troisième au fedjer. »

Le surlendemain au soir, ainsi qu'il avait été convenu, nos nouveaux compagnons et nous, nous étions réunis au nombre de cent soixante-cinq hommes et de six cent cinquante chameaux, au-delà des jardins d'Insalah, du côté du Sud.

Il y avait là des gens de la tente et des gens des kessours, des Arabes et des Berbères, les uns blancs, les autres cuivrés, et d'autres tout à fait noirs; les uns habillés comme nous, avec le bernouss djeridi[1] et la corde de chameau, roulée autour de la chachia; les autres vêtus à la façon des Touareug, avec une espèce de seroual (culotte) retenue sur les hanches par une ceinture noire, une djeba (chemise) noire en saye, un haïk blanc, une haute chachia rouge, et un voile noir sur la figure : c'étaient des gens du Sud; d'autres, c'étaient ceux du Nord, étaient habillés mi-partie comme nous, mi-partie comme les précédents; quelques-uns, ceux des montagnes de l'Ouest, avaient des cabans en peau de chèvre.

Aux mugissements des chameaux, aux cris des gens qui s'appelaient et donnaient des ordres, vous auriez cru, de loin, avoir en face une ville au jour du marché; et, la nuit, quand tous nos chameaux étaient couchés, les jambes repliées sous le ventre, c'étaient

[1] Du Blad ed Djerid, le pays des palmes, le Sahara.

comme des mamelons de sable que le vent a fait marcher la veille, et qui sont au repos.

Aussitôt que l'on vit arriver Cheggueun, il se fit un grand silence ; mais tout le monde en foule vint à lui pour lui baiser la main ou le bas de son bernouss, en le saluant de mots heureux, comme on salue son père.

« Écoutez, mes enfants, nous dit-il à haute voix,
» vous êtes presque tous étrangers les uns aux autres, et
» nous allons entreprendre un long voyage. Celui qui
» a de la haine dans le cœur, qu'il la dépose ; élargissez
» votre intérieur ; aimez-vous et vivez en frères ; ne
» vous disputez point ; la dispute est comme l'incen-
» die ; Dieu maudit celui qui l'a allumé et bénit celui
» qui l'éteint. Ne vous laissez point tenter par le bien
» de votre voisin ; mais aidez-vous et secourez-vous.
» Vous êtes à moi, et je serai sévère. Je frapperai des
» amendes, je donnerai la bastonnade, je commande-
» rai seul et absolument ; car souvenez-vous :

« Raysin fi sfina ighrerokou ha. »
« *Deux capitaines à bord d'un vaisseau le font sombrer.* »

— Tous nous jurâmes sur le livre de Sidi Abdallah, par lequel on fait serment dans le Sahara, d'obéir aveuglément à notre khrebir. Chacun lui ayant ensuite affirmé que tous les préparatifs étaient faits, le départ fut arrêté pour le lendemain matin.

« Songez-y bien, ajouta Cheggueun, au fedjer, aus-

» sitôt que l'étoile de la Vierge [1] sera levée, je me mets
» en route, et je n'attends plus personne. »

Malgré les recommandations et les menaces de notre khrebir, nous ne partîmes qu'à dix heures. « On n'est » jamais préparé comme on croit l'être. » Nous prîmes enfin la marche, accompagnés par les habitants d'Insalah et par ceux des tentes et des kessours environnants. Ils ne nous firent les derniers adieux qu'à deux lieues du camp; encore ceux d'entre eux qui avaient des amis ou des parents dans la caravane nous suivirent-ils jusqu'à la halte d'hassy el Naga (le puits de la Chamelle), où nous arrivâmes à trois heures.

Jamais une caravane un peu nombreuse ne part du Tidikeult pour le Soudan sans que la foule ne l'accompagne ainsi pendant une heure ou deux, et sans que les intéressés de cœur ne la suivent ensuite jusqu'à son premier campement. C'est une action méritoire aux yeux de Dieu que de donner ces marques de sympathie à des gens qui quittent leurs amis et leurs familles, peut-être sans retour !

Nous avions fait trois lieues peu fatigantes en causant avec nos amis, et presque tous à pied et pêle-mêle. Ce ne fut là qu'une promenade à travers un pays de sable, il est vrai, mais bien boisé de demran, de had,

---

[1] Ce nom de Vierge que les Arabes donnent encore à l'étoile du matin, rappelle involontairement le culte de leurs pères pour la déesse *Alita*, qui fut plus tard la *Vénus céleste* de l'Occident.

de retem, de halma, de el aazir, de el guedoula, buissons épineux pour la plupart. Le lieu où nous nous arrêtâmes offrait ainsi un bon pâturage à nos bêtes.

Après notre souper, Cheggueun nous réunit en dehors de sa tente et nous désigna pour répondre, vis-à-vis de lui, de l'ordre dans la marche, de la discipline et de l'exécution de ses ordres, plusieurs chaouchs; un crieur public (berrahh) pour les publications de tout genre, et un vendeur (dellal) pour vendre à l'enchère les effets et les marchandises de ceux que Dieu pourrait frapper de mort; un mouedden pour nous convoquer à la prière aux heures saintes, et un Imân pour nous la dire et nous lire le fatahh; pour enterrer nos morts, tenir note de ce qu'ils laisseraient au monde, et le rendre, au retour, à leurs héritiers selon la loi. Dans les caravanes de moindre importance, c'est le khrodja (écrivain) qui remplit ces fonctions.

Ces dispositions prises, il nous dit ensuite :

« Je ne puis trop vous le recommander, soyez hom-
» mes : nous voici en face du danger. Faites bonne garde.
» Notre caravane est aussi forte qu'une ville, ne la lais-
» sez pas prendre. A chaque halte, attachez bien vos
» chameaux par les deux pieds, qu'on ne vous les vole
» point, et qu'ils ne puissent point s'échapper. Le jour,
» je veillerai sur vous; mais, la nuit, faites feu sur qui-
» conque entrerait chez vous. Dormez sur vos armes
» chargées, et ne quittez jamais votre ceinture. Au moin-
» dre cri, levez-vous tous comme un seul homme, et

» souvenez-vous, gens de la caravane, qu'à *dater d'au-*
» *jourd'hui, vous n'avez pas de meilleurs amis que vos*
» *fusils.* »

Après avoir fait nos adieux à ceux qui nous accompagnaient, nous quittâmes Hassy el Naga de très-bonne heure, dans l'ordre de marche que nous avions pris en partant de Timimoun. A peu de distance de notre camp, ceux qui marchaient en tête virent quelques-unes de ces vipères (lefaâ) qui portent deux petites cornes sur le front et dont la morsure est mortelle; mais ils se gardèrent bien de les tuer, car il est connu que c'est un heureux présage de trouver une vipère en partant, et qu'en ne la tuant pas on laisse le mal derrière soi. Mais, une fois en route, on ne les épargne plus.

Nous marchâmes ainsi, sans presque nous arrêter, à travers des sables où nos chameaux fatiguaient beaucoup, jusqu'à Djebel Mouydir, où nous arrêtâmes auprès de trois bons puits. C'est un lieu très-connu des tribus du désert pour l'abondance de ses eaux. Les Chambas et les Krenefsas s'y sont battus souvent avec les Touareug [1], et les caravanes y sont souvent attaquées. Plus d'un homme de la nôtre vit arriver le jour avec plaisir.

---

[1] Plus de cent lieues séparent les Chambas de Gueléa, de Djebel Mouydir; mais les peuplades sahariennes, qui comptent le temps pour rien, se laissent entraîner bien souvent plus loin par l'espoir d'un coup de main ou par l'amour de la vengeance.

Djebel Mouydir est formé d'une succession de mamelons peu élevés, sablonneux ou pierreux, coupés de ravins et de petites plaines, la plupart arrosées par des sources. Il s'étend jusqu'au Djebel Foukas à l'Est, et dans le Sud, jusqu'au Djebel Hoggar. Des buissons et quelques arbres, retem, sedeur, alendeur, rompent un peu la monotonie de cette solitude, où l'on trouve des lerouy, des gazelles, des begeur el ouhache, des chacals, des hyènes, des autruches, des porc-épics, des hérissons en quantité, des lièvres et des lapins, et cette espèce de gros lézard que les Arabes appellent debb et qui se terre dans le sable [1].

Des aigles, des vautours, des corbeaux, même en été, des perdrix, des cailles, des merles, des moineaux, des serins (bou fesqou) peuplent également les vallées et les plateaux de la montagne.

LES TOUAREUG.

Dans ce pays désolé, vivent sous des gourbis ou sous des tentes en peaux tannées du Soudan, les Soukmaren, fraction de Touareug, de sang très-mêlé, et tenus

---

[1] Les Arabes prétendent qu'une goutte d'eau le ferait mourir. Il a environ deux pieds de long. Il paraît, par les traditions relatives à Mohamed, qu'il permit aux musulmans de manger le debb, mais que jamais il n'en mangea lui-même. (*Voyage d'Ibn Batouda*, traduit et annoté par M. Mac de Slane). C'est probablement le *ouaranin*; on en voit plusieurs individus au Jardin du Roi.

pour cette raison en grande infériorité par les Djouad du Djebel Hoggar. Pour tout costume, ils ont la chachia, une espèce de caban en peau de chèvre, et de misérables haïks. Quelques chameaux, des ânes et des chèvres sont tout ce qu'ils possèdent ; grands chasseurs, ils passent des mois entiers dans la montagne à courir la gazelle, le begueur el ouhache et le lerouy, dont la chair, fraîche ou séchée, fait leur constante nourriture avec le lait de leurs maigres troupeaux, un peu de grains et des dattes qu'ils rapportent du Tidikeult, où ils vont vendre les dépouilles d'autruche et les autres produits de leur chasse. Cependant leurs seigneurs du Djebel Hoggar leur prêtent quelquefois des maharis pour aller en ghrazia, mais à la condition de prélever la meilleure part du butin.

A peine avions-nous installé notre camp, que les femmes de ces malheureux, vêtues comme eux d'une peau de chèvre, d'un sale haïk, les jambes nues et les cheveux en désordre, vinrent nous demander du tabac et des dattes, que nous leur donnâmes pour l'amour de Dieu ; mais leurs maris qui, jusque-là, s'étaient tenus cachés, enhardis par notre générosité, nous assaillirent à leur tour, et nous ne pûmes nous en débarrasser qu'en leur faisant la même aumône.

Cependant les chefs du pays, bien que soumis aux chefs du Djebel Hoggar, sont beaucoup moins misérables que leurs serviteurs ; quelques-uns ont des troupeaux, et leur commerce d'échange avec les caravanes de passage, ou sur les marchés du Tidikeult, leur fait la vie moins rigoureuse que ne l'est celle du bas peuple.

Les Soukemaren sont en état d'hostilité permanente avec les Berbères des montagnes de l'Ouest; si le hasard les conduit au même puits dans leurs chasses vagabondes, il est rare que les armes ne soient pas tirées, et les combats antérieurs ont alors d'atroces représailles.

Le chef de la tente où nous étions arrêtés nous a ainsi raconté la mort de son père, le chikh Badda, tué dans une rencontre avec les Aït Dezdegue [1].

Chikh Badda et sept ou huit de ses amis, montés sur leurs meilleurs chameaux, et suivis de leurs slouguis [2], étaient à la chasse. Sortis pour une course du fedjer au Moghreb [3] seulement, ils s'étaient laissé entraîner par d'heureuses rencontres, et, depuis six jours, ils battaient les ravins et les plaines de l'Ouest, se désaltérant aux puits communs et vivant de leur gibier. Un matin qu'ils avaient levé douze ou quinze gazelles, chacun s'en choisit une, lança sur elle son slougui, et la courut où Dieu voulait qu'elle allât. En un instant, tous disparurent dans l'espace, imprudemment éparpillés et séparés les uns des autres par les sinuosités du terrain.

Vingt cavaliers des Aït Dezdegue chassaient eux-mêmes dans les dernières ramifications du Djebel

---

[1] Dans la langue berbère, le mot Aït veut dire *fils*, enfant : c'est l'Ouled et le Béni des Arabes.
[2] Lévriers.
[3] Du point du jour au coucher du soleil.

Mouydir, et le malheur emporta chikh Badda sur leur passage. En un instant il fut entouré.

« Où sont tes troupeaux ? lui demanda le chef des Berbères.

— Mes troupeaux sont autour de ma tente, à deux journées d'ici, dans la montagne.

— Et tes compagnons ?

— Je suis seul avec ma tête.

— Tu mens, chien ; mais le bâton fera parler ta langue ; descends de ton chameau.

— Je ne suis point un menteur, je suis seul avec ma tête, reprit le généreux chikh ; car il ne voulait point livrer ses amis au danger. Et sans que son calme visage trahît son âme, il fit accroupir son chameau et en descendit. — Me connais-tu ? demanda-t-il ensuite au Berbère.

— Tu es un chien des Soukemaren et notre ennemi ; c'est tout ce que je veux savoir.

— Ce que tu ne sais pas, c'est que je ne suis point de ceux que l'on bâtonne. As-tu entendu parler de chikh Badda ? Tue-le, car il est dans ta main, mais ne le traite pas comme un esclave.

— C'est toi, maudit ! qui, l'été dernier, nous as fait tuer cinq hommes à Bir el Arib [1] ; que leur sang retombe sur ta tête !

---

[1] Le puits des Aribs. La tribu des Aribs campe à l'extrémité sud du Désert marocain. Le puits dont il est parlé doit être situé assez loin de leur territoire en revenant vers l'Est.

— Un instant, seigneur, dit un des cavaliers en relevant précipitamment l'arme de son chef appuyée déjà sur la poitrine du vieux Touareug, ne vaudrait-il pas mieux retenir cet homme avec nous et imposer sa tête, plutôt que d'émouvoir par sa mort la vengeance de sa tribu ? »

Cet avis, approuvé par les uns, débattu par les autres, fit hésiter un moment le chef de la bande.— « Les Aït Dezdegue sont assez forts pour ne point craindre le Soukemaren ! » s'écria-t-il enfin. — Et, d'un coup de fusil, il étendit chikh Badda sur le sable.

Les amis du malheureux chikh le cherchèrent et l'appelèrent vainement ce jour-là et le lendemain ; quand ils revinrent à sa tente, son slougui, depuis longtemps déjà, y avait apporté l'inquiétude.

Le dernier espoir était que le chien aurait perdu son maître, et que le maître se serait égaré.

Toute la jeunesse en armes, guidée par les six chasseurs, se mit en quête dans la plaine et dans les broussailles, et le corps de chikh Badda fut enfin trouvé où il avait été tué. Les hyènes et les chacals l'avaient à moitié rongé, mais on le reconnut à sa barbe blanche ; car les Berbères ne coupent point la tête aux morts. Les traces des chevaux et leur direction vers l'Ouest indiquaient assez quels étaient les meurtriers.

Un mois après, à force de recherches, le fils de chikh

Badda connut tous les détails de cette scène et quel était celui qui avait tué son père.

« Tu as trouvé dans la plaine, lui écrivit-il, un chikh à barbe blanche qui ne songeait qu'à la chasse et qui n'était pas armé en guerre; pourquoi l'as-tu tué? Celui qui, chez nous, n'est pas trouvé l'arme à la main ne doit point mourir; mais, puisque tu as oublié tous les usages de nos ancêtres, je serai plus noble que toi : je t'en préviens, si grand que soit ton ventre [1], toi vivant, je le remplirai de pierres. Je l'ai juré par le péché de ma femme. »

Le courrier qui porta cette lettre au chef des Aït Dezdegue put donner une indication précise du lieu de campement de la tribu, et le fils de Badda partit aussitôt avec trente cavaliers, vêtus comme les femmes des Berbères et montés sur leurs meilleurs chameaux. Arrivés à une certaine distance du douar, ils firent coucher leurs maharas dans un ravin, se dispersèrent sur un petit espace, et, courbés à terre, comme des femmes qui ramassent de l'herbe et du bois, ils s'avancèrent lentement vers la tente isolée de l'assassin; leur déguisement était si fidèle, qu'il leur cria lui-même plusieurs fois : — « Hé! les femmes, ne coupez donc pas d'herbe si près de mes chameaux! »

Peu à peu les fausses travailleuses l'entourèrent, et,

---

[1] On dit proverbialement des voleurs qu'ils ont le ventre large, pour désigner leur insatiabilité.

à un signal donné, se jetèrent sur lui. L'heure était bonne ; presque tous les hommes du douar étaient à leurs travaux, et, avant que les cris de guerre les eussent rappelés, leur chef était bâillonné, attaché comme un sac sur un mahari, derrière un Soukmaren, et emporté dans la direction du Djebel Mouydir.

La nuit venue, on fit une halte de quelques heures ; et, quand la lune se leva, on reprit la route pour ne plus s'arrêter qu'à l'endroit où chikh Badda était enterré. Le prisonnier fut alors mis à terre, couché sur le dos, les jambes et les bras attachés à quatre piquets ; on lui fit avaler ensuite une eau dans laquelle avait bouilli du *sikhrane*, et cette boisson l'endormit si profondément, qu'on put, sans l'éveiller, lui fendre le ventre avec un couteau, le remplir de cailloux, et recoudre la blessure avec une aiguille à raccommoder les outres.

La douleur enfin l'éveilla, il se tordait sur le sable comme un serpent à qui l'on a cassé les reins.

« Je t'ai rempli le ventre, ainsi que je te l'avais promis, lui dit le fils de Chikh Badda, va-t'en maintenant si tu veux. — Mes serviteurs, détachez-le. »

Le malheureux, m'a-t-on assuré, eut la force de s'en aller assez loin pour qu'on le perdît de vue ; mais on le retrouva, le lendemain, mort auprès d'un buisson. Il avait été assez courageux pour couper la lanière de cuir dont on avait cousu son ventre, ainsi que l'attestaient son couteau sanglant, ses mains ensanglantées et ses entrailles répandues sur les deux lèvres de sa plaie béante.

Il suffit de ce trait pour donner une juste idée des passions farouches qui distinguent les Soukemaren et tous leurs frères les Touareug; on nous en a raconté beaucoup d'autres non moins atroces, et vous pouvez vous figurer quelles sensations de frayeur étrange nous éprouvions, au milieu de ces sauvages sans loi divine et sans lois humaines. Nous venions de mettre le pied sur leur territoire et nous devions trouver leurs tribus échelonnées sur toute notre route jusqu'au Soudan. Mais Dieu n'abandonne point ses serviteurs!

Le lendemain, nous fîmes une première halte à dix heures pour laisser paître un moment nos chameaux dans une petite vallée et déjeuner nous-mêmes; et, sur les quatre heures, nous arrivâmes à Koudyat el Hamera (le mamelon rouge), où nous campâmes auprès d'une source nommée El Gara el Hamera, qui sort de la montagne et va se perdre dans les sables. Nous y serions arrivés plus tôt mais; nous avions avec nous quelques hommes qui n'avaient pas l'habitude des voyages, et, les charges mal assurées de leurs chameaux étant plusieurs fois tombées, il nous fallut les attendre; car Cheggueun exigeait impérieusement qu'on ne laissât personne en arrière.

Nous levâmes d'ailleurs en route beaucoup de lièvres et de lapins, et nous nous amusâmes à les poursuivre, jusqu'à ce que, *devenus fous*, étourdis par nos cris, nous pussions les tuer à coups de bâton.

Les caravanes en pays dangereux ne font jamais de chasses régulières qui pourraient entraîner hors de la direction donnée, ou loin du bivouac. — Mais, si l'on campe de bonne heure, quand le douar est organisé, que les sentinelles sont placées, les chameaux entravés et soignés, les moins fatigués des voyageurs et ceux qui, de garde la veille, sont libres aujourd'hui, battent les environs.

Si le vent n'a pas agité les sables, les traces de l'autruche conduisent à ses œufs, enterrés à fleur de sol dans une touffe d'herbes ; celles du goünedia, du porc-épic et du debb, à leurs trous que l'on élargit avec les mains et le yatagan et dans le fond duquel s'est blotti l'animal que l'on trouve étouffé par l'éboulement de sa retraite, ou que l'on prend vivant en jetant sur lui des bernouss pour éviter ses morsures.

On piste également le faon de la gazelle jusqu'au buisson où il s'est endormi pendant que sa mère est au pâturage ; — on l'entoure à certaine distance, on s'en rapproche ensuite lentement, doucement, sans que le pied fasse crier les sables ; — quand enfin on l'aperçoit, l'un des chasseurs, son bernouss étendu de toute la longueur de ses bras, se laisse tomber sur le buisson, et si l'animal n'est pas fait prisonnier, comme un poisson dans un filet, il échappe rarement aux bâtons que lui lancent les guetteurs.

EL DEKA (LA TUERIE).

La chasse enfin, de simple distraction qu'elle est au départ des caravanes, devient une nécessité quand les provisions sont épuisées. — Les plus adroits ont alors le meilleur souper. — Mais quelque animal qu'on attrape, de ceux dont la chair est permise par la religion, on ne le mange point s'il n'a pas été saigné selon la loi ; ou si, avant de le tuer, soit avec le bâton, soit avec le fusil, on n'a pas dit en l'ajustant : « Besemellah ! Au nom de Dieu ! Allah Akebeur, Dieu est le plus grand ! »

La loi veut encore que les animaux employés à la chasse obéissent à leurs maîtres, qu'ils s'élancent ou reviennent à sa voix ; enfin, qu'ils aient été dressés, fussent-ils par leur nature étrangers à ce genre d'éducation, comme le lion et la panthère, y fussent-ils portés d'instinct, comme le chien, le faucon et le chacal.

Le chasseur, en lançant sur un gibier quelconque un animal dressé quel qu'il soit, doit lui passer la main sur les reins et faire l'invocation du nom de Dieu.

Une seule invocation suffit pour une course de l'animal chasseur, prît-il plusieurs pièces de gibier.

Mais s'il est parti sans l'intention du maître, ce qu'il saisit est chair impure ; et il en est de même de tout ce qui serait tué par une arme également lancée sans intention.

La loi reconnaît quatre manières de tuer les animaux dont la chair est permise aux musulmans ; elles sont comprises sous le nom général de Deka.

Les bœufs, les moutons ; les oies, les poules et tous les animaux domestiques doivent être tués par l'égorgement (el debeha), qui consiste à couper d'un seul coup la trachée-artère et les carotides ; et à ne retirer le couteau qu'après l'égorgement complet.

Les animaux de chasse ne peuvent être mangés qu'après blessure (el aaker), c'est-à-dire que si leur sang a coulé, ne fût-ce que par une simple piqûre à la peau de l'oreille.

Pour les chameaux, on emploie le nehar, qui consiste à enfoncer l'arme au point où le cou s'attache à la poitrine. Il n'est pas nécessaire de couper la trachée-artère, parce qu'en frappant à l'endroit désigné, l'instrument peut pénétrer jusqu'au cœur et donner promptement la mort.

Les animaux qui n'ont pas de *sang coulant*, comme les sauterelles, peuvent être mangés : qu'on les ait fait mourir dans le feu, dans l'eau chaude ou en leur coupant la tête ; ou qu'on les ait tués par des moyens qui n'entraînent pas la mort instantanée, comme en leur arrachant les ailes et les pattes, ou en les noyant dans l'eau froide ; mais ce qui a été séparé du corps ne peut être mangé.

Les conditions d'aptitude pour tuer un animal qui doit servir de nourriture sont :

D'être en état de discerner le bien d'avec le mal;

De n'être pas trop jeune, ni malade d'esprit; d'être musulman ou, sauf des cas réservés, d'un peuple qui a reçu un livre révélé, car Dieu a dit :

« La nourriture de ceux qui ont reçu la révélation
» vous est permise. »

Des Soukemaren, installés aux environs d'El Gara El Hamera, vinrent à nous, comme ceux de la veille, pour nous demander du tabac; et Dieu récompensa l'aumône que nous leur fîmes, car ils nous prévinrent qu'un parti de Touareug nous attendait à Aïn el Djemel (la source du Chameau), où nous devions aller coucher le lendemain. Cheggueun nous fit aussitôt rassembler, et le crieur public nous cria :

« Soignez bien vos chameaux; car, au lieu d'aller à
» Aïn el Djemel, nous allons prendre une autre direc-
» tion et nous coucherons dans un endroit aride, sans
» pâturages et sans puits; faites autant d'eau que vos
» outres peuvent en contenir, ne croyez point en trou-
» ver en route; — beaucoup d'autres ont cru cela, qui
» se sont couchés sans boire. »

A la pointe du jour nous appuyâmes en effet à l'est, et nous marchâmes jusqu'à cinq heures du soir; cette ruse nous réussit complétement, et notre nuit ne fut point inquiétée.

Le lendemain, nous nous rendîmes à Hassy el Hamar (le Puits de l'Ane), où nous arrivâmes au Moghreb et où nous trouvâmes beaucoup d'eau.

De là au Djebel Hoggar il y a six haltes que nous fîmes heureusement en trouvant de l'eau tous les deux jours.

Le soir du sixième, nous campâmes auprès de sources abondantes nommées Djedrou, qui sont au pied de la montagne.

Pendant toute cette journée Cheggueun marcha constamment en éclaireur pour nous concilier les Touareug que nous aurions pu rencontrer et qu'auraient pu tenter nos richesses. Au moment d'arriver, dix ou douze de ces maudits, montés sur de beaux mahara, accoururent à nous et abordèrent hardiment la tête de la caravane; Cheggueun les joignit au galop et se mit entre eux et nous.

« — Qui êtes-vous et où allez-vous ? nous demandèrent-ils insolemment.

» — Eh quoi, tu ne me reconnais pas, dit notre khrebir à l'un d'eux, moi, ton frère; je suis Cheggueun; comment se portent ma femme et mes enfants ? Je conduis ces gens au pays des Nègres et nous venons vous demander l'hospitalité.

» — Cheggueun, lui répondit cet homme, ce sont des ennemis que tu nous amènes : parmi ces gens il y a des Chambas, je les reconnais; ils viennent pour éclairer notre pays.

» — O mes frères, ne me connaissez-vous pas? reprit notre khrebir; ne suis-je pas de vous, et voudrais-je vous apporter le mal? Ces Chambas sont des voyageurs pour leurs affaires, tous marabouts, gens de paix, qui ne font point la ghrazia et ne brûlent point la poudre. Laissez-nous aller, car je les mets sous la protection de Mohamed Ould Biska, votre chef et le mien; il est prévenu de notre arrivée et il nous attend; le mal que vous nous feriez retomberait sur vos têtes. »

Cette menace adroite les fit réfléchir un moment. Ils savaient que Mohamed Ould Biska avait intérêt à bien traiter Cheggueun, qui lui payait des droits fréquents comme conducteur de caravanes, et que la protection du chef de la montagne nous était assurée. — Fort mécontents, ainsi que nous en jugeâmes à leurs menaces, ils nous quittèrent brusquement au grand trot de leurs chameaux en brandissant leurs lances. Nous aurions pu facilement nous débarrasser de ces dix hommes, et quelques-uns d'entre nous le proposaient; mais c'eût été soulever la haine de leurs frères, qui sûrement auraient voulu tirer vengeance du sang versé. Le parti que prit Cheggueun fut donc le plus sage et le plus prudent.

Nos yeux, nos oreilles et nos fusils veillèrent toute la nuit; — nous la passâmes à nous chauffer autour de grands feux de retem, de el alenda et de chiehh, car il faisait un froid très-vif.

Pour entrer le lendemain dans les défilés du Djebel

Hoggar (medjebeud), où l'on ne peut passer qu'un à un, nous changeâmes l'ordre de notre marche et nous nous alongeâmes sur une seule file, jusqu'à ce que la tête de la colonne, conduite par Cheggueun, étant arrivée sur un plateau par des sentiers escarpés, tortueux et rocailleux, elle y prit position en attendant que sa queue vînt à elle. Dans cette marche difficile et pénible, plus d'un chameau s'était abattu; mais pas un, heureusement, n'était tombé dans les ravins, et nous les avions tous réunis sur pied.

Pendant que nous déjeunions, une vingtaine de Touareug, tous montés sur des chameaux, et dont l'un portait un fusil, apparurent à l'horizon, s'arrêtèrent un moment, comme pour étudier le terrain, et, nous ayant aperçus, se dirigèrent vers nous.—Nous n'étions pas sans inquiétudes, et Cheggueun suivait des yeux tous leurs mouvements...

« — C'est Ould Biska ! nous dit-il tout à coup; allons au-devant de lui. »

C'était en effet le chef du Djebel Hoggar, que nos visiteurs de la veille avaient averti de notre arrivée et qui venait nous reconnaître.

Son mahari, d'un poil fauve, tirant sur le brun, était jeune et très-beau, et la selle sur laquelle il était assis était ornée de franges en soie. — Ould Biska était un homme jeune encore, très-grand, maigre et fort, et dont les yeux bleus, à demi cachés par un voile noir, brillaient comme des étoiles dans la nuit. Ses compagnons étaient, comme lui, bien mis à leur manière, bien montés et bien armés.

« — Ould Biska, lui dit Cheggueun, après les salutations, cette caravane que je conduis vient te prier de la protéger jusqu'à Beurr el Adjem ; c'est ton fusil, ton sel et ton hospitalité connue partout qui lui ont donné confiance; s'il plaît à Dieu, tu ne nous *jauniras pas la figure;* et nous sommes prêts, nous, à te payer, suivant l'usage, le droit qui te revient. Nous voici dans tes mains : tu peux nous tuer si tu le veux ; si tu le veux, nous laisser vivre et nous sauver de tout danger.

» — Soyez les bienvenus, répondit Ould Biska, puisque vous venez vous mettre dans ma main ; Ould Biska saura vous protéger depuis Mouydir jusqu'à Beurr el Adjem [1]. — Je vous donnerai une escorte, et nul Targui n'osera vous toucher. »

Ces paroles, que Cheggueun nous traduisit, nous rassurèrent, et nous nous remîmes en route jusqu'en un lieu nommé Meuzel Chikh Mohamed Ould Biska, où, sous de grands arbres verts et touffus, autour d'une belle source, sont tendues quinze ou vingt tentes cir-

---

[1] Les Arabes appellent Beurr el Adjem tous les pays, excepté les pays berbères où l'on ne parle pas la langue arabe, fussent-ils, du reste, musulmans. L'orthographe d'adjem étant la même que celle d'adjem, bœuf, nous sommes portés à croire que les Arabes, dans leur orgueil, comparent à des bœufs tous ceux qui ne parlent pas leur langue. Adjem (au singulier) veut dire le bœuf qui, n'ayant pas été bistourné, n'a pu être façonné au labourage.

culaires dont l'une, beaucoup plus vaste que les autres, indique le rang de celui qui l'habite. — Comme toutes celles des Touareug, elles sont faites de plusieurs peaux de buffle tannées, adroitement cousues avec des lanières de cuir, impénétrables aux pluies de l'hiver; on les frotte en été avec du beurre pour en entretenir la souplesse. C'était là le douar d'Ould Biska.

Nous campâmes à quelque distance.

A peine avions-nous terminé notre installation que nous vîmes arriver, au milieu du cercle tracé par nos bagages, quatre serviteurs de notre hôte, conduisant quatre chameaux gras.

— Voici l'hospitalité du Chikh, nous dirent-ils; et chacun d'eux, au même instant, abattit d'un seul coup de sabre au jarret l'animal qu'il tenait en laisse. Les pauvres bêtes, ainsi mutilées, beuglaient douloureusement en cherchant à se relever, et nous nous empressâmes de les saigner au nom de Dieu. Nous les partageâmes entre nous ensuite, et nous en fîmes un excellent repas, car il y avait déjà bien longtemps que nous n'avions pas mangé de chair fraîche.

Après souper, Cheggueun nous réunit et nous dit :

— « Nous voici chez les Touareug; ce sont de mauvaises gens, vous le savez : ils ne vivent que du bien des autres. Grâce à Dieu, nous sommes arrivés sans accident; mais, pour aller plus loin, il vous faudra payer passage. Vos cous valent mieux que les biens de ce monde : — souvenez-vous que l'argent n'a été créé que pour nous sauver des mauvais pas. Mettez votre héritage entre mes mains, et vous ne serez, s'il plaît à Dieu, ni tués ni pillés. — Tenez-vous prêts à me suivre demain, après la prière, dans la tente d'Ould Biska pour le remercier de la diffa qu'il nous a donnée, et pour lui faire les présents d'usage ; c'est-à-dire trois douros au canon [1] par chacun de vous, deux quintaux de tabac, des étoffes, des haïks, des bernouss, des chachia et des pantoufles pour lui, sa femme et ses deux enfants. »

Ces choses étant arrêtées, chacun des gens de la caravane regagna sa place au bivouac ; — mais Cheggueun nous ayant fait un signe de l'œil à l'Iman, au Khroudja, au Moudden et à moi, nous le suivîmes sous sa tente. — Il nous y fit servir le café, et la conversation s'engagea naturellement sur le pays où nous étions et sur les gens qui l'habitent. Cheggueun en savait l'histoire du présent, et notre khroudja, mon parent, qui était un taleb des beni Zighreum, en savait l'histoire du passé.

« Les Touareug, nous dit-il, qu'on appelle dans les livres Senahdja, et vulgairement les voilés (Hall el Letame, les gens du voile), sont répandus de temps immémorial dans le pays inhabité (El Kifar), depuis le Sahara au nord, jusqu'à Bahar el Nil (la mer du Nil,

---

[1] Douro bou metfa, littéralement père du canon. Les Arabes appellent ainsi les pièces d'Espagne, sur lesquelles sont représentées les colonnes d'Hercule qui, pour eux, sont des canons.

le Niger), au sud ; et depuis El Remel (le Sable), qui vient de l'Océan, à l'ouest, jusqu'à El Medrif el Habacha (l'Abyssinie), à l'est. Ils fuient les Teull et leurs productions, parce que les Teull ont des maîtres. Dans cet immense espace, ils vivent par fractions dans les montagnes. — On compte parmi eux les Moutna, les Dekkala, les Mesoufa, les Outzila, les Zeghrana, les Lemta.

» Les Moutna étaient autrefois la tête des Senahdja ; leurs fractions principales étaient :

Les Banou Ourtantine,
Banou Nayl,
Banou Medelane,
Banou Nesedja.

Leur religion était celle des Madjouïsa, qui était le culte des Berbères du Moghreb. — Ils étaient ennemis de Dieu et de son Prophète. C'était pour eux une action méritoire que de suivre en pèlerins déguisés la caravane de la Mecque, de pénétrer dans la chambre de Dieu, et de la souiller avec des excréments humains.

» Quelques individus de cette secte maudite existent encore, et il y a à la Mecque des Oukils spécialement chargés de les surveiller quand, sous le prétexte de visiter la Kaâba, ils tentent d'accomplir ce sacrilége. — Que Dieu les maudisse!

» Les Moutna furent vaincus et soumis par un descendant d'Abderrahman ben Mâaouya [1] qui avait dans ses troupes beaucoup de gens du Soudan et qui a ravagé tout le Sahara; il disait aux peuples : Faites-vous musulmans, ou payez la djezia (capitation). Les uns embrassèrent la religion nouvelle, les autres payèrent l'impôt; mais tous les Senahdja n'ont vraiment été convertis à l'islamisme qu'après la conquête des Andalous (712)-89. »

. . . .

« Ben Aby Zerrâa a dit :

» Le premier des voilés qui s'est emparé du Sahara se nommait Tiloutane; il pouvait mettre 100,000 juments sur pied; il a pénétré jusque dans le Soudan; sa mort arriva en l'an 222 de l'hégire (844 de notre ère.)

» Après lui, Yaltane réunit tous les suffrages des voilés, et mourut en 287 (909), et le fils de celui-ci, Tamin, commanda jusqu'en 306, et mourut assassiné par un Senahdji.

» Après la mort de Tamin ben Yaltane, il y eut 120 ans de désordres, qui se terminèrent par l'élection de Abou Abdallah ben Hedfaoute, connu sous le nom du *Voilé*, qui fut, à la pluralité des suffrages, nommé chef de tous les Senahdja.— C'était un homme de bien, que l'on dit descendant des khralifa du Prophète : il avait visité la chambre de Dieu. Il accomplit de nombreuses

---

[1] C'est peut-être l'un des généraux de Moaviah l'Ommiade, le compétiteur d'Aly. La Numidie et toute l'Afrique septentrionale furent ravagées à cette époque jusqu'à l'océan Atlantique (680 environ).

ghrazia, et mourut après avoir gouverné trois ans seulement. — Abi el Kassem, son fils, lui succéda ; il pouvait mettre 100,000 juments sur pied, et commandait sur un pays de deux mois de marche.

» Il soumit vingt princes du Soudan, qui lui payèrent la djezia; son fils lui succéda; mais il n'avait pas le bras assez fort pour tenir tous ces peuples, et ce fut alors que les Touareug se dispersèrent au milieu de l'anarchie, conduits par différents chefs.

» Ceux qui se sont réfugiés sur les bords du Soudan sont devenus Nègres, par leurs alliances fréquentes avec les filles du pays.

» En résumé, les Senahdja ont eu de grandes possessions. Ils ont habité d'abord dans le Garb (ouest), puis le pays des Andalous; et enfin ils se sont étendus jusque dans le Ferkiah (l'Afrique ancienne, régence de Tunis); mais, bien que disséminés, ils sont tous frères.

» — Cela est vrai, ajouta Cheggueun ; cependant les Touareug blancs, les Touareug de race, ont des mœurs qui leur sont particulières. Ils se rasent la figure et les moustaches, et portent les cheveux si longs qu'ils sont quelquefois forcés de les tresser, comme vous avez vu ceux d'Ould Biska. Le peuple, lui, porte une forte moustache, relevée à la façon des Turcs, et la barbe ; mais tous indistinctement ont le voile. « Des hommes comme nous, disent-ils, ne doivent pas se laisser voir.

» Tel est le respect du khreddim pour le djieud, du serviteur pour le seigneur, que, pour manger en présence de gens notables, un targui se cache derrière son bouclier. Dans les ghrazia, les chameaux sont pour les chefs, les moutons pour les simples cavaliers, et les autres prises, étoffes et marchandises, sont partagées dans la même proportion.

» Leurs armes, vous les avez vues : une longue lance à large fer, des javelots de six à sept pieds de long, dont la pointe est dentelée de crocs recourbés (taghreda), qu'ils portent attachés en faisceau sur le devant du mahari; le bouclier rond (darega), maintenu au bras gauche par des lanières de cuir; il est fait de peau de buffle ou d'éléphant du Soudan, fixée avec des clous sur une planche; le poignard (deraya[1]), qu'ils portent dans une gaîne, appliquée sous l'avant-bras gauche, où elle est attachée par un cordon de manière que le manche de l'instrument, qui vient se fixer au creux de la main, soit toujours facile à saisir et ne gêne en rien le mouvement; ils ne le quittent ni le jour ni la nuit. Quelques chefs seuls, comme Ould Biska et les plus riches, ont des fusils à pierres que leur vendent les caravanes du Maroc.

» Toutes ces armes sont à craindre; mais la meilleure c'est le sabre, le large sabre de Ghredames ou du Maroc.

» Les balles et le fusil trompent souvent;

Littéralement le *brassier*.

» La lance est la sœur du cavalier, mais elle peut trahir;

» Le bouclier, c'est autour de lui que se groupent les malheurs;

» Le sabre! le sabre! c'est l'arme du Targui, quand le cœur est aussi fort que le bras. Avez-vous vu tomber ces quatre chameaux? Jugez d'un homme frappé aux jambes!»

Pendant que notre khrebir parlait, ses yeux s'animaient, et sa parole avait pris une vivacité qui ne lui était pas habituelle; il me vint malgré moi dans l'esprit qu'il regrettait son ancien métier et qu'il avait une bonne occasion de le reprendre. Comme je le connaissais pourtant, je chassai ces mauvaises pensées, et j'eus raison, car il reprit un moment après : «— Si j'avais été djieud (noble) ou riche, et si, pendant un voyage que j'ai fait il y a dix ans au Soudan avec une caravane de marabouts d'Aguebly, je n'avais pas été touché par les vertus de ces braves gens, je n'aurais jamais quitté le Djebel Hoggar; car la vie y est bonne et libre, et c'est un beau pays! L'eau, Dieu en a mis dans toutes les vallées; les montagnes y sont couvertes d'arbres; les vignes et les figuiers y donnent assez de fruits pour l'été et pour l'hiver; le gibier y fourmille, la chasse y est facile, les chèvres, les brebis et les chamelles y sont des sources de lait, et ces moutons (ademan [1]) qui n'ont point de laine et dont l'énorme

---

[1] On en voit plusieurs individus au Jardin des Plantes.

queue traîne à terre, sont bien plus gras et bien meilleurs que les vôtres. — Beau pays, aimé de Dieu et loin des sultans ! »

Mais des chevaux, lui dis-je, les Touareug n'en ont presque point.

« Ils en auraient s'ils le voulaient, me répondit-il ; mais qu'en ont-ils besoin ? ils ont les *vaisseaux de la terre*, gouareb el beurr, ces infatigables mahara qui viennent d'Aoüraouan et de Bou Djebeaâ. C'est avec le mahari qu'ils font ces immenses ghrazia jusque chez les Chambas, à 150 ou 200 lieues du Djebel Hoggar ; qu'ils surveillent la marche des caravanes, qu'ils vont sur les marchés du Sahara, en regard de leurs montagnes, les uns à Ghredames et à Souf, les autres à Tougourt, à Ouergla et dans le Touat, échanger contre des dattes, du blé et des vêtements, des peaux tannées du Soudan, des dépouilles d'autruche, de la poudre d'or, des défenses d'éléphants, etc., etc.

» Ce que leur laissent les caravanes, soit qu'elles aillent à Beurr el Adjem, soit qu'elles en reviennent, de la farine, de la rouyna, du kouskuessou, de l'huile, du tabac et autres denrées, présents appelés Aâdet el kefoul (l'habitude des caravanes), complètent leurs provisions.

» Car ils sont trop fiers pour cultiver la terre comme des esclaves, et trop divisés pour avoir chez eux des marchés.

» Les richesses des gens du Teule, ce sont les grains ;

» Les richesses des Sahariens, ce sont les moutons ;

» Les richesses des Touareug, ce sont les mahara.

» C'est une des ghrazia dont je vous ai parlé tout-à-l'heure qui a donné le commandement du Djebel Hoggar à Ould Biska.

» Un parti des Chambas d'Ouergla surprit, il y a quelques années, aux environs du Djebel Baten, une vingtaine de Touareug qui s'étaient séparés de leurs frères en course pour venir abreuver leurs mahara dans l'Oued Mia. Il y eut beaucoup de mal des deux côtés; car c'était Khreddache, chikh du Djebel Hoggar, qui commandait les Touareug, et Ben Mansour, chikh d'Ouargla, qui commandait les Chambas.

» Dans la mêlée, le mahari de Khreddache s'abattit blessé, au pied d'un mamelon de sables; ce fut là le foyer du combat. Dix Touareug y furent tués, et, malgré l'acharnement des dix autres, leur chikh fut enlevé.

» Quelques jours après, ils retrouvèrent son corps dans l'Oued Mia ; la tête en avait été séparée, et l'on apprit que Ben Mansour l'avait fait exposer sur les sept portes d'Ouargla, un jour sur l'une, un jour sur l'autre alternativement.

» A cette nouvelle, il y eut deuil dans le Djebel Hoggar. Les mariages en projet furent suspendus, les lieux de réunions publiques désertés, chaque maître de la tente prit ses repas isolément, et les Djouad, ainsi qu'ils font quand ils pleurent un parent ou un ami, laissèrent croître leur barbe, se firent veufs de leurs femmes et jurèrent ce serment en assemblée générale :

« Que ma tente soit détruite si Khreddache n'est pas vengé ! »

» Khreddache laissait au monde une femme, nommée Fetoum, et un petit enfant. Fetoum était grande et belle ; sa figure se distinguait par des yeux bleus, beauté de race chez les Touareug, et son caractère était noble. Souvent, montée sur un mahari, elle avait suivi le chikh en ghrazia, animant du geste et de la voix les combattants, souffrant, comme un homme, la faim, la fatigue et la soif.

» Selon la loi, elle devait commander avec le conseil des Djouad, en attendant que son fils eût l'âge du pouvoir. Deux villes du Sahara de l'est, Tougourt et Tmacin, étaient, à la même époque, suivant la même loi, gouvernées par deux femmes.

» La beauté de Fetoum et le rang que devait prendre celui qui l'épouserait la faisaient rechercher par tous les Djouad.

» Un jour qu'ils étaient assemblés dans sa tente, car des chouafa (espions), chargés de surveiller les Chambas, venaient d'annoncer un mouvement de la tribu : — « Mes frères, leur dit-elle, celui de vous qui me
» rapportera la tête de Ben Mansour m'aura pour
» femme. »

» Le soir même, toute la jeunesse de la montagne,

armée en güerrre, vint la saluer en lui disant : « De-
» main nous partons avec nos serviteurs pour aller
» chercher ton présent de noces. »

» Et je pars avec vous, » répondit-elle.

« Ce jour et le jour suivant furent employés en préparatifs ; au fedjer du troisième, 300 Touareug suivaient, avec Fetoum, la route d'Ouargla.

» On était au mois de mai ; c'est-à-dire à l'époque où les caravanes se mettent en voyage, où les tribus sahariennes se dispersent pour aller faire paître leurs troupeaux, où les Touareug reprennent le désert. Les sables étaient tapissés d'herbes ; tous les oued avaient de l'eau.

» La petite armée, commandée par Ould Biska, cousin de Khreddache, s'avança rapidement vers le nord-est, campa le huitième jour sur l'Oued-Mia ; à quinze ou vingt lieues d'Ouargla, on envoya ses chouafa à la découverte. — Le lendemain au soir ils étaient de retour ; ils avaient appris qu'une forte fraction de Chambas se dirigeait vers l'Oued Nessa, avec des troupeaux considérables.

» De leur côté, les Chambas étaient avertis qu'on avait vu rôder quelques Touareug, et que, sans doute, un parti nombreux était caché dans les environs. Un Targui à leur solde, *la forêt n'est jamais brûlée que par son propre bois*, était d'ailleurs parti du Djebel Hoggar, par le droit chemin, en même temps que la caravane, et leur avait dit : « Veillez, car le danger s'approche ! »

» Ben Mansour avait alors dirigé l'émigration de sa tribu vers les pâturages du Nord. « Les Touareug, pensait-il, n'oseront jamais se hasarder au centre de notre pays, et si loin du leur. »

» Mais son heure était venue, c'était écrit; et Dieu permit qu'au lieu de camper en force et de faire paître leurs troupeaux en commun, les diverses fractions des Chambas se fissent chacune un douar isolé.

» Par une marche forcée d'un jour et d'une nuit, les Touareug arrivèrent sur l'Oued Mezab, à dix lieues seulement de l'Oued Nessa, et s'y cachèrent, du soleil levant au soleil couchant, dans les broussailles et dans les ravins. — La nuit suivante, ils reprirent la plaine au trot allongé de leurs chameaux; à minuit, ils entendirent devant eux les aboiements des chiens; un moment après, enfin, à la clarté des étoiles, quinze ou vingt tentes leur apparurent au pied d'un mamelon.

» — Voici le douar de Ben Mansour, dit au chef de la bande, le chouaf qui l'avait guidé.

» Ould Biska jette alors le cri du signal, et tous les Touareug, en criant comme lui, s'élancent avec lui.

» Le sabre but du sang pendant une heure.

» De tous les Chambas, cinq ou six seulement, les plus heureux et les plus agiles, s'échappèrent; encore Ould Biska, d'un coup de lance, arrêta-t-il un des fuyards.

» Au jour levé, Fetoum fit fouiller les tentes bouleversées; sous chacune il y avait des cadavres; hommes, femmes, enfants, vieillards, elle en compte soixante-six; par la grâce de Dieu, un pauvre enfant de huit ou dix ans n'avait pas été massacré. Un Targui l'avait trouvé sous une tente abattue, blotti entre deux outres en peaux de chèvre; il n'était point blessé, mais il était couvert de sang.

— Connais-tu Ben Mansour? lui demanda Biska.
— C'était mon père.
— Où est-il?
— S'il est mort, il est là, derrière ce buisson; il m'emportait en fuyant; un de vous l'a frappé, nous sommes tombés ensemble.
— Tout ce sang est de lui, ajouta-t-il en pleurant; — et sa main soulevait son bernouss ensanglanté.
— Fetoum, c'est moi qui l'ai tué! s'écria Biska.
— Mes frères, ajouta-t-il ensuite en s'adressant aux Touareug qui se pressaient autour de Fetoum, cette nuit nous a fait de grands ennemis; — épargnons cet enfant; une générosité en appelle une autre.

» Au même instant, deux Soukemaren arrivèrent, portant le corps de Ben Mansour, l'un par les pieds, l'autre par la tête; la foule s'ouvrit devant eux pour leur donner passage, et se resserra bientôt plus pressée pour voir le cadavre qu'ils avaient déposé sur le sable, devant Fetoum.

» C'était un homme de race, tout à fait blanc; la lance

d'Ould Biska l'avait frappé dans le dos, et était sortie par la poitrine.

» Fetoum, immobile, mais les lèvres contractées, le regardait avidement.

» — Ould Biska, dit-elle, je suis à toi, comme je l'ai promis; mais prends ton poignard, finis d'ouvrir le corps du maudit, arrache-s-en le cœur, et jette-le à nos slouguis. — Et il en fut fait comme elle avait ordonné. Les chiens des Touareug ont mangé le cœur du chef des Chambas ! »

« — Je l'ai entendu raconter ainsi, repris-je, et je sais que depuis ce jour, les gens d'Ouargla ont remplacé la corde en poil de chameaux dont ils ceignaient leur tête, par une corde en alfa (herbe); qu'ils ont juré de ne reprendre la première qu'après la vengeance, et qu'ils ont écrit à leurs frères de Metlily et de Gueléa de se tenir prêts à les suivre; car, bien que dispersés à de grandes distances, les trois fractions des Chambas n'ont pas cessé d'être en alliance. Si l'une d'elles est insultée et n'est pas assez forte pour se venger, toutes se réunissent en un lieu désigné, et là, devant Dieu et les marabouts, elles jurent, par le livre de Sidi Abd Allah, ce serment consacré :

« Nous mourrons ta mort, nous perdrons tes pertes,
» nous ne renoncerons à ta vengeance que si nos en-
» fants et nos biens sont perdus et nos têtes frappées. »

— Ne parle pas si haut, me dit Cheggueun, et surtout recommande bien à tes frères de ne pas dire qu'ils sont de Metlily. — Votre qualité de marabouts est une sauvegarde, il est vrai; mais les Touareug sont de mauvais musulmans.

— Et le fils de Ben Mansour, qu'est-il devenu? demanda l'Iman.

— Après la ghrazia, répondit Cheggueun, les Touareug, pressés de repartir, le laissèrent sur la place. — Il y resta deux jours à pleurer avec la faim, la soif et le soleil; et, le troisième, il fut trouvé par des bergers et ramené à Ouargla, où il est encore.

L'heure avançant, nous souhaitâmes une bonne nuit à Cheggueun, et chacun de nous alla reprendre sa place au bivouac. Toutes nos sentinelles veillaient et faisaient bonne garde.

Le lendemain matin nous nous réunîmes pour aller offrir notre présent du Ould Biska.

Il nous reçut à la porte de sa tente; douze ou quinze Touareug, armés comme nous l'avons dit, debout et la lance au pied, étaient rangés en haie à sa droite et à sa gauche. Il était assis à côté de Fetoum, sur un tapis de laine bigarrée, séparé du sol par des nattes en feuilles de palmier. — C'était un homme jeune encore et d'une très-haute taille; le dessus de ses mains et le milieu de son front étaient tatoués de petits dessins bleus; un voile noir, d'une étoffe luisante, cachait le bas de son visage et rehaussait l'éclat étincelant de ses yeux; ses serviteurs étaient également tatoués, mais de différents dessins, et, probablement, selon le caprice de chacun.

Fetoum tenait sur ses genoux un petit enfant de quatre ou cinq ans. Malgré son voile, nous pûmes juger qu'elle était en effet très-belle ; son front et ses mains étaient très-blancs et très-propres, et ses yeux bleus ne démentaient point leur réputation. Son cou était orné d'un collier de gros morceaux de corail alternés de pièces d'argent, de clous de girofle, et de ces petits coquillages (ouda), qui servent de menue monnaie au pays des Nègres. — Un haïk très-fin et très-blanc l'enveloppait ; et je pus distinguer qu'elle portait une riche ceinture en soie et or, comme celles qu'on fabrique à Figuigue et à Fass ; — elle avait deux cercles d'or à chaque bras, et des khrelkhral [1] d'argent aux jambes, ses pieds étaient nus ; mais des pantoufles du Soudan étaient auprès d'elle.

L'enfant qu'elle tenait, et au nom duquel gouverne Ould Biska, était celui de son premier mari, Khreddache. J'ai appris depuis qu'elle en avait un autre, mais qu'il était alors en nourrice.

Tous les habitants du douar, hommes, femmes, enfants, se pressaient autour de nous. — Quelques jeunes filles étaient blondes, et plusieurs étaient vraiment

---

[1] Gros anneaux qui cerclent la jambe au-dessus de la cheville. Leur nom représente assez bien le bruit qu'ils font quand la personne qui les porte est en mouvement. Les bracelets de jambes étaient en usage dès la plus haute antiquité : le prophète Isaïe, dans ses anathèmes contre les femmes juives, trop adonnées à la parure, parle de cet ornement. — Hérodote, liv. IV, chap. 168, dit que les femmes des Adyrmachides, dans la Libye, « portent à chaque jambe un anneau de cuivre. » Il en était de même en Égypte.

très-belles, élancées et bien faites. — Tout ce monde était voilé.

Après les compliments, Cheggueun remit au chikh nos douros, et fit étaler devant lui les étoffes et les vêtements; il les reçut de bonne grâce, non sans les avoir attentivement examinés et fait examiner à Fetoum qui nous en parut satisfaite, et nous fit remercier par notre khrebir.

L'argent nous revint presque aussitôt, car Ould-Biska l'employa tout entier en emplettes de bernouss, de chachia, de haïks, de calicot, etc. Nous lui vendîmes ces objets, non pas ce qu'ils nous avaient coûtés, mais au prix qu'ils valaient apportés de si loin, et, en réalité, l'espèce d'imposition dont nous avions été frappés nous revint ainsi à peu de chose.

Le temps s'était chargé de nuages, et quelques larges gouttes de pluie commençaient à tomber; nous abrégeâmes donc notre visite et regagnâmes notre camp. — En y arrivant, on m'annonça qu'un de mes chameaux se roulait par terre, pris de convulsions et de coliques horribles; j'appelai Cheggueun et le consultai sur ce qu'il y avait à faire. — « C'est un animal perdu, me
» dit-il, il faut le saigner au nom de Dieu; et, comme il
» a été fait pour celui que nous avons perdu à Si Mo-
» hamed Moul el Gandouz, la chair en sera partagée
» entre nous, et nous te la payerons ce que vaut un
» chameau vivant. »

Il en fut ainsi.

Pendant notre absence le malheureux animal s'était détaché, avait été brouter l'herbe imprégnée du sang des quatre chameaux que les Touareug nous avaient offerts la veille, et s'était empoisonné; mais la chair n'en était pas moins bonne, et nous la salâmes pour l'emporter comme provision.

La pluie tombait à torrents; pour nous mettre à l'abri nous fîmes à la hâte quelques gourbis avec des branches d'arbres que nous recouvrîmes d'herbes et de broussailles, et Cheggueun fit transporter dans sa tente un jeune homme des Deghramecha, nommé El Arbi, qui, depuis quelques jours, était atteint d'une fièvre et d'une dyssenterie violentes. A la halte précédente, il avait mangé sans réserve beaucoup de viande salée et il avait bu de l'eau échauffée dans les outres par le soleil sans lui faire prendre l'air un moment; cette imprudence lui coûta la vie. Malgré nos soins, El Arbi, comprenant qu'il allait mourir, fit appeler ses amis :

« Mes frères, leur dit-il, vous porterez mes sa-
» lutations à mes parents, je ne les reverrai plus en
» ce monde; mais je n'étais que de passage sur la
» terre, ils le savaient comme moi; dites-leur que je
» meurs dans la crainte de Dieu. »

Il récita ensuite la chehada, et mourut.

EL CHEHADA.

La chehada (témoignage) est la profession de foi des Musulmans :

« Il n'y a qu'un seul Dieu, et Mohamed est l'envoyé » de Dieu. »

Tout Musulman en danger de mort est tenu de prononcer la chehada; s'il a perdu la parole, il doit lever un doigt vers le ciel en témoignage de l'unité de Dieu; s'il ne lui reste pas assez de force pour faire de lui-même ce signe symbolique de la croyance dans laquelle il a vécu et dans laquelle il meurt, un des assistants lui prend la main droite, en soulève l'index, et l'aide ainsi dans l'acte du dernier devoir.

Cependant, pour que la chehada soit valable, il importe que le mourant ait foi dans les attributs de Dieu. Celui qui les ignore, ou ne les admet pas, n'est point Musulman.

Les attributs de Dieu sont au nombre de onze, dont huit sont obligatoires (el ouadjibat), et trois facultatifs (el djaïzat).

El ouadjibat sont :

    La présence,
    L'éternité,
    L'immortalité,
    L'indépendance,

L'ouïe (infinie),
La vue (infinie),
La parole (sans lettre ni sons),
La non-parité.

El djaïzat sont :

Le désintéressement de Dieu (en créant il n'a aucune vue d'intérêt pour lui-même).

La liberté absolue de Dieu (il est libre de faire ou de ne pas faire).

La non-admission du pouvoir de la force (la force n'agit pas par elle-même, mais par la permission ou la volonté de Dieu).

La seconde partie de la chehada impose au Musulman la croyance dans tous les envoyés ou prophètes qui ont reçu mission de porter la vérité et de la répandre.

Quoique soumis aux besoins de la vie et sujets aux maladies comme les autres hommes, les envoyés de Dieu sont exempts des possessions du démon, de la gale, des dartres (djoudam) et de quelques autres maladies très-graves.

Elle impose également la croyance au jugement dernier, aux anges et aux livres descendus du ciel :

Le Thourat, qui a été donné à Sidna Moussa (Moïse);
Le Zabour, à Sidna Daoud (David);
Lendjil (Évangile), à Sidna Aïssa (Jésus-Christ);
Le Koran, à Sidna Mohamed.

Aussitôt qu'El Arbi fut mort, ses amis lavèrent son corps avec de l'eau tiède, lui mirent du camphre et du coton dans toutes les ouvertures naturelles et l'enveloppèrent dans un linceul blanc, parfumé de benjoin.

Les Tolbas de la caravane, notre Iman en tête, vinrent ensuite lire sur lui des prières; et, le soir, nous allâmes processionnellement le déposer dans une fosse, non loin du camp, au pied d'un gros caroubier.

Pendant qu'on l'y descendait, l'Iman nous cria d'une voix grave et forte :

« Que Dieu vous accorde sa miséricorde! »

A l'heure de la dernière séparation, quand la terre retomba sur lui, ses amis se prirent à sangloter tout haut.

La tristesse avait gagné toute la caravane, et même les Touareug qui étaient venus, en curieux, assister à ce spectacle.

Le vénérable Iman reprit alors :

« Pourquoi pleurer ainsi? La mort est une contribu-
» tion frappée sur nos têtes; nous devons tous l'acquit-
» ter. — Il n'y a pas de choix, il n'y a pas d'injustice
» dans cette affaire; Dieu seul est éternel. Allons! élar-
» gissez vos âmes! Sid el Arbi n'est pas mort : il vit
» dans l'autre monde; que Dieu lui accorde sa béné-
» diction ! »

Ces paroles nous donnèrent du courage et calmèrent

les sanglots des amis du défunt; nous les ramenâmes au camp, plus soumis aux décrets de Dieu, et nous leur offrîmes un petit repas composé de dattes et de laitage frais, que nous achetâmes aux Touareug.

Le lendemain matin il pleuvait encore par intervalles; mais, vers le midi, le ciel s'étant éclairé, Cheggueun nous fit tous rassembler par le crieur public pour nous annoncer qu'on allait procéder à la vente des effets de Sid el Arbi.

Ses chameaux, ses marchandises et ses vêtements furent ainsi vendus à l'enchère; le produit en fut confié à notre khrebir, et un acte authentique, en double expédition, fut dressé de cette vente par le khrodja.

A la fin de l'assemblée, notre départ fut fixé au lendemain, et, à l'heure indiquée, nos provisions d'eau étaient faites pour deux jours, car nous ne devions point en trouver à la première halte. Ould Biska et vingt Touareug vinrent nous faire escorte.

Ainsi protégés, nous n'eûmes d'autre embarras que celui de satisfaire les gens de la montagne, qui nous assaillaient en nous demandant du tabac et quelques menus objets. — Chacune de ces bagatelles faisait un heureux ou une heureuse, et partout nous laissions, en passant, une grande réputation de générosité.

Nous couchâmes, ce soir-là, sur un plateau pierreux où nos chameaux ne trouvèrent à brouter que de maigres buissons; pour cette raison, et parce que la marche devait être longue et pénible, nous en partîmes le lendemain au koddar [1]; — sur les huit heures, nous étions au point culminant de la montagne ; nous avions sous nos pieds sa pente abrupte, broussailleuse, ravinée, et nos yeux se perdaient vers le Guebla (Sud), dans la plaine jaunâtre, aussi loin qu'ils pouvaient aller.

Je compris alors pour la première fois l'immensité de cette parole :

« Bénissez le Seigneur autant que les sables sont
» étendus ! »

Pour descendre ce versant, où serpente un étroit sentier suspendu sur des précipices et souvent encombré par des rochers que les pluies ont déracinés du flanc de la montagne, nous nous mîmes à la file, un par un, ainsi que nous avions fait pour gravir son opposé du Nord.

La tête de la caravane toucha la plaine à deux heures et prit place entre deux ruisseaux qui coulent de deux ravins et laissent entre eux un espace vaste, commode, abondant en derrine.

Ould Biska et Cheggueun y tendirent leurs tentes, et les voyageurs de l'arrière, à mesure qu'ils arrivaient, s'installaient autour d'elles; sur les quatre heures le camp fut au complet.

J'étais de ceux qui, dans ce trajet difficile, suivaient les vingt Touareug d'Ould Biska, et j'admirai combien

---

[1] Une heure avant le fedjer (la pointe du jour).

les pieds de leurs mahara étaient plus assurés et plus adroits que les pieds de nos chameaux; pas un mahari ne fit un faux pas, aucun ne fut pris de vertiges; nos porteurs, au contraire, trébuchaient souvent, s'abattaient quelquefois ou perdaient la tête quand le chemin longeait un précipice à pic. Les miens, encouragés sans doute par ceux des Touareug et guidés par eux, ne me donnèrent point de peine à conduire; mais de ceux qui venaient ensuite, plus d'un roula dans les ravins et fut perdu pour son maître.

LES MAHARA.

Le mahari est beaucoup plus svelte dans ses formes que le chameau vulgaire (djémel); il a les oreilles élégantes de la gazelle, la souple encolure de l'autruche, le ventre évidé du slougui (lévrier); sa tête est sèche et gracieusement attachée à son cou; ses yeux sont noirs, beaux et saillants; ses lèvres longues et fermes cachent bien ses dents; sa bosse est petite, mais la partie de sa poitrine qui doit porter à terre lorsqu'il s'accroupit est forte et protubérante; le tronçon de sa queue est court; ses membres, très-secs dans leur partie inférieure, sont bien fournis de muscles à partir du jarret et du genou jusqu'au tronc, et la face plantaire de ses pieds n'est pas large et n'est point empâtée; enfin, ses crins sont rares sur l'encolure, et ses poils, toujours fauves, sont fins comme ceux de la gerboise.

Le mahari supporte mieux que le djemel la faim et la soif. Si l'herbe est abondante, il passera l'hiver et le printemps sans boire; en automne, il ne boira que deux fois par mois; en été, il peut, même en voyage, ne boire que tous les cinq jours.

Dans une course de ghrazia, jamais on ne lui donne d'orge; un peu d'herbe fraîche au bivouac et les buissons qu'il aura broutés en route, c'est là tout ce qu'il faut à sa chair; mais, au retour à la tente, on le rafraîchira souvent avec du lait de chamelle dans lequel on aura broyé des dattes.

Si le djemel est pris de frayeur ou s'il est blessé, ses beuglements plaintifs ou saccadés fatiguent incessamment l'oreille de son maître. Le mahari, plus patient et plus courageux, ne trahit jamais sa douleur et ne dénonce point à l'ennemi le lieu de l'embuscade.

On ne sait point si Dieu créa les mahara, ou si les hommes ayant mis à part leurs chameaux les plus fins et les plus agiles, et leur ayant fait faire alliance entre eux, les produits successifs de ces animaux se sont ennoblis de père en fils jusqu'à former une race distincte. Ce que mon œil a vu, c'est que la race des mahara existe aujourd'hui avec des caractères qui sont à elle [1].

---

[1] M. le général Marey, dans son expédition à El Aghrouat (juin 1844), reçut

Le mahari est au djemel (chameau) ce que le djieud (noble) est au khreddim (serviteur).

On dit dans le Teull que les mahara font en un jour, dix fois la marche d'une caravane (100 lieues); mais les meilleurs et les mieux dressés, du soleil à la nuit, ne vont pas au-delà de 35 à 40 lieues [1]; s'ils allaient à 100, pas un de ceux qui les montent ne pourrait résister à la fatigue de deux courses, bien que le cavalier du mahari se soutienne par deux ceintures très-serrées, l'une autour des reins et du ventre, l'autre sous les aisselles.

Dans le Sahara algérien, après les montagnes des Ouled Sidi Chikh, les chevaux sont rares, les chameaux porteurs innombrables et les mahara de plus en plus nombreux jusqu'au Djebel Hoggar.

L'automne est la saison où les chameaux sont en amour, et si les Sahariens ne laissent point indifféremment approcher la chamelle par le premier étalon venu, ainsi que les Touareug, ils donnent des soins plus spéciaux encore à la reproduction des mahara. Ces nobles

---

trois mahara. « Le mahari, dit-il, n'est peut-être pas un animal à part. Il paraît
» être au chameau ordinaire ce qu'un cheval de course est au cheval de trait...
» Son allure habituelle est le trot; il peut le tenir un jour entier : ce trot est
» comme le grand trot d'un bon cheval. » Ce témoignage *de visu* dément cette assertion d'un autre auteur qu'il ferait faire cent lieues par jour au mahari.

[1] Hérodote dit des Arabes de la grande armée de Xerxès : « qu'ils montaient
» des chameaux d'une vitesse égale à celle des chevaux. » (Liv. VII, chap. 76.)
Nous retrouvons ainsi les mahara en usage il y a 2,400 ans. Ne pourrait-on pas en conclure que ces animaux appartiennent à une race non particulièrement décrite encore par l'histoire naturelle?

animaux ont, comme les chevaux de race, des ancêtres connus, et leur généalogie n'est point entachée de bâtardise.

La maharia porte douze mois; son état de gestation n'empêche point toutefois qu'on en use encore pour la course et pour la ghrazia, mais on la ménage progressivement à mesure que son terme approche.

Aussitôt qu'elle a mis bas, on emmaillotte avec une large ceinture le jeune mahari pour soutenir ses intestins et pour que son ventre ne prenne point un développement trop volumineux.

Huit jours après, cet appareil est enlevé.

Le jeune mahari a sa place dans la tente; les enfants jouent avec lui, il est de la famille; l'habitude et la reconnaissance l'attachent à ses maîtres, qu'il devine être ses amis.

Au printemps, on coupe tous ses poils, et de cette circonstance il prend le nom de bou kuetaâ (le père du coupement).

Pendant toute une année, le bou kuetaâ tette autant qu'il veut; il suit sa mère à son caprice; on ne le fatigue point encore par des essais d'éducation; il est libre comme s'il était sauvage.

Le jour de son sevrage arrivé, on perce de part en part une de ses narines avec un morceau de bois pointu qu'on laisse dans la plaie, et lorsqu'il voudra tetter, il piquera sa mère qui le repoussera par des ruades; et il abandonnera bientôt la mamelle pour l'herbe fraîche de la saison.

Au printemps de cette année on le tond de nouveau, et il quitte son nom de bou kuetaâ pour prendre celui de heug [1].

A deux ans accomplis son éducation commence : pour première leçon, on lui met un licou dont la longe vient entraver un de ses pieds; on le maintient immobile du geste et de la voix d'abord, de la voix seulement ensuite; on détache alors son pied entravé; mais, s'il fait un pas, on l'entrave encore; il a compris enfin ce qu'on veut de lui, et ces leçons n'auront de fin que s'il reste un jour tout entier, sa longe traînante, à la place où l'aura mis son maître.

Ce premier résultat obtenu, le heug est soumis à d'autres épreuves.

On rive à sa narine droite un anneau de fer qu'il gardera jusqu'à la mort, et dans lequel est attachée la rêne en poil de chameau qui viendra se réunir sur son garrot, en passant de droite à gauche, avec la longe du licou qui passera de gauche à droite.

On lui ajuste la rahhala, sorte de selle dont l'assiette est concave, le dossier large et haut, le pommeau élevé, mais échancré de sa base à son sommet. Le cavalier est assis dans la rahhala comme dans une *tasse*, le dos

---

[1] Vient du verbe *hakeuk*, il a reconnu, il s'est assuré; ce qui veut dire que le chameau de deux ans commence à être raisonnable.

appuyé, les jambes croisées sur le cou du mahari et assurées par leur pression même dans les échancrures du pommeau. Le moindre mouvement sur la rêne de la narine imprime à l'animal une douleur si vive qu'il obéit passivement; il oblique à gauche, il oblique à droite, il recule, il avance, et s'il est tenté par un buisson et qu'il se baisse pour y toucher, une saccade un peu rude l'oblige à prendre une haute encolure.

— Qu'un chameau porteur broute sur la route, l'inconvénient n'est pas grand; il a le temps d'arriver; mais un mahari doit aller vite, c'est là sa qualité première.

Pour apprendre au heüg à s'accroupir, dès que son cavalier lui crie : *ch ch ch!*, on se fait aider par un camarade qui frappe avec un bâton l'animal au genou au moment où le cri part, et jusqu'à ce que le cri seul obtienne obéissance.

Pour le faire enfin aussi rapide que possible, celui qui le monte lui frappe alternativement les flancs avec un fouet en l'excitant par un cri aigu. *Le jeune mahari chérit beaucoup sa chair*, il part au galop;— la douleur le suit, il la fuit plus vite, il passe comme une autruche, ses jambes sont des ailes; mais, pour ne pas le fatiguer, on l'arrête de loin en loin en tirant sur la rêne.

Si le *heüg*, enfin, sait s'arrêter, quelque vitesse qu'il ait prise, quand son cavalier tombe ou saute de la rahhala; s'il sait tracer un cercle étroit autour de la lance que son cavalier plante en terre et reprendre le galop dès qu'elle est enlevée ; son éducation est complète, il peut servir aux courses ; ce n'est plus un *heug*, c'est un mahari.

Un bon mahari vaut de 200 à 300 boudjoux, quelques-uns même sont estimés jusqu'à plus de 400. Un djemel n'en vaut jamais plus de 60 à 80.

Si les chameaux ne sont pas aussi nobles que les mahara, ils ne sont pas moins utiles. Sans les chameaux, point de relations possibles entre les peuples du Sahara ; le Soudan serait inconnu ; nous n'aurions pas d'esclaves, et les croyants ne pourraient point aller visiter la chambre de Dieu : avec eux, le désert n'a pas d'espace, ce *sont les vaisseaux de la terre : Gouareub el Beurr*. Dieu l'a voulu, et il les a multipliés à l'infini.

Vivant ou mort, le chameau est la fortune de son maître.

Vivant, il porte les tentes et les provisions ; il fait la guerre et le commerce ; pour qu'il fût patient, Dieu l'a créé sans fiel [1] ; il ne craint la faim ni la soif, la fatigue ni la chaleur ; son poil fait nos tentes et nos beurnouss, le lait de sa femelle nourrit le riche et le pauvre ; *rafraîchit la datte* [2], engraisse les chevaux ; c'est la source qui ne tarit point.

---

[1] Les Arabes disent que le chameau n'a pas de fiel, et que de là vient sa patience.

[2] Nous avons dit ailleurs que cette expression proverbiale désignait la nécessité où sont les Sahariens d'atténuer les effets pernicieux de la datte par son mélange ordinaire avec du lait.

Mort, toute sa chair est bonne; sa bosse (deroua) est la tête de la diffa [1]; sa peau fait des outres (mezade) où l'eau n'est jamais bue par le vent ni le soleil; des chaussures qui peuvent sans danger marcher sur la vipère, et qui sauvent du *haffa* les pieds du voyageur[2]; dénuée de ses poils, mouillée ensuite et simplement appliquée sur le bois d'une selle, sans chevilles et sans clous, elle y fait adhérence, comme l'écorce avec l'arbre, et donne à l'ensemble une solidité qui défiera la guerre, la chasse et la fantasia.

Ce qui fait la supériorité du mahari, c'est qu'à toutes les qualités qui sont de lui, il réunit toutes celles du djemel. Ce qui fait son infériorité, c'est que son éducation difficile *mange* pendant plus d'un an tout le temps du maître, et que ceux de sa race ne sont pas nombreux.

La beauté ne voyage pas par caravanes.

Rassurés que nous étions par la présence d'Ould Biska et de ses vingt Touareug, ceux de nous qui étaient arrivés les premiers au lieu de halte, après avoir organisé leurs bagages et bien entravé leurs

---

[1] C'est le mets le plus recherché que l'hospitalité puisse offrir à des hôtes de distinction.
[2] Ce sont de véritables brûlures que les sables font aux pieds de ceux qui marchent sans chaussures.

chameaux au milieu des herbes, allèrent essayer la chasse. Les tortues abondaient aux bords du ruisseau dont nous remontâmes le courant assez loin, dans la gorge de la montagne; mais leur chair n'est bonne que pour faire des remèdes, et, grâce à Dieu, nous pouvions les négliger. — Des épines de porc-épic semées çà et là nous guidèrent au fond du ravin par des petits sentiers habituellement foulés, jusqu'auprès d'un grand trou que nous élargîmes avec nos yatagans, ne doutant point que l'animal y fût caché.— La terre était sablonneuse, en un moment le trou fut immense; un grognement sourd et prolongé, et le bruit particulier que fait le porc-épic en hérissant ses épines quand il est irrité, nous firent mettre sur nos gardes; tout à coup, en effet, l'animal, piqué par un sabre, soulève le sable éboulé et sort précipitamment pour se jeter dans les broussailles; mais un heureux yatagan l'arrête, et nous le saignâmes selon la loi; il pesait plus de 30 livres.

On mange les porcs-épics et les hérissons en ragoûts ou cuits sous la cendre; dans le premier cas, on les dépouille avant de les apprêter; dans le second, on les enterre avec leurs épines sous un brasier, et, quand ils sont grillés, ils se dénudent aisément.

Les ravins où nous nous étions engagés étaient peuplés de gibier et d'oiseaux : nous y vîmes des huppes (tebib), des bécasses (hamar el hadjel), des étourneaux (zerzour), des guêpiers (el yamoun), des cigognes (bellaredj) qui sans doute avaient fui jusque-là devant le froid du Teull, comme les hirondelles (khetay fat) que nous avions rencontrées déjà et qui semblaient suivre la caravane.

Nous revenions joyeux de notre promenade, lorsqu'un debb [1] partit sous nos pieds et gagna son trou; l'un de nous, nommé Abdallah, eut l'imprudence de chercher à l'atteindre, ainsi qu'il avait fait souvent, disait-il, en s'agenouillant à terre et en glissant son bras dans le terrier; mais, au cri d'effroi qu'il jeta, nous devinâmes qu'un malheur venait d'arriver : une vipère l'avait mordu ! Elle pendait encore à son doigt; d'une secousse il la fit tomber à terre et nous la tuâmes; mais nous savions que sa morsure est presque toujours mortelle, et l'émotion *avait jauni nos visages*; en un instant nous eûmes fait une forte ligature au membre attaqué, et un peu au-dessus de la plaie; mais quand nous arrivâmes au camp, une enflure affreuse avait envahi déjà la main entière de notre malheureux compagnon et nous le conduisîmes à Cheggueun qui causait devant sa tente avec Ould Biska.

Tous deux se regardèrent avec stupeur. — Combien d'heures y a-t-il que l'accident est arrivé? demanda Cheggueun.

— Une heure à peu près, répondit le malade.

— Enchallah! (s'il plaît à Dieu!) tu seras sauvé, reprit

---

[1] Nous en avons parlé plus haut : c'est un gros lézard.

notre khrebir; *la vipère venait de boire, et l'eau avait lavé son venin* [1]; sans cette grâce de Dieu, tu serais déjà si malade qu'il faudrait te couper le doigt.

—Faites fondre du beurre, ajouta-t-il en s'adressant à nous, et faites rougir la lame d'un couteau que vous m'apporterez; toi, dit-il à son chaouch, pile et mélange ensemble du zebed (musc), de l'ail et de l'oignon.

Un moment après le beurre était fondu, et Cheggueun en fit boire une tasse pleine au malade. — Du courage, maintenant! lui dit notre khrebir, et donne-moi ta main. — Abdallah obéit, et Cheggueun appliqua la lame ardente du couteau en avant et au-dessous de la morsure en cinq ou six endroits.

Abdallah souffrait horriblement, mais sa voix ne sortit point pour se plaindre.

Cette opération terminée, Cheggueun empâta la main du malheureux avec l'onguent préparé par son chaouch et l'enveloppa d'un morceau de toile. — Va maintenant, lui dit-il, et bois encore une tasse de beurre. Le sommeil voudra te prendre; mais ne lui cède pas, tu ne te réveillerais plus.

« O Cheggueun! s'écria le malade en s'inclinant
» pour baiser la main du khrebir, tu es notre père;
» Dieu prolonge ta vie de toute la mienne! »

Nous l'emmenâmes, et, cette nuit, nous veillâmes avec lui; mais à chaque instant le sommeil lui fermait les

---

[1] Croyance arabe généralement répandue.

yeux, et, pour le tenir éveillé, il nous fallait le secouer violemment en l'appelant à haute voix.

Le lendemain au matin il était mieux; Cheggueun vint le voir, et renouvela le pansement en nous assurant que le danger était passé, que la volonté de Dieu était faite.

Cependant la caravane allait partir : Ould Biska en avait réuni les gens la veille et leur avait dit : « O mes
» amis, vous avez mangé mon sel et je vous ai tenu
» parole; demain vous sortez de mon pays, faites at-
» tention à vos âmes : la nuit, ne dormez pas; le jour,
» voyez avec vos yeux, et enfin tirez sur tous ceux
» qui viendront à vous; — emportez de l'eau pour
» trois jours, car la route est longue d'ici jusqu'à l'en-
» droit où vous en trouverez. »

Tout le monde étant prêt vers les six heures, Ould Biska, après les adieux, reprit par le Nord, et la caravane s'enfonça dans le Sud sur une vaste plaine. — Il n'y avait là ni routes, ni mamelons; mais au loin nous apercevions, comme des nuages, les premières montagnes de Beurr el Adjem. Dans cette immensité, Cheggueun nous dirigea, sans hésiter, en s'orientant sur des points de repère qui nous échappaient et que sa vieille expérience lui avait laissés dans la mémoire.

Nous marchâmes ainsi deux jours, campant sur le sable, et craignant à chaque instant que les Touareug blancs, nommés Oulemeden et Adanareun, qui habitent le Djebel Azegeur à l'est, ne tombassent sur nous;

mais Dieu nous en préserva. — Le troisième jour, à neuf heures du matin, nous arrivâmes en un lieu nommé Assaoua, où il y a trente ou quarante puits très-rapprochés les uns des autres; on n'a d'ailleurs qu'à creuser un peu pour trouver de l'eau.

Cette marche dans les sables nous avait beaucoup fatigués, et le reste de la journée fut employé à abreuver nos chameaux, à réparer nos équipements, et à nous reposer.

Nous ne laissâmes pas cependant d'être sur nos gardes, car ainsi que tous les endroits connus dans ces solitudes pour être abondants en eau et en pâturages; Assaoua est le rendez-vous de tous les maraudeurs. — C'est le point d'ailleurs où se séparent les caravanes qui reviennent du Soudan: celles qui vont à Ghrat et à Ghredamess prennent la route du Djebel Azegeur au nord-est; — celles qui vont au Fezzan, la route du Djebel Adanareun à l'est.

D'Assaoua nous allâmes coucher à El Khroua, où nous trouvâmes de bons pâturages;

D'El Khroua au pied du Djebel Azebenaoua, qui est habité par des Touareug noirs, sentinelles avancées du pays des Nègres.

Ils vivent sous la tente ou dans des gourbis et commercent avec les caravanes de passage pour le Fezzan, Ghrat, Ghredamess ou le Soudan. Ils vinrent en foule dans notre camp pour nous acheter nos marchandises, et parurent fort mécontents de ce que nous ne voulûmes rien leur vendre. — Quelques-uns même s'emportèrent en menaces, mais Cheggueun les fit taire en leur disant que nous allions à Aguedeuz où réside leur Sultan.

Nous venions d'entrer sur le territoire de Ahïr, qui se continue jusqu'à Demergou au sud, et qui obéit à un chef touareug qui habite Aguedeuz. — Djebel Azebenaoua est, à proprement parler, la limite nord de Beurr el Adjem ; c'est lui que nous apercevions deux jours après avoir quitté le Djebel Hoggar, avant d'arriver à Assaoua; mais le Soudan ne commence qu'à Tassaoua.

Les Azebenaoua ne sont point d'origine noire. — Je ne crois cependant pas qu'il y ait chez eux un seul homme parfaitement blanc, mais tous ont les cheveux lisses. Ils combattent avec des flèches, le sabre et la lance.

Leurs montagnes sont bien arrosées et bien boisées ; ils y récoltent sans culture une espèce de millet appelé oum rokueba (la mère du cou), dont on fait du pain ou du kouskuessou.

El hachiche y vient en quantité; on sait que cette herbe se fume seule ou mélangée avec du tabac, et donne, comme l'opium, une sorte d'ivresse extatique. Les caravanes de retour s'en chargent souvent et la portent à Ghrat et à Ghredamess, où elle se vend 4 douros d'Espagne le quintal, et d'où elle s'écoule à Tunis et à Tripoli.

Les arbres sont le toleuhh, qui ressemble au peuplier et donne de la gomme blanche; l'oum el nass (la mère du monde), qui ressemble au figuier et d'où l'on tire une espèce d'essence résineuse, appelée bekhrour, que l'on brûle comme un parfum. Les gens du pays recueillent le bekhrour au printemps et le vendent aux caravanes au prix de 15 ou 16 douros le quintal.

Le même poids de gomme se vend 5 ou 6 douros.

Le daoudaoua, qui produit un fruit large, plat et noir que l'on pile, quand il est mûr, dans un mortier, et dont on fait une pâte qui, pour la cuisson des aliments, remplace l'huile et le beurre; *elle a le goût de viande*. Les gens du pays la préparent d'avance, et les caravanes en achètent en quantité au prix de 5 ou 6 douros le quintal.

Le dadjy, arbre de la taille du pêcher, et dont les feuilles, qui ressemblent à celles du chou, donnent, vertes ou sèches, un goût de citron aux aliments avec lesquels on les fait cuire. Les caravanes ne manquent jamais d'en rapporter.

L'irak, arbre assez fort dont le bois, blanc et lourd, sert à faire des poignées de sabres, de poignards ou d'autres instruments. Les Azebenaoua l'utilisent ainsi chez eux ou le dégrossissent en bâtons qu'ils vendent aux caravanes un demi-boudjou.

Ces gens-là trafiquent de tout. Nous leur achetâmes des fromages de chèvre, secs et durs comme des pierres; j'en avais déjà mangé dans le Touat, pilés et mélangés avec de la farine de maïs et délayés avec du lait ou de l'eau.

Nous laissâmes Djebel Azebenaoua à notre gauche, et nous arrivâmes, entre 10 et 11 heures du matin, devant une bourgade d'une trentaine de maisons, nommée Aghrezeur, qui dépend du Djebel Azebenaoua et dont les habitants sont des Touareug mulâtres.

Aghrezeur est célèbre par une zaouïa que l'on appelle Zaouyet Sidi Ahmed; elle appartient à des marabouts touareug. Tous les tolbas de passage y entrent lire les livres saints et l'on y vient de très-loin en pèlerinage. La vénération dont elle est entourée lui a acquis le droit d'asile : aussi donné-t-elle la sécurité la plus complète à tous ceux qui l'approchent, et, pour cette raison, nous y campâmes et nous y séjournâmes le lendemain.

Nous allâmes visiter ses marabouts, et, suivant l'usage des caravanes qui se rendent au Soudan, nous les priâmes de prendre en dépôt, en attendant notre retour, les provisions qui nous restaient et qui allaient nous devenir inutiles, assurés que nous étions d'en trouver maintenant sur toute la route. Ils accueillirent notre demande, et, en reconnaissance de ce service, nous leur fîmes quelques présents. C'est ce qu'on appelle zyaret-el-chikh, la visite au chikh.

Aux environs d'Aghrezeur, le terrain se relève un peu, les puits sont profonds, et l'eau n'est plus à fleur de terre comme à Syoua.

De el Aghrezeur nous allâmes camper sur des puits isolés au milieu de la plaine. Des Touareug Azebenaoua y étaient installés sous la tente. C'étaient d'assez misérables gens, fort inoffensifs ; nous les visitâmes par curiosité, et ils vinrent dans notre camp nous vendre des poules et des moutons : la poule, cinq aiguilles, le mouton, soixante.

De cette station à la ville d'Aguedeuz, nous fîmes quatre jours de marche, trouvant de l'eau à chaque gîte, dans une plaine ondulée et boisée de toleuhh, d'oulm-el-nass, de khreroub, d'irak, et d'une espèce de dattier sauvage, nommé mkhrolet pharaoun, qui donne de mauvais fruits.

Dans ces solitudes nous n'avions rien à craindre des hommes, car nous avions fait prévenir les chefs d'Aguedeuz de notre arrivée, et ils nous avaient donné l'aman ; mais nous redoutions les lions, les tigres, les panthères et les serpents. — Au bivouac du troisième jour, pendant que nos chameaux paissaient assez loin du camp, un lion s'élança sur une chamelle et lui cassa les reins. Aux cris des bergers, nous accourûmes et nous trouvâmes ce *sultan* qui dévorait sa proie. Il retourna vers nous sa gueule ensanglantée, et, bien que nous fussions en nombre, et tous armés de nos fusils, nous le laissâmes à son repas. Nos chameaux effarés avaient heureusement pris d'eux-mêmes la direction du camp.

Le quatrième jour nous conduisit à Aguedeuz, grande

ville, entourée d'un mur d'enceinte avec sept portes. Nous campâmes en dehors, auprès de puits nombreux.

— Les bosses de nos chameaux commençaient à maigrir; nous étions également très-fatigués; nos bâts, nos outres, nos chaussures étaient en mauvais état, et, comme nous nous trouvions en un pays sûr et bon, Cheggueun décida que nous y ferions séjour. Le soir même, nous allâmes faire visite au chef d'Aguedeuz, Ahmed-Nabba, et le prévenir de nos intentions. — C'est un homme de race, tout à fait blanc; il commande à Djebel Azebenaoua, aux Touareug Oullemeden, à Demergou, et jusqu'à Tassaoua.—Son autorité n'est pas toujours parfaitement respectée, mais il punit par des ghrazia ceux qui veulent s'y soustraire.—Un makhrzen bien organisé et des chaouchs sont les instruments actifs de ses volontés; et, sur son immense territoire, il met à mort, emprisonne, fait donner la bastonnade, impose des amendes en sultan. Tous ses sujets sont de sang mêlé, ainsi que je l'ai déjà dit.

Il nous accueillit gracieusement, et nous lui offrîmes des haïks, des bernouss, des chachias, des clous de girofle, du benjoin, quelques petits miroirs, des aiguilles, etc. A notre point de départ, ces objets valaient 30 douros environ; mais à Aguedeuz, nous les aurions vendus plus du double.

Ahmed Nabba s'en montra satisfait, et il nous demanda avec intérêt si les routes étaient sûres, et s'il ne nous était surtout rien arrivé chez lui. Cheggueun lui répondit que, grâce à Dieu, nous avions fait heureuse route, et il nous congédia en nous disant qu'il répondait de nous.

Ses chaouchs nous suivirent au camp pour compter nos chameaux et prélever par chacun d'eux un droit de passage (gouméregue) d'un boudjou et demi.

Aguedeuz est la première ville qui donne une idée des villes du Soudan. Ses maisons à toits plats, mal construites en terre glaise et sans chaux, ont l'aspect le plus misérable. A l'intérieur, c'est un simple rez-de-chaussée, élevé sur un ou plusieurs côtés d'une cour carrée, toujours malpropre; des immondices et des animaux morts, souvent en putréfaction, encombrent les rues et même les marchés. Quatre ou cinq mosquées délabrées sont dispersées dans la ville, et notre cœur battit quand, du haut des minarets, nous entendîmes les moudden appeler à la prière, si loin du pays des croyants. — Le costume des Aguedeuzi est le même que celui des Touareug; leurs armes sont le sabre et la flèche empoisonnée. Cependant la population d'Aguedeuz est très-mélangée, comme dans tous les centres de grand commerce. Les Touareug Azebenaoua et Oumelleden et les gens de Demergou s'y rendent aux marchés, pour acheter ou vendre des chèvres, des moutons (ademan), des chameaux, des bœuf, des ânes, des peaux tannées, des dépouilles d'autruches, des peaux de tigre et de lion, des volailles, du laitage, du gibier en quantité.

On y trouve d'ailleurs, outre tous les artisans indispensables, des juifs blancs, mulâtres et nègres, qui font de la bijouterie, et de nombreux marchands de cotonnade noire du Soudan (Saye), de haïks, de bernouss, de chachias, de vêtements en général. C'est là le principal commerce de la ville. Des caravanes du Sahara tunisien, algérien, marocain, chargées uniquement de ces objets, les portent à Aguedeuz, d'où ils s'écoulent chez les populations voisines et jusque dans le Bernou, au sud-est; à Haoussa, au sud; à Tombouctou, au sud-ouest.

Un haïk qui a coûté dans le Touat un boudjou, s'y vend cinq; ceux, plus fins, qui en ont coûté cinq, s'y vendent douze ou quinze. Les trafiquants les échangent aux Touareug noirs contre des esclaves du Soudan, qui valent, mâle ou femelle, rendus à Aguedeuz, quand ils sont beaux et dans de bonnes conditions, de 30 à 40 boudjous.

Une tribu nègre, nommée Azena, sans doute chassée du Sud par la révolution qui a fait tout le pays musulman, s'est retirée à Aguedeuz; elle y vit avec ses habitudes et ses mœurs. Les Azenas portent les cheveux longs et vont tête nue; ils sont idolâtres et mangent des charognes [1].

---

[1] Il faut entendre par là sans doute qu'ils ne saignent point les animaux selon le rite musulman. Nous verrons cependant plus loin quelle raison donnent les Nègres idolâtres pour justifier leur habitude de manger les animaux morts de maladie.

Une autre singularité qui nous a frappés, c'est que, la nuit venue, et quand les portes de la ville sont fermées, on lance dans les rues une quantité de chiens affamés, qui font une police redoutable [1].

Aguedeuz est située dans une plaine marécageuse, et cette position qui la rend très-malsaine est néanmoins pour elle une source de fortune et de bien-être : le cotonnier, le riz rouge, le tabac, les légumes, le millet, le maïs, y viennent magnifiques.

Le millet est réduit en farine dans un mortier, et l'on en fait des galettes ou du kouskuessou ; les caravanes le consomment sous cette dernière forme, mais en le mélangeant avec de la farine de froment. Le maïs, également pilé, délayé dans de l'eau avec du beurre, se mange en bouillie. Les gens pauvres le font tout simplement griller en épis sur la cendre, et le mangent en grains.

Dans les jardins extérieurs, les pruniers, les poiriers, les pommiers, les cerisiers végètent hardiment pêle-mêle avec des trembles, des caroubiers, des oum el nass, des toleuhh, des palmiers sauvages, couronnés de vignes vigoureuses chargées de raisins noirs.

Tous les lacs, à la saison des pluies, sont couverts de canards sauvages et de poules d'eau. — Les bécassines

---

[1] Ici, comme toujours, nous laissons parler notre narrateur dans toute sa naïveté. Nous croyons toutefois qu'il a mal vu et que tout simplement les chiens errants envahissent Aguedeuz quand la nuit a fait les rues libres. Sans aller si loin, dans certains quartiers de Tunis, les chiens attaqueraient sûrement un passant attardé : on nous en a prudemment averti sur les lieux.

se levaient par milliers sous nos pas dans les marécages, et nous y vîmes des nuages de pluviers et de vanneaux. Le *seround*, qui porte sur la tête une espèce de turban blanc, y fait, nous a-t-on dit, la guerre aux scorpions et aux serpents. Dieu l'a armé, pour le courage, avec un bec et des ongles très-forts.

Nous tuâmes au fusil beaucoup de ces oiseaux, et, par amusement, quelques sangliers. Mais au troisième jour de notre arrivée, un jeune homme des Ouled Zenan, le plus adroit tireur de la caravane, celui-là même qu'une vipère avait mordu dans le Djebel Hoggar, fut pris des fièvres du pays, et mourut dès le lendemain, après un délire de douze heures.

Nous l'enterrâmes comme nous avions enterré le malheureux El Arbi, et, de retour au camp, le crieur annonça qu'on allait vendre aux enchères ce que le défunt laissait au monde; mais comme, selon l'usage du pays, le sultan d'Aguedeuz hérite de tous les étrangers qui meurent sur son territoire et de tous les Aguedeuzi qui n'ont point d'héritiers directs, la première criée n'était pas commencée que les chaouchs d'Ahmed-Nebba réclamèrent. Si nous sauvâmes quelques-uns des effets d'Abdallah ce fut par la ruse et par le mensonge ; *car le mensonge est permis pour ses affaires.*

La langue des habitants d'Aguedeuz est le zenatia et le targuia, mais les Nègres azena parlent le bernaouya.

Tous bien refaits dans notre chair, hommes et bêtes,

nous levâmes le camp, approvisionnés d'eau pour trois jours. Quelques marchands d'Aguedeuz, qui se rendaient à Demergou, s'étaient joints à nous, et nous arrivâmes après deux bivouacs dans une plaine mamelonnée et çà et là boisée, à Melaguet et Kefoul (la rencontre des caravanes). C'est une réunion de puits où l'on peut abreuver 4,000 chameaux.

Bien que le pays soit ordinairement tranquille, sous la double protection du sultan d'Aguedeuz, au nord, et du chef des Demergou, au sud, Melaguet el Kefoul est un lieu d'accidents, soit parce que les caravanes qui viennent du Soudan ont des querelles pour les eaux et les pâturages avec celles qui s'y rendent, soit parce que les gens de Tebbou et de Bernou y font des ghrazias sur les Touareug d'Aguedeuz, avec lesquels ils sont en guerre permanente.

Melaguet el Kefoul est à moitié chemin d'Aguedeuz à Demergou ; des deux côtés, le terrain est en tout semblable, sablonneux, broussailleux, sans eau, et pendant trois jours encore nos outres furent nos seules fontaines.

Arrivés à Demergou, nous prîmes place en avant de la ville, auprès d'un marais ; nous avions en face une immense vallée qui s'étendait de l'est à l'ouest plus loin que notre vue, et dans laquelle se cachaient sous des bouquets d'arbres, où se dessinaient sur des mamelons, les nombreuses bourgades des Touareug noirs.

Cette vallée, comme sa ville principale, s'appelle Demergou.

On y cultive les mêmes arbres et les mêmes légumes que dans les jardins d'Aguedeuz.

Les marchés de Demergou sont abondamment fournis par les populations voisines, et nous nous y approvisionnâmes à très-bas prix; chaque jour ceux de la ville et ceux des bourgades venaient au camp chargés de poules, de gibier, de beurre, de fruits et d'outres enflées par du lait frais ou du *leben* (lait aigre); il n'en était pas un qui n'apportât surtout, dans de longs paniers en bambou, d'énormes raisins noirs.

A partir d'Aguedeuz, je n'ai point vu de raisins blancs; le Soudan n'en produit pas non plus; les Nègres ignorent même qu'il y en ait, et ils nous appellent nous autres blancs : *Les raisins qui n'ont pas mûri*.

Tout cela nous coûtait quelques clous de girofle, un peu de benjoin ou de koheul (antimoine) et quelques aiguilles.

Selon l'ordre établi depuis notre départ, nous mangions quatre ensemble, et pour un miroir d'un demi-boudjou nous vivions tout un jour.

Le costume de nos visiteurs, hommes et femmes, se composait d'un simple tablier en peau de chèvre, qu'ils appellent selekeümi.

Les gens de Demergou sont musulmans; mais, faute d'écoles et de tolbas, ils vivent dans l'ignorance la plus absolue des préceptes de la Loi. Il n'en est pas un qui fasse régulièrement la prière et les ablutions ordonnées.

Demergou est le lieu ordinaire de séparation des caravanes : les unes inclinent au sud-est pour aller à Zendeur et dans tout le Bernou ; les autres appuient à l'ouest pour gagner Merady ; celles enfin qui vont à Tassaoua, et de là dans le royaume de Haoussa, continuent à marcher plein sud ; c'est la route que nous suivîmes. Deux jours après nous étions à Tassaoua.

C'est une ville assez vaste qui limite les possessions du sultan d'Aguedeuz dont elle dépend, et celles du royaume de Haoussa. Elle est protégée par un mur d'enceinte, et sa position indique assez qu'elle est un centre de commerce.

Deux jours après l'avoir quittée, nous campions enfin auprès des jardins de Kachena ; nous étions au terme de notre voyage.

Kachena est située dans une plaine marécageuse, traversée par une petite rivière et bien cultivée.

Les caravanes n'entrent dans Kachena qu'après autorisation du chef qui la gouverne comme *serki* (khralifa) du sultan dont la résidence est Seketou, capitale du royaume [1].

Cheggueun, suivi de deux chaouchs, était allé nous

---

[1] Seketou est située à trente-cinq ou quarante lieues sud-ouest de Kachena, sur la rivière de Goubli, qui se jette dans le Niger, dont la direction est alors nord et sud. La Goubli semble être le ruisseau qui traverse les jardins de Kachena ; mais ce n'est là qu'une hypothèse.

annoncer au serki; mais il était quatre heures du soir, nous devions donc nous résigner à coucher cette nuit encore sur nos sacs; car, du lieu où nous étions campés, une caravane a deux heures encore de marche pour arriver à la ville.

L'impatience doublait le temps; je ne sais quelle espèce de vertige nous avait pris, le désordre et l'agitation étaient nos maîtres. — Un homme sage eût dit que la raison avait fui de nous; et Dieu sait pourquoi dès que le moudden eût appelé à la prière, il y eut comme une main qui ferma toutes les bouches; chacun tomba sur ses genoux où il se trouvait, le front tourné vers la Mecque, dont nous étions si loin!

Le camp, bruyant tout-à-l'heure comme un marché, était à présent recueilli comme une mosquée.

Plus d'un m'a raconté qu'il n'avait jamais prié le Seigneur avec tant de religion dans la tête et dans le cœur.

Nous soupâmes entre amis, et il semblait que l'éloignement de notre pays *eût élargi notre intérieur*[1] : nous nous aimions davantage. — Cette disposition d'esprit, dont nous faisions là remarque entre cinq ou six, avait gagné toute la caravane: j'en jugeai aux airs de leur pays que les Touati jouaient sur la flûte en roseau, et aux chansons d'amour que chantaient d'autres voyageurs.

[1] Expression proverbiale traduite littéralement. Le sens en est facile à saisir.

La nuit était magnifique; nos chameaux seuls dormaient accroupis auprès des bagages.

Ahmed ben Daoud, qui avait soupé avec nous, et qui est un Taleb de la Zaouïa d'Aguebly, encouragé par les voix des chanteurs dispersés dans le camp, improvisa ces vers :

Par Dieu! je le jure, point de voyageur partant
Qui sache ce que voudra de lui le sort.

Quand nos chameaux se sont ébranlés pour le départ,
Mes paupières ont battu et mes yeux se sont mouillés.
Je l'aperçus sous sa tente, elle était assise
Et de ses yeux glissaient des perles liquides.
Elle agita sa main pour son adieu,
Et son regard disait : A quand le retour!

Jusqu'à son front elle souleva le voile de sa beauté;
Dieu qui écoutes les vœux ; dit-elle,
Par toi je le jure : le koheul ne noircira pas mes paupières,
Mes lèvres en riant ne laisseront pas voir mes dents,
Le henna ne rougira pas mes doigts,
Aussi longtemps que sera longue l'absence du voyageur.

Ma main lui renvoya son adieu... O chamelier,
Par le voyage que tu tentes, je t'en prie!
O chamelier, arrête un moment la caravane!
Sur ma bouche sont encore des mots à lui dire.
Vous avez cru que ma force égalait votre force
Et le poids dont vous me chargez écraserait les montagnes.

O mes amis, mon cœur vous aime et mes yeux vous cherchent!
Quand le vent vient du côté de vos terres,
Mon sommeil s'embellit et je me lève plus heureux;
Vous êtes de moi, de mon âme, de mon cœur!

Peut-être, à la porte de vos tentes, matin et soir
M'attendez-vous, comme on attend la lune de la fête [1].

Ni printemps ni verdure ne peuvent me réjouir ;
Laisser derrière soi son pays, ses amis et ses frères,
Ces malheurs éprouvent la raison du plus sage !
L'absence est-elle donc sans rien qui la console ?
L'étoile sort du nuage plus brillante,
Le soleil qui s'est couché ce soir remontera demain au ciel.

S'il plaît à Dieu, nous reverrons notre pays !
L'homme faible, sur la route peut défaillir ;
Le fort n'y verra point blanchir ses cheveux,
Fût-il broyé comme le musc ou pilé comme le camphre,
Le tison ardent est rouge comme le yakout (rubis),
Mais le tison s'éteint et le yakout reste toujours yakout.

Le riche est partout dans son pays ;
Le pauvre dans le sien n'est qu'un étranger.

Le retour de Cheggueun fit taire subitement les chansons et les flûtes. Tout le monde courut à lui. « Mes » amis, nous dit-il, demain, après la prière du matin, » nous entrerons dans Kachena; tenez-vous prêts. »

---

[1] Le poëte veut sans doute parler ici de l'apparition de la nouvelle lune qui, annonçant la fin du Rhamadan, fait entrer les Arabes dans les plaisirs de la fête nommée Aïd el Seghir.

ROYAUME DE HAOUSSA. — KACHENA.

Au jour levé, nous nous apprêtions à franchir en bon ordre l'enceinte qui nous séparait des jardins, quand nous vîmes arriver à nous un groupe de cavaliers armés d'arcs, de flèches et de lances. — A portée de la voix, celui qui les commandait nous cria :

— « Eh, les hommes ! qui êtes-vous, amis ou en-
» nemis ?

» — Nous sommes, lui répondit Cheggueun, des voya-
» geurs pour nos affaires, et nous venons commercer
» avec vous.

» — Soyez donc les bienvenus, » répliqua le khralifa du serki, car c'était lui que nous avions en face avec quarante cavaliers de Makhrzen de Kachena.

Après le salut et la reconnaissance des deux chefs, au signal de Cheggueun, la caravane s'ébranla, précédée par les Mekhrazenia, dont les chevaux impatients hennissaient et piaffaient.

De tous ces cavaliers, pas un n'était absolument nègre, mais tous étaient fortement bronzés ; c'étaient des *Foullanes*.

Pour costume, ils portaient uniformément un grand et haut chapeau de paille, orné de plumes d'autruches ; un bernouss rouge, en drap commun de Fass ou de Tunis, jeté sur une habaya en saye d'un bleu foncé ; un seroual en cotonnade blanche ou rayée, plissé sur les hanches, bordé au bas de chaque jambe avec une bande en couleur éclatante; pour la forme, il a quelque rapport avec la culotte européenne.

À leurs pantoufles jaunes étaient attachées, avec des lanières en cuir, des éperons à branches plates, dont les extrémités s'épanouissent en trois ou quatre pointes.

Ces éperons, comme les étriers, ressemblent à ceux des chrétiens.

Leurs chevaux, bridés comme les nôtres, étaient habillés d'une selle à l'arabe, ornementée plus ou moins et piquée, sur le pommeau et sur la face extérieure de la palette, avec des cuirs de diverses couleurs.

Les jardins, ou plutôt les champs et les vergers que nous traversions, étaient mi-partie cultivés, mi-partie marécageux, et çà et là plantés d'arbres nouveaux pour nous.

On y récolte le maïs blanc et noir (bechena), le goudhy et le djendjelan, espèces de millet, un peu de blé et d'orge, le riz rouge, le coton en quantité, le tabac, le henna, la garance et le lin,—« Celui que j'ai vu là je ne l'ai retrouvé qu'en Égypte; » la canne à sucre et toute espèce de légumes : les aulx, les oignons, les carottes, les pastèques, les melons, les citrouilles, les haricots, les lentilles, les tomates, les patates, etc., etc.

Les arbres, pressés sur certains points, disséminés sur certains autres, mais partout magnifiques, supportaient, pour la plupart, des vignes énormes chargées encore de raisins noirs.

C'étaient des citronniers;

Des dorosa, espèce de caroubiers à gousses très-longues;

Quelques grands dattiers;

Des kouka, dont quatre bras ne pourraient entourer le tronc, et dont le fruit, gros comme une pastèque, renferme, dans son écale épaisse et dure, une chair blanche et de l'eau délicieuses[1];

Le guinguenya, qui pour la forme ressemble au dattier, et pour le fruit, au kouka;

Le gandaâ, dont le fruit ressemble à l'orange;

Le sini, qui donne la teinture noire;

  L'arbre à gomme;

  L'oum-el-nass;

  Le toleuhh;

  Le maleki;

  Le sabera;

  Le guergou;

  Le hanou;

  Le moudatchy,

dont les bois servent aux constructions et à la menuiserie.

De distance en distance, de grands espaces étaient ménagés, où paissaient, gardés par des bergers, des

---

[1] Cet arbre et le guinguenya sont peut-être l'un le calebassier, l'autre le cocotier. Malgré toutes nos recherches, nous n'avons pu arriver à bien reconnaître ces arbres. Quant à leurs noms, ils nous ont été donnés et par le voyageur que nous laissons parler et par des Nègres de Haoussa.

chameaux à poil ras, des bœufs à bosse, des moutons à poil, des chèvres, des chevaux et des ânes. Ces pâturages sont communs, et les gens des caravanes y conduisent leurs chameaux, qui seraient, au dehors, à la merci des maraudeurs.

A mesure que nous avancions, Kachena, qui, vue de loin, n'était qu'une masse confuse, nous apparaissait plus distincte. Située qu'elle est au milieu d'une plaine, sur un terrain sans mouvement, l'œil n'en peut embrasser la profondeur. De quelque côté qu'on l'aborde, c'est toujours une ligne grisâtre, immense, monotone, d'où s'élancent quelques rares palmiers et quelques minarets, et qui tranche en relief sur un ciel enflammé.

Un fossé large et profond de deux hauteurs d'homme environ, la cercle tout entière et protége le mur d'enceinte en terre cuite au soleil, de vingt ou vingt-cinq pieds de haut, qui lui fait ceinture.

Un peu en avant de la porte d'entrée, qui est doublée en fer, nous fûmes accueillis par la population curieuse, que met toujours en émoi l'arrivée d'une caravane.—Je n'ai jamais rien vu de plus bizarre et de plus animé. De ces hommes, de ces femmes, de ces enfants qui se pressaient autour de nous et jusque sous les pieds de nos chameaux, en nous parlant une langue inconnue, les uns étaient d'un beau noir, avec les lèvres épaisses, les cheveux laineux, le front petit et le nez épaté : c'étaient les enfants du pays, les *Koholanes*, les noirs. — Les autres étaient fortement bronzés, avec une teinte rouge ou dorée, mais sans aucun des traits du Nègre ; c'étaient les *Foullanes*, qui, depuis trente ou trente-cinq ans, ont conquis le Haoussa.

Les Koholanes avaient la tête nue, rasée en partie et de telle façon que les cheveux laissés intacts formaient des ornements singuliers : ceux-ci les avaient ménagés en touffes symétriques ; ceux-là les avaient taillés de l'une à l'autre tempe en forme de diadème, et d'autres en crinière, du front au derrière de la tête. Presque tous portaient des boucles d'oreilles chargées d'*oudaa* (petits coquillages, *korris*); quelques-uns mêmes avaient au nez des anneaux, ornés d'un morceau de corail brut.

Les Foullanes, eux, étaient coiffés avec des bandes de calicot ou d'autres cotonnades.

Tout ce monde était vêtu avec des habayas ; mais celles des Koholanes sont invariablement en saye bleue ou rayée, commune, et celles des Foullanes en cotonnade blanche pour la plupart, ou même en toile de Noufi, ville du Sud, renommée pour ses toiles.

Parmi les Négresses, quelques-unes, pour tout costume, n'avaient qu'un simple fouta (mouchoir) noué sur les hanches ; les autres étaient enveloppées dans une pièce d'étoffe bleue, de coton ou de lin, dont l'une des extrémités fait coiffure et ne laisse voir que les boucles d'oreilles.

Le costume des Foullanates est le même à peu près que celui des Négresses, mais il ne cache point leurs cheveux, qui sont très-beaux, quoiqu'un peu laineux, et qui tombent sur les épaules, séparés en deux tresses artistement nattées et parées de verroteries, de coquillages et de morceaux de cuivre.

De larges boucles d'oreilles à cinq ou six rangs en corail, en verroterie, en graines curieuses, font ressortir la peau dorée de leur visage; et de gros colliers en oudâa, en ambre, en clous de girofle roulent sur leur poitrine, où les rattache une bandelette en soie rouge éclatante qui passe entre les seins et va se fixer sur l'une des deux hanches.

Les Foullanates sont généralement très-belles et très-bien faites; ce sont les djiidat (nobles) des Négresses; elles aiment la parure et les vêtements de belles couleurs; mais leurs cheveux surtout et leur coiffure les occupent.

Négresses et Foullanates portent des bracelets de pieds et de mains en or, en argent, en cornes de buffle.

Ceux qui nous étonnaient surtout, au milieu de cette foule bigarrée, c'étaient des gens vêtus comme nous en bernouss djeridi (du Sahara) et portant à la tête la corde en poil de chameau; je savais bien que des Arabes s'étaient fixés à Kachena; mais je ne les croyais pas aussi nombreux.

Ils nous abordèrent: « Venez avec nous, nous di-
» saient-ils, nous sommes frères; vous logerez chez
» nous, avec nous, vous y serez en sûreté; — nous
» sommes frères. »

Il y en avait de tous les pays: de Tripoli jusqu'à Fass,

du Sahara, de Ouargla, de Figuigue, du Touat, et même de Tlemcen. Arrivés à Kachena avec des caravanes, les uns y sont tombés malades et n'ont pu repartir; les autres, simples domestiques, ont été abandonnés par leurs maîtres; d'autres se sont épris de Négresses ou de Foullanates; d'autres encore ont été arrêtés par l'appât de grands bénéfices; tous ont appris la langue du pays, ont levé des boutiques, et font le commerce.

Dieu sait nos destinées!

Chacun de nous accepta l'hospitalité chez l'un d'eux, et nous les suivîmes dans le quartier de la ville qui leur est spécialement affecté.

Je descendis, moi, chez un homme du Tidikeult qui me donna une petite chambre, où je pus me loger avec mes marchandises.

Avant de nous séparer, nous avions confié nos chameaux à quelques gens pauvres de la caravane qui, pour un peu d'argent, consentirent à s'en faire les gardiens et les bergers aussi longtemps que nous ferions séjour à Kachena.

Pour en finir avec eux, il fut convenu qu'ils seraient conduits chaque matin aux pâturages; qu'ils en reviendraient le soir à quatre ou cinq heures pour être parqués sur une des places de la ville, où ils passeraient la nuit avec une mesure de fèves et des feuilles de maïs.

Ce régime et le repos remirent bientôt de leurs fatigues ceux qui n'étaient pas trop malades, et nous n'en perdîmes qu'une vingtaine.

Le lendemain de notre arrivée, Cheggueun me fit prévenir que j'étais un de ceux qu'il avait choisis pour aller visiter Mohamed Aomar qui commande à Kachena comme serki (khalifa) du sultan Bellou, dont la résidence est Seketou.

La maison d'Aomar est immense; des gardes veillaient à la porte où vint nous recevoir un oukil (intendant), nommé Abouky-Euzerma.

Dans la cour principale étaient enchaînés deux lions à crinière noire; mais, faits au bruit sans doute, largement nourris d'ailleurs, ils dormaient couchés à terre la tête sur leurs pattes et ne semblèrent point nous voir; il en fut ainsi d'un éléphant libre et familier auquel un esclave donnait à manger de l'herbe fraîche et des feuilles de maïs; mais nous effrayâmes des autruches qui partirent au galop en battant des ailes, et par une porte latérale gagnèrent les jardins.

L'oukil nous introduisit enfin dans une vaste salle, appelée Guidan Serki; c'est notre hakouma (salle de réception). Aomar y était, assis sur une estrade recouverte avec des tapis du Maroc et garnie de coussins en peaux tannées, bariolés de diverses couleurs.

Sur les quatre faces, les murailles étaient ornées de peaux de lions et d'antilopes; de dépouilles et d'œufs d'autruches, d'arcs et de flèches, de larges sabres et de lances, d'instruments de musique et de pièces d'étoffes écarlate. — Çà et là des oiseaux divers étaient grossièrement peints en rouge, en jaune, en noir.

De chaque côté de l'estrade et au-dessous d'Aomar, les chefs de son gouvernement et ses khrodja (secrétaires) étaient assis par terre sur des nattes; tous avaient la tête nue et rasée; le chef seul était coiffé d'une haute chachia rouge. Il était vêtu d'une ample habaya (pagne) à larges manches, rayée bleu et blanc, recouverte par deux bernouss, l'un bleu de ciel et l'autre rouge; ses jambes étaient nues, et je pus remarquer qu'il n'avait point de seroual (culotte).

Il faisait une chaleur excessive, et les deux bernouss d'Aomar devaient l'accabler, mais c'était là son costume de réception ; dans la vie habituelle, comme ses officiers et tous les Foullanes, il ne porte que l'habaya.

Aux portes de l'hakouma de nombreux chaouchs et des esclaves noirs maintenaient les curieux, et la musique jouait dans la cour.

Deux fois par jour, le matin de bonne heure et le soir à l'aâsseur, les musiciens du serki viennent ainsi lui faire honneur ; —cet honneur est pour lui seul dans la ville.

En abordant Aomar, son oukil se courba respectueusement jusqu'à terre, fit le simulacre de ramasser un peu de poussière et de s'en couvrir la figure; en se relevant il lui baisa la main.

Nous entrâmes, nous, avec toute la dignité que des Musulmans et des marabouts se doivent poliment, mais sans ôter nos chaussures et sans saluer autrement qu'en portant la main droite à notre poitrine.

Quand Aomar eut appris par son oukil, qui nous servait d'interprète, que nous étions des marchands étrangers arrivés avec une riche et forte caravane, il nous fit dire que nous étions les bienvenus, que son pays était le nôtre, que nous pouvions acheter et vendre, qu'aucun malheur ne nous arriverait.

Il fit appeler ensuite le chef du quartier où nous étions logés et lui dit :

« Ces *Touraoua* (Arabes) sont descendus chez toi,
» veille sur eux; s'il arrive qu'on les vole ou qu'on
» leur fasse le moindre mal, ne leur volât-on qu'une
» aiguille, ne leur fît-on qu'une injure, je ferai vendre
» au marché les coupables. »

Après ces paroles d'aman, il nous congédia; et dès le soir même il fit porter à Cheggueun un plat énorme de hasida et quatre moutons gras.

El hasida n'est autre chose que de la farine de millet bouillie avec du beurre; c'est le mets national de Kachena, comme le kouskuessou est le nôtre.

Avant de mettre nos marchandises en vente, nous jugeâmes nécessaire d'étudier le pays et les prix de chaque chose; nous avions besoin d'ailleurs de prendre un peu de repos, et rien ne nous pressait; car, selon l'habitude des caravanes, nous devions séjourner deux mois à Kachena.

Nos hôtes, les Arabes, heureux de retrouver des compatriotes, avaient pour nous mille bons procédés; c'était à qui nous fêterait, et nous étions invités tour à tour chez les plus riches, qui nous donnaient du kous-kuessou et du douida[1]; car tous avaient conservé les mœurs de leur pays.

Chacun de nous, cependant, pour faire soigner sa chambre et préparer ses aliments ordinaires, finit par acheter une Négresse : le matin nous déjeunions avec des galettes où nous achetions une espèce de boule en farine de maïs pétrie, que les Nègres appellent keudjira et que l'on délaye avec du lait et du miel; le soir nous soupions avec de l'hasida, du mouton rôti et des légumes; le jour, nous le passions tout entier à courir la ville et à nouer des relations avec les marchands.

Les maisons de Kachena, comme celles de toutes les autres villes du Haoussa, sont de misérables constructions en pâtés de terre cuite, d'un brun rougeâtre, superposés sans adhérence, car la chaux manque absolument; la saison des pluies fait toujours de grands ravages à la plupart : c'est un malheur périodique et prévu auquel sont résignés les Nègres. Il entre dans leur vie de réparer leur maison chaque année ou même de la reconstruire tout à fait, comme de cultiver leurs champs.

[1] Espèce de vermicelle gros et court; son nom lui vient du mot douida, petit ver.

La disposition de ces bicoques rappelle celle des maisons mauresques ; c'est un rez-de-chaussée de trois ou quatre chambres, ouvertes sur une cour intérieure carrée et couvertes en terrasses ; dans des bâtiments attenants sont enfermés les animaux domestiques.

Quelques-unes pourtant, celles des chefs et des riches, ont un étage où loge la famille ; le rez-de-chaussée est pour les esclaves et les serviteurs.

Les mosquées, quoiqu'un peu mieux bâties et plus solidement, n'ont rien de remarquable.

Les rues de Kachena sont plus larges que celles d'Aguedeuz, mais elles sont tout aussi sales : des immondices, du fumier, des animaux en putréfaction et déchiquetés par les chiens errants les encombrent.

De distance en distance on a ménagé de grandes places qui sont les marchés ; l'une d'elles est pourtant spécialement affectée au makhrzen de Aomar (moutanin serki), pour y faire aux jours de fête la parade et la fantazia.

Sur les autres on vend des bœufs, des chevaux, des chameaux, des moutons, etc. ; et sur celle que nous appelons El Barka, des esclaves.

L'industrie de Kachena est représentée par des menuisiers qui travaillent le jujubier, l'oum el nass, le toleuhh et le caroubier ;

Par des forgerons qui font des pioches, des haches, des chaînes, des clous, des serrures, des fers de flèches ; qui réparent les sabres et ferrent les chevaux ;

Par des bijoutiers juifs, qui font des bagues en argent et des bracelets de bras et de jambes;

Par des tailleurs, qui confectionnent des habaya, des seroual, etc. ;

Par des tanneurs, qui tannent des peaux de chèvre, de mouton et de bœuf;

Par des cordonniers, qui font des chaussures (medass);

Par des teinturiers, qui teignent les peaux de chèvre en rouge avec la racine d'une espèce de roseau appelé kuerndafi, les peaux de mouton en jaune et les cotonnades en bleu, avec les feuilles pilées d'une herbe appelée *baba* ou nifa (indigo);

Par des tisserands, dont les métiers n'ont qu'une palme de largeur, et qui fabriquent les sayes avec le lin ou le coton ;

Par des bouchers, qui vendent de la viande de bœuf, de mouton et de chèvre : les Nègres ne mangent point de viande de chameau.

De nombreux marchands vendent des épices, du tabac à fumer et à priser, du sel qu'ils ont acheté aux caravanes, etc., etc.

La malpropreté des rues et les émanations des marais brusquement desséchés par un soleil ardent après les pluies souvent torrentielles de l'hiver font de Kachena un endroit malsain où les fièvres sévissent périodiquement sur les indigènes aussi bien que sur les étrangers;

mais la fécondité du sol rachète cet inconvénient inévitable [1].

CONQUÊTE DU ROYAUME D'HAOUSSA PAR LES FOULLANES.

Conversion des Nègres à l'islamisme.

Une révolution progressive a soumis de proche en proche aux Foullanes et converti au mahométisme tous les États nègres échelonnés sur le Sénégal et le Niger, depuis la grande mer à l'Ouest jusqu'au lac Tchad. Pour le royaume de Haoussa, elle s'est accomplie il y a trente-cinq ans seulement. Les Koholanes y sont maintenant ce qu'étaient autrefois leurs dominateurs d'aujourd'hui, esclaves ou bergers (rayas).

De temps immémorial, dit la tradition, les États du Soudan étaient idolâtres : on y adorait le soleil, la lune, les démons, et le père en mourant léguait à son fils le plus aimé ses génies protecteurs, sous formes de morceaux de bois façonnés et de cailloux merveilleux appelés *Keri Keri*. Mais un jour le roi de Tomboûctou vit arriver de l'Ouest un homme blanc qui poussait une vache devant lui.

---

[1] Le tableau historique des découvertes et des établissements des Européens dans le nord et dans l'ouest de l'Afrique jusqu'au commencement du XIXe siècle, publié par la Société d'Afrique (1809), confirme ce que nous disions ici du climat et du sol de Kachena. (Voir les notes.)

—D'où viens-tu et qui es-tu? lui demanda le roi.

—Je sors de Bahar el Nil (*la mer du Nil*, le Niger), répondit l'homme blanc; je suis de la tribu des Beni you you; je me nomme Foullani.

Et toujours en poussant sa vache, il continua son chemin.

Un peu plus loin il s'établit avec une femme koholane sous un gourbi, et il en eut des enfants mulâtres qui se multiplièrent rapidement[1].

« Ainsi, moi, me disait un Nègre qui pouvait avoir
» de quarante à quarante-cinq ans, quand j'étais tout
» petit, les Foullanes du pays étaient esclaves et ber-
» gers;—quand j'ai eu douze ans, ils combattaient les
» Koholanes;—à quinze ans j'étais leur esclave. Mais
» il est écrit dans nos prédictions que nous les chasse-
» rons un jour, car ils sont étrangers. »

Ce qui était, c'est que les Koholanes, par antipathie de race et de religion, faisaient subir aux Foullanes retirés chez eux et dispersés par pelotons dans les campagnes, toutes sortes d'humiliations et d'extorsions.—S'il leur était permis d'épouser des filles du pays, c'est que leurs enfants étaient autant d'esclaves que le roi faisait enlever, au besoin, et vendre aux caravanes; de ce

---

[1] On a beaucoup écrit sur les Foullanes, qu'on appelle Foullahs, Fellatahs, etc., et sur leur origine probable. Voir les notes où nous avons essayé de résumer ce qui a été dit de plus saillant sur ce peuple intéressant et curieux. La légende de l'homme qui marche en poussant sa vache symbolise les progrès de ces pasteurs et peut jeter quelque lumière sur leur point de départ.

qu'ils récoltaient en millet, en riz, en maïs, en coton, et des produits de leurs troupeaux, la part la meilleure était pour leurs maîtres.

Cependant, plus intelligents et plus travailleurs que les Nègres, ouvriers, agriculteurs et pasteurs à la fois, adroits à cheval et courageux à la chasse, les Foullanes se formaient peu à peu en corps de nation. En arrivant dans le Haoussa, ils s'étaient naturellement ralliés aux descendants, mulâtres comme eux, de ces Ouhabites, autrefois chassés de l'Arabie, dont une fraction a formé les Beni Mezab dans le Sahara et dont une autre avait abordé le Soudan par le Nord [1].

Ils se recrutaient, d'ailleurs, chaque jour de nombreux marchands musulmans qui s'étaient fixés et mariés dans le Haoussa, et dont les enfants étaient confondus dans le mépris que les Koholanes faisaient de la race blanche [2].

Un jour enfin tous se révoltèrent, et conduits par Bellou, père du sultan régnant, qu'ils s'étaient donné pour chef, ils combattirent pendant sept ans leurs anciens maîtres avec la supériorité du courage et de l'intelligence. Kachena d'abord fut prise et pillée ; tous les chefs riches y furent massacrés, jusqu'à ce que

---

[1] Les Ouhabites sont une des nombreuses sectes des Khouardj (schismatiques) qui firent scission avec Ali et furent dispersées.—Ce qui semble confirmer cette assertion, c'est que les Foullanes de l'Est sont schismatiques pour la plupart.

[2] Selon Mungo Park, *Haoussa* (il prend ici le nom du pays pour celui de la capitale) est un grand marché de commerce maure. (Premier voyage de Mungo Park.)

le roi, blessé de plusieurs flèches, eût été fait prisonnier; on l'égorgea, et son corps fut exposé pendant sept jours sur une place publique, au pied d'un poteau sur lequel on lisait :

« Qui ne se soumettra pas à Bellou, le sultan, périra
» comme celui-ci. »

Maître de la capitale du royaume, Bellou fit écrire aux chefs des autres villes :

« Reconnaissez le Dieu unique pour votre Dieu, et
» Bellou pour votre sultan. »

A ceux qui se soumirent il envoya l'aman; mais quelques-uns lui répondirent :

« Nous connaissons Dieu avant toi; tu n'es pas
» notre sultan, laisse-nous en paix. »

Ceux-là s'étaient enfermés dans leurs villes, Bellou marcha contre eux et les assiégea; — car, même entre sultans, les combats en rase campagne sont des exceptions. — Mal protégés par leurs murailles en pisé, les rebelles ne tinrent pas longtemps; tous furent pris ou par l'assaut ou par la famine, et furent massacrés.

« Quand tombe la tête, les pieds doivent suivre; » et les populations effrayées disaient la chahada et se faisaient circoncire en masse.

Pour les attacher au nouveau culte par la crainte à la fois et par l'intérêt, Bellou fit publier partout que les Koholanes convertis ne seraient point vendus comme esclaves; mais que tous ceux qui ne prieraient pas, ne feraient pas les ablutions, n'iraient pas à la mosquée et ne jeuneraient pas pendant le ramadan seraient livrés aux caravanes.

Ces mesures de rigueur ont coûté beaucoup de sang et n'ont pas fait d'abord de bons musulmans ; mais déjà les enfants valent mieux que les pères.

C'est ainsi qu'ont été soumises aux Foullanes les huit cents villes ou bourgades du Haoussa [1], à l'exception du district de Zenfra, dont Bellou ne possède réellement que la capitale, Zelmy, et de Merady, où s'est enfermé et tient encore Dankassa, l'un des fils du sultan dépossédé.

Le Zenfra est situé au sud-ouest de Kachena ; c'est un pays difficile et montagneux, qui résiste vigoureusement, mais que Bellou II dépeuple peu à peu par des ghrazias.

Merady est situé sur la frontière nord-ouest du Haoussa. Les Foullanes en ont tenté souvent le blocus ; mais, comme elle peut cultiver entre sa première et sa seconde enceinte, qu'elle a beaucoup d'eau et que les plus riches Koholanes s'y sont retirés avec le dernier prince de leur race, elle sera difficilement soumise [2].

---

[1] « Quoique ce royaume contienne plus de mille villes ou bourgades, il est » inférieur au Beurnou. » (*Tableau des Découvertes des Européens en Afrique*, etc., publié par la Société d'Afrique (1809).

[2] Quelques autres sultans nègres chassés par les Foullanes se maintiennent encore : ceux de Tombouctou et du Bembra, dans la montagne ; celui de Beurnou à Mongous, où il a bâti une ville à dix journées sud de son ancienne capitale. Durant le voyage de Denham, 1822, 23 et 24, les Foullanes n'avaient pas encore conquis le Beurnou ; mais ils le pressaient vivement par le sud, où ils s'étaient établis dans le Mandara.

Partout ailleurs, Bellou, après avoir bâti Sakatou, la nouvelle capitale de son royaume [1], a nommé des Serki Foullanes. A Tassaoua et à Damergou, que nous avions traversées pour nous rendre à Kachena et qui relèvent de Bellou, bien que peuplées par des Touareug noirs musulmans, les chefs ont mission d'examiner si les caravanes de retour n'emmènent pas de Foullanes ou des Nègres mahométans en esclavage.

Dans tous les centres principaux de son vaste royaume, Bellou a bâti des mosquées avec des minarets, créé des écoles où des tolba écrivent le Guenaouïa en caractères arabes et l'enseignent; les mosquées sont fréquentées, les enfants, Foullanes et Koholanes, apprennent l'écriture, la lecture, le Koran; partout la propriété individuelle est constituée par des titres en règle; mais, avant de toucher à sa terre, tout propriétaire est astreint à donner tant de jour, selon sa fortune, à la mise en culture des terres du Beylik.

Sous l'influence de la religion nouvelle les mœurs s'améliorent; le concubinage tend à s'effacer; les mariages selon la loi se multiplient; le respect pour les parents est si religieusement gardé, qu'un fils n'oserait ni fumer, ni parler, ni s'asseoir devant son père : c'est tout à fait la vie musulmane.

Bellou donne, au reste, l'exemple d'une vie régulière,

---

[1] Sakatou signifie *halte*, parce qu'elle fut bâtie par les Fellatahs, après la conquête de Coubir et de Zamphra, en 1805. (CLAPPERTON, 3ᵉ vol., p. 123.)

il n'a que quatre femmes, et le Seigneur a béni sa famille; car, en comptant ses gendres, ses enfants, et ses petits-enfants, il peut mettre quatre-vingts personnes à cheval.

Il rend lui-même la justice chaque jour, et chaque jour également ses serki écoutent les réclamants et punissent les coupables.

Les voleurs sont tenus en prison pendant la nuit. Le jour on les enchaîne deux à deux, trois à trois, et des chaouchs (dougaly) les font travailler pour les besoins généraux de chaque localité.

Le châtiment n'est toutefois appliqué qu'aux Foullanes; les Koholanes, pour les moindres fautes, sont punis par le bâton et vendus aux caravanes.

Les femmes reconnues pour se livrer à la prostitution sont pendues sur la place publique au jour du marché.

Les idolâtres sont de droit esclaves du Sultan et vendus.

Le gouvernement de Bellou fonctionne enfin régulièrement, appuyé par des chaouchs et par un makhzen (moutanin) considérable. — Celui de Kachena compte plus de 4,000 cavaliers, vêtus, payés, montés aux frais du trésor public, et dont les chevaux sont marqués à la cuisse avec une marque connue.

Le trésor subvient à ces dépenses avec les impôts prescrits par le Koran, les zekkat et l'achour, qui se prélèvent chaque année sur les troupeaux et sur les récoltes.

Les troupeaux sont un des éléments principaux de la richesse de Kachena et du Haoussa en général ; dispersés dans la campagne, comme les nôtres dans le Sahara, souvent très-loin du centre habité par leurs maîtres, des bergers esclaves ou serviteurs partiaires en répondent et tiennent un compte exact des morts et des naissances.—Ceux du beylik sont administrés aussi très-régulièrement.

Nous autres Sahariens, nous appelons nos troupeaux des *silos ambulants*, et les Foullanes pourraient en dire autant des leurs ;—pour eux comme pour nous, c'est une fortune en réserve aisément réalisable, par échange ou par argent, ainsi que le sont, pour les gens du Tell, les grains enfouis dans leurs silos.

Si le pays n'est pas tranquille, si l'on a vu quelques Touareug noirs ennemis rôder à l'horizon sur leurs agiles chevaux du Beurnou ; s'il est bruit qu'un sultan voisin ait rassemblé ses cavaliers et prépare une ghrazia, l'alarme est donnée avec le *katcha*, et les bergers se groupent en un lieu convenu, bon pour la défense, ou, s'ils en ont le temps, regagnent la bourgade.

Le katcha, que l'on appelle à Timbektou *soum soum*, est un long tambour sur la peau duquel on frappe avec une courge à moitié pleine de petits cailloux dont le cliquetis et le roulement contre la paroi sonore qui les enferme, joints au son du katcha lui-même, font un mugissement assez bien imité par ces deux mots réunis soum soum et katcha.

Au premier mugissement d'un katcha un autre katcha s'éveille ; un troisième, un quatrième, lui répondent, et c'est comme un bruit de tonnerre et de vent qui court d'une bourgade à l'autre; en un moment toute la population agricole est en émoi. Les rayas, hommes, femmes, enfants, courbés sur leurs champs, se relèvent, s'assurent par l'oreille que ce bruit, encore incertain, est bien le bruit du katcha, et gagnent en courant le refuge le plus voisin, le bois le plus fourré, la rizière la plus épaisse, le ravin le plus difficile. — Mais si le maghzen du serki n'est pas là pour couper le chemin à la bande ennemie, le bois, le ravin, la rizière, sont fouillés, les cases sont incendiées; partout les rayas sont levés comme des gazelles, saisis, garrottés à la queue des chevaux; et gens et troupeaux pêle-mêle, criant, pleurant, beuglant dans un nuage de poussière, sont entraînés par bandes, aiguillonnés par les lances des cavaliers.

Ce sont ces ghrazias qui fournissent d'esclaves les marchés du Soudan [1].

---

[1] Plusieurs Nègres sont à Alger qui ont été ainsi enlevés, entre autres l'amin même des Nègres et un jeune homme du Beurnou qui a été fait prisonnier dans la zmala d'Abd el Kader, quand S. A. R. Mgr le duc d'Aumale l'a détruite, et qui maintenant est domestique de M. le colonel Daumas, à la direction centrale des affaires arabes.

COMMERCE D'ESCLAVES.

Nous étions à Kachena depuis dix jours, et le bruit s'étant répandu dans les bourgades qu'une riche caravane venait d'arriver, tous les petits commerçants étaient accourus à la ville; ceux de Kachena d'ailleurs nous pressant, il fut décidé que nous mettrions en vente nos marchandises, et Cheggueun alla prévenir Aomar de nos intentions.

La réponse du serki fut que nous pouvions agir selon notre volonté; mais qu'il se réservait, au nom du sultan, l'achat de tous nos draps; son oukil en dressa le jour même un état et nous conduisit au palais pour en débattre le prix avec le serki lui-même.

« Khrebir, dit Aomar à notre chef, sur ce que m'a dit mon oukil, les draps de tes marchands sont de qualités inférieures et ne valent pas plus d'un esclave, nègre ou négresse par coudée.

— Seigneur, il sera fait selon votre justice, nous sommes vos serviteurs, » répondit Cheggueun; et tous nous portâmes la main à la poitrine en signe d'assentiment, car en réalité nous faisions un bon marché : nos draps ne nous coûtaient que deux boudjous la coudée (3 fr. 60 c.). Nous les aurions vendus vingt à peu près (36 fr.); à ce prix un esclave n'est pas trop cher.

« Allez donc en paix, répliqua le serki; je n'ai point assez d'esclaves pour m'acquitter aujourd'hui, mais, avec la grâce de Dieu, Mohammed Aomar ne manquera point à sa parole. »

Comme nous sortions du palais, un bruit grave et régulier, qui me rappela celui des canons d'Abd el Kader au siége d'Aïn Mahdy [1], attira notre attention; il partait du centre de la ville, nous nous y dirigeâmes, et il nous conduisit à la place du Maghzen où, par toutes les rues, la foule accourait comme nous.

Mais des chaouchs en gardaient les abords et ne laissaient pénétrer à l'intérieur que les Mekhazenia.

Au centre de la place était posé par terre un énorme tambour qu'un vigoureux Nègre battait à tour de bras avec un bâton tamponné.

Ce tambour, qu'on appelle *tembery*, est couvert d'une peau de chameau sauvage (girafe Djemel el Khela), et quatre trous symétriques sont ménagés à la partie supérieure de sa caisse pour donner plus de gravité au son qui s'en échappe, et qui, si l'on en croit les Nègres, s'entend *à deux journées de marche*.

C'est le *tambour du sultan;* jamais il n'est battu que pour convoquer l'armée.

Nous avions le secret du bruit étrange qui nous avait émus, et cette proclamation du chef des Mekhazenia nous apprit dans quel but ils étaient convoqués.

« Voici la volonté du serki :

---

[1] Le narrateur rappelle ici l'expédition d'Abd el Kader dans le Sahara, en 1838. (Voir notre ouvrage sur *le Sahara algérien*.)

» Au nom du sultan Bellou le Victorieux, que la
» bénédiction de Dieu soit sur lui, vous tous, gens du
» *Moutanin*, êtes appelés à vous trouver ici demain au
» jour levant, en armes et montés, avec des provisions
» suffisantes pour aller, les uns dans le Zenfra, les au-
» tres dans le Zendeur, à la chasse des Koholanes ido-
» lâtres, ennemis du glorieux sultan notre maître. —
» Que Dieu les maudisse !

— » Tout ce qu'ordonne le sultan est bon, répondi-
» rent les soldats ; qu'il soit fait selon la volonté de
» notre seigneur et maître ! »

Le lendemain, en effet, les Mekhazenia, exacts au rendez-vous, se partagèrent en deux goums, dont l'un prit à l'est et l'autre au sud-ouest, avec mission de tomber sur les points sans défense, d'en enlever les habitants, et de saisir tous les paysans occupés à la culture de leurs champs ; en même temps, des ordres étaient donnés pour traquer à l'intérieur les Koholanes idolâtres.

Les promesses d'Aomar allaient ainsi se réaliser, et, selon l'usage, nous lui fîmes offrir, comme témoignage de notre gratitude, une pièce de cotonnade, quatre livres de clous de girofle, quatre livres de benjoin, du sembel, six miroirs, six chachïa, et de la verroterie pour ses femmes et pour ses enfants.

Les jours suivants, nous entrâmes en relations avec les marchands de Kachena et des points environnants.

Voici à peu près à quel prix nous vendîmes nos marchandises [1] :

	PRIX D'ACHAT.	PRIX DE VENTE
La pièce de cotonnade de 70 coudées nous revenant à.	10 boudjous.	50,000 oudâas
La douzaine de chachia communes de Tunis nous revenant à	15 id.	75,000 id.
La livre de clous de girofle	1 id.	10,000 id.
La livre de benjoin.	2 id.	20,000 id.
La livre de sembel	1/2 id.	7 ou 8,000 id.
La livre de soie	20 id.	100,000 id.
Le bournous en mauvais drap	6 id.	25 à 30,000 id.
Le millier d'aiguilles	1/2 id.	5 ou 6,000 id.
La livre de corail commun.	1/2 id.	id.
Le mauvais haïk du Touat [2].	4 à 5 id.	12 à 15,000 id.
Mille grains de verroterie appelée àaguig. . . .	12 id.	50 à 60,000 id.
Une douzaine de petits miroirs.	3 1/2 id.	12,000 id.
Une douzaine de peignes en corne.	4 à 5 id.	7 à 8,000 id.
Une douzaine de mouchoirs d'indienne	6 id.	8 à 10,000 id.
Une razma de papier (rame).	14 a 15 id.	50 à 60,000 id.
El hentit, la livre	1/2 id.	3 à 4,000 id.
La livre de mesteka	6 à 7 id.	15 à 16,000 id.
La livre de cuivre	1 1/2 id.	4,000 id.
Les sabres achetés à Tunis ou à Fass.	5 ou 6 id.	10,000 id.
Deux douzaines de couteaux.	3 ou 4 id.	6 à 7,000 id.
Douze pelotons de fil	1/2 id.	3 à 4,000 id.
L'once de safran.	5 à 6 id.	15 à 20,000 id.
L'once de musc	10 à 11 id.	40 à 50,000 id.

[1] La monnaie courante de Kachena et celle des États au sud du Niger est composée de coquillages connus sous le nom de côris par les Nègres et de hueddah (oudâa) par les Arabes. — 2,500 coris valent, à Kachena, un mitkal du Fazzan, ou 675 piastres de Tripoli, ou 10 schellings et un denier sterling, ou 12 f. 15 c.; ce qui donne à l'oudâa la valeur d'un demi-centime environ. — (*Voyage des Schérifs du Fazzan Tanouad et Cinhamet* recueilli par Lucas et publié par la Société d'Afrique de Londres (1804).

[2] Ces haïks ne sont point portés par les Nègres; ils les défilent, les mêlent avec du coton, et en font ensuite une étoffe bien supérieure avec laquelle ils confectionnent leurs vêtements.

	PRIX D'ACHAT.	PRIX DE VENTE
La livre d'antimoine koheul	1 1/2 boudjous	4 à 500 oudâas
Une douzaine de bagues à gros chatons	18 id.	60,000 id.
Une livre de pierre ponce (zebed el bahar). . .	1 id.	7 à 8,000 id.
La paire de bracelets de mains en corne (sandou)	2 id.	3 à 4,000 id.
Glands en soie pour chachïa	1 id.	4 à 5,000 id.
La douzaine de paires de ciseaux.	6 id.	50,000 id.
Un flacon d'essence de rose	1 1/2 id.	6 à 7,000 id.
Une livre de loubane (espèce d'encens)	1 1/2 id.	6 à 7,000 id.

Par les prix d'achat et de vente comparés, et sans qu'il soit besoin d'énumérer les mille autres objets dont nous avions fait pacotille, on peut juger des bénéfices que réalise une caravane, et l'on comprend que nous ne nous chargeâmes point de tous ces Oudâas qui n'étaient là, en réalité, qu'une valeur représentative des objets vendus, dont chacun de nous tenait un registre exact, où les noms des acheteurs étaient inscrits en regard de leur achat et de leur dette. Eux-mêmes en faisaient autant, les Foullanes en arabe, le Koholanes en guenaouïa, écrit en caractères arabes. Plus tard, nous fûmes remboursés par l'échange d'objets équivalents à ceux que nous avions livrés et qui étaient :

OBJETS.	VALEUR AU SOUDAN.	CHEZ NOUS.
Une belle dépouille d'autruche	5,000 oudâas	40 à 50 boudjous
Une peau de bœuf tannée	500 id.	12 à 15 id.

Nous les vendons aux Touareg pour faire des tentes; nous nous en servons comme tapis, ou nous en faisons des souliers.

OBJETS.	VALEUR AU SOUDAN.	CHEZ NOUS.
Vingt peaux de bouc (très-estimées)	8,000 oudâas	80 boudjous
Le poids en poudre d'or d'un douro d'Espagne; cet or vient du Sud.	12,000 id.	
Des étoffes de lin bleues (saye) de 40 ou 50 coudées de longueur sur une palme de largeur, très-recherchées dans le Sahara et le Maroc.	3,000 id.	5 id.
Des pantoufles (el medass) dont nous trouvons un grand débit; la paire	4 ou 500 id.	2 ou 3 id.
El bekhour, espèce d'essence qui vient de l'Oum el Nass, la (mère du monde); la livre. . . .	1,000 id.	3 id.
Défenses d'éléphant, le quintal.	12 à 15,000 id.	»
El daoudaoua [1], le quintal (dans le Touat). . .	5 ou 6,000 id.	15 ou 16 id.
El dadjey, le quintal	5 ou 600 id.	5 id.
Meloukhia, id.	5 ou 600 id.	5 id.
C'est une feuille que l'on fait sécher et que l'on réduit en poudre; on en prépare les viandes.		
El gourou, espèce de noix grosse comme le poing, renfermant une liqueur rougeâtre; ce fruit, pour être conservé pendant le voyage, est entouré avec le lif du dattier (espèce d'étoupe), et doit être arrosé tous les deux jours; le quintal	30 à 40,000 id.	Il se revend très cher à Tunis et à Ghedamez.
El trouna (natron, carbonate de soude natif) dont les Nègres se servent beaucoup comme médicament, et notamment pour guérir la diarrhée; la livre	100 à 150 id.	Très-cher à Tunis. On le mêle au tabac à priser.
Une pièce de zenian, étoffe en coton fabriquée par les Nègres.	1,000 id.	4 boudjous
Une douzaine de tamis en joncs	3,000 id.	12 id.
Des guessâa, grands plats en bois noirci, l'un.	400 id.	5 id.
El oculk, gomme blanche qui vient du Toleuhh,	1,500 id.	25 id.
Du zebed, musc de civette (l'once)	11,000 id.	20 id.
Miel, le quintal	15,000 id.	40 id.
Un chameau ou une chamelle	30,000 id.	70 ou 80 id.
Les chameaux sont très-estimés, très-sobres, bons marcheurs; mais ils supportent difficilement le froid, attendu qu'ils sont sans poil.		
Un douro d'Espagne.	2,000 id.	»

[1] C'est sans doute le beurre végétal. Cependant les Arabes disent que cette chose a goût de viande. Puisqu'il y a l'arbre à pain, l'arbre à farine, l'arbre à beurre, pourquoi n'y aurait-il pas l'arbre à viande?

L'argent monnayé n'est point en usage au Soudan. Des bijoutiers juifs le convertissent en bracelets, en bagues, etc. Toutes les transactions commerciales se traitent par échange ou par oudâas. Les oudâas, m'a-t-on dit, se tirent de Bahar el Nil (le Niger), qui coule à dix jours ouest de Kachena. — Le sultan a organisé un système de douanes qui empêche les particuliers d'en apporter à l'intérieur sans payer des droits énormes. Il en a le monopole.

Les poids des Nègres sont les nôtres : il n'est pas un marchand qui n'ait dans sa boutique des balances et même des romaines qui leur ont été apportées depuis longtemps par les caravanes, et sans doute par les Arabes qui se sont fixés chez eux.

Leurs mesures de capacité sont en courges séchées[1], pour l'huile, le beurre, etc.; et pour les grains, en bois.

En attendant le retour des goums qu'Aomar avait envoyés à la chasse des Nègres, nous nous rendions tous les jours au marché des esclaves, *Barka*, où nous achetâmes aux prix suivants :

	Oudâas.
Un Nègre avec sa barbe	10 ou 15,000

On ne les estime point comme marchandise, parce qu'on a peu de chance pour les empêcher de s'échapper.

---

[1] Au Sénégal, ces mesures se nomment *moules*; elles servent aux mêmes usages et sont d'une contenance variable d'un litre à un litre 50. — Chacun a son *moule*, et c'est le coup d'œil seul qui en apprécie la capacité. (*Voyage dans l'Afrique occidentale*, par Anne Raffeuil, 1843-44.)

	Oudâas.
Une Négresse faite, même prix pour les mêmes raisons.	10 ou 15,000
Un Nègre adolescent.	30,000
Une jeune Négresse, le prix varie selon qu'elle est plus ou moins belle.	50 à 60,000
Un Négrillon.	45,000
Une Négrillonne.	35 à 40,000

Le vendeur donne à l'acheteur les plus grandes facilités pour examiner les esclaves, et l'on a trois jours pour constater les cas rédhibitoires. On peut rendre avant ce temps expiré :

Celui qui se coupe avec ses chevilles en marchant;

Celui dont le cordon ombilical est trop exubérant;

Celui qui a les yeux ou les dents en mauvais état;

Celui qui se salit comme un enfant en dormant;

La Négresse qui a le même défaut ou qui ronfle;

Celle ou celui qui a les cheveux courts et entortillés (la plique).

Il en est d'ailleurs que nous n'achetons jamais, ceux, par exemple, qui sont attaqués d'une maladie singulière que l'on appelle seghremmou. — Le seghremmou est un bouton qui vient aux jambes, au bras et au cou, et qui se termine par une espèce de cordon filamenteux qu'il faut retirer avec précaution, en le roulant sur un morceau de bois comme du fil sur une bobine; car s'il casse dans l'opération, le Nègre meurt ou ne guérit jamais, ou reste estropié.

Ces cordons ont quelquefois douze ou quinze pieds de longueur[1].

On n'achète pas non plus ceux qui, étant âgés, ne sont pas circoncis;

Ni ceux qui viennent d'un pays situé au sud de Noufi : ils n'ont jamais mangé de sel, et ils résistent difficilement au changement obligé de régime;

Ni ceux d'une espèce particulière qui viennent du sud de Kanou : ils sont anthropophages. On les reconnaît à leurs dents qu'ils aiguisent et qui sont pointues comme celles des chiens[2]. Nous craindrions pour nos enfants.
— Ils mangent, d'ailleurs, sans répugnance les animaux morts de mort naturelle (djiffa, charognes). — On dit qu'ils nous traitent de païens, parce que nous ne voulons que les animaux saignés par la loi; car, disent-ils, vous mangez ce que vous tuez, et vous refusez de manger ce que Dieu a tué.

Nous n'achetons pas non plus ceux appelés Kabine el Aakoul. Ils passent pour avoir la puissance d'absorber la santé d'un homme en le regardant et de le faire mourir de consomption. On les reconnaît à leurs cheveux tressés en deux longues nattes de chaque côté de la tête.

---

[1] C'est le ver macaque, ver de Guinée, etc.

[2] El Zendj. Ces peuples sont très-barbares; ils font des ghrazias, montés sur des bœufs; ils n'ont point de chevaux. On prétend que ces bœufs urinent comme urinent les chameaux. — Le Nil (Niger) se ramifie au-delà de ce pays, à Djebal el Makasam. — Ils vendent leurs enfants pour des dattes. Ils liment leurs dents pour les rendre aiguës. — Ils vendent des dents d'éléphant et des peaux de tigre, etc. (Extrait de la *Topographie de Siradj el Den Bel el Ouardi.*)

L'achat des Foullanes, des Négresses enceintes et des Nègres juifs est sévèrement prohibé par ordre du sultan. L'achat des Foullanes, parce qu'ils se vantent d'être blancs; des Négresses enceintes, parce que l'enfant qui naîtra d'elles sera la propriété du sultan, s'il est idolâtre, et libre s'il est musulman; des Nègres juifs, parce que tous sont bijoutiers, tailleurs, artisans utiles ou courtiers indispensables pour les transactions commerciales; car, sous la peau noire ou sous la peau blanche, dans le Soudan, dans le Sahara, dans les villes du littoral, partout, les juifs ont les mêmes instincts et le double génie des langues et du commerce.

Pour éviter la fraude, une caravane ne sort point à Haoussa sans que les esclaves qu'elle emmène n'aient été attentivement examinés; et il en est de même encore à Tassaoua, à Damergou et à Aguedeuz, chez les Touareug, où Bellou a des oukils chargés des mêmes soins. Le marchand qui contreviendrait à ces ordres s'exposerait à voir toutes ses marchandises confisquées.

En un mot, les esclaves proviennent des ghrazias faites sur les États nègres voisins avec lesquels Haoussa est en guerre, et dans les montagnes du pays, où se sont retirés les Koholanes qui n'ont pas voulu reconnaître la religion musulmane; des enlèvements de ceux qui, observant la religion nouvelle, paraissent regretter l'ancienne et sont hostiles au pouvoir ou commettent quelques fautes.

LE KOHEUL.

L'examen détaillé des Nègres et des Négresses mis en vente au marché me fit faire une observation qui, jusque-là, m'avait échappé. Tous, ou presque tous, avaient aux yeux du koheul, et, comme les femmes du Teul et du Sahara, les jeunes Négresses avaient les ongles teints en rouge avec du henna. — Je dus croire d'abord que c'étaient là des ornements dont les marchands d'esclaves rehaussaient leur marchandise; mais si cela était pour le henna, ce ne pouvait pas être pour le koheul, dont la couleur noire se confondait avec la couleur des *Kololanes*.

Nous autres blancs, nous avons deux raisons pour user du koheul : d'abord il donne aux yeux plus d'éclat en les encadrant dans un liseré noir ou bleu, et cette raison est surtout appréciée par les femmes; ensuite il préserve des ophthalmies, arrête l'écoulement des larmes, et donne à la vue plus d'assurance et de limpidité.

Tous les médecins arabes ont recommandé l'usage du koheul, et notre seigneur Mohamed le prescrit.

Le koheul (sulfure d'antimoine), dont on a donné le nom à la préparation composée qui sert à teindre les paupières, parce qu'il en est la base, est un présent de Dieu.

Quand l'éclat du Seigneur parut sur le Djebel el

Thour (le Sinaï), bien qu'il ne fût pas plus gros qu'une fourmi, il embrasa la montagne entière, en calcina toutes les pierres et les fit passer à l'état de koheul ; tout celui qui se trouve à présent dans les autres contrées provient en principe du Djebel el Thour.

Ce fut une femme du pays de Yamama, dans l'Yamen, qui la première fit usage du koheul pour dissimuler une inflammation habituelle qu'elle avait aux paupières, et l'on raconte qu'en peu de temps elle acquit une vue si perçante que ses yeux distinguaient un homme d'une femme à deux journées de marche.

Pour obtenir la préparation complète, on combine en proportions égales du koheul, du toutia (sulfate de cuivre), du cheubb (alun calciné), du zendjar (carbonate de cuivre) et quelques clous de girofle, le tout réduit dans un mortier à l'état de fine poussière. Comme matière colorante, on y joint du noir de fumée, recueilli sur un vase en terre, un moment exposé à la flamme d'une lampe ou d'une bougie. On passe au tamis fin cette première préparation pour en former un mélange intime que l'on enferme dans une petite fiole (mekhralel) en plomb, en argent, en vermeil et même en or ; car, pour les riches, et surtout pour les femmes, le mekhralel est un meuble de luxe.

Pour user du koheul, on plonge dans le mekhralel une petite baguette en bois, effilée, polie (meroueud), ou même une épine de porc-épic. Elle en ressort poudreuse ; on l'applique avec précaution dans sa longueur sur la paupière inférieure; on la presse entre les deux paupières, en la faisant glisser légèrement du grand angle de l'œil à l'autre angle, et sur son passage elle colore en noir la partie nue qui donne naissance aux cils.

Dans certains pays, aux substances que j'ai nommées on ajoute d'autres substances qui, par la volonté de Dieu, sont douées de vertus merveilleuses : du corail mâle ou des perles pulvérisées, qui font disparaître les taches blanches de la cornée lucide; du musc, qui arrête l'écoulement des larmes; du safran, du sembel et du djaoui (benjoin), qui rendent la vue plus active.

Les Nègres pauvres usent tout simplement du koheul pur, sans même le colorer avec du noir de fumée; il donne alors une teinte bleuâtre qui va particulièrement bien aux jeunes femmes foullanates. Leurs grands yeux noirs, ainsi parés et dessinés sur leur peau dorée, brillent *d'un éclat lumineux comme une source d'eau vive au milieu des sables.*

Les mekhralel du Soudan sont de petites fioles en peau de mouton à poil, moulées sur un moule d'argile et très-artistement travaillées [1]. On obtient par le même procédé de fabrication une infinité d'autres vases également en peau, propres à contenir l'huile, la graisse, le lait et le beurre.

On retrouve l'usage du koheul chez tous les peuples

---

[1] Nous avons trouvé quelques-unes de ces mekhralel à Tunis.

musulmans arabes, indiens, persans, turcs et nègres ; chez tous ceux enfin qui sont exposés aux rayons éclatants du soleil et à la réverbération de la lumière sur le sable. — C'est pour son peuple égaré dans le désert que le Seigneur a changé le djebel el thour en koheul. Tous les poètes l'ont chanté comme remède et comme parure, et si notre seigneur Mohamed l'a recommandé aux croyants, c'est par l'inspiration de Dieu.

Le koheul est l'une des dix prescriptions relatives au corps, révélées à notre seigneur Ibrahim el Khelil [1] (le chéri de Dieu), dont cinq sont obligatoires et cinq facultatives.

Les premières imposent :

De se couper les ongles,

De s'arracher les poils des aisselles,

De se raser toutes les autres parties que la nature a voilées,

De pratiquer la circoncision,

De se couper les moustaches à hauteur de la lèvre supérieure [2].

---

[1] Il y a ici un de ces anachronismes si fréquents dans les légendes arabes. Abraham vivait 400 ans avant que Dieu se manifestât sur le mont Sinaï, qui fut, comme on sait, la 12ᵉ station des Hébreux dans le Désert ; mais, pour les musulmans, même les plus savants, la chronologie au-delà de l'hégire est toujours très-confuse. L'important, c'est que les prescriptions hygiéniques ou de morale soient présentées au peuple sous l'autorité d'un nom vénéré.

[2] Dès qu'Abd el Kader eut assis son autorité sur les tribus, il s'attacha à faire rentrer les musulmans dans les pratiques imposées par les livres saints, et il força tous ceux qui s'étaient rangés sous son commandement à se couper les moustaches selon la loi.

Les autres sont :

L'usage du koheul,
du henna,
du souak,

et l'oudou el kebir, la grande ablution de l'homme et de la femme.

Le henna comme le koheul est souvent chanté par les poëtes ; c'est un petit arbuste qui a quelque rapport avec le cédrat (zyzyphus lotus, jujubier) ; on en broie les feuilles desséchées, et on en fait une pâte qui, pendant quelques heures, appliquée sur les ongles, le bout des doigts, et quelquefois les mains jusqu'au poignet et les pieds jusqu'à la cheville, sont teints d'un rouge orange.

Le henna donne au bout des doigts une gracieuse ressemblance avec le fruit élégant du jujubier.

Quand une femme s'est orné les yeux de koheul, paré les doigts de henna et qu'elle a mâché la branche du souak qui parfume l'haleine, fait les dents blanches et les lèvres pourpres, elle est plus agréable aux yeux de Dieu, car elle est plus aimée de son mari.

Sara et Hadjira (Agar), les femmes de notre seigneur Ibrahim, se faisaient belles devant lui par le koheul, le henna et le souak.

Sidi Ali Ben Abi Taleb a fait ces vers sur le souak, qui s'appelle également irak.

« Sois la bien accueillie, branche de l'irak, dans *sa* bouche !
» Mais n'as-tu pas peur, branche de l'irak, que je te voie,

» Une autre que toi, branche de l'irak, je t'aurais tué,
» Et nul autre que toi ne pourra se flatter d'avoir fui ce destin. »

La femme dont le mari est mort, ou qui a été répudiée doit, en signe de deuil, s'abstenir pendant quatre mois et dix jours du koheul, du henna et du souak.

Sidi Khelil a dit au chapitre El Djemâa (du Vendredi) :

« Il faut que chaque vendredi l'homme accomplisse
» les dix choses révélées à notre seigneur Ibrahim et
» recommandées par El Syouty, le savant, ou quel-
» ques-unes au moins, s'il ne peut les accomplir
» toutes. »

Et quand je vis que si loin du pays des croyants les peuples de Beur el Adjem faisaient maintenant selon la loi, je bénis le Seigneur qui multiplie ses serviteurs à l'infini !

RETOUR DU GOUM D'AOMAR.

Le goum du serki Aomar tenait la campagne depuis un mois à peu près, lorsque nous apprîmes par deux courriers que la double ghrazia dirigée sur le Zendeur et le Zenfra avait complétement réussi, et que le makhzen, ramenant 2,000 esclaves, rentrait le lendemain dans Kachena.

Cette bonne nouvelle eut en quelques heures couru la ville, et, le jour venu, toute la population inonda les jardins du côté de l'est, par où devaient arriver les deux armées qui, la veille, avaient fait jonction à Itooua.

Un nuage de poussière les signala bientôt, et leurs masses confuses, à mesure qu'elles franchissaient la première enceinte où la route était mieux tracée et le terrain plus solide, se dégageaient du voile de sable qu'elles avaient soulevé dans la plaine.

Les prisonniers marchaient en tête : hommes, femmes, enfants, vieillards, nus presque tous ou couverts à moitié de haillons en toile bleue; les femmes et les vieillards libres, mais serrés de près; les enfants empilés sur des chameaux et quelques-uns assis sur le dos de leurs mères dans une pièce d'étoffe faisant sac; les hommes faits enchaînés cinq ou six ensemble à la même chaîne (el aanaguya), le cou pris dans un fort anneau de fer fermé par un cadenas, et les mains liées avec des cordes en palmier; les plus vigoureux et les plus récalcitrants garrottés à la queue des chevaux. Les femmes gémissaient et les enfants pleuraient; les hommes en général semblaient plus résignés, mais les coutures sanglantes que le fouet avait faites sur leurs épaules attestaient leur lutte énergique avec les cavaliers du serki.

Le convoi se dirigea vers le palais du califat, et son arrivée fut annoncée à Mohamed Aomar par des musiciens, les uns sonnant du *fanfany*, les autres jouant du *moulou*, du *gouguy*, du *karâaz*, d'autres encore battant le *tassa namouny* et le *gangâa*.

Le *fanfany* est une corne de buffle qui donne un son grave et monotone; le *moulou* est un violon de bois à deux cordes en boyaux de bouc que l'on pince avec le pouce et le premier doigt, et dont le son rappelle le roucoulement du pigeon.

Le *gouguy* ressemble pour la forme au *moulou*, mais il n'a qu'une corde en crin que l'on râcle avec un archet également en crin.

Le *karâa* n'est autre chose qu'une flûte en roseau avec six trous dessus et un dessous.

Le *tassa namouny* est un long tube en terre cuite évasé et dont l'extrémité la plus large est garnie d'une peau de chèvre sur laquelle on frappe en cadence avec les doigts : c'est la derbouka des Arabes.

La *gangâa* est un tambour que l'on bat avec la main d'un côté et de l'autre avec une baguette recourbée.

Au premier bruit de la musique, le serki sortit de son palais suivi de son oukil et de quelques grands personnages ; à sa vue tous les esclaves se jetèrent à genoux, la face sur la terre, et les musiciens s'acharnèrent contre leurs instruments avec une exaltation qui tenait de la fureur.

Mais celui qui battait la tassa namouny, et qui était à la fois le chef et l'improvisateur de la troupe, la fit taire d'un geste, s'avança de quelques pas vers Aomar et se prit à chanter en guenaouïa :

« De tous les sultans qui vivent sur la terre, aucun ne peut
» faire face à ta poitrine.
» Tu es l'ami du courage et l'ami des chevaux;
» Point d'ennemi qui puisse éviter ta flèche;
» Tu es un enfant du bouclier,
» Le maître de forces sans nombre.
» Le but qui pour les autres est loin, est près pour toi.
» Ce que tu demandes à l'est et à l'ouest est à tes pieds;
» Il n'est pas de terre où celui qui fuit puisse éviter ta lance.
» Celui qui se réfugie près de toi est sûr de trouver protection.
» Tu fais baigner les pieds de ton cheval dans les eaux du Dembou.
» L'oiseau peut voler du matin à la nuit; il faut qu'il se repose
» dans ton empire. »

Cette chanson ne fut point chantée d'une seule haleine; après chaque couplet, l'improvisateur suspendait; sa voix donnait avec sa tassa le ton d'un refrain que reprenait la musique entière, et durant lequel il recueillait ses idées et composait le couplet suivant.

Aomar, exalté simultanément par l'entrain des instruments, par les vers chantés à sa louange, et surtout sans doute par l'heureux succès de sa ghrazia, fit donner au chanteur une touba de toile de Noufi et quelques milliers d'oudâas aux musiciens, qui, trépignant en cadence, regagnèrent la ville pour y continuer la fête dans les carrefours et sur les places.

Le serki, s'approchant alors de son goum, complimenta les chefs, examina les esclaves, et donna l'ordre de les conduire au marché (barka); on les y installa sur deux files sous des hangars, les femmes d'un côté, les hommes de l'autre, et dès le lendemain nous fûmes appelés pour aller choisir ceux qui nous conviendraient.

Cheggueun et l'oukil du palais nous accompagnaient, et chacun de nous reçut, après un examen minutieux, autant de Nègres ou de Négresses qu'il avait livré de coudées de drap au serki. Nous n'acceptâmes toutefois que ceux dont la bonne constitution était une garantie contre les chances du long voyage que nous avions à faire; les vieillards, les Négrillons et les femmes enceintes furent vendus aux habitants de Kachena, ou donnés par Aomar en présents aux chefs de ses mekhazenia.

DE L'ESCLAVAGE CHEZ LES MUSULMANS.

La loi permet la vente des esclaves, parce qu'en général ils sont infidèles.

« Dieu a dit : « Faites la guerre à ceux qui ne
» croient point en Dieu ni au jour du jugement. »

» Dites aux prisonniers qui sont entre vos mains :
» Si Dieu voit de la droiture dans vos cœurs, il vous
» pardonnera, car il est clément et miséricordieux [1]. »

---

[1]. Le Koran, chap. VIII, verset 71; chap. IX, verset 29. (Voir les notes à la fin du volume.)

Les docteurs ont toutefois diversement interprété cette parole du Koran. Les uns veulent que le maître d'un infidèle ne l'oblige point à embrasser l'islamisme et le laisse agir selon sa propre impulsion.

D'autres au contraire ont dit : Il importe qu'un maître enseigne à son esclave les principes de la religion et les devoirs dictés par Dieu aux hommes ; il doit l'obliger au jeûne et à la prière, et tendre par tous les moyens à le rendre incapable de nuire aux Musulmans, dût-il, pour atteindre ce but, employer la rigueur.

D'autres enfin, entre ces deux opinions, en ont mis une troisième :

« Tant qu'un esclave infidèle est jeune, disent-ils, son maître est tenu de chercher à le convertir ; plus tard, il peut le laisser libre de faire à son propre gré. »

Il résulte de ces avis divers qu'un Musulman doit agir avec son esclave selon que sa conscience a parlé ; mais il est meilleur qu'il essaye d'en faire un serviteur de Dieu.

Sur quoi tous les docteurs sont d'accord, c'est que l'esclave musulman, mâle ou femelle, soit traité avec ménagement et même avec bonté.

« Vêtissez vos esclaves de votre habillement et nour-
» rissez-le de vos aliments, » a dit le Prophète.

Et nous lisons dans les hadites (conversations de

Sidna-Mohammed), que l'on doit fournir consciencieusement à l'entretien et à la nourriture de l'esclave, de même qu'il ne faut pas lui imposer une tâche au-dessus de ses forces.

Sidi Khelil a écrit :

« Si vous ne pouvez pas entretenir vos esclaves,
» vendez-les. »

Le chef du pays est chargé de veiller à l'exécution de cette règle, et de faire procéder à la vente des esclaves si leur maître ne pourvoit pas à leurs besoins de première nécessité ou s'il les fait travailler plus qu'il ne le devrait.

Malek, interrogé sur cette question, savoir : si l'on peut forcer un esclave à moudre pendant la nuit, a répondu : S'il travaille le jour, qu'il se repose pendant la nuit, à moins que l'occupation prescrite soit de peu d'importance et d'absolue nécessité.

Ainsi, un serviteur ne peut veiller la nuit entière auprès de son maître ; on admet seulement qu'il lui donne les vêtements nécessaires pour le couvrir, de l'eau pour boire, qu'il lui rende enfin de ces services qui, se réitérant peu souvent, permettent le repos ; et s'il est reconnu qu'un esclave ait souffert de la faim ou de l'excès de travail, il est vendu même malgré son maître.

Abou Messaoud a laissé ces paroles :

« J'ai frappé mon esclave et j'ai entendu une voix

» me crier aussitôt : « Dieu est plus puissant vis-à-vis
» de toi que tu ne l'es vis-à-vis de ton serviteur ! » Je
» me suis retourné, j'ai reconnu le Prophète et je me
» suis écrié : — Mon esclave est dès à présent affranchi
» pour l'amour de Dieu. — Et Mohamed m'a ré-
» pondu : Si tu n'avais pas agi ainsi, le feu t'aurait
» dévoré. »

Selon Abenou Aomar, un homme vint un jour auprès du Prophète en lui disant : Combien de fois n'ai-je pas pardonné à mon esclave ! Mais Mohamed ne lui répondit point. Et deux fois encore cet homme répéta la même plainte sans obtenir un mot de blâme ou de conseil. A la quatrième fois enfin, l'envoyé de Dieu s'écria : « Pardonne à ton esclave soixante-dix fois par
» jour, si tu veux mériter la bonté divine. »

En souvenir de ces enseignements, les docteurs musulmans se sont appliqués à régir par des lois équitables tout ce qui concerne les esclaves et à leur assurer une constante protection.

La méchanceté, l'avarice, la débauche et la pauvreté même de leurs maîtres ne peuvent rien contre eux

Les formes de vente et d'achat sont définies.

Un bien-être au moins suffisant leur est assuré.

Leurs mariages et leurs divorces sont réglementés.

Les modes d'affranchissement nombreux, les promesses d'affranchissement sacrées, et l'affranchi, se font dans la population blanche sans que son origine soit jamais pour lui un sujet d'humiliation.

La Négresse que son maître a fait mère prend le titre d'oum el oulad (la mère de l'enfant) et jouit de tous les égards dus aux femmes légitimes. Son fils n'est point bâtard, mais l'égal de ses demi-frères; il hérite comme eux, comme eux appartient à la tente; aussi ne voit-on pas de mulâtres esclaves.

On raconte qu'un jour un musulman ayant dit devant Abou Beker, et Abdallah Ybne ou Aomar : « Je compare à des mulets les enfants d'une Négresse et d'un homme de race : leur mère est une jument et leur père un âne; n'ayez point confiance en eux.

—Nous sommes certains, car nous l'avons vu, lui répondirent ses auditeurs, que ces gens-là sont au combat aussi courageux sur leurs chevaux que les enfants de race pure. Ne dites donc jamais : un tel est le fils d'une Négresse, et celui-là d'une femme de race; le champ de bataille, voilà ce qui doit les faire juger. »

Enfin, chez tous les hommes craignant Dieu, les esclaves font à certains égards partie de la famille; et l'on en voit souvent qui refusent d'être affranchis, comme le fit celui de notre seigneur Mohamed.

C'était un jeune Nègre qui avait été donné à Khedidja, la femme du Prophète, et dont elle avait fait présent à son mari. Il se nommait Zeïd Abenou Háret. Son père, l'argent à la main, vint un jour pour le racheter. — Si ton fils veut te suivre, j'y consens, dit Mohamed, emmène-le. Mais l'enfant, consulté, répondit : « Mon père, l'esclavage avec le Prophète vaut mieux que la liberté avec vous. » Cette réponse émut l'envoyé de Dieu qui, ne voulant pas rester en générosité au-dessous d'un esclave, l'affranchit et le maria.

Votre religion, à vous autres chrétiens, vous défend d'avoir des esclaves, je l'ai entendu dire à Alger; et, en effet, je ne vous en vois pas. A Kachena, on m'avait assuré cependant que les rois nègres du sud du Niger et des bords de la grande mer à l'ouest, vous en vendaient de pleins vaisseaux. On ajoutait, il est vrai, que le commerce avait à peu près cessé depuis quelques années, et que le sort des Nègres enlevés dans les guerres en était devenu beaucoup plus rigoureux. Lorsqu'ils pouvaient vendre leurs prisonniers, les rois les engraissaient, en prenaient soin et les faisaient peu travailler; à présent, n'en sachant que faire, ils les égorgent par milliers pour ne pas les nourrir, ou les parquent près de leurs cases, enchaînés, sans vêtements, sans un grain de maïs, *en attendant leur jour*. S'ils les font travailler, c'est à coups de bâton, car les malheureux sont trop faibles, ne vivant que de racines, d'herbes ou de feuilles d'arbres, pour faire un bon service. Il en sera sans doute ainsi jusqu'à ce que tout le pays se soit fait musulman. Que Dieu allonge assez mon existence pour que j'en sois témoin[1]!

---

[1] Deux mille Nègres ont été ainsi cette année massacrés devant les croiseurs anglais et français sur les côtes du Sénégal. (Voir les notes à la fin du volume.)

Il vous répugne d'avoir des esclaves? mais que nos serviteurs soient notre propriété et que les vôtres soient libres, entre eux le nom seul est changé. Qu'un domestique chrétien ait le droit de changer de maître si bon lui semble, il n'en sera pas moins pour toute sa vie domestique, et par conséquent esclave, moins le nom. Quand nos Nègres sont vieux, nous les affranchissons; ils sont encore de nous, de notre tente; quand l'âge a pris vos serviteurs, qu'en faites-vous? Je n'en vois pas un seul à barbe blanche.

Chez vous, la femme du mariage a mépris pour la femme servante à qui son maître a donné un enfant. Pour vivre, il faut qu'elle ne dise jamais non. Chez nous, elle est *oum el ouled;* elle a son logement; son fils est honoré; tous les deux sont de la famille.

« Vous êtes trop orgueilleux, et vous n'êtes pas assez » dignes. »

Pour tous les vrais musulmans, Bou Hourira a posé cette sentence :

« Ne dites jamais : mon esclave, car nous sommes tous les esclaves de Dieu, dites : mon serviteur ou ma servante. »

DÉPART DE LA CARAVANE.

Nous étions alors dans le mois d'avril; la saison était favorable pour le départ, et nous nous hâtâmes de faire des provisions de maïs, de millet, de viande séchée, de beurre et de miel pour trois mois par individu; d'acheter des chameaux porteurs en assez grand nombre pour parer aux accidents du voyage et des tentes en peaux de bœuf.

Enfin notre caravane, partie de Metlily avec 64 chameaux et 16 individus seulement, s'était accrue de 400 esclaves, dont 300 femmes, et comptait près de 600 chameaux.

Les gens de Touat qui s'étaient joints à nous s'augmentèrent dans les mêmes proportions. Ils avaient acheté 1,500 esclaves, et leurs chameaux s'élevaient en nombre à deux mille. En somme, nous formions un ensemble de deux mille et cent hommes environ et de deux mille six cents chameaux. Kachena n'avait pas de place assez grande pour nous contenir, et, sous le nom de caravane du Touat, nous allâmes nous installer dans l'un des grands espaces libres ménagés au milieu des jardins.

Nous aurions pu nous mettre en marche à la fin d'avril; mais Cheggueun nous fit observer que nous devions attendre, pour faire corps avec elles, les caravanes qui avaient pénétré dans l'intérieur du pays et qui devaient repasser par Kachena. C'était le seul moyen, nous disait-il, de sortir sans accident du Soudan, attendu que les Touareug, les gens de Begarmi, les rebelles du Zendeur et les Tebbous tenteraient sur nous quelques coups de main, si nous n'étions pas en force suffisante pour leur imposer.

Malgré notre juste impatience, il fallut nous résigner à cette halte, qui, Dieu merci, ne fut pas de longue durée. La surveillance de toute heure qu'il fallait donner à nos esclaves ne nous laissait aucun repos, bien qu'ils fussent enchaînés comme des chapelets, les femmes deux à deux par les pieds, les mâles huit ou dix ensemble, le cou pressé dans un carcan auquel se rattachait une courte chaînette qui maintenait leur main droite à hauteur de la poitrine. L'instinct de la liberté est si vivace chez les Nègres, la peur qu'ils ont d'être mangés par les blancs est si grande, ils auraient tant de moyens pour nous échapper dans un pays qui leur est familier et qui nous est inconnu, ils tentent pour s'évader tant d'efforts et tant de ruses, qu'on ne saurait prendre contre eux trop de précautions!

J'en avais un dont je voulais faire mon serviteur de confiance; c'était un grand garçon de seize ou dix-huit ans, né dans l'Oumbouroum, au sud de Kanou, ainsi que l'indiquaient les lignes de tatouages qu'il avait au milieu du front et dans le prolongement des yeux et de la bouche; chaque Nègre porte ainsi sur la figure les signes distinctifs de sa peuplade, cicatrices ineffaçables que lui fait sa mère à l'âge de sept ou huit ans, avec un couteau rougi au feu.

J'ai même entendu dire que dans certains pays, on brûlait ainsi les tempes aux enfants pour les préserver de certaines maladies.[1]

J'avais appelé mon Nègre Mebrouk, nom qui veut dire heureux, et l'un de ceux que nous donnons habituellement aux esclaves. Tous ont un nom à porter bonheur : Embarek, Messaoud, synonymes de Mebrouk, Salem qui veut dire sauvé.

De là ce proverbe :

> Dar el Embarka
> Elli ma fiha
> La Embareck ou la Embarka.

> La maison heureuse
> Est celle où il n'y a
> Ni Embareck, ni Embarka,

celle où il n'y a point d'*esclaves;* car si l'esclave est utile, c'est toujours un être dont il faut se défier.

« Le Nègre, s'il a rassasié son ventre, cherche l'im-
» pudicité.

---

[1] Les Libyens, repoussés des côtes de la mer par les conquérants, et qui sont les pères des Touareug, selon Héeren, vol. 5, p. 17, auraient-ils transmis cette méthode hygiénique aux Nègres ? — On lit dans Hérodote : « Quand les enfants des Libyens nomades ont atteint l'âge de quatre ans, ils leur brûlent les *veines du haut de la tête et celles des tempes.* — Ils prétendent que cet usage les empêche, par la suite, d'être incommodés de la pituite, qui coule du cerveau, et leur procure une santé parfaite. (HÉRODOTE, liv. IV, chap. 187.)

» Ne confie jamais ton secret à une femme, et ne
» compte jamais sur le travail d'une Négresse.

» Si tu fais du bien à un homme de race, tu le fais
» ton esclave; si tu fais du bien à un esclave, tu le fais
» ton ennemi.

» La perle fine reste fine, même dans du fumier, et
» le Nègre est toujours Nègre, même entouré de gens
» de race. »

Que crains-tu de moi? disais-je souvent à Mebrouk;
je serai ton père, je t'habillerai comme moi, je te nourrirai comme moi, tu seras de ma famille, et mon pays
vaut bien mieux que le tien.

« Mon pays, me répondit-il, est le meilleur des
» pays; la terre y donne ce que ne donne point ta terre :
» le henna, le sembel, le safran, le musc, la cannelle,
» du riz, du coton, du tabac, de l'indigo, des bananes,
» de la gomme blanche et rouge, du louban, des noix
» de gourou, du millet, de la poudre d'or, de l'ivoire.

» Vos monnaies? pour en faire il faut chercher l'ar-
» gent, le fondre, lui mettre un cachet; les nôtres, pour
» les avoir, nous jetons une peau fraîche dans une
» mare, le lendemain nous l'en retirons couverte de
» corris.

» Pour la chasse, nous avons dans les forêts l'élé-
» phant, le rhinocéros, le lion et le tigre; dans les
» plaines la gazelle, le chameau sauvage (la girafe),
» les autruches; dans les rivières l'hippopotame, dans
» tous les lacs des poissons, et partout des oiseaux.

» Nos vieillards sont respectés ; si l'on se bat, celui
» dont la barbe est blanche reste dans la ville ; nos
» femmes sont noires et les vôtres sont blanches; nous
» ne travaillons que trois mois par année; le seul mal
» que nous ayons, c'est la chaleur en été, la soif en
» voyage, la petite vérole quelquefois, et les guerres ;
» mais nos vrais ennemis ce sont les Touareug et les
» Foullanes qui nous enlèvent, et les Arabes qui nous
» achètent.

» Tu dis que tu seras mon père; mais tu ne peux pas
» être ma mère ni la belle fille avec qui j'allais me
» marier. »

Tout ce que je pus dire et faire pour consoler Mebrouk fut inutile, et comme je craignais sa force et sa ruse, je lui liai les mains derrière le dos et le changeai de place à la chaîne : il était à l'une des extrémités, je le mis au milieu.

C'est la nuit surtout quand le maître, accablé de fatigue, se laisse aller au sommeil, que les esclaves les plus soumis pendant le jour cherchent à s'évader ; mais nous les faisons coucher autour et très-près de notre tente, les fers aux pieds, avec cette précaution encore d'attacher à l'un de nos poignets la chaîne qui leur est commune, pour que leurs moindres mouvements viennent à nous et nous éveillent.

Les Négresses, également entravées, mais les mains libres, couchent à l'intérieur.

Cet ordre de bivouac, imposé par la prudence et par

l'intérêt, nous le gardons, quelque accablant qu'il soit pour nous, jusqu'au milieu du grand Désert, alors que les Nègres égarés dans l'espace, sans espoir de retour possible, sont, par nécessité, contraints à nous suivre. Mais on comprend tout ce que la surveillance a de pénible jusque là, et ce que nous devions souffrir sous les murs de Kachena.

Nous vîmes arriver successivement, enfin, les trois caravanes de Ghedamess, de Ghate et du Fezzan. La première avait poussé jusqu'à Noufi, sur les bords du Bahar-el-Nil, au sud de Seketou; elle ramenait trois mille esclaves et trois mille cinq cents chameaux.

La seconde avait poussé jusqu'à Kanou, au sud-est de Kachena; elle ne comptait que sept ou huit cents chameaux et quatre ou cinq cents esclaves.

La troisième revenait de Seketou, et n'était pas plus forte que la précédente.

Elles s'installèrent non loin de nous, et dès le lendemain Cheggueun et leurs trois khrebirs, après s'être juré mutuelle assistance, se rendirent à Kachena pour saluer le Serki et prendre son *aman*.

Aomar les reçut avec le cérémonial d'usage dans l'akouma; leur promit sa protection dans le cas où ils reviendraient à Kachena, et leur souhaita un heureux voyage.

Au retour de nos chefs, les crieurs publics annoncèrent que le jeudi suivant serait le jour du départ, la caravane de Ghedamess prendrait la tête de la colonne, celle du Fezzan la suivrait, celle de Ghate viendrait ensuite, et la nôtre fermerait la marche.

Au point du jour nos chameaux étant chargés, les Négrillons juchés sur les bagages, les Nègres assurés à leurs chaînes au centre du convoi, et les Négresses groupées par huit ou dix sous les yeux d'hommes armés d'un fouet, le signal du départ fut donné, et la première caravane s'ébranla.

Ce fut alors, et tout à coup, un bruit confus de cris et de gémissements qui d'esclaves, en esclaves, gagna jusques aux nôtres; tous à la fois pleuraient et se lamentaient, s'appelaient, se faisaient des adieux. Leur terreur était d'être mangés en route; quelques-uns se roulaient à terre, s'accrochaient aux buissons et refusaient absolument la marche. Rien ne faisait sur eux, ni les bonnes paroles ni les menaces; on ne put les relever qu'à grands coups de fouet et en les mettant tout en sang. Malgré leur obstination, il n'en est point qui résistent à ce moyen extrême; et d'ailleurs, attachés qu'ils étaient ensemble, les moins effrayés ou les plus courageux luttant avec les plus faibles, les contraignirent à marcher.

L'ordre enfin se rétablit peu à peu, mais ceux de Ghedamess étaient déjà à la première halte que nous étions, nous, encore immobiles; car, outre le temps qu'il fallait perdre à défiler dans les étroits sentiers des jardins de Kachena, chacune des caravanes, en franchissant la porte de l'enceinte, fut fouillée par des chaouchs de Mohamed Aomar, chargés de s'assurer que nous n'emmenions ni Foullanes, ni Nègres musulmans ou juifs.

Un homme de Ghate avait un Foullane qui fut aussitôt reconnu et mis en liberté.

« Comment se fait-il, lui dit le chef des chaouchs,
» que tu aies acheté cet homme? c'est un musulman,
» c'est ton frère en religion, il ne reconnaît qu'un
» Dieu comme toi. Ne sais-tu pas nos lois, et n'aurais-tu pas pu le reconnaître à sa couleur? »

L'imprudent objecta que l'ayant acheté pendant la nuit il avait été trompé, et que le lendemain il n'avait pas pu retrouver celui qui le lui avait vendu.

Malgré ces dénégations adroites il lui fallut payer cinquante douros d'amende; encore fut-il très-heureux de n'être pas mis en prison après confiscation de sa marchandise : mais sa bonne foi réelle ou feinte le tira de ce mauvais pas.

Le premier jour nous nous arrêtâmes à trois lieues seulement de Kachena, dans une vaste plaine où nous trouvâmes des mares, beaucoup d'herbe et du bois; il avait plu quelques jours auparavant, et la végétation est dans le désert si puissante qu'il suffit souvent d'une nuit très-pluvieuse pour changer, d'un soleil à l'autre, le sable en prairie [1]; mais, par contre, il arrive égale-

---

[1] Ce fait se retrouve dans le voyage d'El Aïachi.

ment que le soleil mange le lendemain ce qu'il a fait pousser la veille.

Chaque caravane établit son bivouac à part, et dès que nos chameaux furent accroupis, après avoir, avant tout, enchaîné nos Négresses par les pieds et par groupe de huit ou dix, nous forçâmes nos Nègres à nous aider avec la main gauche que nous leur avions laissée libre, à décharger nos bêtes, à tracer un cercle avec nos bagages, et à tendre dans l'intérieur de cette enceinte les tentes en peaux de bœufs que nous rapportions de Kachena. Deux ou trois Négresses des plus âgées, que nous n'avions point mises à la chaîne, mais qui toutefois avaient les deux pieds entravés, furent chargées de nous préparer à souper; elles nous firent de l'hacida pour tous, et, comme en venant, nous mangeâmes quatre par quatre. Ce triste souper terminé, nous plaçâmes les gardes autour de notre camp, et fîmes coucher nos esclaves mâles et femelles enchaînés comme je l'ai dit.

Cheggueun, enfin, avant de songer au repos, inspecta nos tentes une à une pour s'assurer que nous avions suivi les ordres paternels et les prudents conseils qu'il ne cessait de nous donner.

Le lendemain on chargea de bonne heure, et la caravane de Ghate prit cette fois la tête.

Quoique plus calmes que la veille, nos esclaves étaient encore fort irrités; pour les fatiguer et les affaiblir, nous les chargeâmes de leurs fers, de leurs plats (guessâa), de leurs mortiers à piler le maïs et le millet (maharaze); et pour que toute notre attention pût se concentrer sur eux, chacun de nous attacha ses chameaux sur une seule file ; la surveillance qu'ils exigent devenait par là plus facile, et soit que l'un d'eux s'abattît, soit qu'une charge tombât, nous pouvions ainsi les arrêter tous à la fois, et nous évitions qu'en relevant l'un ou qu'en rechargeant l'autre, la troupe entière s'égarât dans la foule.

Nous serions arrivés de bonne heure en face de Tassaoua, où notre intention était d'aller coucher, si sur la route une des Négresses d'un nommé El Hadj Abd er Rahman n'avait pas été prise des douleurs de l'enfantement. Malgré les défenses de notre khrebir, Abd er Rahman avait acheté cette femme, sachant très-bien qu'elle était enceinte, mais parce qu'elle était belle, grande et vigoureuse, et tous nous portâmes la peine de sa mauvaise foi. Cheggueun, bien que fort irrité contre cet homme, fit arrêter la caravane jusqu'à ce que la mère fût délivrée. — Elle et son enfant furent ensuite placés sur un chameau, et seulement alors nous pûmes reprendre notre route. Telle est en cas pareil l'habitude des caravanes, car c'est un musulman qui vient de naître.

Sous Tassaoua, où nos compagnons étaient installés déjà lorsque nous arrivâmes, nous prîmes pour notre campement les mêmes dispositions que la veille; mais nous nous gardâmes avec plus de soin, car nous approchions des Touareug.

En faisant sa ronde du soir, Cheggueun ordonna par humanité à Hadj Abd er Rahman de ne point enchaîner la Négresse accouchée; de lui donner de la viande pour son souper, et de la faire coucher chaudement sur une natte. Abd er Rahman se rendit volontiers à ces prescriptions; mais, pendant qu'il dormait, la mère mit son enfant dans un panier plein de plumes d'autruches qu'elle plaça sur sa tête et s'échappa [1].

El Hadj Abd er Rahman s'en aperçut le lendemain et courut aussitôt chez Cheggueun, qui, sans perdre en blâme inutile un temps précieux, fit prier les autres khrebirs d'attendre, pour repartir, qu'il eût rattrapé la fugitive. Ils y consentirent de bonne grâce, car dans un voyage aussi long, aussi plein de difficultés, l'intérêt commun est de se faire solidaires les uns des autres et de se ménager la bienveillance de chacun. Quelques hommes des plus alertes et des mieux montés de chaque caravane vinrent même offrir à Cheggueun de l'aider dans ses recherches : il accepta leur générosité, les divisa par petites bandes et les lança dans différentes directions, pendant que lui-même en prenait une autre avec Hadj Abd er Rahman et ses amis.

La Négresse, encore faible, ne pouvait avoir été bien

---

[1] Les femmes nègres pratiquent également avec succès le stoïcisme de leurs maris. Dans les accouchements, elles ne doivent pas paraître ressentir le moindre malaise. Aussitôt leur délivrance, elles nettoient et arrangent elles-mêmes leurs enfants; le jour ou le lendemain, elles vaquent aux soins ordinaires du ménage. (*Voyage dans l'Afrique occidentale*, par Anne Raffeuil, 1843-1844.)

loin; en effet, à quelques heures du camp on la retrouva blottie dans un buisson, allaitant son enfant, et deux coups de fusil rappelèrent au bivouac tous les explorateurs.

Personne ne murmura de ce retard qui nous contraignait pourtant à séjourner sous Tassaoua; mais nos khrebirs en prirent occasion d'engager tout le monde à redoubler de surveillance, et les crieurs publics annoncèrent que si, par la faute constatée des maîtres, d'autres esclaves s'échappaient, ils seraient laissés à leur sort et perdus pour les mal soigneux.

Le lendemain la caravane du Fezzan ouvrit la marche.— En passant devant Tassaoua, que nous laissions à notre droite, nous fûmes encore inspectés par les chefs de cette ville et par l'oukil, représentant du sultan d'Haoussa; mais, cette fois, il ne fut point trouvé d'esclaves de contrebande, et nous poursuivîmes notre route jusqu'à un jour de marche en avant de Damergou, où nous campâmes dans une plaine un peu marécageuse et d'un excellent pâturage pour nos chameaux.

Au lever, ce fut à notre caravane de marcher la première, et nous nous arrêtâmes de bonne heure auprès de Damergou. Les derniers chameaux de l'arrière-convoi ne rejoignirent cependant qu'à cinq heures du soir.

On séjourna le lendemain tant pour se reposer que pour refaire dans la ville les provisions que nous avions épuisées. Les chefs de Damergou nous firent bon accueil; mais, comme ceux de Tassaoua, ils fouillèrent toutes nos tentes.

Quelques-uns des leurs, nous dirent-ils, avaient été enlevés par des cavaliers du Zendeur, et vendus sans doute à Kachena, où nous les aurions peut-être achetés.

Qu'ils nous eussent dit faux ou vrai, ils reconnurent ou prétendirent reconnaître, pour être de ceux qu'ils cherchaient, les deux plus beaux Nègres de la caravane de Ghate. Quoi qu'il en fût, il nous eût été difficile de résister, et, d'un commun accord, nos khrebirs décidèrent qu'il serait fait justice aux réclamants.

Pour le maître des esclaves c'était une perte réelle, et je fus étonné de ne point l'en trouver sensiblement affecté. « Dieu l'a voulu ! disait-il; la parfaite résigna-
» tion aux décrets de Dieu consiste à recevoir avec le
» même calme et le bonheur et le malheur. »

J'ai su depuis que ce saint homme était un marabout de Trabless (Tripoli).

Vers le milieu du jour nos crieurs nous assemblèrent chacun dans notre camp, et nous dirent :

« O mes enfants, d'ici à Agueduez il y a sept jours
» de marche; pendant lesquels nous serons au pays
» des dangers.—Le soir, entravez bien vos chameaux,
» attachez bien vos esclaves, et gardez-vous bien. Les
» Kerakouda, les Tebbou et les Touareug savent que
» les caravanes sont parties de Kachena.—Déménagez
» ensemble, marchez serrés, soyez hommes, et ne faites
» à tous qu'un seul fusil. »

Cette publication nous donna l'éveil et fit que nous visitâmes avec soin nos armes et nos munitions. Dieu voulut que notre poudre fût inutile, et trois jours après nous campions à trois lieues sud-ouest de Melaguet el Kefoulé, dans une plaine immense que ne dominait aucun pli de terrain et d'où nous pouvions explorer aisément l'horizon. A notre droite, nous avions l'eau dans un marais, et partout broussaillaient des herbes et des arbustes, le nadjeuss, l'oum el nass, l'oum el rokueba, le cédrat, le gandoule, le toleuhh.

Ce lieu serait un des meilleurs bivouacs de la route, s'il n'était pas un des plus dangereux.

La nuit venue, nos khrebirs allèrent placer eux-mêmes des postes avancés à plus d'un quart de lieue autour de la caravane, et, nos armes chargées, nous nous couchâmes en confiance. — Mais, vers une heure du matin, deux coups de feu partirent du côté du sud, et tous les gardes accoururent au camp en jetant des cris d'alarme.

L'alerte, en un instant, fut générale; et pour prouver à l'ennemi que nous étions en état de défense, on engagea sur tous les points une nombreuse fusillade. Cette démonstration maintint sans doute les maraudeurs, car nous ne fûmes point autrement inquiétés.

Le lendemain, à la pointe du jour, pendant que nous chargions, nos khrebirs, suivis de quelques hommes seulement, se lancèrent à la découverte; ils étaient de retour au lever du soleil; ils avaient aperçu, nous dirent-ils, un parti de deux ou trois cents cavaliers montés sur des chameaux qui ne pouvaient être que des Touareug, des Tebbou, des Kerakouda ou des Bernou, mais qui n'oseraient certainement pas nous attaquer. — Nous levâmes donc le camp en bon ordre, et trois jours après nous arrivâmes à trois lieues au sud d'Aguedeuz. A peine étions-nous installés que nous vîmes venir à nous quelques hommes du makhzen de la ville, chargés par leur sultan de s'assurer si, parmi nos esclaves, nous n'avions point quelques Foullanes. En retour de ce bon office, le sultan d'Haoussa donne protection aux Aguedeuziens attirés chez lui par le commerce.

Il nous fallut donc, au départ, défiler lentement devant ces douaniers soupçonneux, qui, malgré tout leur bon vouloir, ne nous trouvèrent point en fraude.

Arrivés à hauteur d'Aguedeuz, que nous laissions à notre droite, nous appuyâmes au nord-ouest à travers le pays montagneux, marécageux et boisé d'haïr, où nous marchâmes quatre jours, trouvant partout de l'herbe et des flaques d'eau de pluie. — De notre dernier gîte, une très-courte étape devait nous conduire à Aghezeur, et nous y serions arrivés dans la matinée si, pendant la nuit, mon esclave Mebrouk et cinq Nègres de la caravane de Ghédâmess ne s'étaient pas échappés.

Mebrouk, depuis que je l'avais étroitement enchaîné, s'était montré soumis comme un enfant; il ne m'appe-

lait plus qu'*Aba*, mon père ; au bivouac il était le premier au travail. « Il voyait bien, me disait-il, que je ne
» voulais point le manger ; que les *Touraoua* (Arabes)
» étaient de bonnes gens ; qu'il serait avec eux mieux
» nourri, mieux habillé, plus heureux que dans
» l'Oumbouroum, où les Foullanes l'auraient tué jeune
» ou vieux. »

Lorsque je faisais la prière, il répétait la *chehada*, et souvent il me demandait de lui faire la circoncision pour qu'il pût se vanter d'être un bon musulman.

Sa langue était dorée, et son activité m'étant d'ailleurs utile, je l'avais fait passer d'abord du centre à l'extrémité de la chaîne ; je l'avais ensuite isolé tout-à-fait, et depuis Aguedeuz, libre de ses deux mains et les pieds seulement entravés, il me suivait comme un bon serviteur.

Au bivouac, où nous étions arrivés de bonne heure, j'étais allé visiter la caravane de Ghedamess, et Mebrouk, qui ne me quittait plus, avait reconnu là cinq Nègres de son pays, enlevés avec lui dans la même ghrazia ; leur maître et moi, nous les avions laissés causer ensemble, et Mebrouk m'avait dit au retour :

« Aba, tu devrais acheter mes amis ; leur maître
» veut les vendre ; ils sont forts de leurs bras, leur
» cœur est sans malice ; ils te serviraient comme moi ;
» car ils t'aiment déjà pour le bien qu'ils savent de toi
» et pour celui que je leur en ai dit. »

Ces paroles avaient élargi ma confiance; mais Mebrouk, c'était l'oiseau de la nuit (chauve-souris).

> Il dit aux rats, je suis votre frère;
> Il dit aux oiseaux, je suis votre frère.
> Viennent les rats, il montre ses dents;
> Viennent les oiseaux, il montre ses ailes.

Ce qu'il avait dit à ses amis, c'était qu'il viendrait quand je dormirais les aider à briser leur chaîne, et le lendemain tous les six étaient libres.

Au bruit de cet événement, nos khrebirs, suivis chacun de quinze cavaliers, partirent au galop, et longtemps et très-loin explorèrent le pays; mais il est si plein de broussailles et si coupé de mamelons qu'on ne put y trouver que deux des fugitifs qui, blessés aux jambes par leurs fers, s'étaient jetés dans un marais, ne pouvant suivre leurs compagnons; aucun des deux n'était Mebrouk.

Ce qu'il est devenu, la nouvelle en est chez Dieu!

De retour au camp, nos chefs étaient exténués, très exaltés par la mauvaise humeur, et, sous cette double impression, ils nous rassemblèrent et nous firent crier cet avertissement :

« O enfants du péché, vous ne voulez pas nous
» écouter; tous les jours nous vous le répétons : ne
» vous couchez jamais sans visiter les fers de vos es-
» claves et réveillez-vous souvent la nuit pour les
» visiter encore. — Vous êtes fous, en vérité! car le

» Nègre qui vous a coûté dix boudjous en vaut déjà
» cinquante. Pour la dernière fois nous vous en préve-
» nons, nous n'arrêterons plus la marche des cara-
» vanes pour courir après vos esclaves; celui qui lais-
» sera les siens s'échapper devra se regarder comme
» un homme qui, ayant enlevé des chameaux dans une
» ghrazia, les a honteusement laissé reprendre. »

Tous à la fois nous protestâmes que ce malheur n'était point arrivé par notre faute, mais par la volonté de Dieu; et véritablement il n'était pas un d'entre nous que les fatigues et les veilles n'eussent réduit à moitié de sa chair.

Cependant j'étais à blâmer pour la trop grande liberté que j'avais laissée à Mebrouk; je dus l'avouer à ma honte et subir humblement les remontrances de Chégguéun. Si durement qu'il me parlât, il me parlait dans mon intérêt, je le compris, et ne lui gardai point rancune.

Comme enseignement pour l'avenir, il restait à savoir des deux fugitifs rattrapés, par quel adroit moyen eux et leurs compagnons avaient ouvert leurs chaînes. Mais, ni par la bonté, ni par la patience, Chéggueun, qui les interrogeait, ne put faire parler leurs langues, et, la colère l'emportant, il ordonna qu'ils fussent bâtonnés sous les yeux des autres esclaves. En un instant, tous ces payens furent échelonnés sur la pente d'un mamelon. Deux hommes vigoureux saisirent l'un des Nègres, le jetèrent à terre, et, pour l'y maintenir, le chevauchèrent sur les talons et sur le cou. En même temps, deux chaouchs armés de bâtons avaient pris place, l'un à la droite, l'autre à la gauche du coupable.

« Allez! » leur dit Cheggueun.

Au premier coup les bâtons étaient blancs; au cinquantième ils étaient rouges et le sang ruisselait sur les cuisses et sur les flancs du supplicié. Mais l'entêté n'avait rien dit encore; sa respiration saccadée et quelques mouvements de reins attestaient seuls qu'on ne frappait pas un cadavre.

— Aba! serki! s'écria-t-il enfin. Je dirai tout, arrête le bâton.

Un geste de Cheggueun rendit les chaouchs immobiles.

— Parle, dit-il au Nègre. Comment avez-vous fait pour briser vos chaînes, et que sont-elles devenues?

— O serki! je les ai touchées avec mon kerikeri (amulette), et il les a fait fondre.

— Chaouchs, reprit Cheggueun, frappez plus fort; il a menti.

Et les bâtons retombèrent sur le menteur si violemment qu'ils enlevèrent une lanière de sa peau.

— Aba! serki! je parlerai, je parlerai, s'écria-t-il.

— Chien de payen, lui dit Cheggueun, je te ferai tuer si tu nous mens encore.

—Par le cou de mon père, voici la vérité, reprit l'esclave :

Pendant la nuit, Mebrouk, en rampant sur le sable, est venu jusqu'à nous; il avait de l'eau chaude dans une calebasse, il en a mis dans la serrure de nos fers. Ainsi mouillée, en la frappant sur le côté, nous avons fait glisser le pêne et nous l'avons ouverte; mais sur les cinq, deux ont dû se sauver attachés l'un à l'autre, en emportant la chaîne.

« O mes enfants, nous dit Cheggueun, vous l'en-
» tendez ! Ne vous endormez donc jamais, ceux d'en-
» tre vous surtout dont les Nègres sont enchaînés à
» de vieilles chaînes, sans voir de l'œil et toucher de
» la main les cadenas qui gardent vos fortunes. Que
» pour vous tous cette leçon soit bonne ! »

L'esclave s'était assis, et les chaouchs l'aidèrent à se relever; boiteux et gémissant, il se traîna jusqu'aux pieds de son maître, se prosterna la face contre terre et s'aspergea de sable en témoignage de son repentir et de sa soumission.

Il n'avait pas fallu moins de cent vingt coups de bâtons pour lui arracher son secret; et, en bonne justice, un châtiment pareil revenait à son complice; mais leur maître objecta qu'ainsi blessés, ces deux hommes deviendraient un embarras pour tout le monde, qu'ils pourraient mourir de fatigue; et que sa perte était déjà bien grande.

Cheggueun, dont le cœur était d'or, se rendit aisément à ces bonnes raisons, et ordonna lui-même que le lendemain, au départ, le malade fût placé sur un chameau.

EL KYÁFAT.

Cette exécution à peine terminée, deux hommes de la caravane de Ghate, qui s'étaient laissés entraîner à poursuivre des antilopes, vinrent dire à leurs chefs qu'ils avaient trouvé dans le nord-est les traces de deux Nègres et qu'ils les avaient suivies jusqu'au milieu de broussailles épaisses dans lesquelles elles s'enfonçaient en tournant brusquement au sud. « Nous
» n'avons pas osé marcher plus loin, ajoutèrent-ils;
» mais nous sommes assurés que de bons cavaliers
» bien guidés rattraperaient les fugitifs; car ils n'ont
» pu briser leurs chaînes, et ils marchent enchaînés,
» côte à côte, ainsi que l'indiquent leurs pas toujours
» empreints à la même distance les uns des autres. »

L'autorité de ces deux hommes, très-connus pour être savants dans *El Kyáfat*, décida Cheggueun à lancer sous leur direction vingt cavaliers qui partirent à l'instant même, avec ordre de passer la nuit, s'il en était besoin, sur la piste des Nègres; de là reprendre au point du jour et de la suivre encore jusque vers le midi.

C'était pour nous un retard considérable ; mais nous étions en bon pays, avec des provisions suffisantes, et nous allions toucher Aghzeur où nous retrouverions celles que nous avions confiées, en venant, aux marabouts de la zaouïa de Sidi Mohamed.

El kyafat, dont je viens de parler, est une science qui consiste à reconnaître, par les traces qu'ils laissent sur le sable, les hommes et les animaux, ou à deviner par la vue d'un homme à quelle race, à quelle tribu il appartient; dans le premier cas, cette science prend le nom de Kyafat el ater, dans le second celui de Kyafat el bacher.

De toute antiquité, les Arabes des pays sablonneux se sont particulièrement appliqués à l'étude d'el Kyafat el ater, et ceux qui passent maintenant pour le mieux posséder habitent *Keutia* et *Tekeur el Berleuss*. Comme autrefois les Arabes de l'Yamen, si quelque voleur va chez eux, ils le suivent aussi loin qu'il aille, eût-il tout un jour devant eux; et son pas leur dit s'il est jeune, s'il est vieux, s'il est étranger ou du pays. Ils devinent même, assure-t-on, aux traces d'une femme, si elle est vierge ou mariée.

Le Prophète et Abou Bekeur, fuyant de la Mecque à Médine, furent suivis ainsi par les Cyafas des Koraïches, bien qu'ils eussent marché sur un rocher poli jusqu'à la grotte où ils s'étaient retirés; et sûrement qu'ils eussent été découverts si, par la volonté de Dieu, des araignées n'eussent pas étendu leur toile devant l'entrée de la caverne.

On cite encore deux Cyafas qui, n'étant pas d'accord sur les traces d'un chameau, le suivirent en disant, l'un, c'est un mâle; l'autre, c'est une femelle. Arrivés à Chaab beni Aamer où la bête s'était arrêtée, ils reconnurent qu'elle était hermaphrodite.

Kyafat el bacher est le résumé des indications que présentent les os des hommes. Les Beni Medledje s'en occupaient particulièrement. De vingt individus, tous d'origine différente, ils pouvaient désigner et le père et la mère.

On raconte que le fils d'un marchand, monté sur un très-beau cheval et précédé de son esclave, passant devant la tribu des Beni Medledje, un homme s'écria :

« C'est étonnant combien celui qui est monté sur
» le cheval ressemble à celui qui le devance. »

A son retour, le fils du marchand, courroucé, raconta cette injure à sa mère.

« Ton père était très-riche et très-vieux, lui répondit-elle, et craignant que sa fortune ne vînt à m'échapper, car il n'avait pas d'enfants, je me suis donnée à cet esclave, et tu vins au monde. Si je ne te disais pas ce secret, tu le saurais au jour du jugement. »

Je n'oserais pas affirmer que nos deux guides fussent aussi savants que les Cyafas des Koraïches; mais je fus étonné de la perspicacité avec laquelle ils se guidaient. Sur les sables, dans les marais, à travers les broussailles, un brin d'herbe foulé, une feuille froissée, tout leur servait d'indication, et lorsque nous croyions avoir fait fausse route, nous retombions toujours, et toujours sans erreur, sur la trace des fugitifs; la nuit venue, force nous fut pourtant de nous arrêter; mais au lever du jour nous repartîmes, et sur les huit heures, nos guides nous crièrent :

« Tenez vos armes prêtes, un lion est ici. »

A ce terrible mot, il y en eut plus d'un qui regretta sa tente, mais tous les fusils s'armèrent.

« Ses pas suivent les pas des Nègres, ajoutèrent nos conducteurs. Soyons hommes; car il ne peut être bien loin. »

Nous marchions alors dans un bois, ou plutôt à travers d'épaisses broussailles où s'élevaient de loin en loin quelques grands arbres; et d'espace en espace, dans les lieux dénudés, les larges pattes du lion se mêlaient aux traces des Nègres : il les avait évidemment chassés comme un chien chasse son gibier.

Groupés aussi serrés que possible et que nous le permettaient les bouquets de buissons, nous avancions en silence, le fusil haut, précédés par les guides qui, tout à coup, se rejettent sur nous :

— Voyez ! nous disent-ils.

Et nous voyons un affreux spectacle.

Un énorme lion dormait au pied d'un arbre sur lequel se cachait un Nègre ayant au pied, retenu par sa chaîne, son compagnon, ou plutôt les restes de son compagnon à moitié dévoré. Nos chameaux effrayés tournent bride et nous emportent dispersés dans la forêt; peu à peu cependant nous parvenons à les calmer; nous nous rallions au milieu d'une clairière, et il est résolu que nous irons à pied, lentement et prudemment, décharger à la fois nos vingt coups de fusil dans la tête du lion; mais, réveillé sans doute par le bruit que nous avions fait, il n'était plus là lorsque nous arrivâmes; le Nègre seul, tremblant de tous ses membres, gardait l'affreuse position où nous l'avions trouvé.

Son camarade et lui n'avaient pu, nous dit-il, ouvrir ni briser la chaîne qui les liait par les pieds l'un à l'autre, mais ils n'en avaient pas moins poursuivi leur marche; s'ils avaient pris par le nord, c'est qu'ils s'attendaient bien qu'on se mettrait à leur recherche et qu'on les supposerait dans le sud. A quelques pas de l'endroit où nous nous trouvions, un lion les ayant attaqués, tous les deux avaient tenté de se réfugier sur un arbre; mais, d'un bond, l'animal affamé s'était élancé jusqu'à eux; sa griffe avait saisi le moins agile, qui, lâchant prise, était tombé la tête en bas et avait été dévoré sous les yeux de son compagnon.

Après cet horrible repas, le lion s'était endormi, et c'est alors que nous étions arrivés.

Ce ne fut pas sans peine que nous parvînmes à dégager le pied de ce cadavre mutilé de l'entrave qui l'attachait, il nous fallut employer le yatagan ; et telle fut l'émotion du pauvre Nègre qu'il expira le même soir au bivouac.

Le lendemain, aussitôt arrivés à Aghezeür, nous allâmes visiter les marabouts nos dépositaires ; — tout ce que nous leur avions confié nous fut scrupuleusement rendu, et pour payer à ces bonnes gens leur obligeance, nous leur fîmes un cadeau de parfum, de miel et de sayes.

Le soir à souper ce fut comme une fête sous nos tentes : il nous semblait, en mangeant des dattes et du kouskuessou de farine de blé, dont nous étions privés depuis si longtemps, que notre pays se rapprochât de nous. Cet incident, si simple en soi, fut sur nous d'un effet moral immense. Les sept journées pénibles que nous venions de faire nous avaient accablés ; nos chaussures étaient en lambeaux ; nos outres percées, les bâts de nos chameaux disloqués ; le mal du pays nous gagnait ; un souper comme ceux que nos amis et nos parents faisaient à la même heure, à trois cents lieues de là, nous rendit le courage. Dans ces longs voyages, le chagrin tue plus d'hommes que la fièvre.

Il y a dans la création dix choses toutes plus fortes les unes que les autres ; et de ces dix la plus forte est le chagrin. — On les a classées ainsi graduellement :

Les montagnes,
Le fer qui les aplanit,

Le feu qui fond le fer,
L'eau qui éteint le feu,
Les nuages qui absorbent l'eau,
Le vent qui chasse les nuages,
L'homme qui brave le vent,
L'ivresse qui étourdit l'homme,
Le sommeil qui dissipe l'ivresse,
Le chagrin qui détruit le sommeil.

Le chagrin est donc ce qu'il y a de plus puissant dans la nature : Dieu nous en préserve !

Nous dûmes séjourner à Aghezeur pour nous ravitailler et réparer nos équipages ; nos Nègres, devenus plus dociles à mesure qu'ils s'éloignaient de leur pays et qu'ils perdaient toute espérance d'évasion, plus familiarisés d'ailleurs avec nous, nous aidèrent franchement et sans mauvaise humeur dans tous ces travaux. — Grâce à Dieu, la mort ne nous en avait pas pris un seul, et nous n'avions pas perdu non plus un seul chameau.

Nos préparatifs de départ étant faits, nous nous disposions à nous mettre en route le troisième jour après notre arrivée ; mais les marabouts de la zaouia de Sidi Ahmed étant venus dans notre camp et nous ayant fait convoquer à la prière, nous retinrent par ces paroles :

« O musulmans ! ces Nègres que vous emmenez, ce
» sont des idolâtres, il faut leur faire connaître le Dieu
» unique ; il faut leur apprendre à prier ; comment ils
» doivent faire les ablutions, et les circoncire aujour-

» d'hui : Dieu vous en récompensera. — Faites donc
» assembler vos esclaves; par la grâce de Dieu, nous
» savons parler leur langage; nous nous mettrons au
» milieu d'eux, et nous leur enseignerons ce qu'il est
» bon qu'ils sachent. »

Nous comprîmes le bien; car le Seigneur aime celui par qui le nombre de ses serviteurs est augmenté, et il y a d'ailleurs grand avantage, pour la vente, à faire un idolâtre musulman. Presque tous les nôtres savaient déjà la chehâda et connaissaient le nom du Prophète de Dieu; et bien souvent, pendant les loisirs du bivouac, eux écorchant l'arabe et nous le guenaouïa, nous leur avions appris les lois fondamentales de la religion. Aux plus dociles, on faisait quelques grâces; aux récalcitrants, quelques rudesses, et l'intérêt, sinon la conviction, les avait préparés à l'état solennel qui devait aujourd'hui les faire musulmans.

Devant la zaouïa de Sidi Ahmed est un immense espace, chacun de nous y conduisit ses Nègres, les fit asseoir à terre, et leur foule traça bientôt un épais et vaste demi-cercle en regard de la zaouïa. Comme un moudden pour appeler à la prière, l'iman alors monta sur la mosquée et cria ces paroles :

« O les Nègres ! il n'y a pas d'autre Dieu que Dieu,
» et notre seigneur Mohamed est le Prophète de Dieu.
» Dieu est unique, il n'a point d'associés; il est seul
» de son espèce et ne peut être comparé à rien; il est
» souverain maître et incomparable.

» Il est de toute éternité, il durera toujours, sans
» cesse il sera. Il n'a ni commencement ni fin; sa pré-
» sence est continuelle. C'est lui qui fait ressusciter.
» L'éternelle durée ne le détruira pas, et les temps et
» les siècles ne le changeront pas.

» Il est le premier et le dernier, le présent et le
» caché; il sait ce qu'il y a dans l'intérieur des corps;
» rien n'est semblable à lui; il est supérieur à toutes
» choses. Sa supériorité et son élévation, au lieu de
» l'éloigner de ses adorateurs, le rapprochent des
» créatures.

» Il voit tout, il sait tout, il est partout; sa proxi-
» mité de l'homme ne peut être comparée à la proxi-
» mité d'un corps et d'un autre, comme aussi on ne
» peut lui appliquer la forme d'aucun corps.

» Sa durée ne peut être limitée par le temps; il est
» saint, et aucun lieu ne peut le circonscrire. Les re-
» gards des saints seuls peuvent le voir dans les lieux
» où sa demeure est sempiternelle, ainsi que l'ont
» établi les versets du Koran et les récits des anciens
» (des premiers).

» Il est vivant, il est fort, il est tout-puissant, il est
» superbe, il est sévère; la paresse et la faiblesse sont
» loin de lui.

» Il n'oublie pas, il ne dort pas; il possède le com-
» mandement, il possède l'immensité des univers; à
» lui les honneurs et l'omnipotence.

» Il a créé les créatures et leurs faits; il a li-

» mité la part de leur fortune et de leur existence.
» Sa toute-puissance ne peut se calculer et son savoir
» n'aura pas de fin. Il sait tout; rien ne lui est caché,
» ni dans le ciel ni sur la terre. Il connaît ce qui est
» apparent et occulte, les plus secrètes pensées, les se-
» crets les plus profonds!...

» C'est par sa volonté que les événements ont lieu,
» il dirige les éventualités; rien n'arrive dans son uni-
» vers, ni peu ni beaucoup de bien, ni de mal, si ce
» n'est par son ordre, sa volonté ou son désir.

» Quand il veut une chose, elle est; quand il ne la
» veut pas, elle n'est pas; il est le commencement et
» la fin, le faiseur de sa volonté; il ne rend de compte à
» qui que ce soit, et rien ne peut arrêter l'exécution de
» ses décrets. Aucune fuite ne peut soustraire la créa-
» ture à son obéissance; elle doit plier devant sa
» volonté et sa miséricorde.

» Si les hommes, les esprits, les anges et les démons
» se réunissaient pour mettre obstacle à l'ébranlement
» d'un atome ou pour en ébranler un, ils ne le pour-
» raient sans la volonté de Dieu et verraient leurs
» efforts impuissants.

» Tout ce qui a lieu dans ce monde, mouvement,
» repos, bien, mal, profit, perte, croyance, impiété,
» obéissance et désobéissance, tout provient de Dieu.
» Pas d'oiseau volant de ses ailes, pas de bête mar-
» chant sur ses pieds, ou de reptile glissant sur son
» ventre, pas de feuille qui pousse ou qui tombe, pas

» de lumière ou d'obscurité sans la volonté toute-
» puissante de Dieu.

» Tout ce qui existe est créé ; Dieu est de toute
» éternité, et tout ce qui est créé démontre son unité.

» La demande de l'homme à Dieu c'est la prière, et
» la prière elle-même n'existe que par la volonté de
» Dieu.

» En mettant votre confiance en Dieu, il vous entre-
» tiendra comme il entretient les oiseaux du ciel qui
» partent affamés et reviennent repus. Il ne leur porte
» pas la nourriture dans leurs nids, mais il leur a
» inspiré l'instinct de la chercher. »

Je n'oserais pas dire que ce discours eût fait une impression bien vive sur nos Nègres ; mais la solennité de ce spectacle nouveau pour eux, le recueillement avec lequel nous écoutions, nous leurs maîtres, le saint marabout, les avaient sûrement préparés à l'accomplissement de l'acte religieux qui devait les faire musulmans ; et quand il fallut en venir à l'opération, si tous ou presque tous s'en montrèrent étonnés, il n'y en eut pas un qui refusa de la subir, car il est dans leur orgueil de ne point craindre le mal.

LA CIRCONCISION (KHETANA).

La circoncision rentre dans le senna (pratique); elle est obligatoire pour tous les musulmans du sexe masculin et facultative pour les femmes; celle-ci prend le nom de *en khrifad.*

La circoncision a été révélée à notre seigneur Ibrahim el Khelil [1], qui se la *donna*, bien qu'il fût âgé de quatre-vingt-dix-neuf ans; et la *donna* à son fils Ismaël. Elle se pratiquait alors le *septième* jour après la naissance de l'enfant, et cette coutume s'est conservée chez les juifs. Les Arabes djahyliàs (idolâtres) suivaient le même usage avant la venue du Prophète, et la tradition a conservé que, avant de procéder à la cérémonie, ils immolaient une victime, en séparaient les os aux articulations, et, de son sang, oignaient la tête de l'enfant. Dans leur esprit, ces pratiques superstitieuses étaient de bon augure et favorables au nouveau-né; et si, comme autrefois, il est reçu d'immoler un mouton ou une brebis pendant le cours du septième soleil après qu'un musulman est venu dans ce monde, il importe que la victime (dahia) soit saine de son corps; il est prescrit d'en séparer les os qu'il faut briser, de souiller avec du sang la tête de l'enfant, et de saisir cette occa-

---

[1] L'an du monde 2108, selon la chronologie sacrée.

sion pour donner une fête où l'on réjouirait ses amis au lieu de rassasier ceux qui ont faim.

Mais il est bien de raser ce jour-là la tête du nouveau-né, mâle ou femelle, de peser ses cheveux au poids de l'or ou de l'argent et de donner la somme aux pauvres de Dieu.

Les opinions sont diverses sur l'obligation où l'on serait de circoncire un enfant qui naîtrait circoncis et les docteurs n'ont point décidé qu'un infidèle converti à la religion fût forcé de se faire circoncire ; toutefois, il est plus agréable à Dieu qu'il en soit fait ainsi.

Toutes ces questions ont été traitées dans l'ouvrage de Sidi Khelil, au chapitre Bab el adhia, et dans les commentaires du savant chikh Sidi Abd el Baki.

Quelques rares marchands usèrent de la liberté que la loi a sur ce point laissée et, par peur de perdre leurs esclaves, ne voulurent point les faire circoncire. S'ils ont fait bien ou mal, Dieu le jugera. Les nôtres, aussitôt qu'ils eurent été marqués au signe des musulmans, nous pansâmes leurs blessures avec une poudre astringente faite en feuilles séchées et broyées d'arrare et d'el aazir, pétries dans du beurre.

Les marabouts prièrent sur eux ensuite et leur dirent en guenaouïa :

« O les Nègres, remerciez Dieu ! Hier vous étiez
» idolâtres, aujourd'hui vous êtes musulmans. Par-

» tez avec vos seigneurs, ils vous habilleront, vous
» nourriront, et vous aimeront comme leurs frères et
» leurs enfants. Servez-les bien ! ils vous rendront la
» liberté dans quelque temps ; si vous êtes bien avec
» eux, vous y resterez ; si vous vous y trouvez mal, vous
» retournerez dans votre pays. »

Ce jour-là et les suivants, nous eûmes un soin particulier de nos esclaves ; nous les nourrîmes de bonne viande et nous les fîmes coucher sous la tente pour les préserver du froid et de la rosée des nuits. Grâce à ces soins, notre caravane n'en perdit pas un seul ; mais quelques-uns des plus âgés moururent dans les autres caravanes.

Nous quittâmes Aghezeur à la pointe du jour, et nous arrivâmes de bonne heure à Djebel Asbenaona ; mais les trente ou quarante puits qui s'y trouvent n'auraient pu suffire à abreuver les quatre caravanes, et nous en creusâmes d'autres qui nous donnèrent beaucoup d'eau à deux ou trois pieds de profondeur. Tant pour cette longue opération que pour reposer nos Nègres, il fut décidé que nous passerions un jour à Djebel Asbénaona. L'herbe d'ailleurs et les arbustes que broutent les chameaux en route allaient nous manquer, ou à peu près, jusqu'au Djebel Hoggar, et nous devions commencer à en faire provision.

Du Djebel Asbenaona nous allâmes faire halte à Khoua, notre ancien bivouac, situé dans la plaine aride d'Haoud, où nos chameaux trouvèrent encore à paître du demcran; du nessy et du bagueul, mais où l'eau nous manqua pour les abreuver.

D'El Khoua, nous arrivâmes à l'Oglâa d'Assaoua. Les Arabes nomment Oglâa une réunion de puits, et nous avons déjà dit qu'on en trouvait trente ou quarante à ce bivouac, qui est à la fois le rendez-vous de toutes les bandes pillardes en cours d'aventures, et le point de séparation des caravanes qui reviennent du Soudan; pour ces deux raisons, c'est un lieu proverbialement dangereux. On y arrive en nombre et l'on en part fractionnés, laissant ainsi prise aux Touareug.

Nous fûmes cependant forcés d'y séjourner trois jours pour réparer nos effets, remplir nos outres et abreuver nos chameaux, opération longue et difficile; car, les puits ne suffisant pas, il nous fallut en creuser d'autres.

Aucun de nos esclaves, j'en suis sûr, n'oubliera cette étape; car c'est là que pour la première fois depuis un mois qu'ils étaient aux fers, nous leur donnâmes la liberté. Il fallait voir la joie et les gambades de ces pauvres gens. Hommes et femmes dansèrent toute la journée à la façon de leur pays, et jusqu'à tomber suffoqués de chaleur et de lassitude; ceux mêmes dont les jambes ou le cou avaient été blessés par les chaînes prenaient une part active à ce fatigant exercice, et tous venaient nous baiser les mains et se jeter à nos pieds en s'aspergeant de sable. Nous nous gardâmes bien de troubler cette fête de bon augure; elle était pour nous la preuve qu'ils avaient enfin accepté leur position, et nous n'avions point à craindre que si loin du Soudan, en plein désert, ils songeassent à s'échapper. Ils savaient, à n'en pas douter, que s'ils osaient tenter un retour impossible, ils seraient la proie du soleil, de la soif, de la faim, et du pays sauvage. A compter de ce jour, tous nous furent sincèrement attachés, et notre joie n'en fut pas moins grande que la leur, car la surveillance continuelle que nous nous étions imposée jusque-là nous avait horriblement fatigués; ils allaient nous aider à charger et à décharger nos chameaux, à les guider en route, à tendre nos tentes, à faire du bois et de l'eau, travaux de tous les jours que nous avions seuls accomplis depuis un mois; nous allions enfin dormir à notre aise !

La veille du départ, les quatre khrebirs des caravanes se réunirent avec quelques députés de chacune d'elles pour se faire les adieux de séparation et pour se souhaiter mutuellement un bon voyage.

« Demain nous nous séparerons, leur dit celui d'entre eux à qui l'âge donnait le droit de la parole ; Dieu nous fasse rencontrer le bien, et nous conduise sans malheur jusqu'à notre pays ! — Voilà un mois que nous voyageons ensemble; nous ne nous sommes point volés, nous ne nous sommes point haïs, nous ne nous sommes jamais disputés; que notre connaissance ait des suites, et Dieu nous réunisse heureusement encore !

— Amin ! » répondirent les autres.

Après des protestations mutuelles de souvenir et d'amitié, on se sépara; et de fait, soit que le danger commun donne de la sagesse aux hommes, soit que tout le monde fût absorbé par ses intérêts et n'eût pas de temps à donner aux querelles, il n'y avait eu parmi tant de gens réunis que de faibles contestations inévitables pour l'eau, les pâturages et les bivouacs; et toujours nos khrebirs les avaient aisément éteintes.

Pour les deux caravanes de Ghate et du Fezzan, il eût été plus court de nous quitter à Aguedeuz; mais si, en venant jusqu'à Assaoua, elles allongèrent leur chemin de quinze ou vingt journées, elles y trouvèrent l'avantage de traverser en sûreté le pays dangereux où rayonnent les Touareug noirs.

Une dernière fois nous levâmes les tentes ensemble. Mais la caravane de Ghedamess prit à l'est pour se rendre chez elle, en passant par Ghate; elle avait vingt jours de marche environ. Des marchands l'attendaient à Ghedamess pour acheter ses marchandises et ses esclaves, qui de là devaient en grande partie s'écouler à Ouargla, Souf, Touzer, Nefta, Tunis, Gabès, Tripoli, Sfakès; etc.

Celle de Ghate devait marcher de conserve avec la précédente : elle écoule ses marchandises dans le Fezzan; et vend aux caravanes du Touat qui viennent à Mouzourk.

Celle du Fezzan prit au sud-est; elle devait mettre de trente à trente-cinq jours pour arriver à sa destination, d'où ses esclaves et ses marchandises s'écouleraient à Belghâzi, ville du littoral de Tunis, à Tripoli, à Maseur (le Caire), et dans l'Égypte.

Quant à nous, toujours réunis aux habitants du Touat, nous prîmes au nord-nord-ouest avec une bonne provision d'eau et de fourrages, car nous n'en devions plus trouver qu'à la fin du troisième jour, sur les sources abondantes qui coulent du Djebel Hoggar.

Rien de particulier ne signala cette marche ; nous aperçûmes cependant à l'horizon quelques rôdeurs montés sur des mahari ; c'étaient, nous dit Cheggueun, des chouafs (espions, voyeurs) des Adanareun et des Oullémadeun qui guettaient le retour connu des caravanes, dans l'espoir de faire un coup de main sur celles qu'ils trouveraient en défaut. Mais nous marchions en bon ordre et très-serrés, et sans doute qu'ils ne se jugèrent pas de force à nous attaquer. Pour tout le monde, enfin, la journée fut heureuse, excepté pour moi. En arrivant au lieu de campement, j'avais eu l'imprudence de me découvrir ayant chaud, et de m'étendre sur un mamelon pour y respirer à mon aise un peu d'air frais qui nous venait du nord. *Le vent me frappa*, et je fus pris à l'instant même de douleurs si cruelles dans les reins et dans les genoux, qu'il me fallut m'appuyer sur un Nègre pour regagner ma tente.

Cheggueun, aussitôt appelé, me fit frotter les parties douloureuses avec de la graisse d'autruche, jusqu'à ce que ma chair eût bien absorbé le remède, et me fit coucher dans le sable un bernouss sur la tête pour la mettre à l'abri des rayons du soleil. Il était quatre heures environ ; en un instant j'eus sué tout mon mal, et deux heures après je n'avais plus qu'à réparer mes forces par un bon sommeil.

Dans le Sahara, la graisse d'autruche est connue pour un excellent remède, et dans les caravanes on en fait toujours provision, car elle est employée non seulement contre les *coups de vent*, mais encore contre la fièvre et les maladies bilieuses.

Dans ce dernier cas, après l'avoir fait chauffer jusqu'à la rendre liquide comme de l'huile, on la sale un peu et on la fait boire au malade. — Les évacuations qu'elle produit sont telles que celui qui l'a bue devient d'une maigreur extrême; mais il est dégagé de tout ce qu'il avait de mauvais dans le corps; il reprend une santé de fer et sa vue devient merveilleuse : cela, je ne l'ai pas vu par moi-même.

Le jour suivant, vers les dix heures, à hauteur d'un areg (veine de sable), nous fûmes assaillis par un affreux coup de vent qui nous enveloppa dans un nuage de poussière. Quelques-uns de nos chameaux, effrayés et pris de vertige, s'échappèrent; et nous ne pûmes, aveuglés que nous étions, les rattraper que très-difficilement. Cet ouragan avait mis le plus grand désordre dans la caravane; heureusement qu'il passa comme une volée de corbeaux et que nous pûmes enfin continuer notre route ; mais, à la halte du soir, au milieu de cette vaste plaine de sables mouvants, sans herbage et sans eau, qui sépare Assaoua du Djebel Hoggar, et dans laquelle on dit que les djinn (démons) habitent [1], nous nous aperçûmes qu'un homme du Tidikeult, nommé Mohamed Ould Nadjem, nous manquait ; sans doute qu'égaré pendant la tempête, il n'avait pu retrouver nos traces effacées aussitôt que faites.

Cheggueun, averti de cet incident, pensa que notre malheureux compagnon était retourné peut-être aux puits d'Assaoua, et, sans perdre un instant, il partit avec vingt hommes, bien armés et bien montés, pour aller à sa recherche ; en nous laissant l'ordre de faire séjour le lendemain à l'endroit où nous nous trouvions.

Au jour levant il était à Assaoua ; mais rien n'indiquait qu'Ould Nadjem y fût revenu. Accablé de fatigue, de sommeil et de désespoir, notre généreux khrebir, forcé de se rallier à nous, n'arriva qu'à la nuit tombante. — Il nous réunit aussitôt et nous proposa de bivaquer un jour encore pendant qu'il continuerait ses explorations ; mais, d'un commun accord, nous nous y refusâmes, en lui objectant que nous n'avions pris d'eau que pour deux jours, qu'un plus long retard nous exposerait à mourir de soif, nous et nos esclaves, et que le fourrage allant nous manquer, nos chameaux

---

[1] Le désert est rempli de démons qui, si quelqu'un marche seul, se jouent de lui et le fascinent afin de le détourner de la route qu'il doit suivre. (Ibn Batouta.)

mourraient de faim; qu'il valait mieux, en somme, qu'un seul homme perdît la vie, que si deux mille lui étaient sacrifiés. « Partons, partons! ajoutâmes-nous, et, s'il vous faut payer la dia de cet homme, nous la paierons pour vous. »

Cheggueun, forcé de se rendre à ces raisons, fit toutefois constater par écrit et en présence de témoins, par Abd er Rahman, notre khôdja, que la volonté de la caravane lui était imposée; qu'il n'y avait point de sa faute si Mohamed Ould Nadjem s'était perdu, et qu'il avait fait tout son possible pour le retrouver.

Le malheureux aura sans doute été égaré par les djinn qui, sous forme de voyageurs, passent à l'horizon devant celui qu'ils veulent perdre, et lui font voir de l'eau, des bois et des villages vers lesquels il marche sans cesse, pendant qu'ils font souffler le vent derrière lui pour effacer ses traces.

Le lendemain, forcés que nous fûmes de nous rationner pour l'eau et de rationner nos chameaux pour le fourrage, nous saluâmes d'acclamations le Djebel el Hoggar qui se dessinait devant nous comme une masse de nuages et qui nous assurait pour la halte du soir une eau limpide et des herbes abondantes.

Nous allions enfin laisser derrière nous cette plaine désolée d'Assaoua, où nous avions perdu notre pauvre compagnon, et dans laquelle trente de nos chameaux du Soudan étaient morts frappés par le passage subit des chaleurs suffocantes de la journée au froid humide et vif de la nuit.

Les chameaux du Soudan, peu habitués à faire de longs voyages, toujours nourris et désaltérés abondamment, supportent mal les privations que nous sommes forcés d'imposer aux nôtres. Destinés d'ailleurs à vivre sous un climat où les nuits et les jours sont également chauds, Dieu ne leur a donné qu'un poil très-fin et très-léger qui ne les garantit pas contre les rosées glacées des nuits du Sahara.

Cette perte ne nous fut pourtant pas très-sensible, en ce sens qu'elle ne ralentit en rien notre marche; car, ainsi que je l'ai dit, chaque marchand avait eu la précaution d'emmener quelques chameaux à vide pour le cas probable où nous nous trouvions. En avançant vers le nord, nous devions en perdre bien d'autres encore, mais nous en avions pris notre parti.

Cette étape est longue, fatigante, monotone. Depuis trois jours nous n'avions vu que le ciel et le sable : le ciel enflammé, le sable nu; dans cette immensité, nos trois mille chameaux étaient comme sont des fourmis quand elles marchent pour émigrer.

— Dieu seul est grand ! —

Nous étions épuisés, brûlés par la poussière imperceptible que soulevaient tant de pieds à la fois, et qui, filtrant à travers nos bernouss, faisait une autre peau sur notre peau. — Elle avait changé la couleur de nos Nègres; ils étaient jaunes comme des Foullanes. — La soif nous dévorait, et nous n'osions toucher aux quelques tasses d'eau qui restaient encore dans nos outres et qu'allait épuiser la halte du déjeuner.

Ceux que toute énergie n'avait pas abandonnés, éparpillés sur les flancs de la caravane, poursuivaient ces nombreux lézards appelés *zelgagues*; que notre marche mettait en fuite; mais c'était payer bien cher un bien maigre repas.

Le zelgague[1] est un petit lézard à la peau blanche et lisse, à pattes extrêmement courtes; ses mouvements sont si rapides qu'il nage sur le sable comme un poisson dans l'eau, et quand on croit l'atteindre, il disparaît sous le sol; mais il a laissé sa trace et, guidé par elle, on va le saisir aisément au fond de sa retraite. Sa chair grillée sur des charbons rappelle le goût d'un poisson de la mer dont on lui a donné le nom, et, pour le voyageur, c'est une des provisions que la bonté de Dieu a cachées dans le désert.

LES SAUTERELLES.

Grâce à Dieu encore, si notre soif et le soleil n'eussent pas desséché nos outres, nous aurions fait un déjeuner

---

[1] Ces lézards sont probablement les scinques du Fezzan et du Haut-Nil. (Voir d'Avezac, *Histoire de l'Afrique*, p. 13.)

joyeux, car depuis un moment nous voyions arriver à nous un nuage de sauterelles ; le soleil se cachait derrière, le ciel en était noir, elles tombaient par myriades ; aussi loin et aussi haut que nos yeux pouvaient aller, le sol et l'air en étaient inondés.

Devant ce bonheur imprévu, la caravane s'arrêta, et déjà maîtres et Nègres commençaient à moissonner cette moisson de Dieu ; — mais Cheggueun nous fit dire :

« Vous êtes fous, en vérité ; hâtez le pas, ô mes en-
» fants ! L'eau, vous n'en avez plus ; elle est là-bas au
» pied du Djebel Hoggar, et c'est de là que viennent
» les sauterelles. — Vous les retrouverez au bivouac
» avec du bois pour les faire griller, de l'eau pour les
» faire bouillir, et tout cela vous manque ici. »

Ces paroles étaient justes et nous reprîmes notre marche, sans plus nous inquiéter de ce *sable d'insectes* que nous écrasions sur la route ; mais au pied du Djebel Hoggar, où nous devions faire séjour, chacun s'empressa d'en recueillir, d'en faire préparer pour le repas du soir et sécher au soleil pour sa provision.

La sauterelle est une bonne nourriture pour les hommes et pour les chameaux : fraîches ou conservées, on les mange après leur avoir enlevé les pattes, les ailes et la tête, grillées ou bouillies et préparées sur le kouskuessou.

Séchées au soleil, on les réduit en poudre que l'on

mélange avec du lait[1], ou que l'on pétrit avec de la farine, et que l'on fait cuire avec de la graisse ou du beurre et du sel.

Les chameaux en sont très-friands : on les leur donne desséchées ou cuites, empilées dans un grand trou, entre deux couches de charbon.

C'est ainsi que les Nègres les mangent; aussi notre bivouac fut-il en un instant enfumé par leurs réchauds improvisés.

La chair des sauterelles est permise, pourvu que ces insectes aient été pris vivants et tués par des musulmans; mais si la mort leur a été donnée par le froid ou par la main d'un infidèle, leur chair est impure, ainsi qu'il en a été décidé par les imans El Malek et El Hanebali.

Le Prophète a dit que Dieu avait permis de manger, sans les écorcher, deux sortes d'animaux, les poissons et les sauterelles.[2]

El Baïha raconte, sur la foi de Abi Mamatou el Banouli, que notre seigneur Mohamed disait :

---

[1] Selon Hérodote, c'était ainsi que les mangeaient les Nasamons. Sa phrase a été du reste diversement interprétée. — Quelques savants ont vu des *dattes à peine mûres* où d'autres ont vu des *sauterelles* et d'autres des *hannetons*. Nous n'osons point nous prononcer contre Henri-Étienne et M. d'Avezac; mais si c'est des sauterelles qu'a voulu parler l'auteur grec, l'usage de les manger en poudre dans du lait s'est conservé, et dans le cas contraire l'usage de manger ainsi des *dattes à peine mûres* et des *hannetons* s'est perdu.

[2] On lit dans les commentaires des écrits de Jazid : « Les sauterelles et les cœurs d'arbre étaient la nourriture de Jahia ben Zakaria. » — (Jean, fils de Zacharie; saint Jean-Baptiste; voir le Koran, chap. 19.)

« Meriem Bent Aomran [1] ayant demandé à Dieu la faveur de manger une chair qui n'eût pas de sang, Dieu lui envoya des sauterelles. »

Abdallah Ben Ali a écrit :

« Nous avons fait, en compagnie du Prophète, de
» nombreuses ghrazias pendant lesquelles nous avons
» mangé des sauterelles et il en mangeait avec nous. »

Ben Madjat ajoute :

« Les femmes du Prophète, lorsqu'on leur envoyait
» des sauterelles en présent, en envoyaient aux autres
» femmes dans des corbeilles. »

Aomar, un jour qu'on lui demandait si l'usage des sauterelles était permis, répondit : « J'en voudrais avoir
» un panier plein pour les croquer. »

De tous ces témoignages, il résulte, à n'en pas douter, que, par la grâce de Dieu, les sauterelles ont été données à l'homme pour qu'il en fît sa nourriture.

Les savants sont divisés d'opinion sur l'origine de ces insectes.

En souvenir de ce mot du Prophète : Les sauterelles sont le produit de la fiente des poissons, on les a dites aquatiques ; mais il paraît certain que si les unes viennent de la mer, les autres viennent de la terre. — Il y

---

[1] Meriem Bent Aomran (Marie, fille d'Aomran); c'est la Sainte-Vierge. — On sait que même, selon le Koran, Marie était une vierge craignant Dieu, et qui conçut mystérieusement. « Nous envoyâmes vers elle notre esprit, etc. » (Voir le Koran au chap. 19, intitulé *Marie*).— Selon notre foi, le père de la Sainte-Vierge se nommait Joachim. — Selon les musulmans, Aomran.

en a de diverses espèces : de grandes, de petites, de blanches, de rouges, de jaunes.

Lorsque l'insecte sort de l'œuf, on le nomme *debba*; quand ses ailes grandissent, *fogha*; quand il vole, *ghoghat*, et enfin *djirad* quand il change de couleur, alors que les mâles deviennent jaunes et les femelles d'un gris noir.

On leur donne encore le surnom d'oum el aouf.

Les sauterelles de terre ont six pattes, deux à la poitrine, qui sont leurs mains, deux à la taille, et deux derrière qui sont leurs jambes, et dont l'extrémité est dentelée comme une scie.

Quoique bien petit, cet animal ressemble à beaucoup d'animaux : il a la tête du cheval, les yeux d'un éléphant, le cou du taureau, les cornes de l'antilope, la poitrine du lion, les ailes de l'aigle, les cuisses du chameau, les pattes de l'autruche, le ventre du scorpion, et le corps du serpent.

El Chérif a dit que les sauterelles marines ont la tête carrée, près de la tête une partie osseuse comme la nacre, dix jambes longues comme celles des araignées.

On en voit beaucoup sur les bords de la mer, dans le pays de Gharb; on les mange rôties ou en ragoût. — Cet animal peut être rangé dans la classe des produits de mer qui donnent de la nacre.

Quand la sauterelle veut pondre, elle fait choix d'un endroit aride, sablonneux ou pierreux; elle creuse le sol avec la partie postérieure de son corps, et dans la cavité qu'elle a formée elle dépose ses œufs. Pour les protéger ensuite, elle reste immobile, les ailes étendues, et de loin on dirait de la troupe, un champ de marguerites.

Ces animaux sont au nombre de ceux qui obéissent à un chef; ils se rassemblent en armées, un roi conduit, les sujets suivent. — Quand un de ces essaims s'abat sur une campagne, il y détruit tout.

Le Prophète a dit : « Ne tuez pas les sauterelles, car ce sont les troupes de Dieu. »

Non, nous ne devons pas les tuer, si elles ne dévastent pas les champs; mais autrement leur mort est légitime.

El Asnaï raconte :

« Un Arabe avait semé du blé; lorsque ce blé fut en
» épis, les sauterelles arrivèrent, et l'Arabe, après
» s'être amusé longtemps à les regarder manger, im-
» provisa ces vers :

» Les sauterelles s'abattirent sur mon champ de blé, et je leur
» dis :
» Ne mangez pas mon bien et ne le dévastez pas.
» Un de leurs savants, perché sur un épi, me répondit :
« — Nous sommes vos hôtes, il faut que vous nous rassasiiez. »

« Je me suis rendu dans ce champ, continue El
» Asnaï, il était dévasté, et j'ai demandé à l'Arabe
» s'il était vrai qu'il eût mis du blé.

— Oui, me répondit-il; mais il m'est arrivé un

» essaim de sauterelles, armées de faux comme des
» moissonneurs, qui m'ont tout fauché. — Louange à
» Dieu qui permet à un aussi faible animal de tout
» détruire ! »

Sous le califat d'Aomar Ben el Khottab, les sauterelles semblaient avoir disparu complétement; Aomar en conçut le plus grand chagrin, la plus vive inquiétude, et des courriers furent envoyés dans l'Yamen, dans le Cham, dans l'Irak, pour s'informer si l'on n'en n'avait pas vu. Le courrier de l'Yamen en rapporta une poignée, et Aomar s'écria :

« Dieu est le plus grand ! Dieu est le plus grand ! »

J'ai entendu dire au Prophète que Dieu avait créé mille mères d'animaux différents, quatre cents sur terre et six cents dans la mer, et que la première de ces mères qui disparaîtrait de la création serait celle des sauterelles, et qu'alors les autres la suivraient.

Ben Adi et El Tarmadi el Hakim ont ainsi interprété ces paroles d'après les commentaires de Mohamed Ben Ayssa : Si les sauterelles doivent disparaître du monde les premières, c'est qu'elles ont été formées du reste du limon qui a servi à faire l'homme; après elles il disparaîtra, et après lui toutes les autres espèces d'animaux, car elles n'ont été créées que pour le servir.

Hassan Ben Ali a raconté :

« Nous étions à table en famille et une sauterelle s'abattit au milieu de nous; Abdallah, mon parent, l'ayant prise, demanda à l'envoyé de Dieu ce qu'il y avait d'écrit sur les ailes de cet insecte, et l'envoyé de Dieu y lut :

« C'est moi qui suis Dieu ; il n'y a pas d'autre Dieu que moi ; je suis le Dieu des sauterelles, c'est moi qui les nourris. Quand je le veux, je les envoie aux peuples pour les enrichir ; quand je le veux, pour les punir. »

D'après Ben Aomar, l'envoyé de Dieu lut une autre fois sur les ailes d'une sauterelle, écrit en caractères hébreux :

« Nous sommes les troupes de Dieu le plus grand ; nous pondons chacune quatre-vingt-dix-neuf œufs, et nous sommes si nombreuses que, si nous en pondions cent, nous dévasterions le monde entier. »

Alors le Prophète effrayé s'écria :

« O mon Dieu, détruisez leurs petits, tuez leurs
» chefs, fermez-leur la bouche pour préserver de leurs
» dents la nourriture des musulmans, vous qui écoutez
» les prières de vos créatures. »

A cette invocation, l'ange Gabriel apparut au Prophète et lui dit :

« Dieu t'accorde une partie de tes vœux. »

Depuis cette époque, en effet, ces paroles de notre seigneur Mohamed, écrites sur un papier et renfermées dans un roseau que l'on plante au milieu des blés ou des vergers, ont le pouvoir de détourner les sauterelles.

Cette recette est infaillible.

L'expérience a prouvé encore l'efficacité de cette

autre indiquée par le chikh Yahia, qui m'a assuré l'avoir employée nombre de fois avec succès.

On prend quatre sauterelles, et l'on écrit un de ces quatre versets du Koran sur les ailes de chacune :

— Dieu vous rassasiera; il entend, il sait.

— Mettez une opposition entre eux et ce qu'ils désirent.

— Partez ! Dieu a dégagé vos cœurs.

— Lorsque l'ordre sera donné, elles s'en iront confuses.

On les relâche ensuite au milieu de l'essaim, et leur armée va se perdre dans une autre direction.

Dieu a donné à ces insectes diverses vertus médicinales, et par sa volonté, quand on en voit en songe, elles annoncent l'avenir.

D'après Ben Sina (Avicènes), pour guérir l'hydropisie, on prend douze sauterelles, on leur enlève la tête et les jambes; on les assaisonne avec un peu d'as sec; on les fait bouillir, et on en boit la décoction.

Employées en frictions, elles guérissent les rétentions d'urine.

Lorsqu'un individu est atteint du *homra*, bouton rouge qui ne guérit jamais; s'il porte sur lui une sauterelle de l'espèce de celles qui ont un long cou, il peut en être soulagé.

L'usage de leur chair est encore favorable contre une maladie appelée el *djoudane*.

Si vous voyez des sauterelles en songe, le lendemain vous verrez de mauvaises gens.

Si vous rêvez que vous en mangez, c'est un bon augure.

Que vous en entassez dans un vase, vous gagnerez beaucoup d'argent.

Qu'il en pleut et qu'elles sont d'or, Dieu vous rendra ce que vous avez perdu.

Toutes ces choses arrivent par la volonté de Dieu [1].

A peine étions-nous installés que les Touareug descendirent de la montagne pour nous vendre des chèvres, des fromages secs (tekeumarin) et des dattes. Nous leur échangeâmes contre du poivre du daoudaoua et du tabac; et nous leur fîmes encore quelques petits présents pour nous les rendre favorables, en les chargeant de prévenir Ould Biska de notre arrivée. — Ce chef a d'ailleurs, sur les deux versants du Djebel Hoggar, des chouafs ou voyeurs chargés de guetter le passage des caravanes, de protéger celles qui se réclament de lui, et de lui dénoncer, pour qu'il puisse leur courir sus, celles qui tenteraient de franchir ou de tourner son territoire sans lui payer les droits d'habitude.

Le jour suivant, après le *salat el fedjer*, la prière du

---

[1] Nous avons cru devoir donner en entier ce curieux chapitre d'histoire naturelle; il est extrait du livre intitulé *Haiat el Haïouan*, par Chikh Kmal el Din Ben Moussa Doumairi.

point du jour, qui fut faite en commun, comme à toutes les haltes, l'iman nous cria ces paroles :

« O croyants, ces Nègres sont aujourd'hui musul-
» mans, et nous sommes en un lieu convenable pour
» leur enseigner comment ils doivent faire les ablutions
» selon la loi.
» Avant le salat el dohor, la prière d'une heure
» après midi, conduisez-les donc à la source et faites-
» les s'y purifier. »

EL OUDOU (LES ABLUTIONS).

La religion musulmane impose l'obligation de l'oudou el kebir, la grande ablution, et de l'oudou el seghir, la petite ablution.

La petite ablution doit être faite avant chacune des cinq prières que tout musulman doit offrir à Dieu dans les vingt-quatre heures, et qui sont :

Salat el fedjer,   — prière du point du jour ;
Salat el dohor,   — prière d'une heure après midi ;
Salat el aâseur,   — prière de trois heures ;
Salat el moghreb, — prière du coucher du soleil ;
Salat el eucha,   — prière de huit heures du soir.

Ces prières sont plus ou moins avancées ou retardées suivant la saison.

Chacune des pratiques de l'oudou el seghi, doit être répétée trois fois.

Elles consistent à se verser un peu d'eau dans la main droite et à la laver, à s'en verser ensuite dans la main gauche et à la laver également, en prononçant ces paroles :

« Bessem allahi el rahmani el rahimi, »

« Au nom de Dieu le miséricordieux, le.....

« Mon intention est de faire telle prière. »

Si l'on porte une bague, il faut la faire tourner pour bien nettoyer son empreinte.

On se gargarise ensuite avec une gorgée d'eau, toujours par trois fois, et trois fois on aspire de l'eau par les narines, en disant :

« O mon Dieu, faites-moi sentir l'odeur du paradis! »

On fait une tasse de sa main droite, on la remplit d'eau, et on se lave la figure du front au menton et d'une oreille à l'autre, en donnant attention à bien se nettoyer jusqu'aux racines des poils du visage, les yeux et les oreilles.

On se lave ensuite les deux bras jusqu'au coude, en commençant par le bras droit.

On trempe dans l'eau ses deux mains, réunies par l'extrémité des doigts, on les porte au front, où on les divise pour les faire glisser jusqu'au menton ; on se lave encore les oreilles et on se frotte le cou.

Enfin, on se lave les deux pieds, en commençant par

le pied droit et en passant avec soin, entre les doigts du pied qu'on purifie, les doigts de la main opposée.

S'il arrive qu'on n'ait point d'eau l'heure de la prière venue, on étend ses deux mains sur une pierre polie ou sur un terrain très-propre ; on les passe sur sa figure, en confessant qu'on est dans l'intention de faire telle prière ; on ôte sa bague, on s'enlace les doigts les uns dans les autres, on ramène sa main gauche, d'abord jusqu'au coude du bras droit, sa main droite ensuite jusqu'au coude du bras gauche, — et quand on a deux fois seulement accompli ces différents actes, on peut procéder à la prière.

L'*oudou el kebir*, que l'on appelle encore *oudou el djenaba*, l'ablution des flancs, est imposée dans certaines circonstances désignées par la loi et qui sont reconnues avoir souillé l'homme et la femme, ou l'homme seulement ou la femme seulement[1] ; on le fait ou chez soi, ou aux bains publics, ou dans une eau de la campagne, rivière, lac, puits ou ruisseau.

Comme celles de l'oudou el seghir, toutes les pratiques de l'oudou el kebir doivent être répétées trois fois. — On commence par se laver, d'abord le milieu du corps, et les mains ensuite, en disant :

« O mon Dieu, mon intention est de me purifier par
» ces bains, afin que toutes mes impuretés grandes, et
» petites, soient chassées. »

---

[1] La loi entre ici dans des détails que nous croyons devoir supprimer.

Et après avoir fait ainsi que pour la petite ablution, on s'asperge le flanc droit et le flanc gauche.

L'homme doit se laver la tête et les poils de la barbe; mais il est permis à la femme de ne point dénouer les tresses de ses cheveux.

Nous avions enseigné déjà toutes ces prescriptions à nos Nègres, et, pour les leur faire accomplir, nous les conduisîmes vers le midi, sur les rives des deux ruisseaux qui coulent du Djebel Hoggar. Ce n'était pas seulement affaire de religion, mais affaire de propreté; car nous étions, comme eux, tout jaunes de poussière. Quelques-uns cependant, les plus grossiers et les plus brutes, se refusaient obstinément à descendre dans le ruisseau; et nous avions peine à nous expliquer cette obstination. — Ils croyaient que nous ne voulions les faire laver que pour les tuer ensuite et les manger ! — Cette absurdité nous irrita; elle pouvait être d'ailleurs du plus mauvais effet sur la masse, et ce fut à coups de bâton que l'on poussa dans l'eau les entêtés. — Un marchand du Touat, homme violent et très-emporté, mit deux des siens tout en sang, et sa cruauté révolta l'imam.

« O musulman, lui dit le saint marabout, ne frappe pas ainsi tes esclaves; parle-leur la raison et la douceur, et souviens-toi que le Prophète a dit : Pardonne à ton esclave soixante-dix fois par jour.

— Ces chiens ne sont que des idolâtres, répondit cet homme.

— Et qu'importe, reprit l'imam ; tes pères à toi et les miens, les pères de tous les croyants n'étaient-ils pas idolâtres au temps passé ?— Par la volonté de Dieu, nous sommes aujourd'hui ses fidèles serviteurs, et tes Nègres, s'il lui plaît, seront un jour bons musulmans ; sois donc indulgent pour leurs fautes, si tu veux mériter la miséricorde divine. »

Peu à peu cependant cette petite révolte s'apaisa ; nous lavâmes ensemble nos habits et nos corps, et quand le moudden appela à la prière, il n'en était pas un dans la caravane, blanc ou nègre, qui, n'étant bien purifié, ne pût l'offrir plus agréable à Dieu.

Ces mots de notre savant imam : « Les pères de tous les croyants n'étaient-ils pas idolâtres aux temps passés, » nous préoccupaient, mon cousin et moi. — Et, pour en avoir l'explication précise, nous fîmes préparer un excellent kouskuessou à la poule, et nous invitâmes l'imam et Cheggueun à venir souper avec nous.

Il n'était pas difficile d'amener la conversation sur la scène du matin, et le bon imam, comme toujours, se plut à nous instruire de ce que nous ignorions, ou à peu près ; car si le Koran parle des Arabes idolâtres, il en est parlé bien plus au long dans les livres des savants, ainsi que la lecture et l'étude me l'ont appris depuis.

ARABES DJAHYLIA.

Avant notre seigneur Mohamed, les Arabes professaient diverses religions.

Les uns, comme les Rabeaa, les Guessane et une partie des Kodâa, étaient chrétiens ;

Les autres, comme les Houmayr, les Beni Kenahet, Beni Haret, Beni Kaab et les Koudat, étaient juifs ;

D'autres, comme les Tamimes, étaient madjoucia, adorateurs du feu et des astres ;

D'autres, avec les Koraïches qui gardaient les clefs de la Kaâba, étaient djahylia, idolâtres.

Les Beni Hanifa adoraient une immense idole en pâte ; mais on raconte qu'ils mangèrent leur dieu dans un temps de famine.

Le culte des pierres était enfin particulier aux Beni Ismaïl.

Parmi les Djahylia, il n'était pas un chef de famille qui n'eût dans sa tente ou dans sa maison ses divinités protectrices qu'il saluait, les dernières en sortant et les premières en entrant.

Dans la kouba de la Mecque et aux environs, s'élevaient en outre trois cent soixante idoles, dont chacune présidait à l'un des trois cent soixante jours de l'année arabe.

Le culte des idoles est né dans le monde du regret des vivants pour les morts. On raconte que Iakout,

Iaouk et Nesrane, fils d'Adam[1], s'étaient retirés dans la solitude, loin de leurs frères et de leurs sœurs, pour se consacrer entièrement à Dieu.

Iakout étant mort, Iaouk et Nesrane, par l'insinuation du démon, pétrirent son effigie en cuivre mêlé de plomb et la placèrent dans leur temple, pour avoir sous les yeux un constant souvenir de celui qu'ils pleuraient. Quand le Seigneur les eut à leur tour appelés, leurs enfants firent pour eux ce qu'ils avaient fait pour leur frère, et peu à peu les générations suivantes confondirent dans une adoration commune leurs ancêtres et le vrai Dieu, et perdirent enfin les traces et la tradition de la religion primitive.

Sidna Nohheu (Noé) s'éleva contre eux; mais sa voix ne fut point écoutée, et le déluge vint qui détruisit les idolâtres et enfouit les idoles sous le sable. Quelque temps après, cependant, le démon les déterra et les offrit aux peuples nouveaux, qui presque tous les adorèrent.

Ce fut alors que la Kaâba s'en peupla, et que chaque Arabe eut son dieu domestique.

Plus tard, deux hommes de la Mecque, Aomar et Ben Yahia Aboukeudâa étant allés en Syrie, virent les Amalek[2] se prosterner devant des statues et leur de-

---

[1] L'Écriture ne nomme que trois fils d'Adam, Caïn, Abel et Seth ; mais elle ajoute : « Depuis la naissance de Seth, Adam vécut encore huit cents ans, et il eut des fils et des filles. » (Genèse, chap. V, verset 4.)

[2] Il y a ici une erreur géographique. — Les Amalécites habitaient le sud de la Palestine, qui, il est vrai, confinait par le nord à la Syrie.

mander de la pluie. — Donnez-nous donc un de vos dieux, dirent les voyageurs ; car, de tous les pays, le nôtre est celui où il pleut le moins souvent.

On se rendit à leurs prières, et on leur fit présent d'Habal, idole en pierre rouge, représentant un homme que les Koraïches placèrent au centre de la kaâba, et que l'on invoquait en temps de sécheresse.

Ce fut également de Syrie que furent apportées à la Mecque les statues appelées Assafan et Naylat, dont l'une figurait un homme et l'autre une femme.

Les premiers qui adorèrent les pierres furent les Beni Ismaïl. — Inquiétés aux environs de la Mecque, et forcés de se disperser, chaque émigrant emporta quelques pierres du pays natal, et, dans le nouveau lieu de sa station, fit autour d'elles les cérémonies religieuses qu'ils pratiquaient jadis autour de la kaâba. — Ce culte, comme celui des images, dégénéra promptement en idolâtrie, et les descendants d'Ibrahim s'égarèrent dans les ténèbres.

Notre seigneur Mohammed n'eut pas seulement à détruire les erreurs des Djahylia, il eut encore à déraciner leurs mœurs, leurs usages, leurs superstitions.

Ainsi, lorsqu'un homme mourait, son fils aîné jetait un vêtement sur la femme de cet homme et lui succédait, s'il le voulait, dans ses droits de mari. La femme lui déplaisait-elle, il la cédait à l'un de ses frères, moyennant une dot nouvelle. Cet usage qui faisait les enfants héritiers de la femme de leur père se nommait nikah el mek.

Dieu a dit : « Annonçait-on à l'un de ces païens la naissance d'une fille, sa figure se rembrunissait comme un nuage orageux; et pour lui éviter les malheurs attachés à la condition des femmes, le plus souvent il la sacrifiait, à moins qu'elle ne fût rachetée par le sacrifice de deux chamelles pleines et d'un chameau. — Les Koraïches faisaient ces immolations sur le mont Ben Dalmate, auprès de la Mecque.

Quand ils se mettaient en voyage, ils nouaient une branche d'un arbre appelé ratem, et s'ils retrouvaient, au retour, la branche dénouée, ils croyaient que leur femme était infidèle.

Lorsqu'ils partaient au point du jour, ils prenaient par la droite ou prenaient par la gauche, selon l'indication du vol des oiseaux, et s'ils s'égaraient, ils pensaient qu'en mettant leurs habits à l'envers, ils retrouveraient leur chemin.

Pour que leur chasse fût heureuse, ils oignaient de sang le poitrail du cheval qui marchait, au départ, en tête des cavaliers, et pour quelque motif qu'ils se missent en marche, ils ne regardaient point derrière eux. Dans leur esprit, ce mouvement leur eût porté malheur; ils n'auraient point réussi ou peut-être même ils n'auraient point revu leurs tentes.

Un homme avait-il mille chameaux, pour les garder du mauvais œil, il éborgnait le plus vieux du troupeau, et le faisait aveugle quand leur nombre s'était accru.

Pour guérir un chameau malade du *euser*, espèce de gale, ils mettaient le feu aux jambes d'un chameau sain.

Si le troupeau refusait de boire, ils s'en prenaient aux mâles et les frappaient à coups de bâton sur le dos pour en chasser les djinn, qui, pensaient-ils, les chevauchaient et faisaient frayeur aux femelles.

Ils nommaient *bahyra* la chamelle qui, ayant mis bas cinq fois, avait eu un mâle pour dernier né. — On lui fendait l'oreille, et désormais on ne pouvait plus l'immoler; elle était libre d'aller paître où bon lui semblait.

Quand une brebis mettait bas une femelle, ce fruit de son ventre appartenait au maître du troupeau; quand elle mettait bas un mâle, on le réservait pour les dieux; mais donnait-elle à la fois deux jumeaux, l'un femelle et l'autre mâle, — on disait : « Cette dernière a racheté son frère; » et l'agneau n'était pas immolé, et la mère était appelée *ousila*.

Ils nommaient *saaïba* l'esclave que son maître avait affranchi en lui disant : « Va-t'en; tu es libre, » — et même tout animal à qui ils donnaient la liberté en l'honneur de leurs idoles.

Lorsqu'un chameau avait servi dix années de suite à la production, on disait de lui : *Hamy daharo* — son dos est protégé. — Il prenait le nom de *ham*, et de ce moment tous les pâturages étaient à lui; on ne pouvait plus le charger de fardeaux ni l'employer à quelque usage que ce fût [1].

Toute leur existence était soumise aux pratiques les plus étranges de la superstition.

Pour éviter les maladies contagieuses qui peuvent régner dans un camp, il fallait, avant d'y entrer, s'arrêter un moment et braire comme un âne.

Le jus d'une herbe appelée *selouane*, bu par un amoureux, le rendait tout-à-fait indifférent.

L'osselet d'un lièvre, porté en amulette, préservait du mauvais œil et des sortiléges.

Pour avoir de belles dents, ils s'arrachaient les mauvaises et les jetaient vers le soleil, en lui disant : Donne-m'en de plus belles.

Quand l'un d'eux était mort, on conduisait sur son tombeau l'une de ses chamelles, on l'y laissait attachée, les yeux bandés, jusqu'à ce que la faim l'eût tuée. — Elle devait servir de monture au trépassé.

Les femmes ne pouvaient point pleurer un homme assassiné, avant qu'il n'eût été vengé; et du crâne de ce cadavre il sortait, disaient-ils, un hibou qui criait d'une voix lugubre : — Désaltérez-moi ! désaltérez-moi ! » jusqu'à ce qu'il eût bu du sang de l'assassin.

Selon les uns, l'âme résidait dans le sang; ils en

---

[1] Tous ces usages relatifs aux troupeaux ont été très-diversement définis par de nombreux auteurs qu'il serait superflu de discuter ici.

trouvaient la preuve en cela qu'il n'y a point de sang dans un cadavre, tandis qu'on le voit humide et chaud dans un être vivant. Selon d'autres, l'âme, c'était la respiration ; et quelques-uns prétendaient qu'au moment où l'homme expirait, son âme s'envolait sous la forme d'un oiseau invisible, qui revenait la nuit sur la tombe du mort gémir de leur séparation.

Ils affirmaient entendre souvent dans l'air causer entre elles ou chanter des voix inconnues appartenant à des corps invisibles.

Le corbeau, qu'ils appelaient *hatem*, et encore el aâoueur, le borgne, parce qu'il ne prend pas son essor comme les autres animaux et qu'il n'ouvre les yeux qu'après avoir assuré son vol, était pour eux le symbole d'une séparation inévitable.

Un poète a dit de lui :

Si le corbeau de la séparation allait gémir, dites-lui :
Que Dieu vous éloigne de nous !
Vous êtes pour les amoureux ce qu'il y a de plus hideux ;
Vous êtes plus hideux que l'aspect de la tombe ;
Vous annoncez le chagrin, vous marchez en chancelant,
Et secouez votre vêtement plus noir que le deuil ;
Lorsque vous criez la séparation, il n'est plus d'espoir ;
Vous êtes d'accord avec son jour.

Ils croyaient aux ogres mâles et femelles, qu'ils appelaient el guilou et el tagououl. — Ces monstres, qui tenaient de l'homme et de la bête, habitaient les solitudes. — On les avait vus ; on avait causé avec eux.

— Dans l'Yamen et dans le sud de l'Egypte vivaient ceux appelés Katrabe, les plus dangereux de tous.

L'art de la divination était honoré dans toute l'Arabie par tous les Djahylia.

Leurs devins, qui se nommaient aârrafat, jetaient des sorts, expliquaient les songes, pronostiquaient les événements et prédisaient l'avenir.

Sur la route de Baghdad vivait un de ces aârrafat, dont la science était infaillible.

Un seigneur l'ayant un jour consulté pour savoir si l'un de ses amis qui était prisonnier serait mis en liberté, l'aârrafat traça des figures sur le sable avec son bâton, se recueillit un moment, et dit :

— Je jure par la lune brillante, par l'étoile étincelante, par le nuage orageux, par tout ce qui vole dans les cieux, par l'expérience qu'acquiert le voyageur, que non-seulement ton ami sera renvoyé libre, mais qu'il reviendra comblé de présents.

— Et comment savez-vous cela? demanda le seigneur.

— Quand vous m'avez interrogé, répondit le devin, j'ai vu un homme portant une outre pleine d'eau, la vider et la recharger sur ses épaules. L'eau, c'est le prisonnier; elle a été vidée, il sera relâché; l'homme a remis l'outre sur ses épaules, c'est un signe que des honneurs seront rendus à votre ami.

On raconte que Rabiâa Ben Medar el Le Khemi eut un songe qui l'inquiéta. Pour se le faire expliquer, et sur l'avis de ses courtisans, il fit venir un devin fameux nommé Chak ou Satihh, qui lui dit :

— Seigneur, je connais votre songe. Vous avez vu une cervelle lumineuse qui a roulé sur une terre féconde, et toutes les créatures portant cervelle en ont mangé.

— Cela est vrai, répondit le prince, tel est mon songe ; expliquez-le-moi. »

Et le devin reprit :

— Un prophète inspiré de Dieu sera envoyé ; toutes les nations se nourriront de sa parole, et ses descendants commanderont jusqu'à la fin des siècles. »

C'est ainsi qu'a été prédite, par la volonté de Dieu, la venue de notre seigneur Mohamed.

Voulaient-ils entreprendre une affaire importante, ils jetaient en l'air une espèce de sabre sur lequel était écrit, d'un côté : Dieu l'a défendu, de l'autre : Dieu l'a ordonné, et, selon qu'il retombait sur l'une ou l'autre face, ils faisaient ou ne faisaient pas.

Dieu a dit :

« El Khemer, El Miter, El Ansab et El Azlane sont
» des inventions du démon ; abstenez-vous-en. »

El Khemer est tout ce qui, étant bu peut, troubler la raison ;

El Miter sont les jeux de hasard ;

El Ansab les pierres ou les stations des Djahylia ;

El Azlane est la consultation du sort par le sabre.

Par tous ces exemples, apprenez donc à être indulgents pour les pécheurs, ajouta l'imam; Dieu n'accorde sa miséricorde qu'aux miséricordieux !

Des sources du Djebel Hoggar à la prochaine halte sur la montagne, la distance n'est pas grande ; mais les difficultés des sentiers abruptes et tortueux qui rampent sur les flancs des précipices, et par lesquels nous ne pouvions passer qu'un à un, nous contraignirent à nous mettre de bonne heure en marche.

Malgré les précautions prudentes que prit Chéggueun pour nous faire entrer dans les défilés et pour nous y faire cheminer en bon ordre, nous y perdîmes plus de vingt chameaux, dont les pieds faillirent sur les cailloux et qui roulèrent de rochers en rochers au fond des précipices. — Ce ne fut pas sans peine et sans beaucoup de temps perdu que l'on put aller chercher leur charge et la remonter, le plus souvent en lambeaux, jusqu'à la caravane.

Nous n'arrivâmes sur le plateau qu'à midi, et nous y fîmes une halte pour rallier les traînards, nous reposer un peu, et déjeuner.

En allant au Soudan, nous avions couché à cette étape; mais il fut décidé que cette fois nous pousserions le jour même jusqu'aux tentes d'Ould Biska. — A moitié chemin, nous le rencontrâmes, qui venait au-devant de nous, escorté d'une vingtaine de cavaliers ; il nous fit un excellent accueil, s'enquit de notre bonne et mauvaise fortune, et prit enfin les devants avec Cheggueun pour nous faire préparer, un endroit convenable où nous pussions camper. Nous arrivâmes à son douar vers les six heures du soir, et nous y trouvâmes cinq ou six charges de dattes et cinq chameaux qu'il nous offrait pour la diffa. — Un excellent souper répara nos forces et nous nous endormîmes tranquillement.

Au réveil, Cheggueun recueillit les présents que nous devions offrir à notre hôte; ce furent :

Cent cinquante coudées de saye;
Quatre paires de pantoufles du Soudan (medass);
Trois peaux de bœufs tannées pour faire une tente;
Trois peaux de bouc pour faire des outres;
Quatre quintaux de daoudaoua;
Quatre quintaux de poivre;
Dix livres de henna pour sa femme;
Demi-quintal de tabac d'Haoussa.

Ces présents, ainsi qu'on le voit, étaient de moindre valeur que ceux dont nous avions payé notre premier passage. Ould Biska en parut toutefois satisfait, et quand il nous eut remercié, il nous annonça qu'il nous conduirait jusqu'au Tidikeult, et qu'il attendrait notre retour pour y conduire une petite caravane d'une trentaine de chameaux chargés de

Beurre de chèvre;
De viande séchée de lerouy et de gazelles;
De plumes d'autruche;
Et de fromages secs.

Et suivis d'ânes,
De jeunes chameaux,
Et de chèvres,
Qu'il avait l'intention de changer contre :
Des bernouss,
Des haïcs,
Des djellaba (chemises de laine),
Des dattes,
Et un peu de blé.

Cette résolution fut accueillie par nous tous comme une bonne fortune, car la présence du chef le plus puissant des Touareug était une sauve-garde pour nos marchandises et pour nous.

Nous partîmes, en effet, de conserve et sans nous être arrêtés que pour coucher. Nous arrivâmes au Djebel Moùydir dix jours après notre départ, ayant vécu sur toute la route comme nous l'aurions fait chez nous ; à presque toutes les haltes, les Touareug apportaient à leur chef la diffa, et venaient dans notre camp nous échanger du beurre, des chèvres, des poules, du gibier et du lait contre du tabac.

Du Djebel Moùydir à Insalah, nous n'avions plus que trois petites journées de marche. Du consentement unanime Cheggueun prit les devants pour aller annoncer notre heureux retour et nous laissa sous la conduite et la protection d'Ould Biska.

Bien que très-fatigués, nous ne voulûmes point perdre de temps à faire séjour, tant était grande notre impatience. — Nous avions, il est vrai, perdu beaucoup de chameaux; mais les provisions que nous avions consommées nous avaient de beaucoup allégés et nous les rendaient inutiles, et ceux d'entre nous qui avaient fait les pertes les plus considérables trouvèrent à louer aux Touareug, avec la permission d'Ould Biska, et à raison de quatre boudjous du Djébel Hoggar au Tidikeu!t, autant de porteurs qu'il leur en fallait. Ould Biska lui-même utilisa ainsi ceux des siens qui étaient peu chargés.

Nous arrivâmes enfin à Hassy el Naga, qui est très-près d'Insalah. Les nuits étaient de plus en plus froides, et nous avions eu beaucoup à souffrir des pluies dans cette dernière marche; mais Hassy el Naga abonde en bois, et nous y couchâmes auprès de grands feux.

Le lendemain, à peine avions-nous marché une heure, que nous vîmes venir à nous Cheggueuh suivi de tous les parents et de tous les amis des gens du Tidikeult, qui se trouvaient dans la caravane. Ce fut une rencontre des plus touchantes; on s'embrassait, on se questionnait à n'en plus finir, en riant et en pleurant à la fois. — Ce premier moment d'épanchement calmé, nous nous remîmes en marche, et nous arrivâmes de bonne heure en face d'Insalah, et pendant que nous campions, nous les Ouled Zighreum, entre la ville et les Ouled Belkassem, nos compagnons de route, justement impatients d'aller rejoindre leurs familles, nous firent un adieu provisoire, et prirent chacun la route de son village, en nous promettant de revenir nous voir avant notre prochain départ pour Metlily.

Cette caravane écoule ses marchandises à Timimoun et Figuig, et de là à Tafilalet, Fas, Merakeuch, etc., d'où elles se répandent dans tout le Maroc intérieur et les ports de la côte, Souira, Tanger, Tetuan, etc.

Une autre caravane du Maroc va chaque année à Tombouctou, par l'ouest du désert.

Malgré notre désir d'aller, nous aussi, revoir nos parents et nos amis, désir encore surexcité par les scènes attendrissantes dont nous avions été témoins, nous étions, nous, nos esclaves et nos chameaux, si fatigués; nos bagages, nos outres, nos chaussures étaient en si mauvais état, que nous fûmes forcés, nos provisions de bouche étant d'ailleurs complétement épuisées, de faire à Insalah un séjour indispensable.

Des chameaux que nous avions amenés du Soudan, les deux tiers étaient morts de froid ou de changement de régime; presque tous les autres avaient résisté à leur double voyage; mais beaucoup étaient blessés; il ne nous fallut pas moins de quinze jours pour les guérir: encore, sur la somme totale, les deux tiers nous manquant, ainsi que je l'ai dit, nous fûmes contraints d'en louer aux Zoua Metaâ el Fouggara, au prix de quatre boudjous chacun, du Tidikeult à Metlily.

C'était bien peu d'argent pour un aussi long voyage, mais il entra dans le marché que nous ne les chargerions que de nos outres et de nos provisions, et que leurs maîtres les chargeraient, eux, de henna et de cheubb, alun blanc qui se trouve au sud du Djebel Batten, et dont ils espéraient trafiquer heureusement en route, ou même jusque sur les marchés des Beni Mzab. Ces conventions satisfaisaient à tous les intérêts, et nous les acceptâmes avec empressement.

Nous ne pouvions pourtant pas partir encore. — Heureux, d'ailleurs, de nous retrouver en pays de connaissances. Nous nous oubliions facilement en visitant les chefs de la ville, les marabouts et les mosquées, où, marabouts nous-mêmes, nous allions régulièrement chaque jour lire les livres saints, conférer avec les savants, et remercier Dieu de notre heureux voyage.

Et c'était chaque jour une diffa nouvelle, car nos compagnons de voyage tenaient à honneur de nous donner l'hospitalité. — Le matin, nous mangions des dattes avec du lait de chamelle, et le soir du kouskuessou à la viande.

Mais toute chose a son mauvais côté, et les marchands d'Insalah, en nous poursuivant d'importunités pour acheter nos esclaves et nos marchandises, compensaient les bons traitements que nous recevions de nos amis; — leur obstination était sans égale, mais nous nous serions bien gardés d'y céder, car tout ce que nous apportions devait doubler encore de valeur sur les marchés de Metlily ou des Béni Mzab. — Dans le district de Tidikeult, un esclave, par exemple, ne vaut guère plus de soixante à soixante-dix boudjous, et à Metlily il en vaut de cent vingt à cent cinquante.

Loin de rien vendre à Insalah, nous y achetâmes au contraire des peaux tannées appelées filali, parce qu'elles sont préparées à Tafilalet [1].

L'excellent régime que nous suivions eut bientôt réparé nos forces. Mais nos chameaux, malgré les dattes (bellah) que nous leur donnions chaque soir et les bons pâturages où nous les faisions conduire chaque jour, se rétablissaient lentement. — Eux seuls nous retenaient encore. Quant à nos esclaves, tous avaient repris la santé. Notre caravane en avait très-peu perdu en route; le froid nous en avait cependant enlevé quelques-uns, mais nous n'avions plus rien à redouter pour les autres. Arrivés à Insalah, nous les avions vêtus de ces gros haïks du Touat qui coûtent deux boudjous la pièce; nous les avions chaussés comme nous; nous en prenions un soin particulier: aussi ne nous appelaient-ils plus que leur père (aba). Si nous restions trop longtemps absents, nous les retrouvions au retour inquiets, alarmés, et nous ne savions comment nous délivrer de leurs caresses : leur reconnaissance d'à présent n'avait d'égale que leur peur d'autrefois. Ils étaient complétement libres; ils erraient à leur volonté dans la ville, et c'était à qui donnerait les meilleurs soins à nos effets et à nos chameaux.

[1] C'est le marocain.

On se souvient qu'à notre passage, nous avions été forcés d'abandonner à Insalah Hadj Tifour un de nos compagnons, pris en route de douleurs rhumatismales qui le rendaient tout-à-fait incapable de nous suivre et qui exigeaient un long traitement. J'ai oublié de dire qu'Hadj Tifour fut un des premiers qui vinrent nous saluer, ou qui, plutôt, accoururent pour nous embrasser à notre arrivée.

Cet homme que nous avions laissé perclus marchait maintenant aussi bien et mieux que nous, car il n'avait plus ses douleurs et n'avait pas comme nous un voyage de dix mois dans les jambes.

Le Touat est le pays des médecins. — L'un d'eux s'était emparé d'Hadj Tifour, et, par la grâce de Dieu, l'avait complétement guéri avec le traitement du bariz.

EL BARIZ.

El bariz est le grand moyen employé par les tobba (médecins) contre toutes les maladies rebelles du genre de celle dont Hadj Tifour était atteint : les rhumatismes, la goutte, la sciatique, la teucfia invétérée, et mord el kebir (la grande maladie). — Il consiste à faire suer au malade tout *le venin qu'il a dans les nerfs*, par le procédé suivant :

Prendre une livre d'acheba (salsepareille), la faire dessécher au soleil, la piler et la tamiser ensuite ; pétrir la partie fine obtenue avec une demi-livre de kheürf, graine semblable à la moutarde, quatre onces de cassonade et deux onces de skendjebir (gingembre) pilé ; enfermer l'autre partie dans de petits sachets de toile ; en mettre un dans un pot neuf de la contenance de deux litres, rempli d'eau, et faire bouillir jusqu'à ce que cette eau devienne rouge.

Les préparatifs achevés, le malade commence le traitement qui durera quarante jours. — Matin et soir, il mange une grande cuillerée de la pâte indiquée plus haut et boit de la tisane ; ce liquide est le seul dont il doive user, de même qu'il ne peut manger qu'un peu de pain sans sel et quelques raisins secs pendant dix jours.

Une sueur abondante et ce régime l'ont bientôt maigri, rendu méconnaissable.

Après dix jours, il mange un peu de beurre très-frais avec son pain.

Sept jours après, un peu de kouskuessou tiède, mais également sans sel. — Le sel est absolument prohibé jusqu'à parfaite guérison.

Le vingt-deuxième jour, enfin, on lui donne un peu de viande de mouton bouilli ou rôti, sans sel, et plutôt froid que chaud. — Il continue ainsi jusqu'au quarantième jour. — A partir de ce moment, sa santé est celle d'un homme bien portant ; mais il a beaucoup maigri, et il se refera peu à peu en reprenant son régime ordinaire.

Il est important que la tisane soit prise très-fraîche ; on la fera toujours la veille pour le lendemain. — Pendant qu'il est dans le bariz, le malade doit éviter le vent, ne pas sortir le matin, rentrer de bonne heure le soir, ne point fumer, ne point habiter avec sa femme ; — ce serait sa mort.

Le traitement est bien long et bien pénible sans doute, mais la patience est la clef de la réussite.

Hadj Tifour l'avait suivi avec résignation, et s'il ne lui fut pas donné de voir ce que nous avions vu, il laissa du moins dans le Touat une maladie qu'il avait rapportée de la Mecque, et qui, si depuis plus de trois ans ne le tourmentait pas toujours, ne le laissait jamais dans une paix complète.

Il trouva d'ailleurs à se défaire avec bénéfice à Insalah des marchandises qu'il y avait apportées, et pendant son séjour, il s'y fit de bons amis.

— Son temps ne fut point perdu.

Tous nos préparatifs étant faits enfin, et nos chameaux, pour la plupart, tout-à-fait rétablis, nous songeâmes au départ. — Notre intention était de prendre par le Djebel Batten ; parce que cette route est de beaucoup plus courte que celle de Timimoun. Aussi, avions-nous besoin encore de la protection d'Ould Biska. — Cheggueun ne l'avait pas quitté, et il se l'était adroitement ménagé par toutes sortes de prévenances. Quand le jour où nous devions partir fut arrêté, nous nous l'attachâmes sans réserve en lui envoyant quelques quintaux de dattes.

« Mes amis, nous dit-il, allez en paix; ne craignez
» rien des Touareug, je vais les faire prévenir de votre
» passage par le Djebel Batten; vous connaissez main-
» tenant notre pays, et vous nous connaissez. Si nous
» avons une seule parole, vous le savez? allez donc
» sans crainte; saluez de ma part les Chambas de Met-
» lily, que je distingue de ceux d'Ouaregla, les mau-
» dits, et dites-leur que nous sommes prêts encore à
» faire du bien à ceux de leurs enfants qui voudraient
» nous venir. »

Complétement rassurés par ces paroles, après avoir fait nos adieux à nos amis, aux marabouts et aux chefs de la ville, nous quittâmes Insalah le lundi suivant, et nous arrivâmes en douze jours à Gueléa sans être inquiétés sur la route. — Après les paroles d'Ould Biska nous n'avions à redouter que les gens de Souf qui viennent, mais bien rarement, croiser dans ces parages. — C'eût été un ordre de Dieu !

Nous reprîmes à Gueléa notre ancien campement, à l'ouest de la ville, entre les marabouts de Sidi Abd el Kader et de Sid el Hadj bou Hafeus.

Nous étions enfin en pays ami, chez nos frères les Chambet el Mahady, et bien que douze jours nous séparassent encore de Metlily il nous semblait y toucher déjà en revoyant des visages connus, des arbres comme ceux de nos jardins, où, comme sur les nôtres, étaient perchées des volées de pigeons sauvages; et l'un de nous, Ben abd Allah, qui n'était allé au Soudan que pour gagner la dot de sa fiancée, fut si vivement impressionné qu'il composa ces vers :

> O le maître des ailes bleues,
> Je t'en prie, beau pigeon,
> Vole dans l'air et va voir les Chambas;
> Informe-toi de Metlily,
> Donne-lui nos salutations;
> Visite tous nos amis,
> Donne-leur de nos nouvelles,
> Aux vieux comme aux jeunes.
>
> Dis-leur : N'oubliez pas vos frères,
> Ces compagnons de bonne compagnie,
> Dont les chants en vers bien tournés
> Vous tenaient les yeux éveillés.
> Oiseau de race aux ailes bleues,
> Reviens avec une réponse.
> O mon pigeon, sent-on encore dans le Sahara
> Souffler le vent de l'amour ?
>
> Y sont-elles encore ces jeunes filles
> Qui laissent flotter leurs ceintures ?
> Qui se gardent le secret entre elles,
> Le secret dont un jeune homme a la part,
> Et qui sauraient mourir
> Pour leur *frère du démon* ?
> Elles étaient auprès de moi,
> Et Dieu m'en a séparé !

AU PAYS DES NÈGRES.

Leurs tailles sont des minarets sur une ville,
Des minarets de marbre blanc;
Le plus distrait, en venant de loin,
Les regarde avec des yeux humides;
Quand elles marchent, ce sont des roseaux
Balancés par le vent sur une prairie,
Et ce sont des palmiers
Quand elles sont debout, immobiles!

Voit-on encore dans le Sahara Meriem aux bras polis
Comme la hampe d'un drapeau de la Mecque ?
Ses cheveux sont des écheveaux de soie,
Noirs comme les plumes de l'autruche mâle;
Ses sourcils sont deux *noun* [1] !
Qui brillent sur du papier blanc;
Ses yeux sont la bouche d'un fusil,
Ils assassinent comme la poudre.

Ses lèvres sont vermeilles comme le henna,
Ses dents, de l'ivoire poli;
Son cou, c'est un drapeau
Qui se dresse au jour du combat;
Les seirs de sa poitrine
Sont comme de l'argent mat.
Son corps, c'est de la neige,
De la neige qui tombe en sa saison.

Meriem, c'est une jument blanche
Qui brille au milieu des goums
Avec une selle en fil d'or,
Ornée de paillettes d'argent;
Mon cœur m'a délaissé,
Mon âme est en voyage
Depuis que j'ai quitté Meriem:
Oh! mon beau ramier, la vois-tu?

---

[1] La lettre *noun* renversée a quelque rapport avec l'arc du sourcil.

Y a-t-il encore dans le Sahara de ces ghrazias
Qui passent comme des troupeaux d'autruches ?
Y a-t-il encore de ces éclaireurs
Qui montent sur les mamelons pour voir?
Y a-t-il encore de la poudre
Et des tribus qui marchent pêle-mêle ;
Des pèlerins qui partent pour la Mecque,
Des caravanes pour le Soudan ?

Voit-on encore ces troupeaux de chameaux
Partir le matin et rentrer le soir,
Et ces juments de noble race
Que suivent leurs petits ?
Les chasseurs de gazelles
Qui font porter au lieu de chasse
Leurs beaux slouguis sur des chameaux ;
Courent-ils encore en cercle dans la plaine ?

Y a-t-il encore dans le Sahara
Des tolbas qui lisent dans les mosquées ;
Des marabouts qui protégent les orphelins
Et rassásient les pauvres?
Y a-t-il encore dans le Sahara
Des tentes surmontées de plumes d'autruche,
Où les nobles de la tribu
Accueillent les hôtes fatigués

Y a-t-il encore dans le Sahara,
Des troupeaux à laine blanche,
Et voit-on les femmes
Tisser les baïks fins et les beurnous ?
Y a-t-il encore des chanteurs
Qui se répandent avec des paroles,
Avec des tambourins qui parlent
Et suivent les airs des flûtes ?
O mon beau ramier aux ailes bleues,
Tout cela le voit-on encore ?

— Oui, tout cela y est encore.
Il n'y manque que vos figures.

La tribu des Chambet el Mahdy, qui campe ordinairement sous les murs de Gueléa, avait émigré depuis une quinzaine de jours pour aller chercher des pâturages à Zirara. Toute la plaine était déserte ; les gens qui habitent les khessours et les serviteurs, khemames, chargés de soigner les jardins et les dattiers, étaient restés absolument seuls. Nous séjournâmes néanmoins deux jours, et nous fîmes prévenir les Chambet le Mahdy que nous réglerions à leur convenance notre vieille affaire de dïa, à Metlily, en présence des tolbas et des marabouts. Le matin du quatrième jour, nous repartîmes par le chemin de droite :

Le 1er jour à Taguenina,
Le 2e jour à Oued el Biod,
Le 3e jour à Ariche el Mezrague,
Le 4e jour à Zirara,
Le 5e jour à Bou Aali ou Saâdana,
Le 6e jour à Oued Berghraous,
Le 7e jour à Oued el Faâl,
Le 8e jour à Assy Djedarya, sur l'Oued el Kâa,
Le 9e jour à Oued Nechou,
Le 10e jour à Oued Seb Seb, puits,
Le 11e jour à Metlily.

De l'Oued Seb Seb, Cheggueun nous devança pour aller annoncer notre arrivée ; et ce même jour et le lendemain, de nombreux jeunes gens des Ouled Brahim, des Souidiat, des Ouled Amer, des Ouled Hanech et des Ouled Haouamer, fraction des Chambet Berazegua, dont nous traversions le territoire, se réunirent à nous pour nous faire fête à notre entrée dans Metlily. A deux lieues de la ville, un nuage de poussière, qui s'élevait comme de la fumée au-dessus d'un mamelon, ne nous laissa pas douter que nos amis ne vinssent à notre rencontre, et presque au même instant deux cents cavaliers en beaux costumes et bien montés, de nombreux chameaux chamarrés de filets en laine à gros glands et chargés d'aâtatiches (palanquins [1]) richement drapés d'étoffes bleues, jaunes et blanches, couronnèrent la colline.

C'étaient eux ! nos marabouts, nos parents, nos amis, tous à cheval pour la fête, et suivis, comme pour la guerre, par la meilleure jeunesse et la plus riche des tribus voisines ; dans les aâtatiches, c'étaient nos femmes, deux à deux, et nos enfants ! Tout ce que nous aimions, tout ce que nous vénérions à quelques pas de nous !

Quelques-uns manquaient-ils ? La mort, en notre absence, avait-elle visité nos tentes ? La douleur et la joie pleureraient-elles ensemble par nos yeux ?

En une haleine, et par un mouvement prompt comme

---

[1] On a vu des aâtatiches, singulier aâttonche, dans le beau tableau de Vernet, *la Prise de la Smala*.

la pensée, nous eûmes gravi l'espace qui nous séparait encore de ces bien-aimés ; car, pour aller à un ami, une montée c'est une descente.

La poudre et les acclamations nous accueillirent, et ce fut aussitôt un désordre indicible, une confusion générale, où l'on s'embrassait au hasard, sans se connaître, chacun cherchant les siens, tous trouvant des amis.

Nous reprîmes enfin la marche, précédés par les cavaliers divisés en deux bandes, au pas d'abord, le fusil haut, la crosse sur la selle, puis tout-à-coup lancés à toute bride, les éperons aux flancs de leurs chevaux, criant le cri de guerre, brûlant la poudre, soulevant le sable, se chargeant tour-à-tour, tantôt vainqueurs, tantôt vaincus, excités à briller sous les regards des femmes, qui, le corps en avant hors de leurs aâtatiches, criaient des *you! you! you!* en agitant leurs blancs haïcs.

Si brillante que fût cette fantasia, et si plein que j'étais d'émotions en causant avec mon vieux père qui cheminait à mon côté sur un mahari tranquille, je fus forcé, comme mes compagnons, de laisser mon esprit s'occuper de nos Nègres. Etonnés d'abord aux premiers coups de feu, effrayés ensuite et tremblants enfin de tous leurs membres, ces pauvres hommes se pressaient autour de mon chameau, les mains sur le visage, ou se jetaient à terre, au risque d'être écrasés sous les pieds de la foule. — Ils croyaient à un combat sérieux, et véritablement ils pouvaient s'y tromper, et nous n'étions pas nous-mêmes sans inquiétude, car depuis un moment quelques balles oubliées sifflaient au-dessus de nos têtes.

Chikh Salah, ce beau cavalier que nous avions autrefois rencontré en sortant de Metlily, quand nous partions pour le Soudan, et qui commandait aujourd'hui le goum, voyant ses combattants perdre toute prudence, lança comme un éclair sa belle jument grise entre les deux partis, en donnant ordre avec la main de faire taire les fusils. Mais à peine était-il à moitié de sa course, qu'on le vit tout-à-coup se raidir sur sa selle, et, par un mouvement en arrière, arrêter sa jument, osciller deux ou trois fois, puis s'affaisser et rouler à terre !

A ce spectacle, une exclamation de stupeur et d'effroi partit des goums et de la caravane, et tous les cavaliers, poussant à la fois leurs chevaux, se précipitèrent pêle-mêle vers le malheureux chikh; on le releva; une balle, une balle égarée, sans doute, l'avait frappé au cœur !

« Je n'ai pas d'ennemis ici, dit-il; celui qui m'a
» tué n'est qu'un imprudent, ne vengez pas ma mort;
» — c'était écrit.

» Il n'y a qu'un seul Dieu !.... » ajouta-t-il en levant un doigt vers le ciel, et il expira.

Le deuil était sur toutes les figures. On mit le corps

dans un aâttouche, et nous tous, si joyeux tout à l'heure, nous arrivâmes comme un enterrement au douar de Salah.—La douleur y était déjà; les femmes, les parents et les amis du chikh pleuraient et gémissaient devant sa tente; et lorsque l'on eut fait accroupir le chameau qui portait le cadavre, lorsque l'on eut dévoilé l'aâttouche, je les vis se tordre les bras en se lamentant et se déchirer la figure avec les ongles.

Nous étions inutiles à cette scène de deuil intérieur, et, sur un geste de Cheggueun, nous la quittâmes dans le recueillement pour gagner Metlily, dont nous étions encore à une heure. — Quand nous touchâmes à la porte :

« O mes enfants, nous dit Cheggueun, Dieu a voulu qu'un grand malheur marquât notre retour; mais il est puissant; ce qu'il a fait, il l'a voulu. — Et si nous lui devons des prières pour celui qu'il a frappé au milieu de nous, nous lui en devons également pour la protection qu'il nous a donnée dans notre long voyage.— Demain soyez donc préparés à me suivre à la mosquée, où nous lui rendrons grâce pour nous, et à vous réunir après autour du corps de notre malheureux ami pour lui rendre les derniers honneurs. »

Nous nous séparâmes alors, et chacun de nous regagna sa maison, où l'attendait sa famille impatiente.— Dieu merci! tous les miens étaient avec le bien, comme je les avais laissés.

Le lendemain matin, ainsi qu'il en était convenu,

nous nous réunîmes à Cheggueun, qui nous conduisit à la mosquée, où nos marabouts prièrent avec nous et sur nous, et, devant tous les chefs de la Djemmâa, remercièrent notre khrebir de la protection paternelle qu'il nous avait si constamment donnée.

« O Cheggueun, lui dirent-ils, que Dieu t'accorde sa bénédiction ! — Tu as conduit nos enfants dans le Soudan et tu les as bien guidés. — Tu les as sauvés de la faim, de la soif et des Touareug. — Tu as été un homme de la vérité, que Dieu te récompense en ce monde et dans l'autre ! — Nous te remercions, ô Cheggueun, au nom de tous les Chamba de Metlily. »

Un triste devoir nous restait à remplir, et nous nous acheminâmes vers le douar de chikh Salah ; le cortége était nombreux, car l'homme qu'on perdait était en renommée. On a dit du guerrier qu'il doit avoir dix qualités :

    Le courage du coq,
    Le *fouilleter* de la poule,
    Le cœur du lion,
    L'élan brusque du sanglier,
    Les ruses du renard,
    La prudence du porc-épic,
    La vélocité du loup,
    La résignation du chien,

Et la complexion du naguir, petit animal du Kherazan, que les fatigues et les privations engraissent.

Chikh Salah n'avait pas seulement tout cela, c'était

encore un ami sûr et généreux. — C'est de lui qu'on pouvait dire :

La main toujours ouverte,
Le sabre toujours tiré,
Une seule parole.

Aussi tous les gens de la ville et tous ceux des douars faisaient-ils foule à son enterrement.

Au centre de sa large tente, dont les bords étaient largement relevés, le corps, enveloppé d'un linceul blanc, reposait sur un tapis. Deux cercles de femmes consternées l'entouraient; c'étaient les neddabat (gémisseuses), les joues noircies avec du noir de fumée et les épaules drapées avec des étoffes à tentes ou des sacs en poil de chameau. En face, à quelques pas, un esclave maintenait par la bride la jument de guerre et de fantazia, la favorite du défunt; au kerbous de la selle pendaient un long fusil, un yatagan, un pistolet et de longs éperons, toutes les armes de Salah. Un peu plus loin, des cavaliers, jeunes et vieux, muets par la douleur, étaient assis en cercle sur le sable, leurs haïks relevés jusqu'au dessous des yeux, et leurs capuchons et bernouss rabattus sur le front. — Étonnée sans doute et trompée par tout cet appareil, la fière jument du chikh, comme autrefois impatiente de partir pour la chasse ou pour la ghrazia, hennissait et piaffait en appelant son maître.

Les petits enfants du douar, ignorant le malheur, couraient en riant çà et là, ou jouaient, les innocents, avec les grands slouguis (lévriers) que nul commandement ne forçait au repos ; et dans les environs les troupeaux sans bergers, moutons et chameaux pêle-mêle, avaient abandonné les terrains de parcours et broutaient librement au milieu des champs réservés.

Lorsqu'elles nous virent arriver, les neddabat se prirent à se lamenter d'abord, puis à jeter des cris en se déchirant la figure avec les ongles et des débris de poterie, et à chanter enfin alternativement sur un rhythme lugubre.

PREMIER CERCLE.

Où est-il ?
Son cheval est venu, lui n'est pas venu ;
Son fusil est venu, lui n'est pas venu ;
Son sabre est venu, lui n'est pas venu ;
Ses éperons sont venus, lui n'est pas venu :
Où est-il ?

DEUXIÈME CERCLE.

On dit qu'il est mort dans son jour,
Frappé droit au cœur.
Il se battait pour les siens ;
On dit qu'il est mort dans son jour.

PREMIER CERCLE.

Non, il n'est pas mort,
Son âme est chez Dieu ;
Nous le reverrons un jour,
Non, il n'est pas mort.

DEUXIÈME CERCLE.

On dit qu'il est mort dans son jour.
C'était une mer de kouskuessou,
C'était une mer de poudre;
Le seigneur des hommes,
Le seigneur des cavaliers,
Le défenseur des chameaux,
Le protecteur des étrangers,
On dit qu'il est mort dans son jour.

ENSEMBLE.

Non, il n'est pas mort,
Son âme est chez Dieu;
Nous le verrons un jour,
Non, il n'est pas mort.

LA FEMME DU DÉFUNT.

Ma tente est vide,
Je suis refroidie;
Où est mon lion?
Où trouver son pareil?
Il ne frappait qu'avec le sabre;
C'était un homme des jours noirs :
La peur est dans le goume.

LES DEUX CERCLES ENSEMBLE.

Il n'est pas mort, il n'est pas mort!
Il t'a laissé ses frères,
Il t'a laissé ses enfants :
Ils seront les remparts de tes épaules.
Il n'est pas mort, il n'est pas mort!

Après ces lamentations funèbres, les adjaaïze (vieilles

femmes) s'emparèrent du cadavre, le lavèrent soigneusement, lui mirent du camphre et du coton dans toutes les ouvertures naturelles, et l'enveloppèrent dans un blanc linceul arrosé avec de l'eau du puits de Zem-Zem et parfumé de benjoin.

Quatre parents du mort soulevèrent alors par les quatre coins le tapis sur lequel il était étendu et prirent le chemin du cimetière, précédés par l'imam, les marabouts, les tolbas, et suivis par les assistants; les premiers chantant d'une voix grave :

« Il n'y a qu'un seul Dieu ! »

Les derniers répondant ensemble :

« Et notre seigneur Mohamed est l'envoyé de Dieu ! »

La résignation avait pour un moment calmé tous les désespoirs, et pas un cri, pas un sanglot ne troubla ces prières communes, ces professions de la foi du défunt que répétait pour lui la pieuse assemblée.

Arrivés au cimetière, les porteurs déposèrent leur fardeau sacré sur le bord de la fosse, et notre saint imam, après s'être placé à côté du mort, entouré par les marabouts, cria d'une voix forte et sonore le *salat el djenaza* (la prière de l'enterrement) :

« Louange à Dieu qui fait mourir et qui fait vivre;

» Louange à celui qui ressuscite les morts;

» C'est à lui que revient tout honneur, toute gran-
» deur; c'est à lui seul qu'appartiennent le comman-
» dement et la puissance. Il est au-dessus de tout ! »

» Que la prière soit aussi sur le Prophète Mohamed,
» sur ses parents, sur ses amis ! O mon Dieu, veillez
» sur eux et accordez-leur votre miséricorde comme
» vous l'avez accordée à Ibrahim et aux siens, car c'est
» à vous qu'appartiennent et la gloire et les louanges !

» O mon Dieu, Salah était votre adorateur, le fils de
» votre esclave, c'est vous qui l'aviez créé, qui lui
» aviez accordé les biens dont il a joui ; c'est vous qui
» l'avez fait mourir, et c'est vous qui devez le ressus-
» citer.

» Vous êtes le mieux instruit de ses secrets et de ses
» dispositions antérieures.

» Nous venons ici intercéder pour lui, ô mon Dieu,
» délivrez-le des désagréments de la tombe et des feux
» de l'enfer ; pardonnez-lui ; accordez-lui votre misé-
» ricorde ; faites que la place qu'il doit occuper soit
» honorable et spacieuse ; lavez-le avec de l'eau, de la
» neige et de la grêle, et purifiez-le de ses péchés
» comme on purifie une robe blanche des impuretés
» qui ont pu la souiller. Donnez-lui une habitation
» meilleure que la sienne, des parents meilleurs que
» les siens et une épouse plus parfaite que la sienne.
» S'il était bon, rendez-le meilleur ; s'il était méchant,
» pardonnez-lui ses méchancetés ; ô mon Dieu, il s'est
» réfugié chez vous et vous êtes le meilleur des refuges!
» C'est un pauvre qui a été trouver votre munificence,
» et vous êtes trop riche pour le châtier et le faire
» souffrir.

» O mon Dieu, fortifiez la voix de Salah au moment
» où il vous rendra compte de ses actions, et ne lui
» infligez pas de peine au-dessus de ses forces. Nous
» vous le demandons par l'intercession de votre Pro-
» phète, de tous vos anges et de tous vos saints.

» Amin ! »

Amin ! dirent les assistants en faisant la génuflexion.

« O mon Dieu, reprit l'imam, pardonnez à nos morts,
» à nos vivants, à ceux de nous qui sont présents, à
» ceux de nous qui sont absents, à nos petits, à nos
» grands; pardonnez à nos pères, à tous nos devan-
» ciers, ainsi qu'à tous les musulmans et musul-
» manes.

» Ceux que vous faites revivre, faites-les revivre dans
» la foi, et que ceux d'entre nous que vous faites mou-
» rir, meurent vrais croyants.

» Préparez-nous à une bonne mort; que cette mort
» nous donne le repos et la faveur de vous voir !

« Amin ! »

Cette prière terminée, pendant que les tolbas disaient
le salat el mokteâat, on descendit le cadavre dans la
fosse, la figure tournée du côté de la Mecque; on l'y
enchâssa avec de larges pierres, et chaque assistant se
fit honneur de lui jeter un peu de terre. Les fossoyeurs
nivelèrent enfin la tombe et, pour la protéger contre
les hyènes et les chacals, la recouvrirent de buissons
épineux.

C'était le moment du retour, et tout le monde reprenait le chemin du Douar, moins quelques femmes amies ou parentes du défunt, qui, pleines de douleur, inclinées sur sa tombe, lui parlaient, le questionnaient, lui faisaient des adieux, comme s'il eût pu les entendre.

Mais les tolbas et les marabouts s'écrièrent :

« Allons, les femmes, retirez-vous avec la confiance
» en Dieu, et laissez le mort s'arranger tranquillement
» avec Azraïl[1]. Cessez vos pleurs et vos lamentations;
» c'est un crime de se révolter contre l'ordre de Dieu,
» et la mort est un ordre de Dieu. Quoi! nous accepte-
» rions la volonté de Dieu quand elle nous apporte la
» joie, et nous la refuserions quand elle nous apporte
» le chagrin! Allons, vos cris sont une impiété. »

Elles comprirent ces paroles, et, les mains sur les yeux, sortirent du cimetière, mais en se retournant à chaque pas, pour crier leurs derniers adieux à celui qu'elles ne reverront qu'au jour du jugement.

Arrivés au Douar, les parents de Salah nous réunirent au repas des funérailles, firent servir aux pauvres une immense diffa, et porter à la mosquée de Metlily des plats de kouskuessou, destinés aux tolbas et aux nécessiteux.

Quelques jours de repos en famille nous avaient

---

[1] Azraïl est l'ange de la mort. Aussitôt qu'un homme a rendu le dernier soupir, Azraïl est envoyé par Dieu pour établir la balance des bonnes et des mauvaises actions du défunt.

fait oublier nos fatigues, et nous nous disposions à conduire nos marchandises sur les marchés des Beni Mzab, quand nous apprîmes l'arrivée à Metlily des délégués des Chambet el Mahdy, qui venaient faire la justice avec nous pour la dya du chambi maraudeur, que Chèggueun avait tué pendant la nuit, lorsque nous nous rendions à Gueléa. — L'affaire fut portée devant notre kadi Sid el Bachir qui, après avoir entendu les deux parties, nous donna gain de cause, et prononça ainsi son jugement :

« Cet homme est venu pendant la nuit pour voler la caravane ; — il a été tué, — on ne vous doit point le prix du sang, car, d'après la loi du Prophète, le voleur de nuit doit mourir. »

Nos adversaires se rendirent sans murmures à cette décision, et, l'affaire ainsi jugée, n'a en rien altéré les bonnes relations des Chambet el Mahdy et de leurs frères de Gueléa.

Libres enfin de toute préoccupation, notre voyage à Gardaïa, Beni Isgueun et Mellika fut décidé, et dix jours après, nous avions vendu nos esclaves au prix de 150 boudjous (270 fr.) l'un dans l'autre, et nos marchandises, comme je l'ai dit plus haut.

Les Beni Mzab en trafiquèrent eux-mêmes à bénéfices avec les Arabes sahariens qui fréquentent leurs marchés. Argent comptant, ils auraient pu gagner de 10 à 15 douros sur chaque Nègre ou Négresse ; mais, en les échangeant contre des grains, des chameaux, du beurre, de la laine, des moutons, dont la défaite est facile et lucrative, ils y gagnèrent bien davantage[1].

Tout ce que nous avions rapporté, enfin, repassa presque à l'instant même des mains des premiers acheteurs dans celles des Arabes et fut écoulé par eux à :

Tougourt,
Ouaregla,
Laghouate,
Aïn Mahdy,
El Biod Mtaâ oulad Sidi Chikh,
Brizina,
Stitten, et jusques dans le Teul.

Tout compte fait, et de retour à Metlily, après avoir bu, mangé et voyagé pendant huit mois, chacun de nous avait doublé son capital ; encore nous restait-il à tous une infinité d'objets utiles dans la tente, et fort estimés chez nous.

Nous n'avions pas tous voyagé avec notre propre argent ; plusieurs d'entre nous étaient partis avec l'argent de marchands spéculateurs, et les comptes furent réglés ainsi à l'amiable :

Le marchand qui, par exemple, avait confié 2,000 boudjous à un voyageur, reprit, au retour, son capital et partagea le bénéfice avec son associé. — Cet usage est général, et le temps est si peu de chose pour nous,

---

[1] Voir *le Sahara algérien* pour toutes ces questions de commerce.

que les spéculateurs trouvent aisément qui se chargera d'aller au Soudan faire fructifier leur argent à ces conditions.

Nous n'avions point oublié la belle Messaouda, cette femme que nous avions rencontrée à notre départ et qui nous avait porté bonheur en nous saluant avec sa ceinture.—Nous lui envoyâmes en commun du Bekhour dix coudées de saye, quatre livres de poivre du Soudan, vingt-cinq livres de daoudaoua et une jolie paire de pantoufles de haoussa.

EL OUADA.

Enfin, selon le vœu que nous avions fait à Sidi Abd el Kader de donner aux pauvres une ouada, nous fîmes publier dans la ville et dans la campagne, par l'*Ousif el arche* (le Nègre de la tribu), le crieur public de chaque douar, cette publication :

« Vous entendez, ô les croyants ! Que Dieu ne vous
» fasse entendre que le bien ! Vendredi prochain aura
» lieu l'ouada des Oulad Sidi Zighreum qui reviennent
» du Soudan. A el asseur (trois heures) soyez tous
» réunis à la porte El Gharbi ; — qu'il ne reste chez
» vous ni un fantassin, ni un cavalier, ni un taleb.—
» Apportez vos drapeaux, vos tambours et vos flûtes ;

» — apportez pour les pauvres de Dieu des dattes,
» des galettes et des fruits de la saison. — A celui qui
» viendrait les mains vides, le mépris arriverait en ce
» monde par la tribu, et le malheur en l'autre par le
» saint marabout. »

Sidi Abd el Kader el Djilali est le plus hospitalier de tous les saints musulmans ; — le protecteur assuré de tous ceux qui l'invoquent, quel que soit le danger où vous soyez entré ; amoureux en aventures, guerrier en ghrazzia, voleur en maraude. En toute circonstance périlleuse, et qui que vous soyez, petit ou grand, homme ou femme, infidèle ou croyant, si, de l'esprit ou de la voix, vous appelez à vous Sidi Abd el Kader, il veillera sur vous.

O grand saint, lui disent les gens des goums, si vous faites que nos balles ne tombent point à terre, nous vous élèverons une koubba.

— Si son mari fait un voyage, lui disent les amoureux, si vous faites dormir cette nuit et sa mère et ses frères, je suspendrai deux œufs d'autruche aux murailles de votre koubba, et je vous saignerai deux moutons.

Si les chiens du douar ne me voient ni ne m'entendent, lui disent les voleurs, si je marche avec la paix, et si je reviens avec du bien, vous en aurez la dîme.

Il donne des pluies aux moissons, des herbes au désert, des fruits aux jardins, des enfants aux femmes stériles, des agneaux aux brebis, des petits aux chamelles.— C'est le Sultan des saints,— et depuis Baghdad, où son tombeau véritable appelle chaque année presque autant de pèlerins que le tombeau de notre Seigneur Mohamed en appelle à Médine, depuis Baghdad jusque dans l'Inde, depuis Stamboul jusqu'à Sioui, depuis Masseur jusqu'au fond du Maroc, sur tous les pays musulmans, on trouve des koubba qui lui sont consacrées et qui sont autant de monuments dédiés à sa générosité.

Celle qu'il a chez nous est située en dehors de la ville, du côté de l'ouest, sur un petit mamelon dont la base est plantée de palmiers.

Au jour convenu, de tous les points de l'horizon, on y vit arriver, par grandes réunions ou par petits groupes, tous les invités à la fête : les riches bien vêtus, emportés au galop sur leurs fines juments ou bercés par leurs mahâri ; les moins heureux hâtant leurs chétives montures, ânes ou mulets, avec des clous ou des piquets pointus, ensanglantés déjà ; les pauvres, à pied, déguenillés, en burnous à mille pièces ; les aveugles, accrochés l'un à l'autre, cinq ou six à la suite, aventureusement guidés par un chef de file boiteux.

A la porte de la koubba où, dès la matinée, nous avions fait porter et déposer trente plats de kouskoussou et conduire trente moutons vivants, les tolbas, rangés en cercle, recevaient les offrandes. En un moment, il y eut devant eux un entassement énorme de dattes, de galettes, de pastèques et de figues sèches, pétries en pain ou enfilées en chapelets avec des ficelles en feuilles de palmier.

Et pendant que des Nègres égorgeaient les moutons, et du sang des victimes oignaient le chambranle extérieur de la porte du marabout, en témoignage de notre promesse accomplie, l'imam à haute voix disait cette prière :

« O Monseigneur Abd el Kader, vous qui êtes le Sultan des saints,

Vous, le père du drapeau,
L'ami du pauvre,
Le protecteur du voyageur,
Le libérateur du prisonnier,
Le sauveur de l'embarrassé,
L'hôte de l'étranger,
Vous, qui peuplez les pays sauvages,
Vous qui étiez monté sur une jument rouge,
Vous qui êtes le chéri de Dieu,

nous vous demandons de lui faire passer notre prière et de lui donner nos actions de grâces pour l'heureux retour de nos amis les Oulad Sidi Zighreum.

       Amin!

Les esclaves alors coupèrent en petits morceaux les moutons, mirent à part les têtes pour l'imam et pour les tolbas, et du reste firent une montagne sur une natte.

Cependant la foule toujours croissante s'épaississait et pressait les tolbas; c'était le moment de l'aumône, et ceux de nous chargés de la distribuer, puisant à pleines mains au milieu des offrandes, et choisissant de l'œil les plus nécessiteux, les uns tendant leurs plats ébréchés, ceux-ci leurs capuchons ou leurs pans de burnous, quelques-uns leurs chachias crasseuses, donnèrent à chacun.

Mais l'ordre ne fut pas longtemps maître de cette foule. Les derniers arrivés, jaloux des premiers rangs, et se poussant les uns les autres pour se faire un chemin au milieu de la masse, tous criant à la fois, se ruaient pêle-mêle. — Pressés et resserrés dans cet anneau mouvant, de plus en plus étroit, les malheureux tolbas et les distributeurs crurent se dégager en faisant pleuvoir au dehors une grêle de dattes; mais c'était aux moutons, c'était au kouskuessou qu'en voulaient tous ces affamés, et la confusion d'un dernier mouvement, qui refoula les marabouts au fond de la koubba, décida du pillage.

Chacun y fit sa part avec sa force ou son adresse, et plus d'un disputa la sienne à nos slouguis qui s'étaient eux aussi effrontément jetés sur l'immense diffa, et qu'on voyait courir en emportant leur proie.

« Ô les croyants, » criaient les riches de l'assemblée, qui s'égayaient à cette ghrazzia et l'animaient en jetant çà et là des poignées de boudjous, — « ô les croyants,
» ne battez pas les chiens! Ne chassez pas les chiens,
» cette ouada, c'est l'ouada de Dieu, et ce sont les hôtes
» de Dieu. »

Il y eut, en effet, largement à manger pour toutes les bouches, et, Dieu merci, les pauvres nous auront bénis.

Dès qu'ils eurent vidé la place, les jeunes gens, impatients de *frapper la poudre,* s'élancèrent joyeusement et se mirent en ordre à quelques pas de la koubba.

« O nos seigneurs, crièrent-ils aux marabouts, ô nos
» seigneurs, rendez-nous libres, que nous puissions
» frapper la poudre avant le Moghreb; — le temps est
» étroit, bénissez-nous par le fathah. »

Notre imam aussitôt s'avança gravement, et cette foule si bruyante et si tumultueuse tout à l'heure, et maintenant recueillie, debout, les mains ouvertes — comme un livre ouvert, — attendait la prière.

« O mon Dieu, ô Prophète de Dieu, dit l'imam,
» donnez-nous le bon conseil; à nos sources donnez
» de l'eau, de la pluie à nos champs; veillez sur nos
» troupeaux, veillez sur les fruits de la terre; ne nous
» envoyez pas de ces maladies qui viennent de loin. »
(La peste.)

Ici quelqu'un interrompit l'imam :

« O monseigneur, s'écria celui-là, donnez-nous
» aussi le fathah pour les absents! » Sans doute qu'il avait des amis en voyage.

L'imam reprit :

Que le voyageur revienne sain et sauf!

Que le malade soit guéri!

Que le pèlerinage profite aux pèlerins!

Que la paix soit avec les pauvres!

Je vous le demande, ô mon Dieu, par la bénédiction de la Mecque ; par ceux qui tournent autour de la kaâba, par Lella Fatima et par son père le Prophète ; par Sidi Abd el Kader et par ceux qui l'entourent.

Le fahtah sur moi! Et sur moi! et sur moi! crièrent d'autres voix : ceux-là sans doute avaient leur conscience à mettre en paix avec Dieu.

« O mes enfants, leur dit le marabout, allez en paix!
» car la prière que j'ai dite sur l'assemblée est pour
» tous à la fois, et pour chacun en particulier. »

Un amin général accueillit cette bonne assurance, et les cavaliers tournant bride, et les fantassins s'élançant, tous gagnèrent la plaine au bruit de leurs fusils et de ces gros tromblons que l'on charge à poignée.

Jusqu'au Moghreb, séparés en deux camps, ils jouèrent à la guerre, en se chassant dans les jardins, en se traquant dans les bois de palmiers, se débusquant tour à tour, sans plus de haine dans le cœur que de balles dans les fusils.

Il n'y a point de fête sans poudre. D'ailleurs, ces simulacres de combats exercent la jeunesse aux combats véritables, et la guerre est dans notre sang.

Notre Seigneur Mohamed a dit :

Le paradis est à l'ombre des glaives !

Ceux-ci, c'étaient les riches, les bien montés, les bien armés, les maîtres du bras. — Quant à ceux pour qui le bonheur n'est point en ce monde, les gens de la faim et de la soif, les nécessiteux et les pauvres, heureux aujourd'hui, ils s'étaient unis, entre amis, à l'ombre des palmiers ou de tentes improvisées et mangeaient en commun leur part de l'ouada, égayés par la flûte, le tambour à mains et les chants des improvisateurs.

Le soleil se couchant enfin, tous les marcheurs à pied, tous ceux ayant une longue route à faire, peuplèrent les chemins et disparurent à l'horizon. — Les chefs alors rompirent la bataille. — « C'est assez, mes enfants ! criaient-ils en se jetant au galop dans la mêlée ; ménagez votre poudre ! Dieu vous donne la force ! C'est assez ! »

Peu à peu leur voix fit taire les fusils ; les moins animes les premiers et les plus échauffés ensuite se groupèrent paisiblement, et l'ordre fut donné de regagner la ville, où la joie de cette journée ne s'éteignit qu'après de copieux soupers.

Pour nous, les voyageurs, les maîtres de la fête, nous avions retenu, comme hôtes, tous nos marabouts, tous nos chefs et Cheggueun, et la soirée fut d'autant plus joyeuse, que nous touchions à la veille du Ramadan.

Le temps tourne et revient, — et le lendemain nous nous préparâmes, par la grande ablution, à voir lever la lune nouvelle qui devait nous annoncer le temps du jeûne et de l'austérité.

LE JEÛNE, LE RAMADAN (EL SIAM EL RAMADAN).

Le jeûne du Ramadan est la troisième base fondamentale de l'islamisme, qui en reconnaît cinq :

La prière, el salat ;
L'aumône, el zekkat ;
Le jeûne, el siam ;
Le pèlerinage, el hadj ;
La profession de foi, el chehada.

On entre dans le mois de Ramadan quand, après le mois de Chaban, deux adoul témoignent avoir vu la nouvelle lune, tous les habitants d'une ville, tous les membres d'une tribu ne l'eussent-ils pas vue ; depuis ce moment jusqu'à la lune suivante, le jeûne est d'obligation pour tous les musulmans ; chaque jour, à partir du moment où l'on peut distinguer un fil blanc d'un fil noir jusqu'au coucher du soleil.

Pour entrer de fait dans le Ramadan, il faut y entrer d'intention et s'être proposé la veille de jeûner le jour suivant ; autrement, et bien qu'on jeûnât ce jour-là, le jeûne ne serait pas compté.

Pendant le temps du jeûne, on ne peut ni embrasser, ni étreindre, ni se laisser aller aux mauvaises pensées qui peuvent faire perdre à l'homme *sa force*. — Il faut s'abstenir durant tout le jour de relations avec sa femme.

Celui qui jeûne, homme ou femme, ne peut goûter aucuns mets, ni ceux qu'il prépare, ni tout autre;

Il ne peut se servir d'aucun remède pour les dents; car toute chose, aussi minime qu'elle soit, qui entrerait dans l'estomac romprait le jeûne;

Si cependant on s'est mis du koheul aux yeux, et que le lendemain on le sente au gosier, le jeûne n'est pas rompu pour cela¹.

La fumée du tabac elle-même, non-seulement celle que l'on aspirerait en fumant, mais encore celle qu'on respirerait en compagnie de fumeurs, rompt le jeûne; il n'en est point ainsi de la fumée du bois.

Celui qui de son plein gré, et non par oubli ou par ignorance, a mangé, se trouve dans le cas dit *keufara*; et, pour se racheter, il donnera soixante jointées de blé aux pauvres, une à chacun, ou jeûnera deux mois de suite, ou affranchira un esclave.

Toutefois, un homme très-avancé en âge peut se dispenser de jeûner, pourvu qu'il donne chaque jour une jointée de blé aux pauvres.

En cas de maladie grave, on peut remettre le jeûne, et le cas est décidé par un médecin ou par l'autorité d'un homme sincère.

---

¹ Nous ne nous expliquons point cette phrase. Elle est tout au long dans l'ouvrage de Sidi Khelil, au chapitre *El Siam*, commenté par Sid Abd el Baky. — Comment de la poudre d'antimoine peut-elle aller des yeux au gosier? Quoi qu'il en soit, cette réserve caractérise bien les scrupules avec lesquels les musulmans observent *El Siam*.

La femme enceinte, en couches, ou qui allaite, peut se dispenser de jeûner ; il en est de même de celui qui est fou et de celle qui est folle.

Quand un homme a besoin de faire travailler sa femme, il peut encore l'autoriser à manger.

Si le Ramadan tombe au moment des fortes chaleurs, on peut boire, mais à la condition de donner également du blé aux pauvres et de jeûner plus tard pendant autant de jours qu'on en aura violé.

Sauf ces cas réservés, celui qui mange pendant le Ramadan peut être bâtonné, emprisonné, frappé d'une amende, suivant la volonté du kadi.

On rompt le jeûne de la journée en mangeant, aussitôt le coucher du soleil, des choses légères, ou des douceurs, ou des dattes, et en buvant trois gorgées d'eau après avoir fait cette prière :

« Mon Dieu, j'ai jeûné pour vous obéir, et je romps
» le jeûne en mangeant de vos biens.

» Pardonnez-moi mes fautes passées et futures ! »

Il est d'usage cependant de faire aussitôt un repas, pour ne point imiter les Juifs, qui s'abstiennent longtemps encore après que l'heure de manger est venue.

Aux trois quarts de la nuit, enfin, on fait le repas du schour ; mais au fedjeur (point du jour), il faut reprendre l'abstinence.

Ce n'est pas assez, toutefois, de ne pas satisfaire les appétits du corps, il faut encore s'abstenir de tout mensonge, de toute mauvaise pensée, et ne pécher ni par les yeux, ni par les oreilles, ni par la langue, ni par les mains, ni par les pieds.

C'est pendant le Ramadan surtout que chaque matin la langue dit à l'homme :

— Comment passeras-tu la journée ?

— Bien, si tu ne me compromets pas, lui répond l'homme. »

Le soir elle lui dit encore :

— Comment as-tu passé la journée ?

Et l'homme lui répond : — Bien, si tu ne m'as pas compromis. »

———

J'ai beaucoup voyagé. Deux fois j'ai été à Haoussa par la route que je viens de vous donner, et, dans mon dernier voyage, j'en suis revenu par le Bernou, Bilma, le Fazzan et Tripoli; de là, j'ai passé dans la Basse-Égypte pour aller à la Mecque, à Médine, à Baghdad, et me voici à Alger. — Eh bien, de tous ces pays il n'en est pas un qui vaille le Sahâra.

Je sais bien que les gens du *Teul* disent de nous, les Sahariens :

« O les Arabes malpropres, buveurs de lait caillé, vous êtes toujours en marche comme les sauterelles; votre métier est celui de pillards; vous ne mangez que des dattes; si nous vous fermions nos marchés, vous

mourriez de faim : — nous vous tenons par le ventre.
— Vous n'avez pas de bains, pas de mosquées, pas de bois ; vous faites des dieux de vos moutons et de vos chameaux ; ils vous font oublier vos prières et les ablutions ; comment les feriez-vous ? vous avez à peine assez d'eau pour boire.

« Nous, au contraire, ajoutent les orgueilleux, nous avons de l'orge, du blé, du miel, du bois et de l'eau ; des bains et des mosquées, des marchés et des fondouk, des draps, des cotonnades, du sucre, du café, du savon, des parfums, des fers et des aciers ; tout en abondance. —Nous sommes heureux, campés à la tête de la source ; nous y vivons tranquilles, sans être obligés de courir chaque jour après chacun de nos besoins, et nous y mourons riches. »

Cette querelle est vieille entre les gens du Teul et ceux du Sahâra, et nous leur répondons :

« O les nus, les mendiants ! toujours en quête de la laine, du poil de chameau et des dattes ! Quelle vie que votre vie ! Le Sahâra vous fournit et vos vêtements et vos tentes. — Vous campez toujours au même endroit, au milieu des ordures et mangés par les puces.—Votre métier est celui de domestiques ; vous travaillez sans cesse ; l'hiver, vous labourez ; l'été, vous moissonnez. —Presque tous vous allez à pied sur un terrain qu'il faut toujours ou monter ou descendre, en se heurtant aux arbres, en s'écorchant aux buissons ; votre pays est le pays des crimes, des lions, de la peste, de la grande maladie et des sultans, qui vous mènent en esclaves et vous font dévorer par le makhzen. — O les dégénérés ! notre père Ismaël ne voudrait pas vous reconnaître pour ses enfants ! »

Les gens du Teul n'ont de bon chez eux que leur orge, leur blé, leurs eaux; mais si, dans le Sahara, nous sommes *loin de notre pain et près de notre soif,* parce que les grains et les pluies sont rares, Dieu nous a pourvus d'autres biens :

Sa main nous a donné ces vaisseaux de la terre, *gouareub el beurr,* ces nombreux chameaux qui peuvent, en un soleil, nous transporter du pays de l'Injustice au pays de l'Indépendance;

D'innombrables moutons, d'innombrables brebis, qui sont nos silos ambulants, *metamores rahala,* car nous vivons de leur dos, de leurs côtes, de leurs mamelles.

Des juments belles et bonnes, dont nous vendons cher les poulains aux habitants du Teul; plus sobres que les chevaux, elles supportent mieux la chaleur, la soif et la fatigue, et, ne hennissant point comme eux, elles ne trahissent pas la ghrazia.

Nos tentes sont vastes, bien garnies et toujours neuves; la laine et le poil de chameau ne nous manquent point pour les renouveler ou les réparer tous les ans.

Nos femmes, toutes jolies, ont le cou long et les dents blanches, et n'ont point de gros ventres comme les gourmandes du Teul. — Montées sur des chameaux, dans les aâtatiches, elles assistent à nos fantasia qu'elles embellissent, à nos combats qu'elles animent.

Chaque jour nous apporte une joie, une émotion, une fête : c'est une noce où l'on brûle de la poudre ; c'est une caravane qui part, qui passe, qui revient ; ce sont des hôtes bien venus, et jamais un invité de Dieu n'a couché dehors ; c'est le conseil qui s'assemble, c'est la tribu qui change de campement ; c'est la chasse à l'autruche, au lerouy, à l'antilope, à la gazelle, avec des slouguis en relais ; au lièvre, à la perdrix, à l'outarde, avec l'oiseau de race (le faucon).

Tertig el merass, — le *lancer* du lévrier,
Rekoub el ferass, — le *monter* des juments,
Tekerkib el kheras, — le cliquetis des boucles d'oreilles,
Yaguela el doude men el ras, — vous ôtent les vers de la tête.

Pour peu qu'un Saharien soit à son aise, il ne fait absolument rien ; travailler, c'est une honte. — Labourer, moissonner, cultiver les jardins, soigner les dattiers, c'est l'affaire des gens des kessours, fermiers pour la plupart des nobles de la tribu. Sous une grande tente, les travaux d'intérieur sont confiés aux Nègres esclaves, qui sont à bon marché et nombreux ; les Négresses vont à l'eau, vont au bois, préparent les repas.

Sous une tente à demi-fortune, les travaux sont laissés aux femmes :

Elles ont à traire les brebis et les chamelles ;

A faire le beurre ;

A moudre les grains ;

A seller et desseller le cheval ;

A lui mettre la couverture ;

A le faire boire, à lui donner l'orge ;

A tenir l'étrier quand l'homme descend ou monte ;

A faire le bois et l'eau ;

A préparer les aliments ;

A traiter les chameaux, aidées par le berger.

Elles tissent les lits, les coussins, les sacs à fardeaux, les étoffes en laine teintes en rouge, en bleu, en jaune, dont on voile les aâtatiches ; les rideaux qui séparent les hommes des femmes, les bâts de chameaux, la musette, la besace, la couverture à cheval, les entraves, les filets qui servent à préserver de l'agneau la brebis dont on veut conserver le lait ; elles font des cordes en laine, en poil de chèvre et de chameau, en feuilles de palmier, en aâlfâ.

Elles préparent les peaux de bouc où seront mis le lait, le beurre, l'eau.

Elles fabriquent, avec de la terre glaise, de la poterie, des vases à boire, des fourneaux, des plats à faire cuire le pain, le kouskuessou, la viande.

Pour les déménagements, elles lèvent la tente, la roulent en paquet, la chargent sur un chameau. Dans la migration, elles marchent à pied, souvent conduisant à la main la jument que suit un poulain, toujours fagottant du bois en route et ramassant de l'herbe pour le bivouac du soir. — A l'arrivée, elles dressent les tentes.

Li ma ikhedem ousifa, — celui qui n'a pas une Négresse,
Ou la iergoud fi guetifa, — et qui ne dort pas sur un lit,
Isa-lou cheurr hasifa [1], — la misère lui réclame une vengeance.

Encore, celui-là même est-il moins malheureux qu'un malheureux du Teul. — Il se met serviteur d'une grande famille ; il répare les sacs, les harnachements ; il fait griller les moutons des diffa, et, dans ses longs loisirs, il va de tentes en tentes, partout où sont des hôtes, échangeant ses services contre les débris des repas.

On demandait à un Arabe saharien qui voyageait à la grâce de Dieu : — Comment fais-tu pour vivre ?

« Celui qui a créé ce moulin, répondit-il en mon-
» trant ses dents blanches, n'est pas embarrassé pour
» lui fournir la mouture. »

Un marabout a fait ces vers :

L'Arabe nomade est campé dans une vaste plaine,
Autour de lui rien ne trouble le silence ;
Le jour, que le beuglement des chameaux ;
La nuit, que le cri des chacals et de l'ange de la mort.
Sa maison est une pièce d'étoffe tendue
Avec des os piqués dans le sable.
Est-il malade, son remède est le mouvement.
Veut-il se régaler et régaler ses hôtes,
Il va chasser l'autruche et la gazelle.
Les herbages que Dieu fait croître dans les champs
Sont les herbages de ses troupeaux.
Sous sa tente, il a près de lui son chien
Qui l'avertit si le voleur approche.

---

[1] Nous donnons la traduction littérale de ce vers, dont le sens est facile à saisir.

Il a sa femme, dont toute la parure
Est un collier de pièces de monnaie,
De grains de corail et de clous de girofle.
Il n'a pas d'autres parfums que celui du goudron
Et de la fiente musquée de la gazelle,
Et cependant ce musulman est heureux ;
Il glorifie son sort et bénit le Créateur.
Le soleil est le foyer où je me chauffe ;
Le clair de lune est mon flambeau ;
Les herbes de la terre sont mes richesses,
Le lait de mes chamelles est mon aliment,
La laine de mes moutons mon vêtement.
Je me couche où me surprend la nuit.
Ma maison ne peut pas crouler,
Et je suis à l'abri du caprice du sultan.
Les sultans ont les caprices des enfants
Et les griffes du lion : défiez-vous-en.
Je suis l'oiseau aux traces passagères ;
Il ne porte avec lui nulle provision ;
Il n'ensemence pas, il ne récolte pas,
Dieu pourvoit à sa subsistance.

FIN.

VOCABULAIRE
D'HISTOIRE NATURELLE

PAR LE DOCTEUR LACGER,

CHIRURGIEN-MAJOR.

VOCABULAIRE
D'HISTOIRE NATURELLE.

Alk. — Sous ce nom on distingue, en Algérie, les gommes et les résines; ainsi, on dit *alk' t'oth'*, pour désigner la gomme arabique du *minosa falcata*, ou gomme de Barbarie, etc. Le synonyme d'*alk'* est *semar*.

Antimoine. — *V.* Kohl.

Aoud el K'omari. — On distingue plusieurs espèces de bois de Komari. Celle qui se vend le plus communément est la cascarille; on en fait grand usage pour parfumer; on en met dans le tabac à fumer (à Alger).

As. — C'est le myrte commun, *myrtus communis*, dans beaucoup d'auteurs arabes. Les indigènes de l'Algérie appellent cet arbuste, qui abonde dans le Sahel et dans le Tell, *chelmoun el ryh'an*.

Autruche. — *V.* Na'am.

Azir. — *V.* Zir.

Alfa. — Cette plante est très-répandue en Algérie; elle est d'une grande ressource pour la nourriture des chevaux; dans nos expéditions, les chevaux n'ont eu souvent que cette plante pour se nourrir. C'est le ligé sparte, *lygeum spartum*. Les chaumes de cette graminée ne s'élèvent qu'à environ dix ou douze centimètres de hauteur. Cette plante est la *stepa tenacissima*, servant à faire, en Orient, les ouvrages dits sparterie. Dans quelques contrées de l'Algérie, les indigènes en font des nattes.

Forskal, qui écrit halfa, dit que c'est l'*arundo epigeios*. (*Flora œgypt.-arab.*, pl. ix, et cent. 1, n° 82, pl. xxiii.)

ARBRES A GOMME. — Ce sont diverses espèces d'*acacia* ou *mimosa*. Il paraît même qu'il existe en Afrique des forêts d'arbres rosacés qui donnent la gomme.

ARAR. — Sous ce nom, les Arabes désignent des arbres bien différents, parmi lesquels nous citerons les deux principaux.

1° Le genévrier de Phénicie, *juniperus Phœnicœ*, arbre ou arbuste qui peuple des étendues considérables du sol algérien, seul ou avec d'autres essences; il s'associe le plus communément avec le genévrier à feuilles de cèdre que les Arabes appellent *l'agga*. On le trouve en abondance dans les parties élevées du Tell, dans les Djebel Aourès, des Ouled Sulten, Bout'aleb, Ounouz'a; les Biban, au sud de Bou-çada, le Djebel Amour, à la Macta, à Saïda, etc., etc. Il acquiert une hauteur moyenne de cinq à six mètres et une circonférence d'un mètre; cette disproportion provient de la tendance qu'il a à se surcharger de branches latérales, ce qui produit plus de grosseur que d'élévation. Le bois de cet arbre est à l'épreuve des vers et est incorruptible. Les solives de ce bois ont servi à la construction des maisons d'Alger qui datent de plusieurs siècles, et n'ont subi aucune altération.

2° Thuya articulé, *thuya articulata*, de Desfontaines; arbre qui ne s'élève qu'à six ou sept mètres de hauteur. Il est rare qu'à un mètre du sol la circonférence acquière plus d'un mètre de développement. A la partie inférieure du tronc, cet arbre fournit de petites glandes d'un liquide résineux parfaitement limpide, qui produit en se desséchant, une résine analogue à celle de la sandaraque. On le trouve à l'est de Médéah, entre le Sig et l'Oued el Hammam, sur le Djebel Bouziri, etc.

Le genévrier de Phénicie et le thuya sont les deux arbres que les Arabes confondent sous la dénomination d'*arar*. Il est à croire que les indigènes doués d'une grande instruction les distinguent par des noms différents; mais nous n'avons pas été assez heureux pour en trouver un capable de nous renseigner.

C'est à tort que M. Quatremère, dans sa traduction de la *Description de l'Afrique* par Abou Obaid Bekri (Notices et Extraits, t. xii, p. 448), traduit *arar* par *buis*. Silv. de Sacy a mieux réussi en traduisant dans le même passage le mot *arar* par *genévrier*. (Chrestom, t. II, p. 549.) Il est évident, pour les personnes qui connaissent le pays, qu'Abóu Obaid el Bekri a voulu parler du genévrier de Phénicie ou du thuya.

Bak'er el ouh'ach. — Le bak'er el ouh'ach, ou bœuf sauvage, est assez répandu dans les montagnes du sud de l'Algérie. « Ce pays, dit Shaw, abonde en bœufs sauvages que les Arabes appellent bekker el wasch. Cette espèce est remarquable en ce qu'elle diffère des bœufs ordinaires à plusieurs égards, ayant le corps plus rond, la tête plus plate et les cornes plus rapprochées l'une de l'autre. Il y a grande apparence que c'est ici l'animal que Bellonius nomme *bos africanus*, et qu'il croit avec raison être le *bubalus* ou le buffle des anciens; mais, suivant la description qu'il en fait, il ne serait qu'un peu plus grand qu'un chevreuil, au lieu que celui dont je parle est de la taille et de la couleur du daim. Leurs petits s'apprivoisent facilement et paissent avec les autres bœufs.

» Les Arabes nomment aussi bekker el wasb une espèce de daim qui a précisément les cornes du cerf. »

Pline dit (lib. VIII, cap. 15) : « Il y a des bœufs sauvages fort remarquables, tels que les *bisons* qui ont une vaste crinière, et les *ures* qui surpassent les autres en force et en vitesse, et que le peuple ignorant confond avec les buffles (*bubali*), quoique cette espèce soit particulière à l'Afrique et ressemble à un veau ou plutôt à un cerf (*cervus*). » — « Le bekker el wash, dit Shaw (page 414), de même que la gazelle, marche en troupes; ils se ressemblent d'ailleurs par le poil; dans la course, par la manière de s'arrêter tout court et de faire face à ceux qui les poursuivent. Les cantons qui produisent l'une de ces deux espèces nourrissent aussi l'autre, et c'est particulièrement sur les confins du Tell et du Sahara qu'on en trouve en quantité. »

Quelques indigènes appellent *bakker el lemha* le baker el ouh'ach, lorsqu'il a une couleur blanche; peut-être donnent-ils ce nom à une variété.

Les voyageurs parlent beaucoup du baker el ouh'ach. Léon l'Africain le désigne sous le nom de *bos sylvaticus*. Le major Denham en vit un troupeau près du lac Tchard; il remarqua qu'ils avaient une bosse sur l'épaule et qu'ils paraissaient réunir les formes du bœuf et du buffle. Ben Bat' Out'a, dans son voyage au Soudan, en rencontra des troupes nombreuses qui venaient si près des hommes qu'on pouvait les prendre sans le secours des chiens ni des flèches.... « Lorsqu'on tue un de ces animaux, continue Ben Bat' Out'a, on est étonné d'en trouver le ventricule rempli d'eau, et j'ai vu des Messoufites presser ce viscère et boire le liquide qu'ils en retiraient. » (Page 8.)

Le baker el ouh'ach a une assez grande ressemblance avec le bœuf ou la vache pour qu'il en ait pris le nom. C'est le bubale des anciens, l'*ant. bubalis* de Linné; la vache de Barbarie. (*Buff. suppl.*, VI, XIV.) Cette antilope a les cornes annelées, à double courbure, la pointe en arrière. Une particularité anatomique de la tête le distingue de toutes les autres; c'est l'existence d'un bourrelet saillant du pariétal dirigé dans le prolongement du chanfrein, et au sommet duquel s'élèvent les cornes. La taille du baker el ouh'ach est à peu près celle d'un veau, d'un an ou dix-huit mois; son pelage est fauve, la queue est courte et terminée par une touffe de poils noirs.

BANANE. — La banane, ou fruit du bananier, se dit en arabe *mouz*, et le bananier *sedjero el mouz*.

Le bananier (famille naturelle des musacées) n'est cultivé en Algérie que dans les jardins d'Alger et d'Oran, sur le littoral. On n'y voit que l'espèce appelée *musa paradisiaca* par les botanistes, par allusion à l'opinion émise que ces feuilles servirent à cacher la nudité de nos premiers parents, après qu'ils eurent succombé à la tentation. Cette plante n'existe pas dans la partie du Sahara visitée par nos troupes; elle viendrait sans doute très-bien dans les Ziban, à Bouçada, dans les beaux jardins de Msila, et partout où les dattes mûrissent, elle serait d'un grand rapport et d'une grande utilité.

Le bananier de Paradis est une des plus belles plantes des pays chauds; il s'élève à une hauteur de deux à quatre ou cinq mètres. Sa tige est formée de gaines emboîtées les unes dans les autres, et tout à fait semblables à celles du poireau. Les gaines supérieures se terminent par une large feuille elliptique dépassant quelquefois une longueur de deux mètres avec une nervure moyenne très-saillante en dessous et de laquelle partent des nervures secondaires constituant le tissu de la feuille et disposées comme les barbes d'une plume. Ces feuilles forment au sommet de la tige un bouquet d'un beau vert au centre duquel s'élève une hampe recourbée, pendante, longue d'un mètre et plus. Les fleurs sont disposées sur cette hampe en demi-verticille. Les fleurs femelles qui portent seules des fruits occupent la partie inférieure de cette espèce de grappe, et qu'on appelle à Alger *régime* de bananes par analogie avec le régime du dattier. Les fruits, semblables à nos concombres pour la forme, n'ont en Algérie que dix à quinze centimètres. La chair est molle, jaunâtre, recouverte d'une pellicule membraneuse qui s'enlève facilement dans le sens des fibres, qui sont longitudinales. Le goût de la banane est assez agréable; on peut le comparer à celui d'un mélange de beurre et de fécule légèrement sucré et aromatique. La tige produit une grappe plus ou moins chargée, suivant sa vigueur, qui est en rapport avec le climat et les conditions de culture, dix ou douze mois après avoir été plantée, et meurt aussitôt après.

Dans l'Inde, aux Antilles, en Afrique, les bananes forment la principale nourriture du peuple; on en fait une liqueur appelée *banane*, qui s'aigrit facilement, et que l'on prépare en petite quantité. On fait du pain de bananes avec la pâte qu'on obtient en écrasant les bananes bien mûres et la faisant passer à travers un tamis pour en retirer la partie fibreuse. Cette pâte, formée en grande partie d'amidon, se conserve longtemps; lorsqu'elle est sèche et délayée dans l'eau ou du bouillon, elle fournit un aliment très-sain. Sa tige sert, par ses fibres, à confectionner des cordages, et même des tissus; les trachées remplacent l'amadou, et les feuilles servent de nappes ou couvrent les cabanes des Nègres : on en donne aussi aux bestiaux. Dans son essai politique de la Nouvelle-Espagne, M. de Humboldt considère le bananier comme étant d'une grande utilité; un terrain de cent mètres, dit-il, dans lequel on plante quarante touffes de bananier rapporte, dans un an, quatre mille livres d'aliment en pesanteur; un même terrain, semé en froment, n'eût guère donné que trente livres pesant. Le produit des bananes est donc à celui du froment comme 133 est à 1, et à celui de la pomme de terre comme 44 est à 1.

BECHENA. — Le maïs, ou blé de Turquie, est généralement appelé *bechena*. On lui donne aussi d'autres noms; ainsi, à Sétif, à Mansoura, on l'appelle *koubel*, *kouboub*, *dra*, dans une partie de la province d'Oran.

Le maïs est cultivé dans certaines parties de l'Algérie, dans les jardins des douars, et surtout dans ceux qui environnent les villes ou les villages.

Les indigènes mangent le maïs après l'avoir fait légèrement torréfier sur les charbons incandescents. Dans quelques contrées kabyles, où il est cultivé en assez grande quantité, on le triture comme le blé dans les moulins à bras ; on en fait du couscous, en le mélangeant avec la farine de blé. Quelquefois on prend l'épi frais, on le coupe par tranches, et on le fait cuire avec le couscous.

Begouga. — Les Arabes de l'Algérie appellent *begouga* différentes espèces d'*arum*. Ce sont les plantes connues en France sous le nom de *gouet* et *pied-de-veau*.

Le nombre des espèces d'arum ou aroïde s'élève à plus de quarante, qui sont répandues dans les contrées chaudes et tempérées ; toutes ne sont pas sans danger pour les personnes qui en mangent : ainsi le *caladium seguinum* est un poison. Les formes singulières et les habitations de ces plantes, dans les lieux tristes et humides, leur avaient mérité d'être employées dans les filtres, dans les enchantements. La médecine fait usage encore de quelques espèces. La plus usitée est l'*acorus* ou *calamus aromaticus*, qui se mange confit et communique son arôme à l'eau-de-vie de Dantzick.

La plupart des racines des arum sont tuberculeuses et remplies de fécule : aussi peuvent-elles servir à la nourriture de l'homme. Avant de les employer à cet usage, il est nécessaire de les priver du principe âcre et caustique qui s'y trouve renfermé ; on y parvient au moyen de la dessiccation, de la torréfaction, de la fermentation, de l'ébullition, ou des lavages fréquemment répétés.

Dans les Indes, on mange, sous le nom de *chou caraïbe*, les tubercules de deux espèces d'arum, l'*arum esculentum*, L, et le *calladium sagittæolium*. En Laponie, on mange la racine du *calla palustris* ; en Égypte et dans l'Inde, celle de l'*arum colocaria*, et en France, parfois celle de l'*arum vulgare* ou *maculatum*; cette dernière espèce et quelques autres, parmi lesquelles se remarque l'*arisarum simorrhinum*, DR, si bien figuré dans la partie botanique de l'ouvrage que publie la commission scientifique de l'Algérie, sont d'une grande ressource pour les habitants de l'Algérie dans les temps de disette. Pendant le blocus de Tlemcen par l'armée d'Abd el Kader, en 1836 et 1837, les habitants, sans ressources alimentaires, mangeaient les plantes qu'ils savaient pouvoir leur offrir un peu de nourriture. Nous avons vu la plupart des habitants, femmes et enfants, aller chaque jour, dès le matin, à la recherche des racines alibiles ; parmi ces dernières, celles d'arum leur fournissaient une ample moisson. Après avoir récolté ces racines, on les coupait par petites tranches qu'on lavait plusieurs fois dans l'eau chaude pour leur enlever l'âcreté ; on les faisait ensuite torréfier pour pouvoir les moudre ou écraser dans les moulins à bras. On mêlait la farine grossière qu'on obtenait avec un peu de farine d'orge ou de blé, et l'on faisait du pain ou du couscous.

Berouak. — Les Arabes appellent berouak la plante que les botanistes désignent sous le nom d'*asphodèle*, de *lis asphodèle*. Quoiqu'on trouve en Algérie plusieurs espèces d'asphodèles, c'est principalement à l'*asphodelus ramosus* qu'on applique le nom de *berouak* ; cette plante est très-répandue dans le Sahel et dans le Tell. Elle a donné son nom à quelques localités. Le poste de *Berouaguia*, que nos troupes ont occupé pendant quelque temps chez les Beni Soliman, à l'est de Médéah, doit son nom à la grande quantité de berouak qu'on y trouve.

Les anciens avaient soin de planter des asphodèles auprès des tombeaux, dans la croyance que les mânes se nourrissaient de leurs tubercules.

Ces tubercules renferment une assez grande quantité de fécule qui ne devient mangeable qu'après avoir été débarrassé du principe âcre par l'ébullition. Les anciens mangeaient ces tubercules cuits sous la cendre. On en a même fait du pain, au rapport de quelques auteurs.

Bet'oum. — Les Arabes de l'Algérie désignent sous le nom de *bet'oum* un arbre magnifique qu'on trouve presque toujours isolé ou en massif, de très-peu d'étendue et que nous appelons pistachier de l'Atlas, térébinthe, lentisque de la grande espèce. Desfontaines l'a décrit dans sa Flore atlantique, sous la dénomination de *Pistacia atlantica*.

Le bet'oum est beaucoup plus grand que le pistachier lentisque, *pistacia lentiscus*, L, que les Arabes appellent *d'arou*. Le bet'oum croit peu sur le littoral ou dans le Sahel ; on ne le voit que dans l'intérieur des terres et dans le Sahara ; il semble qu'il commence à paraître là où cesse le lentisque. Ces deux arbres se distinguent facilement l'un de l'autre par leurs dimensions et leur forme. Un caractère plus tranché existe dans les folioles qui sont en nombre pair dans le lentisque et en nombre impair dans le bet'oum, ce qui donne à la feuille de ce dernier un aspect plus acuminé. Le bet'oum perd ses feuilles en hiver et le lentisque les conserve.

Les *bet'oum* se voient dans beaucoup de localités du Tell et du Sahara. Il en existe à Mila, sur le territoire des Ouled Ali Ben Sabou, entre

Sétif et Mkaous, sur les rives de l'Ouad Zeroua affluent de l'Isser, à Médéah, au sud de Mascara, auprès de Saïda, etc.

Ces arbres acquièrent de grandes dimensions; leur tronc est d'une venue droite et généralement régulière; mais, au-delà de deux mètres d'élévation, ils se divisent, et les branches se multiplient en telle quantité qu'ils forment une masse sphérique légèrement aplatie qui, vue de loin, rappelle les arbres taillés des jardins; leurs rameaux couvrent souvent une superficie circulaire de plus de vingt mètres de diamètre. Les Arabes coupent souvent les branches de manière à conserver la forme sphérique. La hauteur de ces arbres n'est point en proportion avec leur grosseur. Le tronc, mesuré à un mètre du sol, a une circonférence de deux à trois mètres et plus. Cette disproportion entre la hauteur et la grosseur de ces arbres se remarque surtout chez les individus isolés.

Le bois du bet'oum est dur, compacte, à grain très-fin, susceptible d'acquérir un beau poli, comparable en cet état au palissandre, et très-propre à l'ébénisterie.

D'après le dire de quelques Arabes, cet arbre se propage au moyen des boutons.

Les fruits du bet'oum sont des baies d'un rouge violacé, semblables à celles du lentisque; dans le Sahara on les appelle *el ked'im*, et dans la province de Constantine, *el haoudja*.

Les indigènes mangent souvent le fruit avec l'idée qu'il fait du bien à l'estomac. Les femmes du Sahara écrasent les fruits pour en avoir le suc dont elles se servent pour huiler les cheveux. On retire de cet arbre une résiné : *alk*.

BKHÂR-BKHOUR. — Ce mot, en arabe, a deux significations; il désigne, 1° un sac de peau de bœuf, comme on peut le voir dans Makrizy (voir la note de M. Quatremère, *Notices et Extraits*, t. XII, p. 664), et plus généralement des drogues, des parfums, des épices; ainsi on désigne le benjoin sous la dénomination de bkhour ahmar.

CHACAL. — Ce mot est turc; il sert à désigner une espèce de chien, le *canis aureus* de Linné. Les indigènes n'emploient jamais ce mot, ils se servent du mot *dib*. Cet animal est très-commun en Algérie; il vit dans les fourrés, dans les rochers. Il sort rarement pendant le jour. Lorsque la nuit arrive, il se réunit en troupes nombreuses et il rôde autour des lieux habités pour y chercher sa nourriture. Il vit de cadavres de tous les animaux et des fruits qu'il peut atteindre ; il est bien rare que le soir on n'entende pas autour des douars, des villages, et même des grandes villes, ses tristes hurlements.

CHENEGOURA. — Dans son dictionnaire berbère, Venture de Paradis dit que chender'oura est le chamæpitys, *teucrium chamæpitys*.

CHIH. — Petit arbuste, *arthemisia Judaica*, L., qui s'élève à peine à cinquante centimètres et qui couvre presque seul d'immenses étendues de terrain, sur les limites du Tell et du Sahara. On le désigne ordinairement sous la dénomination de petite absinthe, d'absinthe du Pont.

D'EB. — Les Arabes appellent ainsi une espèce de gros lézard qui vit dans le Sahara. Dapper et Marmol en font mention et lui donnent une longueur de dix-huit pouces. Ces auteurs disent encore que ce lézard ne boit jamais et que les Arabes en mangent la chair rôtie.

Dans le grand ouvrage sur l'Égypte, Geoffroy Saint-Hilaire décrit un scinque monitor ou le crocodile terrestre d'Hérodote, le *tupinambis arenarius* de Noblet, et le *varanus scincus* de Merrem, et dit que les Arabes l'appellent *ouaran el ard* (ouaran de terre), par opposition à *ouaran el bahr* (ouaran de mer), autre espèce qui habite le Nil, le *tupinambis niloticus*, Daud. Geoffroy Saint-Hilaire donne à l'ouaran de terre une longueur de trois pieds à trois pieds et demi, et il dit qu'il est couvert d'écailles circulaires et que son dos est d'un brun clair, avec des marques carrées d'un vert-jaune pâle *.

Dans le Sahara de l'Algérie et de toute l'Afrique septentrionale, le crocodile terrestre d'Hérodote existe, et les indigènes lui donnent le même nom qu'en Égypte, *el ouran*. Nous en avons vu, dans l'Hedna, un qui atteignait une longueur de près de trois pieds; mais généralement ils n'ont pas cette dimension, du moins à en juger par les peaux que conservent les Arabes, et dont ils font des bourses et des blagues à tabac. D'après les idées des indigènes, la morsure de ce lézard produit l'infécondité, et ils en mangent la chair pour se préserver de l'action des poisons, du venin des scorpions, des vipères, etc. Il tette,

---

* Depuis plusieurs années, on en voit quatre ou cinq individus à la ménagerie du Jardin des Plantes.

dit-on, les brebis qui ont du lait, lorsqu'il peut les atteindre, et il mange les serpents et même les vipères.

Le mot d'eb est bien connu en Algérie; s'il n'est pas le synonyme d'ouran, c'est le nom d'une espèce bien voisine de ce lézard.

Dis. — Cette plante, qui est d'une grande ressource pour la cavalerie pendant les expéditions, croît en touffes sur les lieux les plus arides, dans les fentes des rochers ; c'est l'*arundo festucoïdes* de Desfontaines, ou l'*ampelodes mostenon* de Lamark.

Djaoui. — C'est le benjoin. Les indigènes regardent comme le meilleur celui que les pèlerins apportent de la Mecke. On sait qu'on donne particulièrement le nom de benjoin à une substance résineuse retirée du *styrax benjoin*, arbre de Sumatra.

Djedam. — Les indigènes de l'Algérie appellent ainsi l'affreuse maladie connue en France sous le nom de lèpre : elle est commune dans quelques tribus. On cite particulièrement quelques tribus kabyles. Ce mot sert aussi, dans quelques auteurs, à désigner l'éléphantiasis. Cette dernière maladie n'est généralement désignée à Alger que sous une dénomination arabe qui correspond à *jambe enflée*. C'est à l'humidité qu'on en attribue le développement.

Ebn Beïthar (Mss. 1071, fol. 55 v.) dit qu'il existait dans le Morteb el Oust une tribu berbère, celle d'Ouadjban, établie dans les environs de Bougie, qui possédait un remède souverain contre le djedâm.

Doumeran. — D'après Venture, c'est le nom kabyle de la menthe à feuilles rondes, *mentha rotundifolia*, L.

Drin. — C'est le *stippa barbata* de Desfontaines. Cette plante croît abondamment dans le Sahara. Les habitants de cette contrée peu productive vont courir au loin pour ramasser les graines de cette graminée ; ils en rapportent souvent de bonnes charges. Ces graines, appelées *el loul*, servent aux mêmes usages que le blé : on en fait de la farine.

Drour. — Ce mot nous a paru être un équivalent de notre mot poudre ; ainsi nous avons souvent entendu des blessés désigner sous ce nom la poudre de quinquina dont nous nous servions pour panser leurs plaies, etc.

Drias. — Les Arabes de l'Algérie appellent *drias* ou *bounefa* une plante de la famille des ombellifères, *thapsia garganica*, L., qui est peut-être le *thapsia sylphium*, décrit par Viviani (*Floræ libycæ specim.*, p. 17), comme une plante de la Cyrénaïque. Ce botaniste italien croit que cette plante est celle dont le suc de la racine était célèbre dans l'antiquité sous le nom de *sylphium*, *sylphion*, et qui avait valu à la contrée le nom de *Regio Sylfifera*. Della Cella, en 1817, apporta cette plante à Viviani qui crut la reconnaître dans des médailles cyrénaïques. Ces médailles représentent, d'un côté, la tête de Jupiter-Ammon et de l'autre une plante qu'il est aisé de reconnaître comme appartenant à la famille des ombellifères. Les habitants de Tripoli désignent le *thapsia* de Viviani, sous le nom de *cefic* et de *zerra* d'après Paul Lucas, Della Cella, etc. M. Guyon, dans un article fort intéressant, publié dans *le Moniteur algérien* du 1er mars 1843, cherche à démontrer que cette plante est le *sylphion* des Grecs, le *sylphium* et le *laserpitium* des Latins. Pline rapporte que le sylphium était un objet si précieux que son suc se vendait au poids de l'or, et qu'à Rome on en déposait au trésor public, où il représentait une valeur numéraire.

La racine du *thapsia garganica* a la plus grande ressemblance avec celle du *thapsia villosa*, L., qui croît aussi en Algérie et dans le midi de la France, en Espagne et en Italie. Le *thapsia garganica* a reçu le nom de *faux turbith*, à raison de ses propriétés purgatives analogues à celles du *vrai turbith*, (*Convolvulus turpethum*, L.)

Le drias, ou bounefa, est très-répandu en Algérie, surtout sur les hauts plateaux de Constantine, Sétif, Médéah, Tlemcen, etc.; les indigènes disent que cette plante ne vient que là où croît l'artichaut (khorchef).

Les habitants de l'Algérie font un grand usage du drias. C'est le remède le plus répandu, surtout dans le pays où vient cette plante. On l'emploie contre les douleurs, de quelque nature qu'elles soient, contre les engorgements, les maladies chroniques de la poitrine, de l'abdomen, etc. Quelqu'un a-t-il un accès de fièvre avec une violente céphalalgie quotidienne, on lui frotte le front, principal siège de la douleur, avec la racine fraîche de cette plante; il en résulte un gonflement considérable, semblable à un érysipèle bientôt accompagné d'un développement de nombreuses vésicules, semblables à celles de la miliaire. On emploie, dans le but de produire cette éruption, les graines, la tige, mais principalement la racine de cette plante; au bout d'une vingtaine d'heures, le gonflement et l'éruption sont produits, leur durée ne dépasse guère trois jours, la desquamation en est la terminaison.

On l'emploie aussi à l'intérieur comme purgatif : on coupe trois ou quatre tranches de la racine, épaisses de deux à trois millimètres; on les fait bouillir dans un peu d'eau qu'on fait diminuer d'un quart. On dit qu'elle purge d'abord; mais lorsqu'on en prolonge l'usage, elle engraisse. Elle est considérée comme un remède contre la stérilité : les femmes l'emploient alors dans tous leurs aliments.

Lorsqu'elle est employée en trop grande quantité, elle occasionne la mort. Quelques voyageurs arabes (Voy. *Al Ayachi*, traduit par Berbrugger) disent que des chameaux en ayant mangé, en traversant le pays où elle croît, en moururent.

FRACTURES. — Les indigènes de l'Algérie, qui sont fréquemment en guerre entre eux, ont souvent des hommes atteints de blessures dans les différentes régions du corps : aussi l'habitude de voir et d'avoir à soigner des plaies par armes à feu, leur a donné une grande expérience dans le traitement des plaies de cette nature.

Les fractures des os des membres ne sont point regardées comme dangereuses ou graves; si ce n'est dans les articulations du genou et de la hanche. Une idée généralement émise est que, lorsque les fractures ont lieu sur les points des os où il n'y a pas de moelle, la consolidation ne peut se faire que difficilement, si elle n'est pas impossible.

Les fractures du fémur, qui, dans la chirurgie européenne, sont presque toujours considérées comme des cas d'amputation lorsqu'il y a plaies et esquilles, ne sont pas regardées comme très-graves par les indigènes, qui, le plus ordinairement, en attendent la guérison.

Les indigènes arabes et kabyles traitent les fractures par des bandages inamovibles appelés *djebira*. Ce sont presque toujours des médecins en réputation dans le pays qui les appliquent. Ils guérissent souvent des fractures avec de grands désordres et qui auraient fait pratiquer l'amputation par des chirurgiens européens. J'ai pu constater un grand nombre de guérisons remarquables survenues sans l'intervention d'un art éclairé, et à peu près sous la seule influence de la nature. Parmi les plus étonnantes, je citerai un personnage bien connu, c'est Ben Abd el Salem, de la famille des Ouled Mokran, et dont l'influence s'étend surtout chez la puissante tribu kabyle des Beni Abbas. Cet homme remarquable, qui est venu plusieurs fois me demander des soulagements pour des douleurs sciatiques, a eu, dans les divers combats qu'il a soutenus, 26 chevaux tués et 14 blessures presque toutes graves. Dans ce nombre, deux sont principalement dignes de fixer l'attention; la première est à l'articulation du coude gauche; les désordres produits par le projectile ont dû être considérables, comme le constatent la cicatrice et le raccourcissement du membre : on pourrait supposer que l'ankylose et la cicatrice sont dues à une résection des extrémités osseuses de l'humérus et des os de l'avant-bras. La deuxième blessure est plus frappante par ses résultats; c'est la suite d'un coup de feu à la cuisse gauche. Le fémur, fracturé avec esquilles, à la hauteur du grand trochanter, s'est consolidé avec une courbure à convexité extérieure et un raccourcissement de plusieurs pouces; il existe un creux produit en grande partie par la perte osseuse et capable de contenir la main entière. Un autre exemple de guérison de fracture du fémur par arme à feu s'est présenté dans mon service, à l'hôpital de Sétif, sur un Arabe des bords de l'Oued Djedi (Sahara); sa blessure datait de cinq ans; c'était un serviteur du fameux serpent du Désert, Ferat Ben Saïd, qui fut atteint, si ma mémoire ne me trompe, lorsque ce chef fut assassiné : une balle avait fracturé le fémur en esquilles dans sa partie moyenne, plusieurs esquilles étaient sorties. Les efforts de la nature avaient produit un étui osseux dans lequel étaient plusieurs esquilles mobiles que la trop petite ouverture ne permettait pas de retirer.

Appareil à fracture des Arabes. Dans la partie du Tell et du Sahara, que j'ai visitée, je n'ai pas vu employer le plâtre dans le traitement des fractures. J'ai entendu dire par des indigènes que ce moyen était en usage dans quelques contrées sahariennes, comme on le voit par le récit qui en est fait dans ce livre. Au reste, les Arabes conservent plus qu'on ne croit des moyens thérapeutiques et autres, traditionnellement transmis des générations passées. On sait que les anciens Arabes employaient, dans le traitement des fractures, des appareils à plâtre, et cet usage existe encore.

L'appareil à fractures des indigènes de l'Algérie est appelé *djebira*; il se compose d'attelles, *chelig* ou *aoud*, etc., de la longueur du membre, et réunies parallèlement entre elles par des fils de laine ou appliquées et fixées sur une pièce de laine ou de cuir. Les attelles sont faites avec des feuilles ou des tiges des plantes que l'on trouve dans les localités. Dans le Sahara, on emploie le pétiole *djerid* où les folioles s'afdu palmier. Dans le Tell on préfère avec raison la tige de la férule appelée en arabe *kelakh*, qu'on a soin de diviser suivant la longueur et d'appliquer sur le membre par sa face douce et compressible que fournit la moelle dont elle est presque entièrement formée. Cet appareil forme un rectangle dont la largeur est destinée à envelopper la circonférence du membre. Aux quatre angles sont des liens qui, après avoir fixé ensemble les attelles, servent à embrasser le membre ; d'autres liens, disposés dans la partie moyenne des attelles, servent à serrer ce bandage autour du membre. Les tobba (chirurgiens) ont toujours de ces appareils préparés, et peu leur importe ordinairement que la largeur de cet appareil n'atteigne pas ou dépasse la circonférence du membre fracturé ; dans le dernier cas ils font recouvrir un bord par l'autre. La djebira n'est quelquefois formée que d'une pièce de cuir.

Lorsqu'il y a lieu d'appliquer cet appareil, la fracture existe avec plaie ou sans plaie. Lorsqu'il y a plaie, on fait à la djebira une ouverture correspondante à la plaie, pour donner issue à la suppuration. Dans les deux cas, on enveloppe le membre avec des espèces de compresses de bernouss ou de baïks usés, qu'on rend solides au moyen d'un mélange de blancs d'œufs et de henné délayés dans un peu d'eau. Quelquefois on emploie le goudron. C'est par-dessus ces compresses, disposées autour du membre, qu'on applique les attelles disposées comme il a été dit. Pour exprimer ce mode de pansement, les Arabes se servent ordinairement du mot *rebat*, qui signifie lier, d'où notre mot français rebouteur.

Lorsqu'il y a plaie, on fait ordinairement usage d'un topique dont la composition est variable ; voici celui que j'ai vu employer sous le nom de *laska*, nom commun à toutes les préparations de ce genre. On prend tiges de genêt (retem), résine ou écorce de pin (senouber), cire, etc. Ces substances, dans une proportion indéterminée, sont pilées dans un mortier et mêlées avec de l'huile qu'on fait bouillir. Ce topique, presque toujours préparé par les femmes, sert à oindre les plaies.

Fechtal. — V. Leroui.

Gazelle. — Le mot gazelle vient de l'arabe, au singulier et au pluriel, qui se transcrit par r'ezali, r'zel, d'après le mode de transposition adopté.

La gazelle est le plus joli animal de l'Algérie ; il est très-répandu sur les bords du Sahara. On le trouve cependant dans quelques contrées voisines du littoral ; ainsi il n'est pas rare d'en voir aux environs d'Oran et d'Arzew. Les Arabes disent qu'il en existe trois espèces ou variétés.

1º Le *rin* : les individus de cette espèce sont grands, ont le ventre blanc et les cornes tordues (annelées sans doute) ; il se tient principalement dans le pays du sable ou dans les plaines.

2º Le *ledmi* : les individus de cette espèce sont plus petits que les précédents, ont aussi les cornes annelées et une couleur de *fumée*.

3º Le *s'in* : c'est la plus petite des trois espèces ; c'est celle que l'on a l'habitude de voir et d'élever en Algérie.

« Outre la gazelle ou l'antilope ordinaire, dit Shaw (p. 414, t. Ier), qui est très-commun en Europe, il y en a ici encore une autre espèce qui a la même figure et la même couleur, avec cette différence pourtant qu'elle est de la taille de notre chevreuil, et que ses cornes ont quelquefois deux pieds de long. Les Africains l'appellent *lidmée*, et je crois que c'est le *strepsiceros* et l'*addace* des anciens. Bochart, sur la blancheur supposée des fesses, trouve une grande ressemblance entre l'*addace* dont je parle, et le *dison* de l'Écriture, que notre version a rendu, d'après les Septante et la Vulgate, par le mot chevreuil. »

La gazelle de l'Algérie est l'antilope gazelle, l'*ant. dorcas* de Linné, de Buffon et de Cuvier. Ces gazelles, qui vivent dans tout le nord de l'Afrique en troupes nombreuses, ont les cornes rondes, variables pour leur courbure ; les unes sont tournées en avant, les autres en arrière, d'autres en dedans ; elles ont des espèces de poches à chaque aine ; ces poches se remplissent d'une matière sébacée qui n'a pas d'odeur particulière. Leurs excréments, qui ressemblent beaucoup à ceux des moutons, mais qui sont plus petits et plus effilés, ont une odeur de musc très-prononcée.

Cet animal sert beaucoup aux comparaisons poétiques des Arabes ; c'est principalement la beauté des yeux, la délicatesse de ses membres, l'agilité de sa course, etc., que célèbrent les poètes arabes.

Les nomades de l'Algérie font souvent la chasse aux gazelles ; ils s'y prennent de plusieurs manières. Le plus ordinairement ils se réunissent du nombre d'une cinquantaine de cavaliers qui emmènent avec eux des *selag* (lévriers) ; ils parcourent ensemble une certaine étendue de pays, et lorsqu'ils ont reconnu sur un point quelconque l'existence des gazelles, ils se divisent en plusieurs bandes et s'échelonnent de distance en distance sur la route présumée que prendra dans sa fuite le troupeau de gazelles. Pendant ce temps, un groupe de cavaliers va à la recherche des gazelles et fait en sorte de les diriger vers les cavaliers échelonnés. Lorsque les gazelles, poussées par les lévriers et les cavaliers, se présentent à portée du premier groupe de cavaliers, ceux-là font feu et se mettent à leur poursuite; il en est de même du second groupe, ainsi de suite jusqu'au dernier. Pour que les chiens ne se fatiguent pas inutilement, les cavaliers les emportent devant eux sur la selle.

Cette manière de chasser est une partie de plaisir : les Arabes y tuent très-peu de gazelles et les lévriers ne les forcent que rarement; mais comme dans un troupeau il y a toujours quelques-uns de ces animaux qui sont faibles, petits ou des femelles en gestation, il est rare que quelques-uns d'entre eux ne soient pris.

Une autre manière de faire cette chasse beaucoup plus productive consiste à prendre une étendue de ruisseau ou de canal de 150 mètres environ de longueur sur 3 mètres de largeur environ et 2 de profondeur. Lorsque le moment de la chasse est désigné, hommes, femmes, enfants armés de fusils et de bâtons se rangent sur deux lignes qui partent des deux extrémités indiquées, et s'étendent en ligne courbe vers les chasseurs ou les gazelles : tous les habitants des douars y prennent part. Les gazelles, poursuivies par les chiens, se précipitent entre les deux rangées de personnes vers le ruisseau ou canal qu'elles veulent franchir; mais, ne le pouvant, elles tombent dedans. Toutes les gazelles qui tombent dans le fossé tombent sous la dent des chiens ou sont tuées à coups de fusil ou prises. Les Arabes mangent la chair et emploient les cornes et la peau à divers usages. Avant que le papier ne fût devenu aussi commun, la peau de gazelle, préparée convenablement, servait à faire les beaux manuscrits arabes.

Il existe une autre manière de faire cette chasse ; c'est d'employer ces espèces de cages que l'on met sur les chameaux pour approcher facilement ces gazelles, qui sont alors sans défiance.

GERBOISE. — C'est le gerbe, le *dipus gerboa* de Gmelin, le *mus sagitta* de Pallas. Ce mammifère rongeur est remarquable par la légèreté de sa course; la longueur considérable de ses tarses lui permet d'exécuter de grands sauts, de franchir de grandes distances et avec une extrême rapidité; sa queue est longue, armée d'un bouquet de poils bruns au centre. La gerboise ne sort des trous qu'elle habite sous terre que le soir à la brune. Elle est si agile dans sa course qu'on l'aperçoit à peine ; il faut une grande attention pour la suivre des yeux pendant qu'elle se livre à ses courses rapides. Elle habite les lieux secs, les terrains crayeux ; le tuf calcaire recouvert d'une légère couche de terre végétale paraît lui convenir. Les indigènes la prennent en creusant autour du trou qu'elle habite, et en mangent la chair après l'avoir jugulée d'après les principes indiqués par les livres des usages religieux.

« Le *jird* (djerd) et le gerboa ou iorboa, *irboua*, sont deux petites bêtes innocentes qui habitent dans la terre, dit Shaw, p. 321. Elles sont en grand nombre dans le Sahara, quoique j'en aie aussi vu de la dernière espèce dans le voisinage d'Oran : elles sont toutes deux de la grandeur d'un rat ; leur ventre est blanc et la couleur du reste de leur corps est fauve ; elles ont aussi l'une et l'autre les oreilles rondes et creuses, et ressemblent au lapin pour les dents de devant et pour les moustaches ; mais elles en diffèrent à d'autres égards. La tête du jird est un peu pointue et toute velue. Les naseaux du gerboa sont plats et dégarnis, étant presque de niveau avec la bouche : en quoi il diffère de l'espèce qu'on apporte d'Alep et dont M. Haym a donné la description (*Tesora britann.*, v, 11). Les jambes du jird sont toutes presque de la même longueur et il a cinq orteils à chaque patte, au lieu que les pieds de devant du gerboa de Barbarie n'en ont que trois et sont fort courts. Ses pieds de derrière sont presque de la même longueur que le corps, et chacun garni de quatre ongles et de deux éperons, si l'on peut donner ce nom à de petites griffes placées à plus d'un pouce au-dessus de la patte. »

Girofle. — *V.* Kronfel.

Gourou. — Noix de gourou. Dans l'herbier formé au Sénégal par Adanson, on a trouvé le *pontederia ovata* de Beauvais, désigné sous ce nom ; mais Palissot de Beauvais a fait voir (*Flore d'Oware*, 1, p. 41, tab. 44) que la noix de gourou est le fruit du *sterculia acuminata*.

Ce fruit, particulier à la contrée qui comprend le Soudan jusqu'au Bornou, a un goût d'une agréable acidité et sert à rendre potable l'eau des déserts. Les caravanes en font un des principaux articles de commerce dans toute l'Afrique septentrionale jusqu'au Fezzan, dit Bitter. Les noix de gourou sont connues jusque chez les Ashantis au sud, sous le nom de *boussi* (boossic) d'après le missionnaire Bowdich.

L'arbre qui produit la noix de gourou a de grandes feuilles ; le fruit est entouré d'une capsule de dix pouces de longueur, qui contient de sept à neuf noix de la grosseur des châtaignes : une seule de ces capsules est souvent le prix d'un esclave.

Hachich. — V. Kif.

Hantit Assa-Fœtida. — Gomme résineuse qu'on retire par incision de la tige et du collet de la racine du *ferula assa fœtida*. On sait que, quoique cette substance ait une odeur d'ail insupportable, les Asiatiques s'en servent comme d'un assaisonnement. En Algérie, les indigènes en donnent aux enfants, la grosseur d'un grain de blé, pour les purger lorsqu'ils pleurent et qu'ils ne mangent pas.

Henné. — Les Arabes appellent henné le *lawsonia inermis*, que Linné avait séparé à tort du *lawsonia spinosa*, qui n'est que la même plante endurcie par l'âge et devenue épineuse. Le henné est un joli arbrisseau qui a une grande ressemblance avec le troène et qui s'élève à la hauteur de trois à quatre mètres ; ses feuilles sont d'un beau vert luisant, opposées, elliptiques, aiguës, de huit à dix millimètres de largeur sur seize à vingt de longueur ; ses fleurs sont blanches et nombreuses. Le henné est de la famille des salicariées.

On cultive dans le Sahara, ou partie sud de l'Algérie, cet arbrisseau à cause de ses feuilles, qui sont l'objet d'un grand commerce. On les cueille dans le mois de juillet ; on les fait sécher au soleil, puis on les réduit en poudre très-fine. Les indigènes, et surtout les femmes, s'en servent pour teindre leurs ongles, l'extrémité des doigts, la paume des mains, les orteils, les cheveux ; elles sont employées pour teindre la crinière, le dos, les jambes de leurs chevaux, surtout lorsqu'ils sont d'une couleur blanche.

Pour employer la poudre des feuilles de henné, il suffit de la délayer dans une suffisante quantité d'eau pour en faire une pâte qu'on fixe sur la partie qu'on veut teindre pendant cinq à six heures. La couleur s'imprime sur la peau et s'y conserve pendant plusieurs mois ; elle s'attache plus fortement aux ongles, qu'elle pénètre entièrement, et ne disparaît qu'avec l'ongle même. La couleur que laisse le henné sur la peau peut être comparée à celle que produit la teinture d'iode.

Dans la médecine arabe, on emploie le henné contre les contusions, les blessures, les gonflements, les abcès, etc., pour endurcir les parties, les cicatrices récentes; on l'applique encore sur les muqueuses, dans la bouche, contre le mal de dents, etc., pour diminuer la trop grande transpiration d'une partie du corps.

Le henné était connu des anciens; les Hébreux lui donnaient le nom de *hacopher*, et les Grecs celui de *cypros*.

Les conquérants arabes de l'Espagne teignaient avec du henné leurs chevaux blancs, leur barbe blanche, comme le font encore les indigènes de l'Algérie; hommes et femmes. Les historiens rapportent qu'à la conquête de Mérida, le fameux Emir Mouça apparut aux députés de cette ville, le premier jour avec une barbe blanche et le second avec une barbe noire tirant sur le roux. Ces députés en furent étonnés, et, de retour dans leur ville, ils dirent à leurs concitoyens : « Que voulez-» vous faire contre des gens qui rajeunissent à leur gré quand ils sont » arrivés à la vieillesse? » (Voy. Conde, chap. XIII.) Il n'est pas rare de voir en Algérie de vieilles femmes avec des cheveux rougis par le henné.

D'après les expériences faites en Égypte par Berthollet et Dessotils, il résulte que les feuilles de henné contiennent une grande quantité de matière colorante susceptible d'être appliquée à la teinture.

INOCULATION DE LA VARIOLE. — L'inoculation de la variole est en usage depuis un temps immémorial dans l'Afrique septentrionale. Les Arabes, lors de leur invasion, ne l'ont pas introduite; elle existait déjà depuis des siècles peut-être. On sait que ce moyen prophylactique de la variole n'était pas depuis longtemps en usage en France lorsque Jenner découvrit la vaccine.

La variole règne souvent en Algérie d'une manière épidémique; aussi les indigènes pratiquent-ils fréquemment l'inoculation. Lorsqu'ils veulent faire cette opération, qu'ils appellent *feced el djedri* (incision de la variole), ils achètent, de la personne qui en est atteinte, plusieurs boutons au moyen de quelques fruits, dattes, figues, etc., comme le rapporte Shaw. On fait ensuite, au moyen d'un couteau, une incision sur la peau, dans laquelle on introduit un peu de la matière purulente des boutons varioles. Le lieu où l'on pratique cette incision varie; les uns la font sur le deltoïde, mais le plus grand nombre la pratiquent entre le pouce et l'index.

L'inoculation paraît être en usage dans tout le nord de l'Afrique chez les Arabes et chez les kabyles, et même chez les Nègres; car Mungo

Park rapporte (page 64, Ed. Walkenaer) que lors de son voyage dans le pays des Maures, le docteur Laïdley lui apprit que la petite-vérole passait souvent du pays des Maures chez les Nègres du midi, et que les Nègres de la Gambie pratiquaient l'inoculation.

Le traitement que font suivre les indigènes aux varioleux est fort simple : ils se contentent de tenir les malades chaudement et de leur donner une boisson avec du miel. Les pustules sont frottées avec du beurre frais. Pour empêcher qu'il ne reste de trace sur la figure et pour garantir les yeux, ils oignent le tour des paupières avec la pâte du khol. Si on leur demande quel est le remède contre la variole, c'est Dieu, disent-ils. Le nombre de personnes qui portent sur la figure des traces de la variole ne paraît pas être plus considérable qu'en Europe. Cependant on y observe plus de cécités ou taies de la cornée, qui sont dues à la violence de la maladie et au manque de soins éclairés parfois.

KARFA. — Cannelle, *cannella zeylamica, laurus cinnamomum* (L.) C'est la partie de l'écorce qui se trouve entre l'épiderme et le liber du cannelier. Cet arbre est particulier au Ceylan et croît sur le bord de la mer, etc., etc. On donne le nom de cannelle à plusieurs autres sortes d'écorces aromatiques.

KHAROUB. — Fruits du *ceratonia siliqua*, assez grand arbre toujours vert, qui croît avec vigueur sur le littoral et vient difficilement sur les hauts plateaux, à cause de la température froide qui y règne en hiver. Ses fruits sont des gousses sucrées qu'on vend sur les marchés et qu'on apporte dans de grands sacs.

KH'OL. — Sous ce nom, les Arabes désignent plusieurs substances différentes : le sulfure d'antimoine, l'alquifoux ou galène (sulfure de plomb), le cobalt, le manganèse, etc. ; mais ce mot s'applique particulièrement à la composition indiquée dans l'ouvrage et dans laquelle on emploie principalement l'alquifoux qui vient du Maroc ou d'Espagne. Les indigènes de l'Algérie, habitants des villes, de la tente des gourbis, Arabes kabyles ou juifs, tous font usage du kh'ol. Le mot kh'ol est aussi employé pour désigner la couleur noire.

KHANDJELAN. — Galanga, racine d'une plante, *marantha galanga*, des Indes orientales ; elle est aromatique et stimulante.

KHORCHEF. — Khorchef, qu'on trouve écrit quelquefois harchef; c'est ainsi que les Arabes désignent les plantes que nous appelons artichaut, nom que quelques-uns ont même voulu faire dériver de l'arabe h'archef.

Les botanistes placent les artichauts dans la famille des synanthériés et dans le genre cynara ou cinara, qui comprend sept ou huit espèces et plus. En France, et dans les jardins en Algérie, on cultive le *cynara scolymus* que Ebn Beitar (*Dict. des Médicaments simples*) appelle *h'archef et bestani* et le *cinara cardunculus*.

L'artichaut est très-répandu dans l'Afrique septentrionale. En Algérie il couvre d'immenses étendues de terrain dans le Sahel, et surtout dans ces vastes contrées nues de végétations arborescentes. C'est l'artichaut sauvage qui comprend deux espèces : 1° *cynara spinosissima* de Desfontaines; 2° *cinara acaulis* (L.), artichaut sans tige. C'est cette espèce que les Berbères, dans l'Afrique occidentale, appellent ikran ou akran.

Quand on voit l'immense étendue de pays que recouvre cette plante en Algérie, on croit facilement avec plusieurs auteurs qu'elle est originaire de l'Afrique septentrionale, d'où elle s'est répandue en Italie et en Espagne.

Les indigènes en mangent le fruit et les côtes des feuilles, et nos troupes ont eu souvent recours à cette plante pour varier ou accroître leurs aliments.

KIF (HACHICH). — *Kif.* D'après Silv. de Sacy, ce mot pourrait être une altération du mot *kief*, par lequel on désigne en Perse, suivant Kœmpfer, toutes les substances qui ont la vertu de causer une sorte d'ivresse plus ou moins forte, ou une gaieté extraordinaire et factice. Kœmpfer a décrit particulièrement trois substances employées sous différentes formes à cet usage et la manière de s'en servir ; ce sont : le tabac, le pavot et le chanvre. Les Arabes d'Égypte, continue Silv. de Sacy, emploient le mot *kief* pour désigner cette espèce de stupeur où les jette l'usage du *haschischa*.

En Orient, une partie de la population fait usage de cette substance pour se procurer un état d'extase délicieux, un état souvent complet d'insensibilité. «Vous ne savez peut-être pas, mon ami, dit J.-J. Ampère, *Revue des Deux-Mondes*, janvier 1842), ce que c'est que le *kief*; ce mot est intraduisible dans la langue de l'Europe; le *far niente* des Italiens n'en est que l'ombre. Il ne suffit pas de ne point agir, il faut être pénétré délicieusement du sentiment de son inaction ; c'est quelque chose d'Élyséen, comme la sérénité des âmes bienheureuses ; c'est le bonheur de se sentir ne rien faire, je dirai presque de se sentir ne pas être.

En Algérie, on désigne sous le nom de *kif*, de *hachich*, et quelquefois sous celui de *tekrouri*, les extrémités des tiges du chanvre, comprenant les feuilles, les fleurs et les graines que fument quelques indigènes dans de très-petites pipes dans lesquelles on peut à peine introduire l'extrémité du petit doigt. Les fumeurs de kif sont principalement dans les villes ou villages ; il n'en existe qu'un petit nombre dans les tribus nomades. Les hommes religieux ne fument ni kif, ni tabac.

Hachich. C'est sous ce nom que les Arabes désignent plus généralement le chanvre employé pour déterminer le sentiment extatique dont il vient d'être question en parlant du kif. Selon Golius, les Arabes ont de tout temps connu le chanvre sous le nom de *k'anab*.

Le mot *el hachich*, en arabe, signifie herbe, et c'est sans doute par extension que le chanvre a été ainsi désigné. On l'appelle aussi herbe des fakirs.

Le chanvre cultivé en Europe est appelé *cannabis sativa* par les botanistes, qui le distinguent du chanvre de l'Inde, *cannabis Indica*, cultivé en Égypte et employé sous le nom de *hachich* pour produire l'état extatique. « Quoique M. de Lamark, disent Mérat et de Lens, prétende que notre espèce de chanvre ne jouisse pas des propriétés de celle de l'Inde, il y a lieu de croire à son odeur forte, à son amertume et surtout à sa grande ressemblance avec elle, qu'elle les possède également ; peut-être seulement notre climat moins chaud rend-il ces propriétés moins prononcées.

Ebn Beitar, dans son *Traité de Médicaments simples*, dit : « Il y a une troisième espèce de chanvre qu'on appelle *konnab hindi* (chanvre indien) ; je n'en ai vu nulle autre part qu'en Égypte ; on l'y cultive dans les jardins et on le nomme *haschischa* ; il enivre fortement, pour peu qu'on en prenne le poids d'un ou de deux drachmes : quand on en fait un usage immodéré, il produit une sorte de démence. Des gens qui en faisaient habituellement usage en ont éprouvé ce pernicieux effet ; il a affaibli leur esprit et a fini par les conduire à des affections maniaques, quelquefois même il mène à la mort. J'ai vu les fakirs l'employer de diverses manières : les uns font cuire les feuilles de cette plante ; ils les pétrissent avec leurs mains jusqu'à en former une espèce de pâte dont ils font des pastilles ; il y en a qui les laissent un peu sécher, qui ensuite les torréfient, les broient avec la main, y mêlent un peu de sésame dépouillé de sa pellicule et du sucre, puis mangent cette drogue sèche en la mâchant longtemps. En même temps ils gesticulent et se réjouissent beaucoup, et comme elle les enivre, elle les fait tomber dans la folie ou dans un état voisin de celui-là. Voilà les effets dont j'ai été le témoin. Quand on en craint quelque suite fâcheuse, pour en avoir pris en trop grande quantité, il faut se hâter de se procurer un vomissement, en avalant quelque substance grasse ou de l'eau chaude, jusqu'à ce que l'estomac en soit débarrassé. Il est très-utile, à ceux qui se trouvent dans ce cas, de prendre des acides. » Traduit par Silv. de Sacy dans Makrizi.

Les poëtes arabes ont fait de nombreuses pièces de vers sur le hachich ou kif : on peut en lire plusieurs dans Makrizy, une des plus remarquables commence ainsi :

« Laisse là le vin, prends à sa place la coupe de haïder, cette coupe qui exhale l'odeur de l'ambre et qui brille du vert éclatant de l'émeraude... »

L'usage du hachich est connu dans l'Orient depuis un temps fort reculé. Makrizy, qui vivait vers le milieu du XVe siècle, dit que quelques savants pensent que l'usage de cette plante est dû au scheikh Haïder, qui mourut en 648 H. (1124) ; d'autres au scheikh Biraztan qui vivait du temps des Cosroës, et enfin il ajoute qu'un autre savant disait que le hachich était certainement connu du temps des Grecs, comme le prouvent les passages d'Hippocrate et de Galien rapportés par nos médecins.

Des souverains musulmans ont défendu dans leurs États l'usage de cette substance sous des peines sévères. En Égypte, l'émir Soudoux Scheikhouni « fit arracher tout ce qui se trouva de cette mauvaise plante dans tous les lieux, et fit arrêter la canaille et les gens de la lie du peuple qui mangeaient de cette drogue ; il ordonna qu'on arrachât les dents à ceux qui seraient convaincus d'en avoir mangé, et plusieurs subirent cette peine. » (Makrizy.) C'était vers 780 H. (1378), et depuis cette époque, l'Égypte bannit l'usage de cette drogue jusqu'à ce que le sultan de Bagdad, Ahmed ben Oueïs, se réfugiant au Caire en 795 H. (1403) l'y introduisit de nouveau.

A l'arrivée de l'armée française en Égypte, le hachich était fort en vogue, et le général français rendit, le 7 vendémiaire an IX (9 octobre 1800), l'arrêté suivant pour en défendre l'usage.

« Art. 1er. L'usage de la liqueur forte faite par quelques musulmans avec une certaine herbe forte, nommée *haschischa*, ainsi que celui de fumer la graine de chanvre, sont prohibés dans toute l'Egypte : ceux qui sont accoutumés à boire cette liqueur et à fumer cette graine perdent la raison et tombent dans un violent délire qui souvent les porte à commettre des excès de tout genre.

» Art. 2. La distillation de la liqueur du hachich est prohibée dans toute l'Egypte. Les portes des cafés, des maisons publiques et particulières dans lesquelles on en distribuerait seront murées, les propriétaires arrêtés et détenus pendant trois mois dans une maison de force.

« Art. 3. Toutes les balles de hachich qui arriveraient aux douanes seront confisquées et brûlées publiquement, etc. »

Ce n'était pas en fanatique austère de sa religion que le général français lançait ces proscriptions contre cette substance enivrante, mais en juge éclairé par les conseils des médecins et des savants tels que, Berthollet, Desgenettes, Larrey, etc.; c'était pour empêcher nos soldats de contracter l'usage de cette espèce de poison qui use en peu de temps le corps et l'intelligence.

En Algérie, les indigènes seuls font usage du kif ou hachich; les colons et les militaires n'ont goûté cette plante que pour connaître les effets qu'elle produit.

Dans toutes les parties de l'Algérie, depuis le littoral jusqu'au fond du Sahara, les indigènes cultivent le chanvre dans les jardins autour des villes, non pas pour retirer le fil de son écorce, comme on le fait en Europe, mais pour en fumer l'extrémité des tiges ou pour en faire diverses préparations enivrantes. On cueille le hachich lorsqu'il est en fleur et l'on en fait sécher les extrémités ; il y a une infinité de manières de faire usage de cette plante; on la fume, on la prend en boisson, on la mange. A Constantine et dans quelques autres villes, on prépare avec les différentes parties de cette plante des confitures *madjoun* qu'on mange pour se procurer des rêves agréables. On prend pour faire ces madjoun les extrémités de cette plante, on les écrase ou on les pile et on les mêle ensuite avec du miel qu'on fait chauffer, ou avec du beurre qu'on fait fondre. La manière la plus répandue de faire usage du kif est, sans contredit, celle de la fumer dans de très petites pipes; on le mélange quelquefois avec du tabac.

La préparation suivante est aussi fort connue : on pile de la graine de chanvre qu'on fait cuire avec une égale quantité de sucre, et de l'eau dans la proportion de 1/2 pour deux livres de sucre.

Dans certaines tribus, notamment chez les Harectas de la province de Constantine, on donne de ces feuilles de hachich aux chevaux pour leur donner du cœur aux jours de fantasia; on les mêle avec de la paille.

M. Aubert Roche, qui a étudié en Égypte les effets du hachich, fait connaître les préparations suivantes : « Pour préparer l'extrait, ils (les Arabes) prennent une certaine quantité de la plante, la mêlent avec de l'eau, puis la font bouillir; ils ajoutent du beurre frais et laissent le tout sur le feu jusqu'à complète évaporation. Ils passent ensuite le beurre pour l'obtenir pur; il a pris alors une couleur verte due sans doute à la chlorophylle. C'est là ce que les Arabes appellent extrait.

» C'est avec l'extrait obtenu par le beurre que les Arabes préparent l'électuaire qui est le plus employé; ils l'appellent *dawamesc*; ils prennent une certaine quantité d'extrait et le pilent dans un mortier avec des pistaches, de la farine d'amandes douces et du sucre, puis aromatisent le tout avec des essences.

» Les Arabes varient beaucoup la forme du hachich; ils le préparent en bonbons, en confitures, en *ratte-couscousses*, espèce de pâte fort agréable, faite avec des semences froides.

» J'en ai vu en tablettes et sous forme d'électuaire qui est aphrodisiaque; c'est un mélange d'extrait de hachich avec de la cannelle, du girofle, du gingembre, peut-être des cantharides; c'est un mélange de substances qui doit être très-nuisible, tandis que je n'ai jamais vu le hachich simple, en extrait ou en électuaire, produire des effets fâcheux.

» Je terminerai ces renseignements sur le hachich par la manière de s'en servir. Je parlerai seulement du dawamesc, puisqu'il est le plus usité. On ne doit user de cette substance qu'une heure avant de manger, ou quatre ou cinq heures après. Si l'on veut que les effets se développent bien, on en prend la grosseur d'une noisette d'abord, que l'on accompagne d'une tasse de bon café. Si l'on a l'habitude de fumer, on fume; un quart d'heure après on recommence, puis on continue la pipe et le café selon sa volonté (je parle comme si j'étais en Orient). Bientôt les effets commencent; il ne faut pas oublier le divan large à la turque; il est presque nécessaire pour s'étendre et se mettre à son aise : quand on veut fumer le bachich, on agit de même. On prend du café à volonté, seulement on ne discontinue de fumer que lorsque les effets commencent. J'ai remarqué que le café augmentait et que la limonade diminuait les effets; il ne faut pas, du reste, s'épouvanter de ce qui peut arriver et de toutes les scènes tragiques ou comiques qui peuvent se passer; tout finit par des rires et le sommeil. ».

Voici comment le même auteur rend compte des effets qu'il a éprouvés sur lui-même : « Quelques jours après, je double la dose de ce sucre contenant le hachich, et je me mets sur le divan, prenant du café pour développer les effets de la substance; j'étais à causer lorsque je sens aux pieds une espèce de fourmillement et à la tête une compression qui se dissipe tout à coup; il me semblait avoir le crâne vide. J'éprouve alors des sensations particulières; tout m'apparaît sous une face nouvelle; la figure de mon voisin me semble la plus grotesque possible; j'éclate de rire à son nez et ce rire continue plus d'une heure; un rien le renouvelle. Pendant ce temps, les idées les plus bizarres et les plus diverses passent dans la tête avec une étonnante rapidité; la raison maintenait bien de temps en temps les effets de la substance, mais bientôt ils avaient le dessus. Du reste, je ressentais un bien-être parfait; aucune sensation douloureuse; le passé, le présent, l'avenir, n'existaient plus; il n'y avait plus pour moi que l'instant du moment qui m'échappait encore; c'est le *dolce far niente* le plus complet, et toujours assez de conscience de *moi* pour en comprendre la jouissance; puis tout se calma peu à peu, l'envie de dormir me prit; toute la nuit ne fut qu'un agréable rêve.

» A mon réveil, j'avais un souvenir exact de tout ce qui s'était passé la veille, ma tête n'était pas lourde, je n'avais pas la bouche pâteuse comme à la suite de l'usage de l'opium et du vin; une tasse de café dissipa les dernières traces du sommeil, et je me trouvai aussi bien portant que la veille. »

HACHICHIN. — A la fin du xe siècle, il se forma en Orient une secte particulière qui osa s'arroger la prétention insensée et anti-sociale de prononcer l'anathème contre ses adversaires et se donner le droit d'appuyer cette réprobation par le meurtre. On donna, à cause du *hachich* dont ils faisaient usage, aux sectaires de cette effrayante institution, le nom de *hachichin*, d'où dérive notre mot *assassin*, commun à la plupart des langues de l'Europe.

Après qu'Abdallah eut fondé en Égypte la dynastie des Fatimites descendant d'Ismaël, septième Iman issu du Prophète par Fatima, sa fille, on appela ismaéliens les partisans qui niaient formellement la légitimité des khalifes orthodoxes et dévoués à la race d'Ali : ils regardaient le pouvoir surhumain de Mohamed comme resté caché avec eux. Ce pouvoir mystérieux devait se manifester en la personne d'un Messie dont l'apparition était subordonnée à certaines circonstances. Cette doctrine, qui avait ébranlé la Perse et la Syrie, propagée dans tous les pays musulmans par d'adroits missionnaires, avait le centre de sa puissance au Caire, où il existait une grande école connue sous le nom de *Dar el Hakmet*, maison de la sagesse. Cette école enseignait les sciences, formait des missionnaires, et avait pour but, comme celle des Jésuites dans le christianisme, l'établissement d'une domination universelle, avec l'assentiment des khalifes.

Cette société était sous la direction d'un grand-maître, d'un suprême *directeur des missions daï el dvat*, et avait une doctrine secrète, connue seulement dans les degrés supérieurs de la hiérarchie et qu'on ne faisait connaître que par des initiations successives. Les propagateurs initiés s'appelaient *d'aïs* (missionnaires). C'est un de ces d'aïs, Haçan Ben Deba Homairi, qui, trouvant lent et timide le prosélytisme de sa secte, imagina d'établir l'empire de l'ismaélisme par un moyen plus rapide, par une effrayante conspiration ; par l'assassinat. Le fanatique sectaire, fort instruit et d'une grande résolution, quitta la cour du sultan Seldjoukida Ali Arlan pour aller s'établir au Caire, où il ne tarda pas à jouir d'une grande faveur auprès du khalife. Devenu un des affidés les plus puissants de la doctrine secrète, et partageant les idées persanes sur l'indifférence des actions extérieures, il admet que les idées capables de former la conviction personnelle ont aussi le droit d'armer la main ; il considère la guerre, fondée sur le consentement des masses, comme plus incommode, plus difficile et plus meurtrière que l'assassinat, moyen beaucoup moins sanguinaire et bien plus facile, puisqu'il ne demande qu'une main dévouée et courageuse.

Dans les gouvernements théocratiques, dans l'histoire juive, dans l'histoire des sociétés païennes, on voit plusieurs meurtres recevoir la sanction religieuse ou patriotique, et cependant les actions de Judith, Brutus, Ravaillac, Damiens, etc., doivent être considérées comme des outrages à la morale humaine qui dit à chacun : «Tu ne t'arrogeras pas droit de mort sur ton semblable.»

Haçan introduit, dans la société dont il est devenu un des chefs les plus influents, la loi du poignard; il forme des exécuteurs sacrés, êtres terribles, obéissant au plus léger signal. Ces hommes fanatiquement dévoués s'introduisaient sous les plus humbles emplois dans presque toutes les cours d'Orient et y vivaient toujours prêts à frapper au premier signal.

Pour dérouler tranquillement le plan de son horrible politique, Haçan s'empara du château d'Alamout, ainsi nommé (nid de vautour) à cause de sa position inexpugnable dans les rochers, à quelque distance de Kaswin; il en fit une citadelle imprenable, où il formait des sicaires, et d'où il frappait ses victimes à mesure que ses projets l'exigeaient. Solitaire et renfermé dans son appartement, et concentrant en lui-même tous ses sentiments, il ne sortit que deux fois pendant les trente-cinq années qu'il exerça son horrible despotisme, guidant par une pensée froide et tranquille le poignard de ses *fedavis* pour l'accomplissement de ses projets.

On lit dans l'histoire des croisades des récits merveilleux sur le dévouement absolu de ces sicaires. Le comte de Champagne, visitant le château d'Alamout, vit deux hommes placés au sommet d'une tour s'élancer dans le précipice à une simple parole, afin de lui donner, comme étranger, une idée de la discipline du château. Marco-Polo raconte qu'après avoir excité ces hommes par la prédication, on les endormait à l'aide d'un breuvage et qu'on les transportait dans un jardin intérieur où toutes les délices sensuelles leur étaient prodiguées. On les replongeait ensuite dans le sommeil pour les ramener dans leurs demeures habituelles, et on leur persuadait que, durant cet étrange changement de vie, ils avaient goûté les douceurs du paradis, et que telle serait leur existence après leur mort.

C'est au moyen du hachich que les chefs de ces infâmes sectaires affaiblissaient l'intelligence de leurs sicaires, et les réduisaient à cet état d'obéissance stupide qui les rendait si redoutables aux princes de l'Europe et de l'Asie.

Haçan eut le bonheur d'échapper à cet exécrable système inventé pour le triomphe de son parti, mais ses successeurs en furent le plus souvent les victimes. « Depuis Hassan Ben Sabah, remarque M. de Hammer, jusqu'à la chute de l'ordre, une mort violente a toujours terminé la vie des grands maîtres; deux d'entre eux furent tués par leurs fils, deux autres par leurs parents. Hassan II périt sous les coups de son gendre et de son fils Mohamed qui, à son tour, fut empoisonné par son fils Dschelaleddin; celui-ci reçut aussi son châtiment de la main de ses parents et mourut comme son père par le poison. Allaeddin, fils de Dschelaleddin, fit tuer les empoisonneurs; mais Rokneddin, son fils, augmenta le nombre des parricides. » Ce dernier grand-maître fut tué en bataille rangée, sur les bords de l'Oxus, et le château d'Alamout fut pris par Houlakou, frère de Gengiskan, qui, du même coup, mit fin à l'empire des khalyfes et à l'effroyable secte organisée contre eux depuis près de deux cents ans.

KRONFEL. — Les Arabes appellent Kronfel : 1° *l'œillet*, 2° le *giroflier*, et surtout en Algérie le clou de *girofle* ou *gérofle*.

Le giroflier, *caryophyllus aromaticus* (L.), est un arbre de la famille des myrtes qui croît aux Moluques d'où il a été transporté dans les îles de la Sonde, les îles Maurice, la Guyane, les Antilles, etc. Sa culture existait déjà à Sumatra, vers le milieu du xive siècle, puisque Ebn Bat'out'ah la décrit. Edrisi compare cet arbre au henné, sous le rapport de la végétation et de la ténuité de ses branches. (Trad. fr., t. I, p. 82.) Avicenne en parle (Canon, liv. II, p. 243, édit. de Rome.)

Le giroflier fournit quatre substances au commerce et dont les Arabes font une grande consommation.

1° Le clou de girofle qui n'est que l'embryon de la fleur desséchée avec le calice et le germe. Nous appelons fleur de girofle, dit Ebn Bat'out'ah, ce qui tombe de la fleur de cet arbre, laquelle ressemble à celle de l'oranger. On fait cette récolte lorsque les boutons commencent à rougir, avant que les fleurs s'épanouissent, et avant que les organes de la fructification soient sortis, parce que c'est alors que le clou de girofle est aromatique. C'est depuis le mois d'octobre jusqu'en janvier. On les détache de l'arbre avec les mains, on les fait aussi tomber avec de longs roseaux.

2° Une espèce de cannelle que les médecins, dit Ebn Bat'out'ah, appellent *Karfa el kronfel*.

3° La noix muscade Djouz el T'ayeb, appelée dans quelques pays *Djouz bou el m'arouf. Nux moschata, nux myristica aromatica*. (L.) C'est le noyau du fruit du giroflier. Ce fruit est arrondi, de la grosseur d'une petite orange, est attaché à un long pédicule. La noix muscade a une forme ovale et une grande ressemblance avec une olive; elle est longue de quinze à vingt millimètres, ridée, d'une couleur cendrée, dure, cassante, avec des nuances d'une couleur jaunâtre, rouge-brun à l'intérieur ; elle répand une odeur agréable et a une saveur à la fois âcre et suave, quoique amère, et laissant un goût très-huileux. A Alger on donne à ce fruit le nom de *Djouz echcherk*, et l'on réserve le nom de *Djouz el T'ayeb* pour la noix muscade ronde.

4° Le *macis* ou arille de la noix muscade *Basbaca*. — C'est la seconde des trois écorces qui enveloppent la noix muscade. La première, qui est acerbe, et qui a une épaisseur d'environ un centimètre, s'ouvre d'elle-même à l'époque de la maturité. La seconde enveloppe ou membrane est réticulaire, mince, visqueuse, et comme cartilagineuse ; elle a une odeur aromatique très-agréable, d'une saveur balsamique pénétrante et d'une couleur rouge jaunâtre. Dans le commerce on appelle le macis, fleur de muscade.

K'TAF ou GUETAF. — Les indigènes de l'Algérie appellent *K'taf*, qu'ils prononcent plus souvent *guétaf*, un arbrisseau d'un glauque argenté, à tige très-rameuse, à feuilles deltoïdes entières, connu sous le nom d'arroche-halime, arroche de mer, pourpier de mer, *atriplex halimus*. (L.) Il croit en Europe, sur les parties maritimes en Espagne, en Angleterre, etc. On confit ses feuilles pour les manger en salade.

Le K'taf se trouve en Algérie sur le littoral, à Alger ; mais c'est surtout dans le Sahara où il vient en abondance ; il couvre presque seul d'immenses étendues de pays. C'est un très-bon aliment pour les chevaux, les chameaux et les moutons. Les chevaux de nos colonnes expéditionnaires n'ont eu souvent que les tiges de cette plante pour toute nourriture.

Le goût un peu salé des feuilles du K'taf n'est pas désagréable, et on pourrait en manger sans inconvénient.

LEBEN. — LAIT AIGRE. — Les indigènes de l'Algérie appellent *leben* le lait aigre dont ils font une grande consommation ; c'est aussi la signification que donnent à ce mot les voyageurs modernes. Burckardt (Travels in Arabia, t. I, p. 59), dit *leben sour milk* (du lait sûr, etc. (p. 60), *leben hamed*, lait aigre que l'on fait épaissir en le faisant bouillir. Denham et Clapperton (Narrative of travels and discoveries in Africa, t. II, p. 41), Mangles et Irby (Travels, p. 350, 481, 482), donnent la même signification. Le P. Naud (Voyage dans la Palestine, p. 469) dit que *laban* est le lait aigre, et Lyon (Voyage dans l'Afrique sept., p. 40) que *libban* signifie *lait de beurre aigri*. Voy. Burckardt (Notes on the Bedouins, t. I, p. 59, 202).

Dans les livres arabes, *leben* signifie en général *du lait*. On lit dans le Mesalek alabsar (suss, 583, fol. 284). « J'ai chez moi du lait doux et du lait aigre. » Dans Ben Batouta (fol. 50), « du lait fraîchement trait. »

Dans les proverbes de Merdani, dans Nowaïsi (suss. as. 700, fol. 24), *el leben* signifie encore la rançon (extrait d'une note du docteur Perron, Journ. asiatique, novembre 1838.)

LEFA'A. — C'est le nom que les indigènes donnent à la vipère. Il paraît que jusqu'à présent on n'a découvert en Algérie que deux espèces de vipères.

1° La *vipère céraste*, vipera cerastes de Daudin, vipère cornue, ainsi nommée à cause de deux cornes qu'elle porte au-dessus de ses yeux sur son front. Cette vipère, qui a été connue dès la plus haute antiquité, puisqu'elle est figurée sur les monuments de l'ancienne Égypte, est très-répandue dans le Sahara algérien ; il est bien rare de traverser une certaine étendue de cette contrée sans en rencontrer plusieurs ; il est même quelques parties de ce pays où elles sont en si grande quantité, que des tribus ont été obligées de fuir, dit-on, et d'aller s'établir ailleurs. Cette vipère habite les lieux boisés et les sables, où elle se creuse des trous ; elle ne dépasse guère une longueur de 50 centimètres ; elle rampe en formant cinq ou six replis rapprochés, et lorsque pour une cause quelconque elle veut atteindre un objet, elle s'allonge tout à coup comme par l'effet d'un ressort. Sa morsure est, comme celle de toutes les vipères, suivie d'accidents très-graves. Aucun cas de morsure n'a été encore observé par les Européens de l'Algérie. Les indigènes disent que sa morsure est souvent suivie de la mort, mais que l'on n'en meurt pas toujours. Les moyens employés par eux pour arrêter l'action du venin sont la ligature et les incisions, les bains de sable, les tiges du genêt pilées, etc.

2° La *vipère minute*, vipère à queue courte, *vipera brachyura*. (Cuv.) Cette vipère est beaucoup plus grosse et probablement plus dangereuse que le céraste. On compte déjà plusieurs cas de morsures toujours suivies d'une mort prompte (24 heures). Les indigènes sont si persuadés que la mort est le résultat inévitable de la morsure de ce reptile, que l'un d'eux ayant été mordu, un médecin français fut appelé pour lui donner des soins. Ce médecin cautérisa la plaie et employa tous les moyens indiqués par la science. Pendant qu'il exécutait les diverses applications, l'indigène ne cessait de lui dire dans sa langue : Vous êtes un excellent homme, un homme de bien, mais tout ce que vous faites là est inutile, je suis mort. Jusqu'à présent ce n'est qu'aux environs d'Oran, d'Arzew et de Mostaganem qu'on a trouvé ce dangereux reptile.

LENTISQUE. — En arabe d'Arou. C'est le *pistacia lentiscus* de Linné. Cet arbre ou plutôt cet arbrisseau est très-répandu dans tout le Sahel de l'Algérie, il ne croît plus sur les hauts plateaux ni dans le Sahara. Ses feuilles se composent de huit à douze petites folioles ordinairement alternées, excepté les deux dernières qui sont opposées, ce qui le distingue du *pistacia atlantica* de Desfontaines, qui a une foliole impaire terminale, et qui, au reste, est un arbre connu sous le nom Bt'oun (*Voy*. ce mot). Les fleurs du lentisque sont en panicules et les fruits sont petits, globuleux et rougeâtres.

C'est du lentisque que découle le mastic, mestika, substance résineuse dont on fait une si grande consommation dans tout l'Orient, dans le but de parfumer l'haleine, de raffermir les gencives, et de blanchir les dents. Ce n'est guère que dans l'île de Scio que l'on cultive le lentisque pour récolter le mastic. « Pour obtenir le mastic, dit Olivier (*Voy*. dans l'Empire ottoman, t. I, p. 292), on fait au tronc et aux principales branches du lentisque de légères et nombreuses incisions, depuis le 15 jusqu'au 20 juillet du calendrier grec. Il découle peu à peu de toutes ces incisions un suc liquide qui s'épaissit insensiblement, reste attaché à l'arbre en larmes plus ou moins grosses, ou tombe à terre et s'y épaissit lorsqu'il est trop abondant ; le premier est le plus recherché ; on le détache avec un instrument de fer tranchant d'un demi-pouce de largeur à son extrémité. Souvent on place des toiles au-dessous de l'arbre afin que le mastic qui en découle ne soit pas imprégné de terre ou d'ordures. D'après les règlements faits à ce sujet, la première récolte ne peut avoir lieu avant le 27 août ; elle dure huit jours consécutifs, après lesquels on incise de nouveau jusqu'au 25 septembre, alors se fait la seconde récolte qui dure encore huit jours. Passé ce temps, on n'incise plus les arbres, mais on recueille jusqu'au 19 novembre, le lundi et le mardi de chaque semaine, le mastic qui continue de couler ; il est difficile ensuite de ramasser cette production.

LOUBAN et LEBAN. — C'est ainsi que les Arabes désignent l'encens ou oliban ; ils confondent sous cette dénomination l'oliban d'Afrique et l'oliban de l'Inde. Les indigènes de l'Algérie en font une grande consommation pour ensevelir les morts. A Tunis, les femmes mâchent le louban pour rendre les dents blanches.

Leroui-Fechtal. — *El Leroui el Fechtâl.* Quelques personnes ont cru que par ces deux noms les indigènes de l'Algérie désignaient deux animaux différents ; d'autres, que ces deux noms servaient à désigner le même animal dans des lieux différents. D'après plusieurs Arabes questionnés sur les lieux, el leroui est le nom générique ; el fechtâl est celui du mâle ; *maza* (chèvre), celui de la femelle ; el *khôrouf* (agneau), celui du petit.

El leroui est mentionné par Shaw, qui en parle de la manière suivante : « Le *fischtâl* ou *lerwee* est une espèce de chèvre si peureuse, que lorsqu'on la poursuit elle se jette de frayeur sur les rochers et dans les précipices ; elle est à peu près de la grosseur d'une génisse d'un an, seulement elle a le corps plus rond, avec une touffe de poils de la grosseur de cinq pouces sur les genoux, et une autre dans la nuque de près d'un pied de long, sa couleur est la même que celle du bakker el wash, et ses cornes cannelées et courbées en arrière comme celles des chèvres ; mais elles ont plus d'un pied de longueur et ne sont séparées sur le front que par un peu de poil, comme celles des moutons. Il paraît, par la taille, par la figure et par plusieurs autres circonstances, que le fischtâl est le *tragelaphus* des anciens. Il est vrai que Pline dit qu'on ne le trouvait que sur les bords du Phase ; mais c'est probablement une erreur de la même nature que celle qui suit immédiatement après, lorsque cet auteur avance que le cerf n'est pas un animal d'Afrique (p. 313). » Graberg di Hemso dit que le leroui est l'*antilope larvia* de Linné et Pallas, le *keb* de Buffon ; mais Cuvier n'admet pas ce dernier rapprochement.

El leroui est assez bien connu en Algérie aujourd'hui ; plusieurs individus ont été même élevés en domesticité dans quelques localités. On l'a chassé dans le Djebel Amour où il vit. On le trouve dans les montagnes du Sahara, au sud de Bouçada. Nous avons vu cet animal, mais pas assez longtemps pour pouvoir en donner une description aussi détaillée que nous le désirerions ; nous avons cependant pu constater qu'il ne diffère point du mouflon à manchettes, dont Geoffroy Saint-Hilaire rapporta un individu qu'il fit représenter dans l'atlas du grand ouvrage sur l'Égypte.

Le leroui est le mouflon à manchettes, l'*ovis ornata* de Geoffroy Saint-Hilaire ; le mouflon d'Afrique, que Cuvier, qui l'appelle *ovis tragelaphus*, et Desmarest ont réuni avec raison avec le mouton barbu (bearbedsheep) de Pennant.

Le leroui est une espèce de mouton beaucoup plus considérable que le plus gros bélier, dont il surpasse le volume et la hauteur du double peut-être ; le poil varie du fauve-roussâtre au brun-roux, quelquefois foncé et ras comme celui de la gazelle ; le dessous du corps et les parties internes des membres sont de couleur blanche, des poils de 15 à 20 centimètres et plus de long couvrent les parties antérieures du corps et des membres. C'est cette disposition remarquable du poil qui a fait donner à cet animal la dénomination de mouflon à manchettes. La queue est courte ; elle n'a que 18 à 20 centimètres ; elle est terminée par un pinceau de poil comme chez les gazelles. Les cornes sont volumineuses, très-rapprochées à leur base et séparées à peine par un peu de poil ; elles sont recourbées, divergentes, dirigées en dehors, s'écartant l'une de l'autre moins rapidement que chez le mouton ordinaire ; leur longueur est souvent de 50 centimètres ; leur surface est couverte de rides peu marquées.

Nous avons vu à Bordj-Bou-Araridj, dans la Medjana, un fechtàl libre allant chaque jour brouter dans la campagne, rentrer au fort après s'être repu [1].

Meloukhia. — Corête, *corchorus olitarius*. L. Plante annuelle de l'Inde, de l'Arabie, cultivée dans tout l'Orient, en Barbarie, etc. ; on la mange crue, en salade et plus souvent cuite. Prosp. Alpin en parle sous le nom qu'elle porte.

Makrizy (voy. Silv. de Sacy, ch. arab., t. II, p. 181) rapporte que le sultan d'Égypte, El Haken, défendit, en 395 (hégire), de manger de la Meloukhia à cause que ce légume était fort aimé de Mouaïa, fils d'Abou Sofian.

A Alger, on cultive abondamment et on vend sous le nom l'*hibiscus esculentus*, le gombo. — La dénomination de *bamia*, sous laquelle on désigne plus particulièrement cette plante, paraît avoir une origine turque.

---

[1] On voit un leroui à la ménagerie du Jardin des Plantes. Dans Freytag, on trouve écrit arouy. — Quelques auteurs arabes l'écrivent également ainsi.

Mest'ka. — Mastic produit du lentisque (*V.* ce mot).

Musc. — Substance animale que l'on retire d'une poche qui se trouve vers l'anus du *moschus moschiferus*, animal du genre des chevrotins.

N'aam. — L'autruche *strutheo-camelus* (L.) est appelée en arabe *nama* au singulier, *n'aam* au pluriel. Le mâle est désigné sous le nom de *Délim*; la femelle, sous celui de *remda*, et les petits sous celui de *cher'at'a*.

Les anciens Arabes les croyaient filles d'un oiseau et d'un chameau: aussi l'appelaient-ils *oiseau-chameau*, dénomination usitée même dans les langues anciennes. Son cou flexible, long de trois à quatre pieds, ses jambes nues d'une longueur égale à celle du cou, sa tête chauve et aplatie, ses grands yeux ouverts lui donnent un air stupide; c'est ce qui a été observé dans tous les temps. On lit dans le livre de Job : « Dieu l'a privé de sagesse, et l'intelligence lui a été refusée. » La chair en est bonne; Moïse en avait cependant défendu l'usage comme impure.

Les n'aam sont très-répandus dans le Sahara algérien. Les Arabes les prennent en les poursuivant à cheval dans une direction contraire à celle du vent; ils en font un commerce considérable. Les tribus nomades des Ouled-Naïls, des Arbâ, des Chaamba, etc., lorsqu'elles viennent passer les chaleurs et s'approvisionner dans le Tell, apportent de nombreuses dépouilles qui sont achetées dans les marchés de l'intérieur à des prix variables. La dépouille entière d'un mâle *délim* se vend ordinairement de 70 à 80 fr. (40 à 50 boudjous, 5,000 couris au Soudan).

Les Arabes donnent beaucoup de renseignements sur les autruches. D'après leurs récits, les autruches couvent leurs œufs dans des nids qui ne sont que des cavités creusées dans le sable, ayant de trois à six pieds de diamètre avec un bord élevé et une petite rigole tout autour, comme pour empêcher l'eau d'arriver aux œufs.

La couvée se compose d'une quarantaine d'œufs, qui éclosent au bout d'une quarantaine de jours. Le mâle et la femelle couvent alternativement de deux heures en deux heures comme les cigognes. Dans un trou voisin la femelle dépose un nombre d'œufs à peu près égal, et ces œufs sont destinés à nourrir les petits qui doivent sortir du premier nid. La plupart de ces récits sont confirmés par le voyageur,

Levaillant qui dit : « Je fis lever une autruche femelle; arrivé à son nid, le plusgrand que j'eusse jamais vu, j'y trouvai trente-huit œufs en un tas, et treize distribués plus loin chacun dans une petite cavité. Je ne pouvais concevoir qu'une seule femelle pût couver autant d'œufs ; ils me paraissaient d'ailleurs de grandeur inégale ; lorsque je les eus considérés de plus près, j'en trouvai neuf beaucoup plus petits que les autres. Cette particularité m'intéressant vivement, je fis arrêter et dételer à un quart de lieue du nid, et j'allai me poster dans un buisson, d'où je l'avais à découvert et directement à portée de la balle. Je n'y fus pas longtemps sans voir arriver une femelle qui s'accroupit sur les œufs, et pendant le reste du jour que je passai dans ce buisson, trois autres se rendirent au même nid et se relevèrent l'une après l'autre ; une seule resta un quart d'heure à couver, tandis qu'une nouvelle venue s'y était mise à côté d'elle, ce qui me fit penser que quelquefois, et peut-être dans les nuits pluvieuses, elles s'entendent pour couver à deux et même davantage. Le soleil touchait à son déclin, un mâle arrive qui s'approche du nid pour y prendre place; car les mâles couvent aussi bien que les femelles, etc. Pour compléter ces détails, voici une autre citation :«Lorsque la saison des amours est venue, l'autruche mâle prend des compagnes, quelquefois il n'en a que deux ; mais il n'est pas rare qu'il en rassemble jusqu'à six. Toutes les femelles d'un même mâle pondent dans un même nid et partagent les soins de l'incubation. Le nid est creusé dans la terre, et le produit de l'excavation sert à rehausser les bords. Les œufs y sont déposés très-habilement pour ménager l'espace et conserver la chaleur; le petit bout est dirigé vers le centre et l'autre vers le contour ; chaque femelle couve à son tour dans la journée ; pendant la nuit, c'est le mâle qui prend leur place, lorsqu'il ne s'agit pas d'entretenir la chaleur, mais de défendre les œufs ou les poussins nouvellement éclos contre les chacals, les chats-tigres et autres maraudeurs. Un nid contient quelquefois jusqu'à 60 œufs ; mais le plus souvent on n'y trouve que la ponte de deux femelles, c'est-à-dire de 24 à 32 œufs. L'incubation n'interrompt pas toujours la ponte ; mais les œufs tardifs ne sont pas déposés dans le nid ; les couveuses les mettent toujours à part, et les réservent comme un premier aliment pour les poussins au sortir de la coquille. La durée de l'incubation est de 36 à 40 jours suivant la température de la saison, etc. »

Ce géant des oiseaux ne vole pas et offre quelques autres particularités qui avaient fait dire à Aristote : *Partim avis, partim quadrupes.*

Les Arabes disent qu'à la vue de l'homme il fuit avec une rapidité que ne peut égaler le quadrupède le plus agile ; il se sert de ses ailes comme nous nous servons de nos bras lorsque nous courons.

L'autruche a une grande force musculaire ; elle peut renverser un homme d'un coup de patte, et même, dit-on, lui casser une jambe. On n'a pu jusqu'à présent en tirer parti, à cause de la difficulté de la diriger. On rapporte cependant qu'un roi d'Égypte se faisait porter par un de ces oiseaux. Un voyageur anglais assure avoir vu un Arabe traverser l'intérieur de l'Afrique, monté sur une autruche. Adanson vit une autruche portant deux nègres, faire trois fois le tour d'un village et n'être arrêtée que par des gens se portant à sa rencontre.

Dans quelques parties de l'intérieur de l'Afrique, on élève l'autruche en domesticité pour en retirer des plumes, de la chair et des œufs. Il paraît que chaque femelle pond jusqu'à 30 et 40 œufs pendant une saison ; et comme un œuf pèse ordinairement trois livres ou trente œufs de poule, il s'ensuit que c'est l'équivalent de mille à douze cents œufs de poule pendant l'année. Ce serait là un bénéfice et une production considérables pour des éleveurs qui tenteraient ce genre d'industrie en Algérie.

Noix muscade. — *V. Kronfel.*

Retem. — *Retem* peut être considéré comme l'équivalent de notre mot *genêt*. Ce nom se trouve dans Golius avec la même signification ; en espagnol, on dit *retama*.

Les Arabes désignent particulièrement sous le nom de *retem* le genêt à balais, *genista scoparia*, Lamk, *spartium scoparium*, L. ou peut-être une espèce voisine qui a à peine quelques feuilles. Cet arbrisseau croît abondamment dans les hautes régions du Tell, et surtout dans le Sahara, sur les mamelons de sable. Les indigènes disent que le suc de cette plante devient d'autant plus amer qu'on s'avance davantage vers le sud. Il acquiert des propriétés si actives qu'il enivre. On s'en sert contre les contusions des animaux, et aussi pour tanner.

D'autres espèces de genêt reçoivent des noms différents. Ainsi, on appelle *t'art'ak* le genêt à branches de jonc, *genista juncea*, Lamk, *spartium junceum*, L. ce joli arbrisseau si remarquable par ses éclatantes fleurs jaunes, d'une odeur suave, que l'on cultive en France dans les jardins sous la dénomination de genêt d'Espagne. On désigne encore sous le nom de gandoul diverses espèces de genêt épineux parmi lesquelles il faut comprendre le *spartium spinosum*. L.

S'ANDAL. — C'est sous ce nom et sous celui plus usité de *santal* que, dans le commerce, on désigne trois sortes de bois exotique que l'on distingue sous les dénominations de blanc, de citrin et de rouge, et sont produits par le *ptérocarpus santalinus* et le *santalum album*, grands arbres de l'Inde.

SAMR, Gomme. C'est en Algérie un synonyme d'Alk. (Voy. ce mot.)

SENBEL. Ce mot signifie proprement *épi*. C'est par extension qu'on l'applique à une production végétale qui paraît être la fleur du nard indien ou spicanard, *andropogon nardus*. L. On écrit quelquefois *sembel*. En Algérie on s'en sert pour confectionner le khol, et les femmes le font bouillir dans l'eau ou l'huile pour oindre les cheveux.

SERAN. — Jusquiame, *hyoscyamus niger*. Plante de la famille des solanées, et dont les propriétés narcotiques et même vénéneuses sont bien connues dans la médecine européenne.

SEDRA. — Le sedra est un arbuste très-répandu dans toutes les parties de l'Algérie, mais principalement dans la province d'Oran. Les épines nombreuses dont il est armé le rendent fort désagréable aux voyageurs, dont il déchire les vêtements. Aussi, les troupiers, dont les habits en ont souvent éprouvé de violents accrocs, l'ont-ils appelé *brise-capote*, et les officiers, dont le langage est plus scientifique, le *lotus-dechirator*.

Le sedra est le jujubier-lotos, *zizyphus-lotus* de Desfontaines (*Flora atlant.*, t. 200.), arbrisseau qui ne s'élève ordinairement qu'à une hauteur de quatre ou cinq pieds, et dont les rameaux irréguliers et tortueux sont armés d'épines et de feuilles alternes, petites, obtuses, et à trois nervures longitudinales. A une petite fleur d'un blanc pâle succède un fruit globuleux que les indigènes appellent un nebek, d'une couleur brun-clair et bon à manger.

Ce fruit est un des lotos des anciens lotophages dont parlent les auteurs anciens, Athénée, Polybe, etc., comme l'avaient soupçonné quelques auteurs, et particulièrement Shauw; mais c'est à Desfontaines que revient l'honneur de l'avoir démontré dans un mémoire imprimé parmi ceux de l'Académie des sciences de 1788.

Souak. — On appelle souak les écorces de noix fraîches avec lesquelles les femmes indigènes colorent en rouge l'intérieur des lèvres, de la bouche et les gencives.

On appelle encore *aoud es souak* une espèce de bois que les pèlerins coupent en passant dans l'Oued-benti-fatima-zohra, à la Mecque, et emportent avec eux pour s'en servir dans les ablutions, pour nettoyer les dents. C'est un bois blanc. On en attache un morceau au *seba*, ou chapelet.

Talr'ouda. — Les indigènes, à qui je me suis adressé pour faire écrire ce mot, ont employé une orthographe différente. Les uns ont écrit *takhouda*, et les autres *tálr'ouda*. Cette dernière manière me paraît préférable.

Tálr'ouda est le nom que l'on donne en Algérie à une plante de la famille des ombellifères que Linné désigne sous la dénomination de *bunium bulbocastanum*.

Cette plante est connue en France sous le nom de *suron* et de *terrenoix*. Elle est très-répandue dans quelques provinces, en Bourgogne surtout, où on pourrait en faire des récoltes considérables. En Algérie, elle est très-abondante dans les plaines des régions élevées, dans les environs de Tlemcen, Mascara, Sétif, Constantine. Le tubercule solitaire qui forme sa racine est enveloppé d'une écorce noire; son tissu, moins farineux que celui de la pomme de terre, a un goût un peu fade. Sa grosseur ne dépasse guère la moitié du poing. Il ne se trouve ordinairement qu'à une profondeur de vingt centimètres et plus. La tige à laquelle il donne naissance est fort grêle, surtout pour arriver à la surface du sol, d'où elle ne s'élève pas à plus de cinquante centimètres.

Les indigènes mangent le tubercule de cette plante, qui est d'une grande ressource pendant les temps de disette en le mettant au feu; mais le plus souvent ils le réduisent en farine pour en faire du couscous.

Nos troupes ont souvent mangé des tubercules du bunium en Algérie. En 1836 et 1837, la garnison de Tlemcen, manquant de vivres, trouva une grande ressource dans l'abondance du *tálr'ouda*. Les soldats arrachaient ce tubercule avec la bayonnette de leur fusil en faisant paître le petit troupeau de bœufs, bien insuffisante provision! et ils accroissaient ainsi le quart de ration de pain d'orge qui leur était distribué; à cette époque, nous en avons beaucoup mangé, et nous avons trouvé que c'est un aliment qui n'est agréable que lorsqu'on le fait cuire dans le jus de viande.

Des Arabes prétendent que ce tubercule produit des effets narcotiques; ils assurent que lorsque les jeunes enfants s'en nourrissent uniquement ils éprouvent des tournoiements de tête comme s'ils étaient ivres.

T'arfa. — C'est le *tamarix gallica*, L. Cet arbre est très-répandu sur le bord des rivières, sur le littoral et au loin dans le Sahara. Ce nom se trouve, du reste, dans Freytag avec la même signification.

T'olh'. C'est le *mimosa falcata* que Lyon a rencontré dans le Fezzan et qui produit dans le Maroc la gomme de Barbarie, qui n'est pas aussi bonne que celle qui vient du Sénégal. Dans Freytag, on trouve que le t'olh' est un grand arbre épineux, et Silv. de Sacy, dans Abdallatif, (page 122), dit que le *t'olh'* est le *mimosa gummifera* de Forskal.

Tontia. — Sous ce nom les indigènes désignent le sulfate de cuivre (vitriol bleu, couperose bleue) et le sulfate de zinc (couperose blanche). Ils emploient souvent à l'intérieur le sulfate de cuivre dans les syphilis.

T'rouna. — Substance désignée dans le commerce sous le nom de natron et même de *trona*. C'est le sesqui-carbonate de soude mêlé avec une certaine quantité de sel marin et de sulfate de soude lorsqu'on le retire des lacs.

Quelques sebkhas (lacs salés) de l'Algérie en contiennent sans doute, et les efflorescences qu'on rencontre dans les chot' renferment peut-être des quantités de t'rouna.

Cette substance vient principalement d'Égypte. On en trouve beaucoup dans l'État de Tripoli, et surtout à Morzouk. Elle est très-abondante dans quelques lacs d'Afrique; elle est inaltérable à l'air, et l'on assure que les murailles d'un k'sar, actuellement en ruines, sont construites avec des masses naturelles de ce sel.

Le principal usage de ce sel est d'être employé dans la préparation du tabac à priser, dont on fait en Algérie une très-grande consommation, sous la dénomination de nefa et de chema.

Torfas, truffes. — Les indigènes de l'Afrique septentrionale appellent *torfas* les truffes qui sont très-répandues dans certaines parties de l'Algérie, principalement dans la partie du Sahara voisine du Tell. « *I tartuffi, o tuberi, spezialamente di polpa bianca, dai Mauri chiamati terfas, et dai medici arabi tamha* (tuber niverum), *abondano pure in tutte le parti d'ell' impero I sono, come in Italia, rintracciati dai coni*, dit Graberg di Hemso (page 100). Desfontaines, qui le décrit sous la dénomination de *tuber niverum*, dit qu'elle est complétement blanche, globuleuse, très-délicate, et qu'elle croit dans les sables de l'Afrique septentrionale.

Les Arabes prétendent que lorsque les années sont pluvieuses, les truffes abondent. Ils en distinguent deux espèces, les blanches et les rouges. Ces dernières sont les meilleures.

Nous avons pu constater l'abondance de ces truffes dans certaines contrées voisines du Sahara. Elles sont lisses et non rugueuses comme les truffes de France; quelques-unes sont plus grosses que le poing. Le plus grand nombre sont blanches; mais quelques-unes sont rougeâtres et marbrées intérieurement, plus compactes, plus dures et d'un meilleur goût. Les Arabes en mangent beaucoup.

Dans les écrivains arabes, les truffes sont appelées *kemaa*. Voy. Makrizy (opus, folio 191), le *Kitab alagâni* (tome XI, folio 365). Ebn Bat'out'a (Voy. Ins., folio 142) dit que les déserts de l'Afrique produisent une grande quantité de truffes. On lit dans Ben-Khaldoun (t. III, f. 363) : « Il était pauvre et gagnait sa vie, ainsi que ses deux fils, en ramassant des truffes et autres plantes. »

ZA'FRAN. — C'est le safran oriental de notre matière médicale ; ce sont les stygmates du *crocus sativus*, plante bulbeuse, vivace, que l'on cultive. Les indigènes de l'Algérie font une grande consommation du za'fran comme assaisonnement et même comme remède. Il en vient beaucoup d'Espagne et de Tripoli.

ZEBED. — C'est ainsi qu'on désigne la substance animale, d'une odeur si agréable, que l'on retire d'une bourse ou poche qui existe auprès de l'anus de la civette, *viverra civetta*, animal carnivore de la taille d'un chat, élevé en domesticité en Egypte et en Abyssinie.

Les pèlerins apportent en Algérie cette substance renfermée dans de très-petites boîtes rouges et de la grosseur du pouce. Comme elle substance est fort chère, on la falsifie ordinairement en y ajoutant d'autres substances.

C'est le cosmétique le plus répandu parmi les femmes indigènes, qui s'en servent comme d'une pommade.

ZENDJAR. — Sous ce nom, les indigènes désignent le vert-de-gris ou verdet, comprenant deux composés différents, 1° le sous-carbonate de cuivre vert ou vert-de-gris naturel ; 2° le vert-de-gris artificiel, ou simplement *vert-de-gris,* formé de deuto-acétate de cuivre, de deutoxyde de cuivre, etc. Cette substance est employée pour faire le khol, pour la peinture et pour être appliquée comme topique sur les boutons ou ulcérations qui se manifestent sur la peau.

ZIR.—D'après quelques Arabes questionnés sur cette plante, il paraîtrait qu'on appelle ainsi, dans le Sahara, la plante que l'on nomme kèlil à Alger, et qui est le romarin.

CODE DE L'ESCLAVAGE

CHEZ LES MUSULMANS.

CHAPITRE Ier.

De la vente des esclaves, et des personnes auxquelles ces transactions sont permises ou défendues.

La loi permet la vente des Nègres réduits à l'état d'esclavage, parce qu'en général ils sont infidèles. Toutefois, elle s'oppose à la vente de ceux de ces individus qui proviennent des peuples musulmans ou des populations amies de ces derniers.

L'individu qui achète un esclave infidèle ne l'oblige pas à embrasser l'islamisme; il le laisse agir suivant sa propre impulsion. Mais, dans le cas où cet esclave devient musulman, il n'en reste pas moins dans la servitude, lui et ses enfants.

Le cheikh Si Ahmed Baba a établi cette base : un musulman possesseur d'un esclave vrai croyant comme lui, ne peut le vendre à un infidèle.

Les infidèles peuvent acheter des esclaves infidèles, à la condition que ces derniers soient parvenus à l'âge de majorité, et sous l'obligation de ne pas les conduire hors des terres soumises aux musulmans.

La loi défend à tout infidèle d'acheter des esclaves musulmans, et l'autorité se saisit de ceux-ci, le cas échéant.

L'infidèle ne peut donner en gage à un tiers son esclave infidèle, s'il ne le possède d'une façon conforme aux prescriptions qui ont été établies.

Aussitôt qu'il est constaté que l'esclave a été illégalement acquis, ce dernier est dégagé, et l'on paie le créancier, à moins que la dette ne provienne de spéculations commerciales, auquel cas on substitue à la personne de l'esclave un autre gage.

CHAPITRE II.

Des esclaves infidèles mis en gage et devenant musulmans. — Esclaves prêtés en épreuve.

Lorsqu'un esclave infidèle embrasse l'islamisme étant en gage, son propriétaire est dans l'obligation de le retirer et de lui substituer un autre gage.

Si les propriétaires d'un esclave engagé viennent à l'affranchir, ils sont tenus de rembourser de suite la somme pour laquelle il a été engagé, attendu que la loi prescrit au détenteur de donner immédiatement la liberté à l'affranchi.

Si, malgré les prescriptions de la loi, un infidèle achetait puis revendait un esclave musulman, non-seulement le nouvel acquéreur serait en droit de rendre au vendeur son esclave, au cas où celui-ci aurait des défauts, mais encore l'autorité s'emparerait de cet esclave.

Quand un infidèle vend son esclave à un musulman, en lui accordant un certain délai pour juger de ses qualités ou de ses défauts, il peut arriver que, pendant ce terme, l'esclave manifeste l'intention de se faire musulman. Cette circonstance particulière n'empêche pas l'acquéreur de conserver son sujet jusqu'à l'expiration du temps fixé pour l'épreuve; après quoi, si ce dernier ne lui convient pas, il le rend à son propriétaire primitif, et celui-ci, à son tour, le remet entre les mains de l'autorité, qui se constitue propriétaire. Il n'en est pas de même quand, dans un marché de ce genre, le musulman est le vendeur et l'infidèle l'acheteur. Du jour où l'esclave exprime le désir de suivre le culte mahométan, il doit être restitué par l'infidèle au vendeur, sans attendre la fin du temps fixé pour l'essai.

Lorsqu'un esclave devient musulman en l'absence de son possesseur infidèle, la loi accorde à ce dernier, pour le réclamer, un délai de dix jours, s'il est en pays soumis, et de deux jours seulement en pays rebelle. Au-delà de cette limite, il y a prescription, et l'esclave est saisi par l'État.

Le musulman propriétaire d'un esclave doit chercher à inculquer à celui-ci, tant qu'il est jeune, les principes de l'islamisme; mais, une fois l'esclave d'un âge mûr, le maître n'est plus tenu de chercher à le convertir.

CHAPITRE III.

De la vente des Nègres. — Différents modes de marché. — Cas rédhibitoires.

La vente des esclaves se fait ordinairement sous une des conditions suivantes : ou le vendeur offre une garantie pour les défauts que pourrait avoir le Nègre, ou bien il convient d'avance qu'il n'en est pas responsable.

La garantie se donne pour un temps déterminé, dans l'intervalle duquel le marché peut être résilié sur la demande de l'acheteur, dans le cas, par exemple, où celui-ci aurait découvert dans l'esclave des vices ou maladies qui n'auraient pas été apparents lors de la vente.

Toute maladie occulte, toute mauvaise inclination, comme le penchant au vol, toutes les actions qui dénotent irascibilité ou folie (el djen), sont des cas rédhibitoires. Les Nègres atteints de ces maux peuvent être rendus à leurs propriétaires précédents, à moins que le marché n'ait été conclu sous la condition de non-responsabilité.

Les vices ou maladies sont constatés par la présence des symptômes apparents et par la déclaration d'experts, lorsque le mal est caché : l'avis d'un seul expert suffit. Dans l'expertise on a soin de bien établir si le mal a pris naissance avant ou après l'époque de l'achat.

A défaut d'expert, le cadi fait jurer au vendeur que son esclave était sain lors de la vente, et décide ensuite en dernier ressort. Si le vendeur prétend avoir averti l'acquéreur des défauts de l'esclave avant la conclusion du marché et que ce fait soit nié, la question est soumise au cadi, qui exige le serment et prononce son jugement.

Le marché sans garantie ne peut se rompre; mais le vendeur est tenu de désigner toutes les affections dont l'esclave est atteint à l'époque de la vente; car s'il en omet une seule, c'est une cause suffisante pour annuler le marché.

La vente des esclaves par le cadi se fait sans caution; ce personnage vend quelquefois, et toujours sans caution, les Nègres provenant de successions vacantes. De même sont dispensés de donner aucune garantie les individus qui, ayant reçu des esclaves comme part d'héritage, cherchent à s'en défaire.

Lorsque l'esclave est reconnu atteint d'un cas rédhibitoire, et que le vendeur est absent, les adouls constatent le fait. Si le vendeur n'a pas de fondé de pouvoirs, et que son absence se prolonge plus de dix jours, le cadi se saisit de cette affaire, s'informe du cas; si la partie intéressée ne se présente pas pour plaider sa cause, il rompt le marché, après avoir pris tous les détails possibles sur la manière dont s'est opérée la vente, c'est-à-dire si le prix de l'esclave a été payé, s'il y a eu ou non garantie, si le vendeur a caché à l'acquéreur quelques cas rédhibitoires.

Quand, après l'examen de cette affaire, on n'a pas reconnu la nécessité de résilier le marché, il est accordé à l'acheteur une indemnité qui est déduite du prix de la vente.

L'esclave qui a été atteint d'un mal dont il a été guéri radicalement n'est point restitué au vendeur.

L'esclave dépérissant ou contractant des maladies par suite du manque de nourriture ou de mauvais traitements, ne se trouve pas non plus dans le cas rédhibitoire. Mais quand l'acquéreur peut prouver que l'affection dont l'esclave est atteint est antérieure à la vente, et qu'à cette époque elle n'a pas été signalée, il a droit d'exiger une indemnité.

Un esclave se trouvant dans un cas rédhibitoire revient d'un propriétaire à l'autre jusqu'au possesseur primitif.

CHAPITRE IV.

Des hardes de l'esclave au moment de la vente. — Temps d'essai d'un esclave.

Les effets en bon état, les bijoux des Négresses sont la propriété du vendeur. L'acquéreur n'a droit, à moins de conventions particulières, qu'aux vêtements journaliers. Il arrive souvent que l'on pose la condition que l'esclave sera livré nu ; alors le vendeur est obligé de lui fournir un chiffon pour couvrir les parties honteuses.

Le temps fixé pour l'essai d'un esclave varie de trois jours à un an, selon les conditions, et ce temps compte à partir du jour de l'achat.

Tant que dure l'épreuve, les maladies graves qui surviennent, telles que la gale, la lèpre, la folie, la mort elle-même, sont des cas qui entraînent la rupture du marché.

Ces usages ne sont cependant pas partout les mêmes, ils sont variables suivant les pays. On suit à cet égard la coutume des lieux où l'on se trouve: la garantie donnée à la conclusion du marché sert de règle.

CHAPITRE V.

Des esclaves enceintes.

La grossesse des femmes esclaves est considérée comme une affection entraînant le cas rédhibitoire, lorsque les Négresses sont vendues se trouvant dans cet état.

Le cas se présentant, on dépose la Négresse chez un homme de confiance jusqu'à ce qu'on sache si elle est réellement enceinte ou frappée d'une maladie. Après l'accouchement, l'enfant est conservé pour être remis à celui qui était maître de la Négresse au moment où celle-ci a conçu, soit à titre de propriété, si l'enfant est fils d'un esclave, soit comme un de ses héritiers, si le nouveau-né est le fruit du concubinage de la négresse et de son possesseur.

Ben Arrafat avance, d'après Ben Haret, que les ulémas n'ont pas statué sur la position d'une esclave qui, se trouvant enceinte, serait réclamée par un tiers. Quel est celui des deux prétendants qui doit l'entretenir? Ben Abd el Hakem dit que c'est celui qui la réclame. Iahia Ben Omar soutient que le propriétaire sous le joug duquel l'esclave est devenue enceinte doit seul subvenir à son entretien. Cette dernière opinion paraît la plus juste, car l'enfant est réputé libre vis-à-vis du propriétaire qui n'avait pas en sa possession la mère au moment où elle a conçu, tandis que le maître auquel appartient l'enfant a intérêt à ménager la mère dans le travail.

CHAPITRE VI.

Conduite du maître envers l'esclave, et réciproquement.

(Documents puisés dans les ouvrages de Si Mohamed el Hattab sur El Mektaur de Sidi Khelil, au chapitre MEFKA.)

Si l'on est hors d'état de pourvoir à l'entretien des esclaves, il convient de les vendre. *(Cheik Khelil.)*

Le commentateur de Sidi Khelil dit, en résumé, que le maître doit subvenir aux besoins de son esclave, selon ses moyens.

Malek a avancé qu'il a lu dans le manuscrit El Hadit (Conversation du Prophète) une question soulevée à ce sujet, où il est dit : « Le Prophète a établi que l'on doit fournir consciencieusement à l'entretien

» et à la nourriture de l'esclave, de même qu'il ne faut pas lui imposer
» une tâche au-dessus de ses forces. »

On engageait un jour Malek à poser en principe que le maître ne devait pas obliger son esclave à faire un travail qui fût trop fort pour ce serviteur. « Je ne puis, répondit Malek, établir une semblable défense
» qui donnerait lieu à de nombreuses plaintes. Il est juste, reprit-il,
» que le maître n'accable pas son esclave; mais il est dangereux de le
» laisser dans l'inaction; il ne peut, au reste, exiger de celui-ci que ce
» que ses facultés intellectuelles et physiques lui permettent de faire.
» Ainsi, il est des esclaves qui sont propres à la culture, comme il en
» est d'autres qui ne sont aptes qu'à rendre des services dans le
» commerce. »

El Badji, dans son commentaire d'El Monatta du manuscrit El Hadit, avance que le maître doit plutôt vendre ses esclaves que de les laisser dans la peine.

Ben Rached a commenté de la manière suivante ce qu'on vient de lire dans ce chapitre VI :

« L'esclave sera nourri et vêtu convenablement; il n'y aura même
» aucune différence entre son maître et lui en ce qui concerne l'habille-
» ment et la nourriture. »

Cette décision fut provoquée par des savants, qui objectèrent à Ben-Rached les paroles du Prophète; « Vêtissez vos esclaves de votre ha-
» billement et nourrissez-les de vos aliments. »

Ahi el Laïs suivait ce principe, non pas qu'il le regardât comme obligatoire, mais parce que sa bonté d'âme l'y portait naturellement; et, en effet, Mohamed, par ces paroles que nous venons de citer, n'entendait pas que le maître dût réserver à son esclave une part de ses propres aliments et le couvrir de vêtements dont il fait lui-même usage, mais bien qu'il le nourrît des mêmes substances et le revêtît des tissus de même nature que ceux qu'il employait.

Telle doit être l'interprétation de la pensée du législateur; lui donner une plus grande extension serait la fausser, car l'esclave alors serait l'égal du maître. Cependant, il n'y a aucun mal à ce qu'un maître nourrisse et habille son esclave comme lui-même.

On demandait à Malek si, comme l'a entendu Achehab, et ainsi qu'il est rapporté dans le manuscrit El Djaoni, il est permis à un maître de prendre une nourriture meilleure que celle des siens et de ses esclaves,

et de porter des vêtements plus luxueux que les leurs. « Sans doute,
» répondit-il, quand l'extrême opulence comporte cette manière d'agir.
» — N'avez-vous pas vu ce qu'a dit à ce sujet Abi el Dardari? répli-
» quèrent les questionneurs. — Oui, mais alors, reprit Malek, les
» hommes étaient pauvres et n'avaient que la nourriture nécessaire
» pour se soutenir. »

On s'en tient généralement aux principes posés par Sidi Khelil :

« Si vous ne pouvez entretenir vos esclaves convenablement,
» vendez-les. »

Son commentaire l'explique ainsi, et c'est le chef du pays qui est chargé de veiller à l'exécution de cette règle, de faire procéder forcément à la vente de l'esclave, quand le maître de celui-ci ne pourvoit pas à ses besoins de première nécessité.

Lorsque plusieurs individus possèdent un esclave en commun, ils l'entretiennent chacun au prorata de sa mise, et si l'esclave sert un d'eux de préférence aux autres, celui-ci se charge seul des frais, à moins que le travail, de quelque nature qu'il soit, se réduise à peu de chose.

Le cheikh Khelil a dit : « Si le maître fait travailler l'esclave plus
» qu'il ne doit, on fait vendre ce dernier, absolument comme dans le
» cas où l'esclave n'est pas nourri suffisamment. »

Selon Malek, on n'affranchira pas un esclave mineur hors d'état de travailler, parce que l'oisiveté lui ferait contracter l'habitude du vol ; il en est de même à l'égard des jeunes Négresses, qui, si elles étaient rendues libres avant l'âge de majorité, se livreraient à la licence.

Othman avance ce principe, ainsi que El Djazouli dans ses commentaires de El Ressala.

Malek, interrogé sur cette question, savoir si l'on pouvait forcer l'esclave à moudre pendant la nuit, répondit que : « S'il travaillait le
» jour, il devait se reposer la nuit, à moins que l'occupation prescrite
» soit de peu d'importance. »

Ben Omar dit, de son côté, qu'on ne devait faire travailler un esclave la nuit que dans des circonstances rares, et pendant quelques instants seulement.

J'ai puisé ces renseignements dans l'Idjaret el Medaouna :

Un serviteur ne peut veiller la nuit tout entière auprès de son maître; on admet seulement qu'il lui donne les vêtements nécessaires pour se couvrir, de l'eau pour boire, qu'il lui rende, en un mot, des services se réitérant peu souvent dans la nuit et permettant le repos.

S'il est reconnu qu'un esclave a souffert de la faim ou d'excès de travail, il est vendu, même malgré son maître, car chacun doit jouir de ses droits.

Lorsqu'un esclave, demandant à être marié, éprouve un refus, il est considéré comme étant dans un état de souffrance dont nous parlerons au chapitre du mariage.

A propos des maîtres qui laissent sans nefka (entretien pécuniaire) leurs esclaves, les enfants de ces esclaves, ainsi que ceux auxquels ils ont promis l'affranchissement après un temps donné, Ben Sahel rapporte qu'une esclave s'étant trouvée dans ce cas, et ayant prouvé, par des témoignages dignes de foi, qu'elle était la propriété d'un individu qui s'était absenté sans lui laisser aucun moyen de subsistance, sans lui envoyer le moindre soulagement, sans lui donner aucune nouvelle, Ben el Itab et Ben Katain décidèrent que le cadi avait à prononcer la vente, à en toucher le montant, puis à le déposer chez un homme probe, qui, lui-même, le remettrait au propriétaire de l'esclave quand il serait de retour.

Il est dit dans le Kitab el Aïdia : « Il importe que le gouverneur » d'une ville oblige l'esclave à prouver qu'il est incapable de pourvoir » à sa subsistance pour qu'il soit vendu. » Ben Itab dit la même chose au sujet des esclaves femmes ayant des enfants et dont le maître est absent. Quant à celles qui sont sans enfants, on leur applique une autre décision.

On lit dans Toudih : « Si le maître d'une esclave, ayant un enfant, » vient à s'absenter, et que cette esclave signale et prouve cette ab- » sence, le gouverneur de la ville fixe un mois de délai, après lequel » il donne la liberté à l'esclave. » C'est également l'avis de El Korchi et de Ben el Itab; Ali Ben Ziad prétend que Ben el Chekak et Ben el Attar ont avancé qu'on ne pouvait donner la liberté à l'esclave dans la position précitée; c'est à elle alors à trouver des moyens d'existence. Ben el Iattan a pensé qu'elle devait attendre, dans ce dernier état, jusqu'à ce que la mort de son maître fût prouvée.

Ce qu'a dit à ce sujet Ben Sahel est certainement ce qu'il y a de plus raisonnable.

On se fonde sur ce qu'a établi le cheikh Achiab : « Si le possesseur

» ne peut garder à sa charge l'esclave mère avec laquelle il a eu des
» enfants (qui partant a rang d'épouse), on lui accorde un délai d'un
» mois. Ce temps expiré, si le maître ne peut entretenir son esclave,
» cette dernière est affranchie ainsi que ses enfants. »

Ben Sahel demanda à Ben Itab : « Ces Négresses, dans le cas dont
» nous venons de parler, doivent-elles, lorsque leur maître est mort,
» ou qu'elles sont affranchies, attendre un certain laps de temps avant
» de se marier (afin qu'on voie si elles sont enceintes ou non)? — Oui,
» répondit-il, elles attendent un mois seulement. — Sont-elles obligées
» de jurer que leurs maîtres, en leur absence, ne leur ont rien laissé ;
» qu'ils ne leur ont envoyé aucun secours, comme cela se pratique
» pour l'épouse légitime? — Non, répliqua-t-il, et j'ai posé cette règle
» afin d'éviter les longueurs. »

Suivant Ben Arrafat, l'esclave mère à l'entretien de laquelle le maître
ne survient pas, a la faculté de se marier, soit qu'on la laisse toujours
dans l'état de servitude, soit qu'on l'affranchisse.

Au dire de El Serki, l'esclave mère doit être affranchie, ainsi que
son enfant, lorsqu'il n'est pas pourvu aux besoins de leur vie. Il en
est de même de l'esclave dont le maître, ayant promis l'affranchissement, la laisserait dans le besoin. Le maître absent qui se met dans
ce cas est passible du même traitement.

Achab a dit : « L'enfant d'une esclave frappé douloureusement par
» son maître peut le fuir; il ne saurait être vendu, puisqu'il est né
» libre. »

Asbeg, auquel la même question a été soumise, a répondu exacte-
ment de la même manière.

« L'enfant d'une esclave, dit Mediber, qui devient musulman, peut
» également fuir son maître, puisque, né libre, il ne peut être vendu
» comme esclave. »

Les esclaves dont on a promis l'affranchissement pour une certaine
époque, sont aussi dans ce cas, le moment arrivé. « Quant à la mère
» de l'esclave, dit Medabber (celui à qui l'affranchissement a été pro-
» mis à la mort du maître), on ignore si, se trouvant dans la même
» position que son fils, elle doit fuir ou être affranchie. »

Il importe que le maître inculque à son esclave les principes de la
religion; qu'il lui apprenne quels sont les devoirs que Dieu a dictés
aux hommes. Il doit, au besoin, employer la sévérité pour parvenir à
ce but. Il faut qu'il l'oblige à observer le jeûne, à faire ses prières;

qu'il lui fasse connaître tout ce qui est contraire à la loi, afin qu'il ne se mette pas en contravention avec elle; en un mot, le possesseur d'un esclave doit le diriger de telle sorte qu'il le rende incapable de mal faire contre les musulmans, dût-il, pour arriver à ce but, employer les châtiments.

Après la fête (aïd el khrebir), le maître payera le zekkat pour compte de ses esclaves; il devra dépenser convenablement pour leur habillement et leur entretien, commander avec douceur et bonté, punir proportionnellement aux fautes, se retenir dans ses emportements; car le Prophète a dit : « Vous êtes pasteurs, et vous répondrez de vos subordonnés. » Il a également recommandé d'avoir des égards envers les esclaves, d'être bon avec eux. Dans les manuscrits de ses hadits, il détaille la conduite que l'on doit tenir vis-à-vis des esclaves.

CHAPITRE VII.

Des biens que possède l'esclave. — Dispositions prises à cet égard.

L'esclave ne peut disposer de ses biens, ni même de sa personne ; son maître est en cela son tuteur. Il en est de même de l'esclave dont on a promis l'affranchissement pour une époque déterminée.

L'esclave appartenant à deux maîtres et affranchi par l'un d'eux, est considéré comme libre chez celui qui lui a donné la liberté, et comme esclave lorsqu'il travaille chez un second maître, qui devient alors son tuteur.

L'esclave auquel le maître a permis de commercer pour un fonds social équivalant au propre coût de l'esclave, a part égale dans le gain. L'esclave qui a été autorisé à commercer avec les fonds de son maître, ce dernier lui abandonnât-il tous les profits, est toujours considéré comme procureur fondé de son maître. L'autorisation qu'obtient l'esclave lui attribue les pouvoirs les plus étendus, surtout lorsque le genre de commerce qu'il doit exercer lui est désigné.

Cet esclave est en droit de prendre des arrangements avec les débiteurs, de fixer des époques aux payements, d'inviter aux festins qui bon lui semble, de prêter, enfin de faire tout ce qui est convenable pour la prospérité de ses affaires. Il peut emprunter, et son maître n'a pas droit de réclamer une part des bénéfices qu'aurait produit cet emprunt, que le serviteur soit esclave ou affranchi, car les fonds de ce dernier sont considérés comme étrangers aux fonds sociaux et employés pour l'avantage de l'esclave. Si le serviteur perd dans le cas d'emprunt, il ne peut réparer sa perte en usant des fonds sociaux ; il paye de son argent propre et conformément à l'usage.

Lorsque les fonds sociaux produisent une perte, le maître de l'esclave devient procureur fondé de l'esclave, comme si ce dernier était un homme libre. Si la caisse ne contient aucun actif, et que l'esclave soit une Négresse, les créanciers la prennent ; mais, s'il existe un enfant d'elle, cet enfant reste la propriété du maître de l'esclave. Les créanciers peuvent également s'emparer des biens particuliers de l'esclave. Quant à l'esclave en personne, une fois la liquidation faite, on ne peut plus le poursuivre pour dette. Le maître peut, de son propre mouvement, retirer à son esclave la faculté de vendre et d'acheter.

Le maître ne peut forcer son esclave à faire commerce d'objets prohibés par la loi musulmane, et l'esclave ne peut même se livrer à ce commerce en employant ses propres deniers.

L'esclave peut se procurer une Négresse pour vivre avec elle, sans la permission de son maître. (Cela est tiré de El Mektaur, de Sidi Khelil.)

CHAPITRE VIII.

Mariage des esclaves. — Mariages forcés. — Conditions pour négocier le mariage des esclaves.

Le maître peut forcer son Nègre ou sa Négresse à se marier, si toutefois ce mariage ne peut être préjudiciable à ceux-ci ; les esclaves ne peuvent forcer leurs maîtres à les marier. Ceux qui sont propriétaires à demi ne peuvent forcer leurs serviteurs à se marier ; mais ces derniers sont obligés d'avoir la permission de leurs maîtres pour contracter les liens du mariage, sans quoi les propriétaires peuvent, à leur volonté, tolérer ou faire annuler l'engagement des conjoints.

Lorsque l'esclave qui se trouve dans ce cas est une Négresse, son mariage est brisé. Le maître ne peut forcer à s'unir à un homme la Négresse à laquelle il a promis la liberté ; il ne peut non plus obliger à cette union une Négresse qui aurait eu un enfant de lui ; cette règle s'applique également à l'esclave qui doit se racheter.

Quant aux esclaves qui doivent être libérés à la mort de leur maître, et ceux auxquels on a promis l'affranchissement à une certaine époque, leur possesseur ne peut les forcer au mariage, pourvu toutefois que dans le premier cas, le maître ne soit pas malade sans espoir de guérison, et, dans le second cas, que le temps fixé pour la libération ne soit pas rapproché de moins de trois mois. (Cela est tiré de Sidi Khelil.)

Six conditions sont imposées à celui qui veut faire conclure le mariage d'un esclave; il faut :

1º Qu'il soit libre ;
2º Qu'il ait atteint sa majorité ;
3º Qu'il possède toute sa raison ;
4º Qu'il soit du sexe masculin ;
5º Qu'il ne fasse pas conclure le mariage au temps de l'ahram ;
6º Qu'il soit musulman.

Quelques légistes ont ajouté trois conditions, qui ne sont cependant pas exigibles; ils veulent que celui qui négocie le mariage,

1º Soit parent ou allié de la personne qu'il fait marier ;
2º Qu'il soit entendu en affaires ;
3º Qu'il ait toutes les qualités qui composent l'honnête homme.

Si un esclave fait contracter un mariage, il faut qu'il soit père ou possesseur de l'individu à marier. Si les six conditions que nous avons d'abord exposées ne sont pas observées, l'acte de mariage est déclaré nul, quand même il serait survenu des enfants de cette alliance.

Le mariage négocié par une femme est également annulé. Lorsqu'une femme a une esclave qu'elle veut marier, elle doit choisir un procureur qui réunisse les conditions exigées.

L'esclave qui est tuteur d'un autre esclave nomme aussi un procureur pour faire faire le mariage. Il en est de même de l'esclave dit *moukatib*, c'est-à-dire qui a la faculté de se racheter.

Le maître peut rendre nul le mariage de ses esclaves, s'ils n'ont pas demandé la permission de se marier, ou bien le laisser subsister, à sa volonté. Dans le premier cas, le divorce s'établit régulièrement. Le possesseur a encore le pouvoir de vendre son esclave sans rompre le mariage, et alors l'acheteur ne peut pas séparer les deux conjoints. Si le propriétaire donne son esclave en présent, le mariage de celui-ci est également respecté. Enfin, si l'esclave marié sans la permission de son maître est cependant maintenu dans son alliance conjugale, il n'échappe pas à l'autorité des héritiers, qui, eux, peuvent rompre le mariage.

Si l'esclave est affranchi, son mariage ne peut plus être annulé, puisque le serviteur devient libre.

Lorsque le divorce est prononcé, l'esclave donne à la Négresse un quart de dinar, à moins que le mariage n'ait pas été consommé ; si la Négresse a reçu de l'esclave une somme plus forte pour sa dot, elle la restitue, moins le quart de dinar.

Si l'esclave, pour obtenir le mariage, trompe la Négresse en affirmant qu'il est libre, et que l'alliance soit rompue, la femme ainsi induite en erreur peut garder sa dot. Mais, s'il n'y a pas eu de fourberie, et que, par mégarde, on se soit tu sur la qualité du marié, la femme ne peut exiger sa dot. Dans le cas ordinaire, la dot peut être réclamée par la Négresse, à moins que le hakem ou le maître de l'esclave n'y porte opposition ; alors ces derniers font ce qu'on appelle *annuler la dot*.

L'esclave qui a la faculté de se racheter, mais qui ne l'a pu, et dont le maître a annulé le mariage et la dot, ne peut être poursuivi par sa femme ; si, au contraire, il a pu se racheter, la femme est en droit de réclamer la dot.

Si le Nègre se marie sans la permission de son maître, celui-ci peut d'abord, sans approuver le mariage, ne pas le faire dissoudre suivant les formalités ; mais, passé deux jours, s'il continue de le désapprouver, il est obligé d'ordonner le divorce. Si ce mariage est approuvé, il peut être reconnu valable ; si le maître n'approuve pas le mariage, ne le fait pas rompre par suite de l'indécision, il peut le confirmer plus tard ; mais, s'il est dans l'intention bien arrêtée de briser l'alliance, il doit de suite faire prononcer le divorce. (Sidi Khelil.)

CHAPITRE IX.

Du nefka de l'esclave abd el madoun et de l'esclave mekatib.

L'abd el madoun, c'est-à-dire celui qui a reçu de son maître la permission de commercer, et le mekatib (affranchi par stipulation), peuvent prendre une serria (femme entretenue) sans l'autorisation de leur propriétaire, mais tous deux se servent pour cela de leurs fonds. La femme esclave qui a reçu de son maître la permission de se marier, qu'elle soit ou non dans sa maison, doit être entretenue par le Nègre et recevoir une partie du nefka (argent qui doit être dépensé pour les esclaves), car le gain que fait l'esclave ne lui appartient pas. Le serviteur dit *mâatek el hadjel*, c'est-à-dire qui a la promesse d'être affranchi à une certaine époque, est dans le même cas, ainsi que le medebber.

Le mekatib est considéré comme libre; il entretient sa femme de l'argent qu'il a. L'esclave dit *mabid*, c'est-à-dire moitié libre et moitié esclave, jouit de tous ces droits le jour où il est libre, et agit en esclave le jour où il est esclave. Il en est ainsi, à moins que l'usage du pays ne s'y oppose.

De même, la dot doit être payée de l'argent qui peut avoir été amassé par l'esclave comme présent reçu, à moins que l'usage du pays ne soit contraire. L'abd el madour doit entretenir la Négresse de ses propres fonds et de l'argent qui peut lui être donné, et non de l'argent de son maître.

Si l'esclave ne peut entretenir sa Négresse, on l'en sépare, à moins que la femme ne consente à rester dans cette position ou qu'une tierce personne ne se charge des dépenses. Le maître eût-il permis le mariage, l'eût-il forcé, il n'est pas garant de la dot, ni de l'entretien de la femme, à moins de conditions contraires. (Sidi Khelil.)

CHAPITRE X.

Du mariage entre le maître et l'esclave.

La loi défend le mariage entre le propriétaire, homme ou femme, et l'esclave, que celui-ci lui appartienne en entier ou non, qu'il soit el chaiba, bel herria, el mekatib, el medebber, ou eum el oulad. Le maître ne peut se marier avec la mère de celles des Négresses desquelles il a eu des enfants, ou dont ses enfants à lui ont eu des rejetons. Le mariage, dans ce cas, est rompu sans les formalités du divorce. Les ulémas condamnent ces alliances.

Le maître ne peut forcer deux sœurs à s'unir à lui, ni à être ses concubines. Si une femme libre est mariée à un Nègre, et que ce dernier vienne à être vendu ou donné à un des parents de la femme, le mariage est dissous. De même, si elle achète son mari, eût-elle donné de l'argent pour cela, car alors l'esclave devient sa propriété et le mariage ne peut subsister. L'alliance serait même rompue, si le maître consentait ensuite à libérer l'esclave.

Mais si la femme demande la liberté du Nègre sans exposer ses motifs, et dans le but apparent de faire une bonne action, si elle donne même de l'argent pour le rachat, toujours dans une intention généreuse, alors l'esclave peut être racheté, mis en liberté et être maintenu dans son lien conjugal.

Si l'esclave mariée à un Nègre n'a pas la permission de son maître de vendre et d'acheter, qu'elle veuille faire acquisition, elle ne le peut, le maître s'y opposant, puisque, dans ce cas, elle n'a pas droit de posséder.

Lorsque le maître, pour rompre le mariage de son Nègre, le vend à la propre femme de cet esclave, qu'elle soit libre ou non, le mariage est maintenu. Par la même raison, si la Négresse achète son mari pour faire casser le mariage, elle le fait en vain, car l'union est respectée.

Quand le maître, dans le but de rompre le mariage, fait au Nègre cadeau de la Négresse à laquelle celui-ci est uni, il ne peut ainsi arriver à ses fins, à moins que l'esclave n'accepte le cadeau.

L'esclave, avec la permission de son propriétaire, peut épouser les enfants de ce maître, si les enfants y consentent; mais la loi ne fait que tolérer cette action et ne l'encourage pas. Il est aussi loisible à l'esclave d'épouser d'autres esclaves que celles de son maître et de se marier avec une femme libre; mais il ne doit pas s'unir à sa propre esclave. (Sidi Khelil.)

CHAPITRE XI.

Mariage entre gens libres et esclaves.

Une personne libre incapable de faire des enfants peut se marier à une personne esclave, si cependant il est bien certain qu'elle soit impuissante. Cette personne, quel que soit son sexe, ne peut se marier avec l'esclave de ses père et mère, mais il convient que ce dernier serviteur soit de la religion musulmane. Il est bon que ces sortes de mariages aient lieu, la femme acquise fût-elle non mahométane, lorsque l'acquéreur craint, en n'agissant pas ainsi, de prévariquer, ou qu'il n'a pas assez d'argent pour prendre une femme ordinaire, une femme qui exigerait une forte dot. Ces alliances ne sont possibles que dans certains cas, dont nous venons de citer les principaux. Si un homme, marié ainsi que nous venons de le dire, devient riche et qu'il se marie à une femme libre, celle-ci, lorsqu'elle a connaissance du premier lien de son mari, peut avoir recours au divorce ou rester mariée, à sa guise. (Sidi Khelil.)

CHAPITRE XII.

Traitement des femmes esclaves mariées.

L'esclave femelle ne peut obliger son mari de la loger à part, à moins que l'usage du pays ne soit ainsi; elle reste dans la maison de son maître, et son mari vient l'y trouver sans qu'on puisse l'en empêcher.

L'esclave qui a un enfant de son maître, celle qui doit se racheter, lorsqu'elles se marient, ont droit à un logement à part, quelle que soit l'habitude du pays.

L'esclave moitié libre, moitié esclave (mobida), le jour où elle est esclave, n'a pas droit à être logée séparément, à moins de conditions contraires ou que ce soit la coutume du pays; et, le jour où elle est libre, elle loge à part.

L'esclave mariée et n'ayant pas droit à un logement séparé, est obligée de suivre son maître en voyage, et peut même être vendue dans le trajet; il n'en est pas ainsi de l'esclave ayant droit à être logée à part, à moins, dans les deux cas, que les coutumes du pays ne l'établissent d'une manière contraire.

Le maître peut, sans le consentement du mari, diminuer la dot exigée; il peut la réduire à un quart de dinar (9 fr. 50 c. variable), pas moins; ce fait n'est pas possible, si l'esclave est endetté et que le maître le sache. Le maître est en droit d'empêcher le mari de consommer le mariage jusqu'à l'entier payement de la dot. Si le maître vend son esclave mariée, avant la consommation du mariage, à quelqu'un qui part pour un voyage, il peut exiger le payement de la dot. Lorsque le mari divorce avant que le mariage soit consommé, le maître a droit à la moitié de la dot, à moins que ce ne soit un empêchement majeur qui mette obstacle à l'accomplissement de l'alliance. Le mari est obligé de donner à la Négresse les meubles qui lui sont nécessaires avec l'argent provenant de la dot; s'il les achète avec d'autres sommes, la dot lui appartient. Lorsque le maître vend sa Négresse avant la consommation du mariage, celui qui l'a achetée ne peut, sous prétexte de n'avoir pas reçu la dot, empêcher le mari de consommer le mariage. La dot revient au vendeur; l'acheteur n'y a pas droit, à moins qu'il n'ait posé cette condition dans l'achat.

Lorsque le maître donne préalablement la liberté à son esclave, à condition qu'elle se mariera à lui ou à un autre, si, une fois libre, la femme se refuse à cette union, elle le peut en toute sûreté, car alors elle agit en personne libre.

Si le maître vend sa Négresse au mari de celle-ci avant la consommation du mariage ou annulle la dot, il doit rendre cette dernière somme; car, en agissant ainsi, il casse le mariage.

Si la Négresse a été vendue à son mari avant la consommation du mariage, par ordre du hakem, et à cause de la banqueroute du maître, celui-ci peut prendre la dot. Ses créanciers n'ont pas droit sur cette somme, parce qu'elle est considérée comme gain survenu postérieurement à la banqueroute.

Lorsque la Négresse a été vendue à son mari après la consommation du mariage, sa dot est exigible; le maître la réclame, et poursuit l'esclave devant la justice, si c'est une esclave affranchie.

Le maître ne peut prendre ni comme concubine ni comme épouse une Négresse qui ne serait pas d'une des quatre religions qui sont reconnues par le Koran comme ayant pour bases les livres sacrés. (Sidi Khelil.)

CHAPITRE XIII.

De l'esclave qui trompe sa femme en lui cachant son état social.

Lorsqu'un esclave, en contractant mariage, trompe la personne à laquelle il doit s'unir en se prétendant libre, tandis qu'il ne l'est pas, il conclut une alliance qui peut être rompue ou respectée, à la volonté de la personne trompée. Si la rupture a lieu avant la consommation du mariage, la femme ne reçoit pas de dot; le contraire a lieu dans le cas opposé.

Si le maître de la Négresse trompe le mari, celui-ci a droit de prendre la dot, lorsque la rupture a eu lieu. Si la Négresse était présente lors de la rédaction de l'acte, le mari décide qui des deux, la Négresse ou son maître, doit payer la dot. Lorsque la Négresse trompe son époux en se prétendant libre, et qu'ensuite, lorsqu'elle devient mère, elle est reconnue esclave, l'enfant est libre et héritier de son père, si celui-ci est libre; mais le père est obligé de payer la valeur de l'enfant au maître de la Négresse.

Quand c'est, au contraire, le maître qui a trompé sur la qualité de la Négresse au moment du mariage, l'enfant qui vient à naître de cette union n'a pas besoin d'être acheté par son père.

Le mari de condition libre qui prétend et affirme par serment que la Négresse ou son maître l'a trompé, est toujours cru. Il peut exiger la dot, lors même qu'il ne s'aperçoit de la tromperie qu'après le divorce ou la mort de la Négresse.

L'homme atteint du djedam (éléphantiasis) ou de la lèpre, doit être éloigné de ses femmes ou concubines, si celles-ci y consentent. (Sidi-Khelil.)

CHAPITRE XIV.

Du divorce. — De l'adda.

Il y a trois manières différentes de formuler le divorce pour les gens libres. Celui qui dit : Je divorce par trois (be tlata), ne peut plus se marier avec une femme que celle-ci n'ait été épousée et répudiée par un autre mari. Pour les Nègres, il y a deux manières seulement de divorcer, et, la formule par deux étant prononcée, la même chose n'arrive que dans le cas précédent. Celui qui divorce *thelak senni* (selon la loi), peut reprendre sa femme malgré elle et sans le consentement de celui auquel elle appartient. Il est convenable, toutefois, que l'adda (temps pendant lequel les femmes doivent rester sans contracter une nouvelle alliance) soit terminé.

La femme dite *kelaa*, c'est-à-dire qui a payé quelque chose à son mari pour divorcer, ou qui lui a fait abandon d'un droit quelconque dans ce même but, ne revient à son mari que de son propre consentement à elle; il en est ainsi de celle qui divorce *thelak baien* (divorce par ordre de l'autorité). La femme ne devient kelaa qu'avec le consentement de son maître, sinon le droit kelaa tombe et le divorce a lieu comme d'habitude.

La femme divorcée après la consommation du mariage a droit à toute sa dot; et à la moitié seulement si l'union n'a pas été consommée. Toutefois, la femme répudiée où son père peuvent tenir le mari quitte de cette somme. Dans ce même cas, la femme esclave ne peut agir ainsi qu'avec la permission de son maître.

Si un mari refuse de payer les dettes de sa femme ou ne peut l'habiller, le cadi fixe un terme, après lequel, si l'époux persiste dans sa conduite et la femme le désirant, le divorce est prononcé, que ce soit avant ou après la consommation du mariage.

La même chose a lieu si le Nègre qui ne veut payer les dettes de sa femme est absent. Dans cette espèce de divorce, on peut reprendre sa femme avant l'accomplissement de l'adda. Lorsque le mari fait subir de mauvais traitements à sa femme, le divorce est prononcé, si celle-ci le désire, sinon le cadi réprimande et punit le mari.

Celui qui, étant absent, laisse sa femme dans le besoin, s'il a des biens en ville, la vente en est ordonnée par le cadi, et le produit accordé à la femme. De même, si le mari a laissé quelque chose en dépôt, le cadi peut faire vendre ces objets et attribuer une partie de l'argent qui en provient à la femme.

Si, la femme étant du reste entretenue convenablement, l'absence du mari se prolonge et qu'elle s'en plaigne, le cadi écrit au mari pour l'engager à revenir. S'il n'arrive pas de réponse, ou si on ignore la résidence du mari, on laisse les choses dans le *statu quo* pendant quatre ans pour les gens libres, et deux ans pour les esclaves, après quoi le divorce s'accomplit. (Cheikh Ben Salomon.)

Si le divorce a lieu avant la consommation du mariage, il n'y a pas d'adda imposé par la loi. De même, si l'un des deux époux n'a pas l'âge exigé pour que l'union soit complète. L'adda d'une femme libre est de trois mois. L'adda d'une esclave est de deux mois, que son ex-mari soit libre ou esclave. L'adda de la femme enceinte va jusqu'à l'époque de l'accouchement. L'adda de la femme dont le mari est mort est, pour la femme libre, de quatre mois dix jours, et pour l'esclave, de deux mois cinq jours. La Négresse dite *eum-el-oulad*, lorsque son maître vient à mourir, observe un mois d'adda, et celle qui est enceinte respecte l'adda jusqu'à son accouchement.

Il est défendu par la loi à une femme de se fiancer pendant l'adda; les pourparlers seuls sont tolérés; mais si l'acte est établi pendant le temps prohibé, non-seulement le mariage entre ces deux époux est annulé, mais il est interdit pour toujours, si toutefois l'alliance a été consommée.

Si, l'acte de fiançailles ayant été fait pendant l'adda, le mariage n'est consommé qu'après, l'union est approuvée par certains légistes et condamnée par d'autres.

On ne doit pas l'entretien à une femme divorcée, à moins qu'elle n'ait fait le *thelak radji*, ou divorce, après lequel on peut reprendre sa femme. Dans ce cas, le mari est obligé de la loger, de la nourrir, de l'entretenir jusqu'à l'expiration de l'adda. Si cette femme est enceinte, elle est entretenue pendant tout le temps de cet état.

La femme divorcée pour toujours n'a droit à aucun entretien; elle doit être seulement logée pendant tout le temps de l'adda. Si cette femme est enceinte, il en est autrement; quoique divorcée pour toujours, elle reçoit les soins que réclame sa grossesse tant que dure cet état.

La femme dont le mari est mort ne doit pas être entretenue, mais seulement logée jusqu'à ce que l'adda soit expiré. (Cheikh Salomon.)

CHAPITRE XV.

De la tutelle.

Les garçons sont mis en tutelle jusqu'à l'époque de leur majorité; les filles, jusqu'à celle de leur mariage. Les femmes sont de préférence chargées du rôle de tuteur. Celle qui a charge de tutelle doit être parente de celui qui doit être mis en tutelle à un degré tel que le mariage ne puisse avoir lieu entre eux. Ainsi, la fille de la tante maternelle ne peut être tutrice.

Les hommes sont tuteurs lorsque le cas les y oblige, par exemple lorsqu'ils sont patrons de l'individu à mettre en tutelle ou désignés par le père de celui-ci. Les hommes sont tuteurs, quoique parents de l'enfant en tutelle.

Les personnes qui, de préférence, sont chargées de tutelle sont : la mère, la grand'mère, l'arrière-grand'mère, la tante maternelle et la tante de la tante maternelle (les docteurs discutent cependant les droits de cette dernière); viennent ensuite la mère du père, le père, la grand'mère du père, la tante paternelle, la fille du frère, la fille de la sœur.

Si, parmi les femmes de la famille, on n'en trouve pas qui puissent être tutrices, on s'adresse aux hommes en suivant le degré de parenté. L'individu désigné par le père est préférable à tout parent. Lorsque la famille se rassemble pour nommer son tuteur, les chakik (frères des mêmes père et mère) choisissent l'un d'entre eux, habituellement le plus âgé.

Le père est obligé d'entretenir ses garçons jusqu'à leur majorité; ses filles, jusqu'à l'époque de leur mariage. Si un enfant est né estropié ou qu'il le devienne, son père est obligé de fournir à tous ses besoins jusqu'à ce que cet enfant puisse gagner sa vie. Le cadi fixe la somme nécessaire à l'entretien de celui qui est en tutelle, en se basant sur la fortune du père ; si celui-ci refuse, il est mis en prison jusqu'à ce qu'il prouve qu'il lui est impossible de nourrir son enfant. (Ben Salomon.)

Pour être tuteur, il faut être réputé sage, vivre à son aise, prendre soin de l'enfant dont on est chargé. Si le tuteur, qu'il soit père ou mère de l'enfant, ne remplit pas les conditions de la tutelle, il est débarrassé de ce soin, qui est confié à un autre parent plus éloigné. La tutelle passe en d'autres mains, si celle qui en est chargée n'est pas approuvée en cela par son mari. Si la tutrice se marie, elle cesse ses fonctions aussitôt le mariage consommé. La tutelle serait également transférée à une autre personne si la parente tutrice, chez laquelle se trouvent les enfants, était mariée, et que la mère des enfants en tutelle, s'étant remariée, vînt habiter chez la tutrice.

Si la tutrice se démet de sa charge de sa propre volonté, elle ne peut plus la reprendre; si elle s'en dégage par suite de maladie, voyage ou autre cas majeur, elle est en droit de la ressaisir. Si le plus proche parent des enfants ne se plaint pas pendant trois ans d'un mariage qu'aurait contracté la tutrice, celle-ci peut conserver la tutelle jusqu'à la fin.

La tutrice n'a pas droit d'éloigner les enfants qui lui sont confiés loin des villes où sont leurs parents; si elle quitte elle-même la ville, elle cesse ses fonctions. Si les proches parents des enfants s'éloignent de leur pays, la tutrice perd ses droits, à moins de suivre les enfants. Le plus proche parent des enfants en tutelle ne peut exiger leur déplacement, s'il s'éloigne pour son commerce ou pour son plaisir.

Le plus proche parent est chargé de surveiller les enfants, de les envoyer à l'école. Si le père désire que ses enfants en tutelle viennent manger chez lui, quoiqu'ils habitent chez leur tutrice, il est dans son droit; et cela lui est permis, pourvu qu'il n'y ait pas d'inconvénient à ce déplacement journalier des enfants. (Cheikh Ben Salomon.)

CHAPITRE XVI.

De l'esclave mère (eum el ouled). — Du mekatib.

Au moment où l'on vend une femme esclave, on reconnaît qu'elle est enceinte, soit par son état de grossesse, soit par l'aveu de son maître, s'il avoue avoir eu commerce avec elle.

Lorsque la Négresse est enceinte de six mois, sans que le maître déclare cette grossesse, l'enfant est considéré comme étant celui du maître, et il hérite de son père. La mère est alors eum-el-ou'ad (mère de l'enfant). Ceci n'a pas lieu si la Négresse est enceinte de moins de six mois au moment de la vente.

Si la Négresse enceinte assure que ce fait vient de son maître et que celui-ci le nie, cette dénégation est valable en justice; mais à la mort du maître, la Négresse, si elle est mariée, est mise en liberté. Du vivant du maître, la mère et l'enfant restent esclaves; mais la Négresse ne peut être vendue.

Lorsqu'une Négresse, ayant déjà un enfant de son maître, vient à être vendue, elle n'est pas considérée comme eum el ouled; elle ne prend ce titre que si elle fait un second enfant avec son possesseur.

Si la Négresse vendue n'est pas prise par l'acheteur avant qu'elle accouche, elle est considérée comme eum el ouled.

Le maître ne peut avoir de relations, soit en mariage, soit en concubinage, avec deux sœurs à la fois; il ne peut avoir commerce avec celles qui n'ont pas de religion, mais seulement avec les musulmanes. (Cheikh Ben Salomon.)

L'esclave mekatib est celui auquel le maître a promis la liberté moyennant rachat. Ainsi, si le maître dit à son serviteur : « Tu es libre, moyennant telle somme, » l'esclave est de suite mis en liberté, et l'argent exigé est une dette contractée par lui. Il faut remarquer que la somme doit être fixée par le maître, ainsi que le rapporte le medaouan, de l'iman Malek; que le propriétaire doit désigner si l'esclave payera la somme demandée avant ou après la mise en liberté. Si le maître ne veut donner la liberté qu'après l'acquittement de la somme, le serviteur reste esclave jusqu'à cette époque. Du jour où l'esclave souscrit à toutes les conditions imposées par le maître pour le rachat, il est mekatib. L'esclave peut donner toute espèce de choses en payement, excepté les objets défendus par la loi, et l'argent non payé que pourrait lui devoir à lui une personne étrangère. Si l'esclave s'acquitte au moyen de choses détériorées, le maître peut exiger un autre payement. Lorsque l'esclave donne ce qu'il peut, mais que le propriétaire ne s'en contente pas et veut échanger des objets que le serviteur ne peut remplacer par d'autres, qu'arrive-t-il? L'esclave reste-t-il mekatib ou non?

Cette question est résolue d'une manière diverse et très-vague d'un côté. Ainsi, on dit, d'une part : Une fois que l'esclave est devenu mekatib, il est considéré comme ne devant plus rien à son maître. D'autre part, on répond : Si le mekatib prétend avoir payé son maître, et que celui-ci soutienne le contraire, on exige le serment du maître, et le mekatib aura devant Dieu à supporter les suites de sa conduite.

Si, au milieu de la discussion, le me[ka]tib offre de payer la somme dont il est convenu, il est reconnu libre aussitôt le payement accompli. Si le maître est absent, le cadi supplée. Si, l'époque du payement expirée, l'esclave n'est pas en mesure d'acquitter sa dette, le cadi prononce et décide si le mekatib redevient esclave.

Le ketaba, ou fixation de la somme pour laquelle le maître fait son esclave mekatib, ne peut être annulé que par le cadi; le maître est libre de ne recevoir qu'une partie de la somme demandée et d'acquitter son serviteur du restant de la somme. Si l'esclave appartient à deux maîtres, un des deux ne peut racheter la part de l'autre.

Lorsque le mekatib qui a la permission de se servir des biens de son maître a une discussion avec celui-ci sur la quotité de l'argent ou l'époque du payement, Ben el Iassem dit qu'on doit croire le mekatib, et El Achiad soutient qu'on doit s'en rapporter au maître.

On ne peut présenter personne ni rien déposer pour caution du ketaba. (Cheikh Ben Sammoun.)

CHAPITRE XVII.

Du tadbir.

Le tadbir consiste dans la mise en liberté de l'esclave à la mort de son maître, sans que pour cela le serviteur devienne le mandataire du maître.

Il importe que le maître explique bien dans l'acte du tadbir que son esclave sera simplement mis en liberté sans devenir son mandataire.

Ben el Iassem a dit : « Si le maître fait son esclave medabber (celui
» auquel on a promis le tadbir), il lui donne par là même une sorte de
» procuration pour être son fondé de pouvoirs; il est nécessaire que
» l'acte du tadbir explique jusqu'où va l'intention du maître. »

Le medabber (celui à qui la liberté a été promise à la mort de son maître) ne peut être vendu ni mis en gage, en un mot séparé de son maître, et celui-ci ne peut retirer sa promesse.

Les fils de medabber et de medabbera profitent des droits de leurs parents; si ceux-ci meurent avant le maître. Si, au moment de la mort du maître, la medabbera est enceinte, l'enfant a droit au tadbir. (Cheikh Ben Sammoun.)

CHAPITRE XVIII.

De la mise en liberté en général.

Le Prophète a dit : « Celui qui met en liberté un esclave est exempt » des feux de l'enfer. » Tout maître peut donner la liberté à son esclave, la religion ne s'y oppose pas, et, une fois la liberté accordée, le serviteur ne peut plus être remis dans l'esclavage. Il est bon qu'au moment de la mise en liberté, l'esclave affirme que celui qui le libère est bien son maître.

L'esclave peut prendre avec lui ce qui lui appartenait dans l'état de servitude; s'il survient des difficultés à ce sujet, le maître est obligé de prouver le contraire de ce qu'affirme l'esclave. Celui-ci prête alors serment, et, s'il le fait à faux, les suites en retomberont sur lui dans l'autre monde. Si l'esclave a donné des fonds à un individu pour que celui-ci le rachète, et que le rachat ait lieu, cette mise en liberté est valable. Si le maître dit : « Mon esclave est libre, » sans désigner lequel, il peut choisir, et l'esclave de son choix est libéré. Si, en vendant son esclave, le maître dit par crainte de Dieu : « Il est harr » (affranchi), ce mot n'oblige pas de donner la liberté; mais si l'acheteur dit aussi : « L'esclave est harr, » et que le marché se fasse, la liberté est accordée au serviteur ; celui qui a vendu restitue l'argent à l'acheteur.

Si un homme ne possède que la moitié d'un esclave et qu'il lui donne la liberté, l'autre maître est obligé de souscrire à ce fait. Tous les ulémas sont d'accord là-dessus.

On peut promettre la liberté à un esclave pour une certaine époque; le moment arrivé, le serviteur doit être libéré.

Celui qui affranchit la portion qu'il possède d'un Nègre est obligé de payer la portion de son copropriétaire, et alors l'esclave devient libre, si toutefois celui-ci consent à être mis en liberté.

Ceux qui reçoivent en héritage un Nègre auquel on a promis la liberté, doivent observer la promesse du maître défunt; s'il y a discussion, on distrait le Nègre de la somme des biens légués et on le met en liberté. Si le maître commet envers son esclave une action blâmable et patente, il lui donne par là droit à la liberté; par exemple, s'il lui coupe un doigt, lui casse un ongle, s'il lui fend les oreilles ou lui brûle une partie quelconque du corps, s'il lui arrache des dents. On ne considère pas comme un mal de marquer les esclaves aux bras ou de leur faire raser la tête.

Dans les cas que nous venons de citer, la liberté ne peut être accordée que par une décision des gouvernants. Celui qui dit en mourant : « Je mets en liberté mes esclaves, » et qui n'a pas d'autres biens qu'eux, n'est pas respecté dans sa dernière volonté. Le tiers seulement des esclaves est alors libéré.

Le plus grand mérite consiste à donner la liberté à ceux des esclaves qui valent le plus d'argent, fussent-ils infidèles ; à prix égal, pour des esclaves musulmans, la mise en liberté de l'esclave mâle est plus méritoire ; tandis que, pour des serviteurs infidèles, il est plus attaché de mérite à la libération de la femme. (Cheikh Ben Salomon.)

L'individu qui donne la liberté à un esclave devient comme son propre parent ; si l'esclave libéré meurt sans enfants, son ancien maître hérite.

Si le maître meurt, ses descendants, ou, faute de ses descendants, ses ascendants, à l'exclusion des femmes, reçoivent l'héritage ; mais si le maître ne laisse aucune espèce de parenté, et si l'esclave libéré a donné lui-même la liberté à un autre esclave, le serviteur affranchi hérite de la fortune du maître défunt.

L'héritage d'un esclave infidèle, mort après avoir été libéré, appartient aux musulmans, s'il est mort dans sa religion, et à son ancien maître, s'il meurt musulman.

Toutes ces règles, en fait d'héritage, ne s'appliquent qu'à l'égard de ceux qui sont bien reconnus libres, et nullement envers les mekatibs. (Cheikh Ben Salomon.)

FIN DU CODE DE L'ESCLAVAGE.

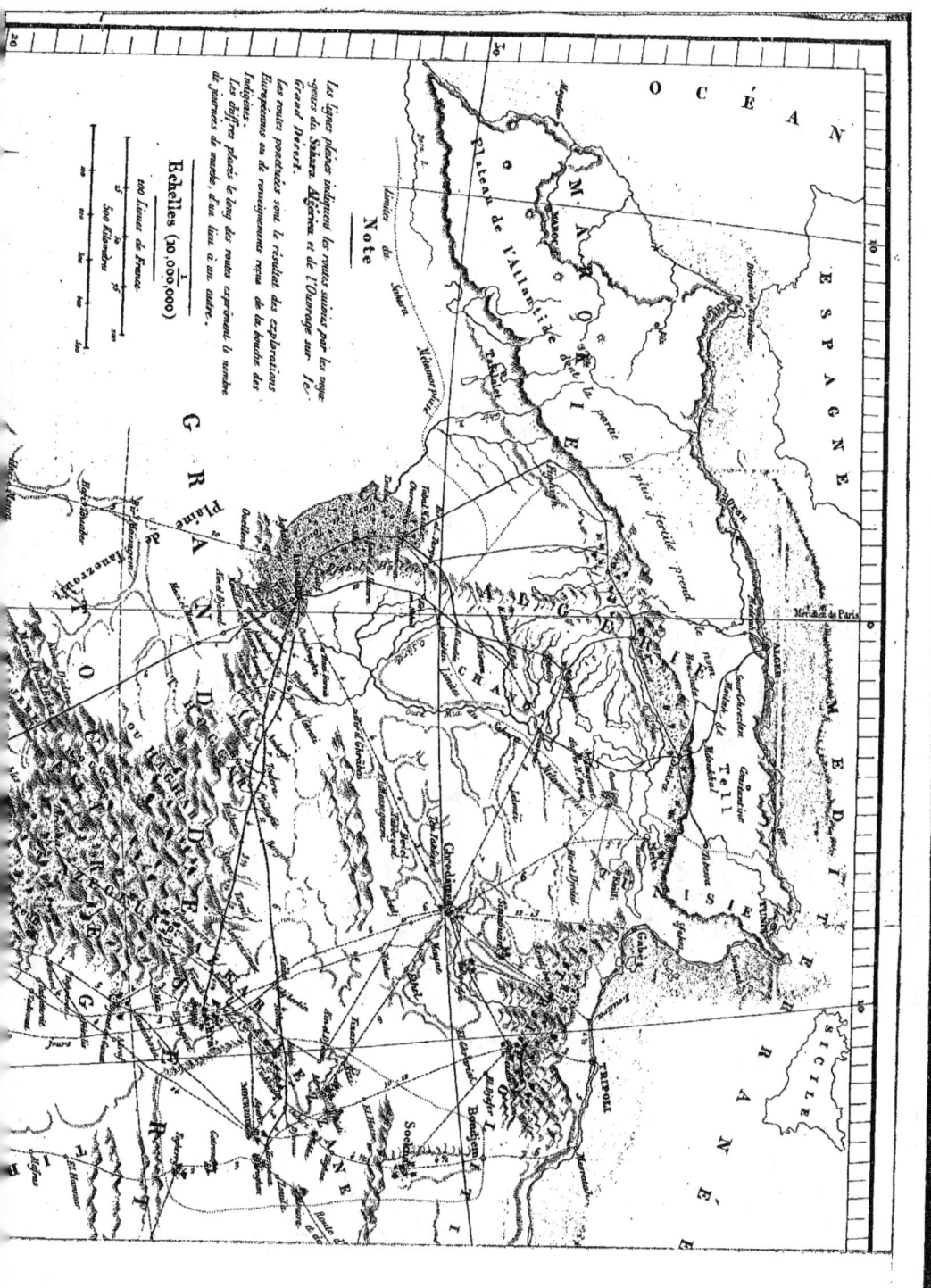

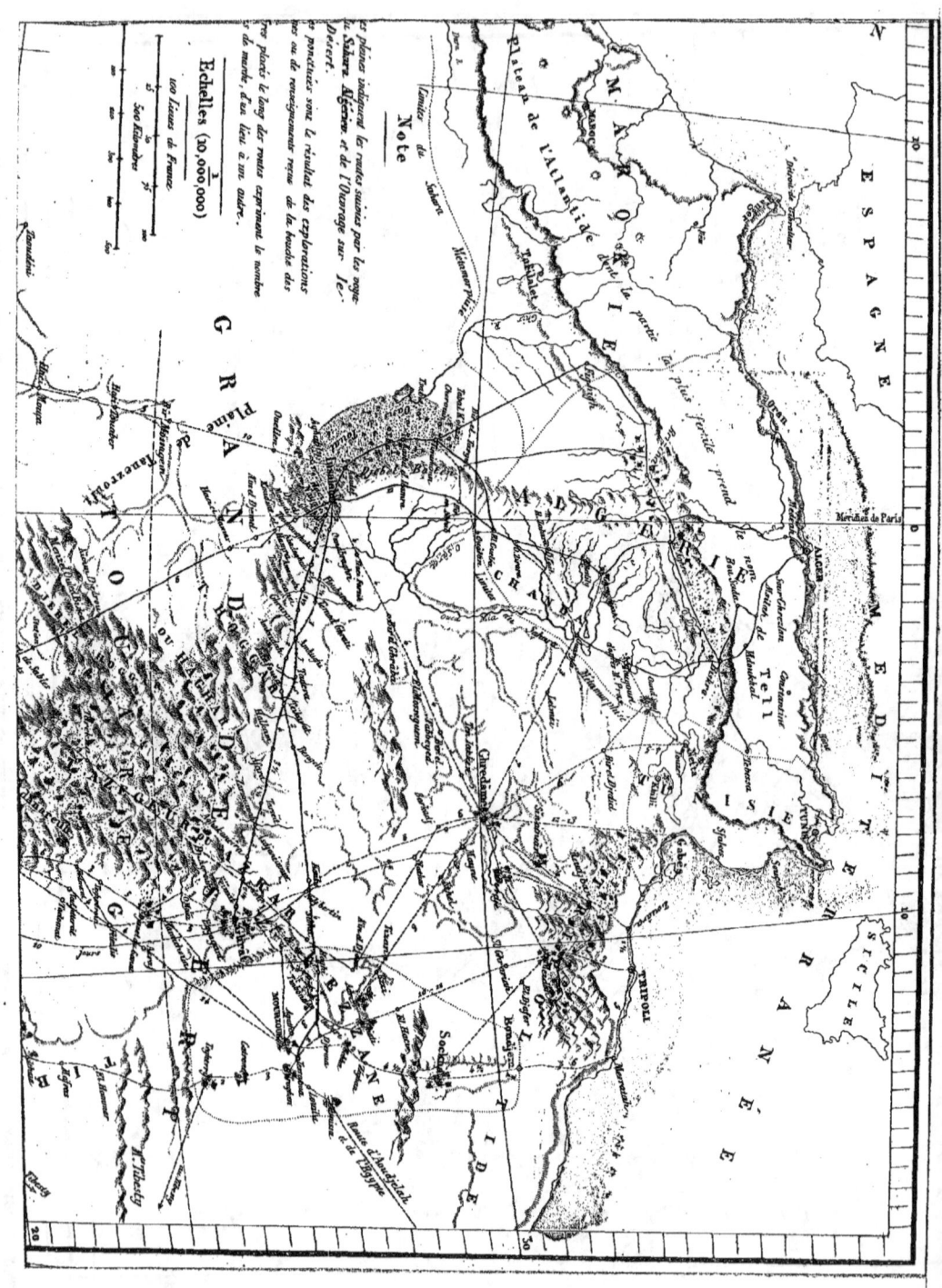

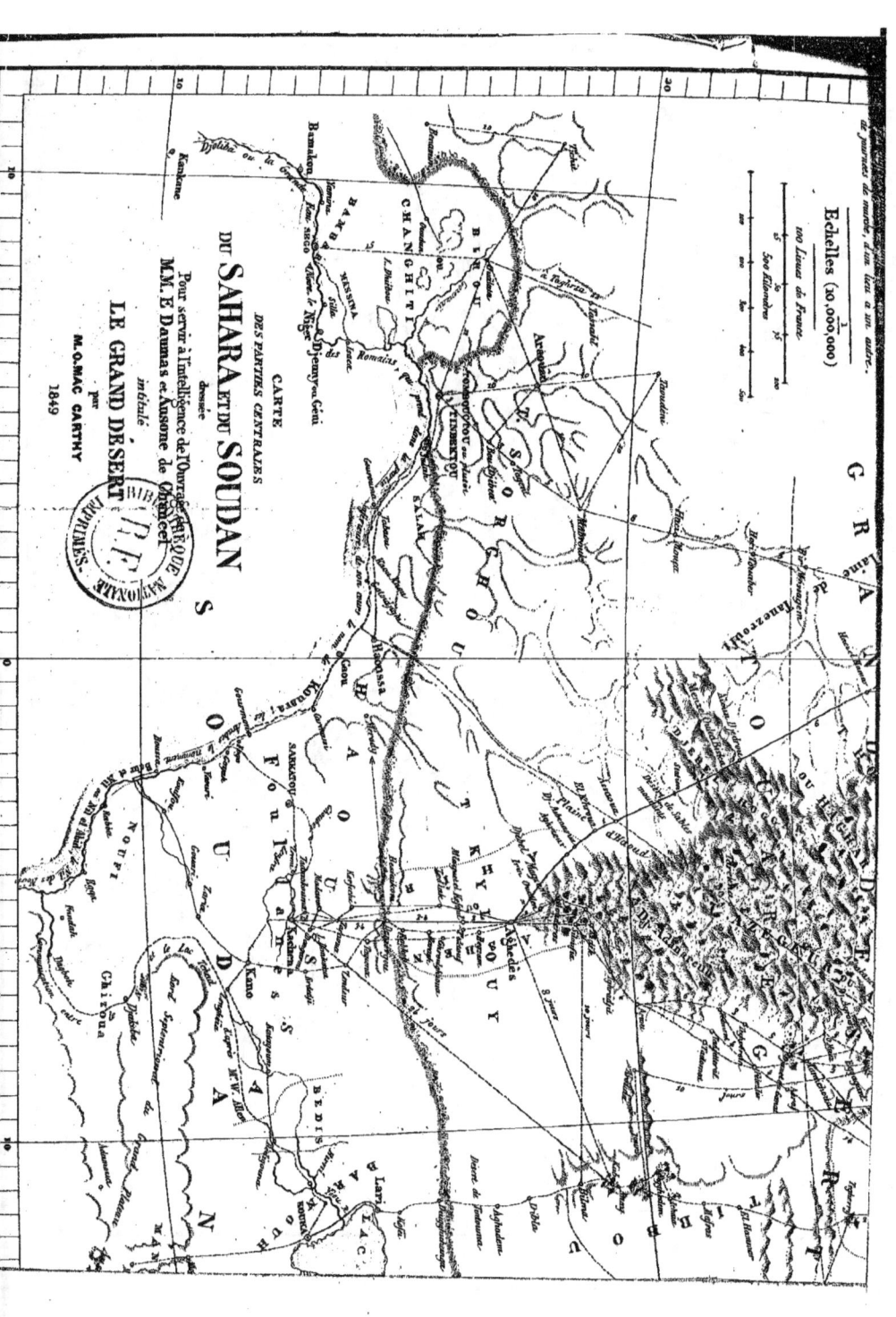

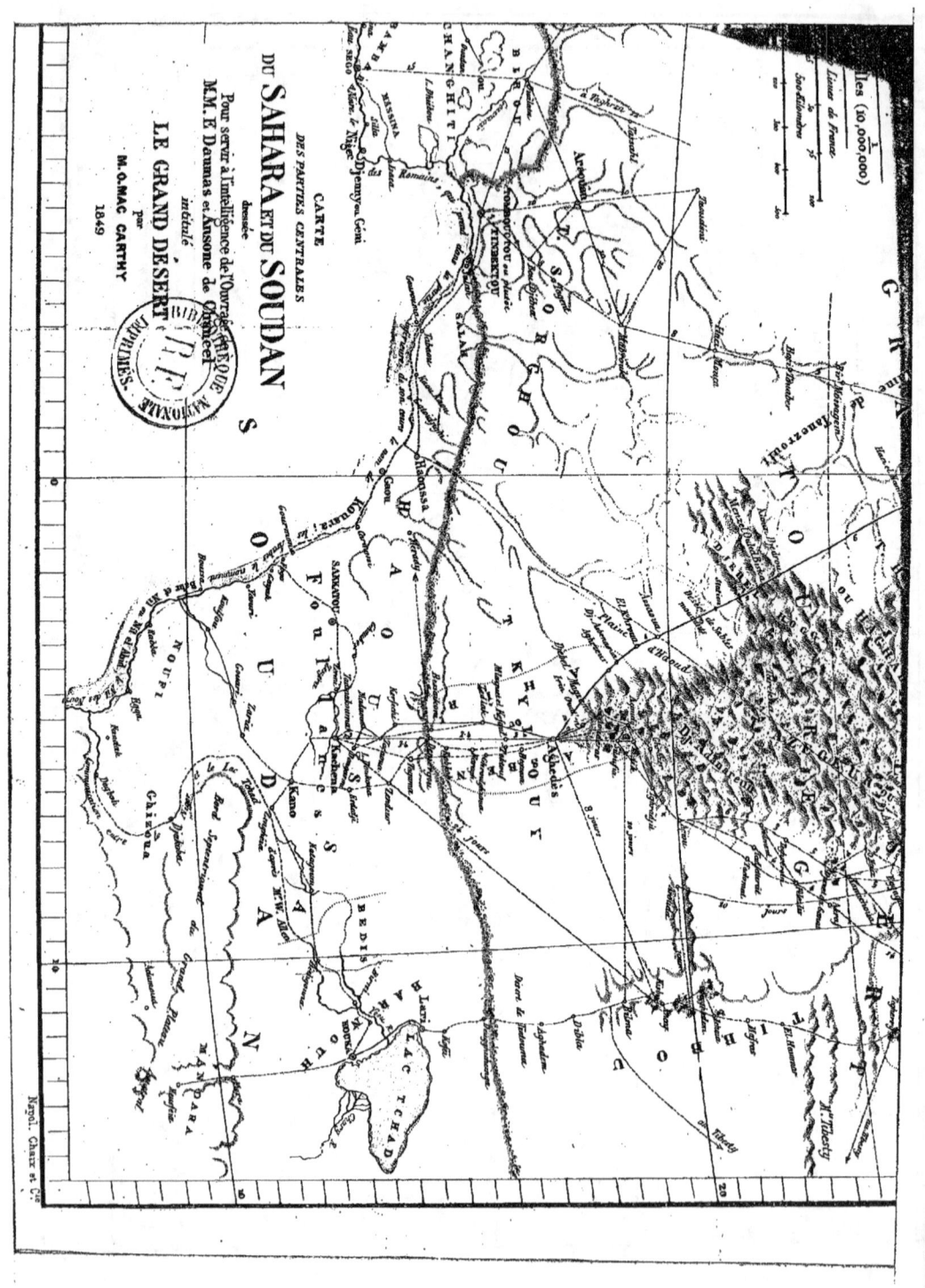

TABLE DES MATIÈRES.

Préface...	Page III à XV
Le Khrebir..	4
La caravane (organisation)..........................	9
El Istikhrara (le choix).............................	23
La dia (prix du sang)...............................	33
Gueléa...	36
De Gueléa à Timimoun................................	38
L'hospitalité..	40
Sidi Mohamed ou Allal...............................	49
Sidi Mohamed Moul el Gandouz. — L'aumône............	54
Description du Touat................................	60
Timimoun...	65
Le mariage...	72
Le divorce...	84
Zaouiet Sidi Aomar..................................	88
Les dattiers...	94
Zaouiet el Belbali...................................	97
Insalah (caravane de la Mecque).....................	110
El Hadj (le pèlerinage).............................	117
El Haram. — Les choses défendues....................	122
El Kaëba. — El thaouaf (la visite)..................	125
El Saai (le gain, le profit)........................	129
Djebel. — Aarafat...................................	131
Thaouaf el y fada (la visite de l'inondation); thaouaf el oudaa (la visite d'adieu)...............	136
Grâces du pèlerinage................................	137
Les Touareug...	146
El Deka (la tuerie)..................................	155
El Chehada...	180
Les Mahara...	185

Royaume de Haoussa. — Kachena...........................	Pages. 213
Conquête du royaume d'Haoussa par les Foullanes............	226
Commerce d'esclaves.....................................	235
Le Koheul..	245
De l'esclavage chez les Musulmans........................	254
Départ de la caravane....................................	264
El Kyafat..	281
La circoncision (Khetana)................................	292
Les sauterelles...	303
El Oudou (les ablutions).................................	343
Arabes Djahylia..	318
El Bariz..	334
El Ouada...	356
Le jeûne, le radaman (el Siam, el Radaman)................	364
VOCABULAIRE D'HISTOIRE NATURELLE........................	377
CODE DE L'ESCLAVAGE CHEZ LES MUSULMANS..................	449

290 l'impieté vient de Dieu
321 ¶ des oÿeaux.
325 divination
336 patience
345 1556: à ħ 3

www.ingramcontent.com/pod-product-compliance
Lightning Source LLC
Chambersburg PA
CBHW070209240426
43671CB00007B/600